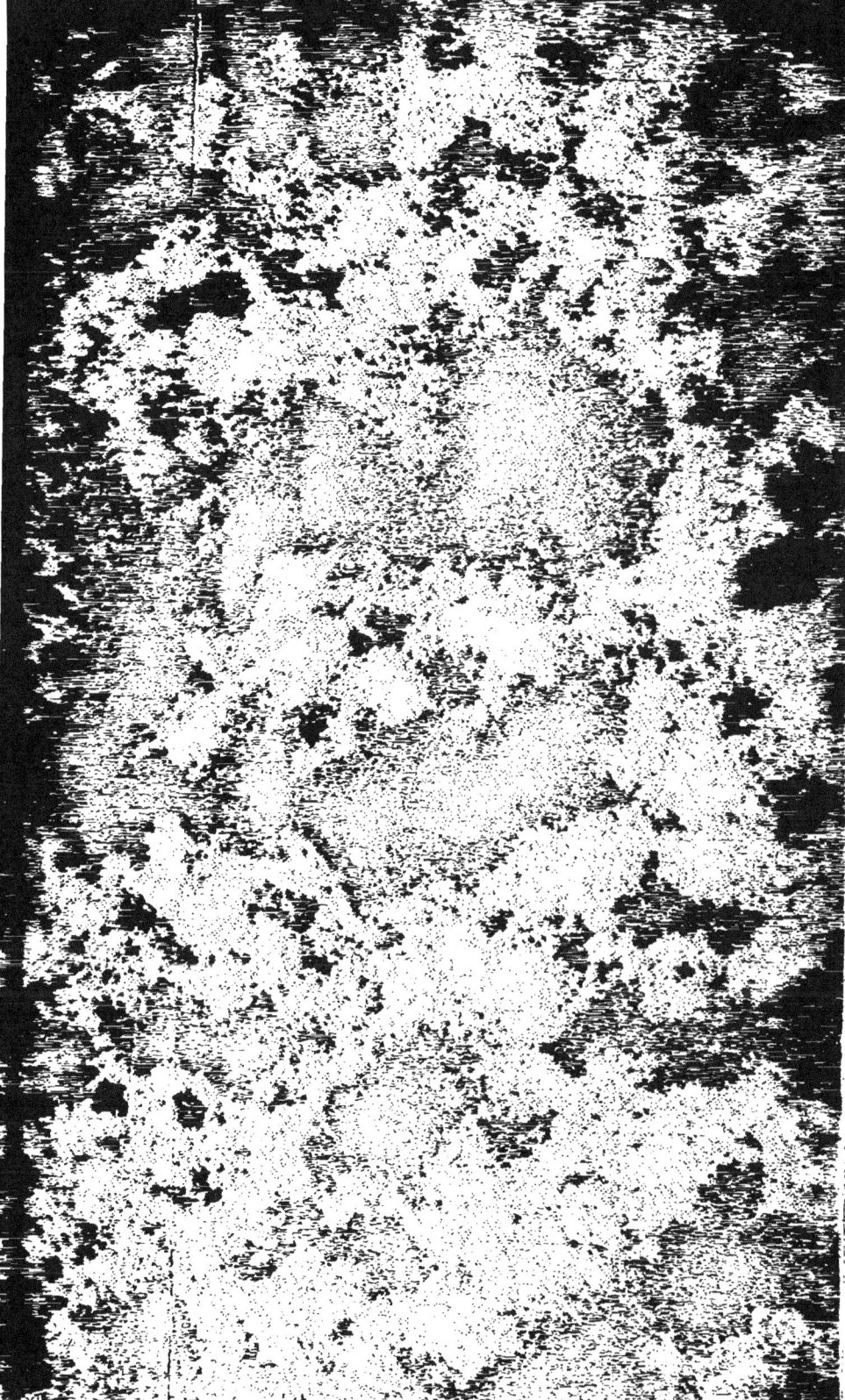

E. MARTIN REL.

LE ZÈLE PASTORAL

ou

VIE

DE M. CHARLES-FLORIMOND

TAVERNIER

LE ZÈLE PASTORAL

ou

VIE

DE M. CHARLES-FLORIMOND

TAVERNIER

CURÉ-ARCHIPRÊTRE DE SAINT-QUENTIN
CHANOINE HONORAIRE DE SOISSONS
(DU TIERS-ORDRE DE SAINT FRANÇOIS)

Par M. l'Abbé POINDRON

VICAIRE DE SAINT-QUENTIN
(DU TIERS-ORDRE DE SAINT FRANÇOIS)

SAINT-QUENTIN

Imp. J. Moureau, Propr.-Gérant du *Journal de Saint-Quentin.*

1866

DIOCÈSE DE SOISSONS ET LAON

Jean-Jules DOURS, par la miséricorde divine et la grâce du Saint-Siége Apostolique, Evêque de Soissons et Laon, Doyen et premier Suffragant de la province de Reims.

Sur le rapport très-favorable qui nous a été fait d'un livre ayant pour titre : *Le Zèle pastoral ou Vie de Monsieur C.-F. Tavernier*, Curé-Archiprêtre de Saint-Quentin, par M. l'abbé Poindron, nous autorisons l'impression de cet Ouvrage, et nous en recommandons la lecture au clergé et aux fidèles de notre diocèse.

Donné à Soissons, sous notre seing, le sceau de nos armes et le contre-seing de notre Secrétaire, le 27 juillet 1866.

† JEAN-JULES,
Evêque de Soissons et Laon.

Par mandement de Monseigneur,
Ledouble, *secrétaire.*

A Monsieur GOBAILLE

CURÉ-ARCHIPRÊTRE DE SAINT-QUENTIN

CHANOINE HONORAIRE DE SOISSONS

Monsieur l'Archiprêtre,

A qui donc mieux qu'à vous, pourrais-je dédier ce modeste ouvrage ? — Il a été écrit sous vos yeux, j'allais presque dire sous votre dictée : vous avez daigné le lire, avant qu'il ne fût livré à l'impression, et je me suis fait un devoir, vous le savez, de suivre scrupuleusement vos conseils. Ce livre vous appartient donc comme à moi.

Mais il vous appartient à un autre titre plus sacré : C'est l'histoire de la vie et des œuvres de votre vénérable prédécesseur, de celui dont vous avez été appelé à recueillir, *comme vous l'avez dit en un jour solennel,* la très-glorieuse et très-lourde succession, enrichie de tant de vertus, de mérites et de bonnes œuvres. *Nous vous l'offrons d'autant plus volontiers, que votre vie pastorale ne doit être que la continuation de sa vie, tout entière consacrée à la gloire de Dieu et au salut des âmes.*

A ces deux titres, M. l'Archiprêtre, je dois en ajouter un troisième que votre cœur a deviné: je veux dire, les bontés particulières que vous n'avez cessé de me prodiguer, dès le jour où sous votre direction, j'ai commencé ma préparation immédiate au sacerdoce. Ce livre sera un hommage, bien faible il est vrai, mais du moins bien sincère de ma profonde reconnaissance à votre égard.

Vous êtes habitué, M. l'Archiprêtre, à estimer l'intention plus que le succès : et mieux que personne, vous savez qu'en écrivant ces pages, je n'ai eu en vue que la plus grande gloire de Dieu et l'édification des âmes. Quel que soit donc leur mérite littéraire, j'ai la confiance que vous voudrez bien les agréer. Votre nom, qui parmi nous brille avec tout l'éclat de la science et d'une haute vertu, fera peut-être leur fortune et leur succès!

— v —

Dans cet espoir, M. l'Archiprêtre, je vous prie d'agréer l'assurance du profond respect avec lequel

J'ai l'honneur d'être,
M. l'Archiprêtre,
votre très-humble et très-obéissant serviteur,

T. POINDRON,
vicaire de Saint-Quentin.

Saint-Quentin, le 1ᵉʳ Août 1866.

PRÉFACE

« La mort des saints, dit le Prophète Royal, est précieuse aux yeux de Dieu. » — Elle est précieuse aussi aux yeux des hommes, et en voyant mourir le juste, qui ne s'est écrié dans un élan de foi et d'amour : « Ah ! puissè-je, un jour aussi, mourir de la mort des justes ! puisse mon heure dernière être semblable à la leur ! »

La mort du saint prêtre surtout est précieuse devant Dieu, et plus que toute autre elle est digne d'envie. Peut-on, sans une pieuse et sainte émotion, entendre sortir de ses lèvres mourantes ces paroles de l'Apôtre : *Ego enim jam delibor, et tempus resolutionis meæ instat; bonum certamen certavi, cursum consummavi, fidem servavi, in reliquo reposita est mihi corona justitiæ, quam reddet mihi Dominus in illa die justus judex* (1).

---

(1) Je suis comme une victime qui a reçu l'aspersion pour être sacrifiée et le temps de ma mort est proche. J'ai bien combattu, j'ai achevé ma course j'ai gardé la foi : Il ne me reste qu'à attendre la couronne de justice qui m'est réservée, et que le Seigneur comme un juste juge me donnera au grand jour des récompenses.

— VIII —

Et ces autres paroles du même apôtre, qui résument si bien et la vie et la mort des ministres de Jésus-Christ : *Mihi vivere Christus est, et mori lucrum.* (2) Sa vie tout entière a été consacrée au service de Dieu ; il a travaillé toujours à étendre le règne de Jésus-Christ ; toutes ses actions, toutes ses paroles tendaient à faire connaître ce Divin Sauveur, et jamais il n'a eu d'autre désir que de le faire aimer. Sa vie même, si je l'ose dire, a été celle d'un autre Jésus-Christ : *Sacerdos alter Christus.* Il a vécu de la vie de Jésus-Christ, puisqu'il n'avait d'autres pensées que ses pensées, d'autres sentiments que ses sentiments ; puisque chaque matin, Jésus-Christ en se donnant à lui au saint autel, faisait battre son cœur contre le sien, et circuler son sang dans ses veines : *Mihi vivere Christus est.* N'est-il pas évident qu'après une telle vie, sa mort ne peut être qu'un gain : *Et mori lucrum.* Un gain ! car sa vie a été très-précieuse au regard de la foi, il a acquis par elle des mérites abondants ; et sa mort n'est que le commencement d'une vie meilleure, elle lui procure un poids immense de gloire, une couronne immortelle : *Et mori lucrum.*

Telle a été la vie, telle a été la mort de

---

(1) Ma vie, c'est Jésus-Christ : et mourir pour moi c'est un gain.

M. Charles-Florimond Tavernier, curé-archiprêtre de Saint-Quentin. C'est cette vie, c'est cette mort que nous voulons faire connaître, pour la plus grande gloire de Dieu, et le plus grand bien des âmes.

Nous le savons, la louange des hommes est souvent vaine et trompeuse : *Pro minimo est*, disait l'Apôtre, *ut a vobis judicer aut ab humano die*. Mais il est une louange que Dieu lui-même approuve, et que l'Esprit Saint, par la bouche du Sage, nous engage à donner « à ces hommes glorieux qui sont nos pères, dont nous sommes les enfants, parce qu'en eux le Seigneur a signalé sa gloire et sa grande puissance.... parce qu'ils ont été grands en vertus et ornés de prudence... et que les peuples ont reçu de la solidité de leur sagesse des paroles toutes saintes.... Et encore : parce qu'ils ont été riches en vertus, qu'ils ont aimé avec ardeur la véritable beauté.... Ils ont acquis parmi leurs peuples une gloire qui passera d'âge en âge, et on les louera toujours pour ce qu'ils ont fait pendant leur vie. » *Omnes isti in generationibus gentis suœ gloriam adepti sunt, et in diebus suis habentur in laudibus*. Ce sont des hommes de charité et de miséricorde, et les œuvres de leur piété subsisteront pour jamais. Les biens qu'ils ont laissés à leur postérité lui demeureront pour toujours. Leurs corps ont été ensevelis en paix, il faut que leur nom vive dans la suite des siècles. C'est pourquoi nous voulons publier leur sagesse et chanter leurs louanges : *Sapientiam ipsorum narrent populi, et laudem eorum nuntiet Ecclesia.* »

Il m'a semblé que ces paroles de nos saints livres pouvaient en toute vérité s'appliquer à M. Tavernier, et que par conséquent son éloge ne serait point désapprouvé de l'Esprit-Saint.

Cette pensée était dans mon cœur depuis le jour où j'ai eu la douleur de perdre un oncle si cher et si vénéré. Mais, je ne le sentais que trop, ce n'était pas à moi qu'il appartenait d'écrire sa vie. Jeune encore, sans expérience comme sans talents, ne devais-je point, en publiant un livre, passer pour présomptueux ? Aussi, j'avais demandé à d'autres de vouloir bien écrire cette histoire.

Un prêtre vénérable, celui-là même à qui j'ai dédié mon ouvrage, et qui a recueilli, comme un héritage sacré, la paroisse et les œuvres de M. Tavernier, avait bien voulu condescendre à ma prière. Connu déjà par plusieurs écrits, et entre autres par *Le pieux Lévite* ou la vie de Charles-Eugène Delaby, que le clergé du diocèse n'a pas lue sans bonheur ni profit ; connu également par ses vertus, par sa science ecclésiastique, sa longue expérience des choses de Dieu, et universellement estimé, ses paroles auraient eu tout le poids et l'autorité que les miennes ne peuvent avoir. Je m'étais chargé de recueillir et de rédiger par ordre de date tous les documents nécessaires pour ce travail : à cela devait se borner ma tâche. Mais, peu à peu, je me laissai entraîner à y joindre quelques réfléxions personnelles, tout en les abandonnant entièrement à l'appréciation de M. l'Archiprêtre. — C'est alors, qu'absorbé d'ailleurs par les occupations du saint ministère et le soin d'une paroisse de plus de trente mille âmes, M. l'Archiprêtre m'engagea à continuer ainsi mon travail, et à publier moi-même cette vie.

Je ne pouvais d'abord me faire à cette idée ; et je le suppliai à plusieurs reprises de vouloir bien donner la dernière main à mon écrit, et le publier sous son nom ; mais ce fut en vain.

Alors, comptant beaucoup sur la grâce qui ne manque jamais à ceux qui l'implorent, comptant aussi sur la richesse de mon sujet, si intéressant par lui-même, et sur l'indulgence du lecteur que je puis réclamer à tant de titres, j'ai fini par m'y résoudre.

Mais, j'étais uni à M. Tavernier par les liens d'une étroite parenté, quelles sont les garanties de sincérité qu'offre son histoire écrite de ma main ?

A cela la réponse est facile : Je raconte, et la plupart du temps sans donner mon appréciation personnelle, des faits connus du grand nombre dans le pays où j'écris : et j'ai été constamment guidé dans mon récit par des renseignements sûrs, recueillis près de diverses personnes étrangères à M. Tavernier, et que souvent je me suis contenté de transcrire, ou auxquels j'ai simplement donné une couleur uniforme.

Je suis heureux de remercier ici ces personnes charitables qui ont bien voulu, en nous transmettant leurs fidèles souvenirs, donner une marque de pieuse reconnaissance à celui qui s'est si généreusement sacrifié pour le salut de leurs âmes. C'est grâce à elles que j'ai pu donner les détails les plus intimes sur toutes les œuvres de M. Tavernier, même sur l'esprit de sa direction au tribunal de la pénitence, et ainsi éviter les lieux communs, qui ne servent nullement à faire connaître le caractère et les vertus de celui dont on écrit la vie.

Enfin, on le verra, M. Tavernier paraît à chaque instant, et c'est lui qui anime ces pages. Bien souvent nous le laissons parler lui-même, et révéler son âme tout entière.

C'est à vous tous, prêtres vénérables du diocèse de Soissons, que nous adressons spécialement ce livre. Vous avez tous connu et estimé M. Tavernier ; il a été et il restera une des gloires de notre clergé diocésain. Un Père de la compagnie de Jésus a dit en parlant de lui : « Quand le clergé de Soissons perdra M. Tavernier. il perdra un des plus beaux fleurons de sa couronne. » Ce sentiment si heureusement rendu, vous l'avez tous partagé : on l'a vu aux marques d'estime et de respect dont vous l'avez toujours entouré de son vivant, aux larmes que vous avez répandues sur sa tombe, et aux regrets que vous exprimez encore au souvenir de sa mort. J'ai donc la confiance que vous lirez avec bonheur l'histoire de sa vie et de ses œuvres.

Vous prier de ne pas lire ces pages dans un esprit de critique, serait chose superflue ; j'aime à le répéter, elles sont écrites sans prétention comme sans recherche. Je n'ai pas voulu faire une œuvre littéraire ; mon unique désir, en publiant cette vie édifiante, a été de contribuer, selon mes faibles forces, à la gloire de Dieu et à l'édification des âmes.

« Je déclare ici en toute simplicité et obéissance, que pour ce petit ouvrage comme pour tout le reste, je me soumets entièrement et sans aucune réserve au jugement de la sainte Église Romaine, mère et maîtresse de toutes les Églises, la ferme colonne de la vérité, et la règle infaillible de la doctrine catholique. Je déclare qu'en employant les termes de saint et de sainteté, ou autre semblable, je n'ai, en aucune manière, la présomption de m'ériger en véritable juge, et que je déférerai toujours, en ceci comme en tout, à la suprême sagesse et autorité de son tribunal (1). »

(1) Cette déclaration est empruntée à la vie de Ch. Eug. Delahy, écrite par M. Gobaille, curé-Archiprêtre de Saint-Quentin.

CHAPITRE Iᵉʳ.

NAISSANCE DE CHARLES-FLORIMOND TAVERNIER. — SES PREMIÈRES ÉTUDES. — SA VOCATION AU SACERDOCE. — PETITS-SÉMINAIRES DE MENNEVILLE, DE LIESSE ET DE SOISSONS. — M. BILLAUDEL.

> Primitiæ Domini sunt.
> Les prémices appartiennent au Seigneur.
> (Liv. des *Nomb*. c. xxi. v. 29).

Non loin de la petite ville de Marle, au diocèse de Soissons, se rencontre, en remontant la vallée, l'humble village de Cilly. Ses modestes habitations sont construites entre deux collines, dans un agréable vallon que baigne la rivière de la Serre.

C'est là que vivaient simples et honnêtes Charles-Florimond Tavernier, et Marie Françoise Gossart, qui exerçaient à la fois la double profession de meunier et de cultivateur : ils avaient tous deux un cœur large et généreux, ils aimaient à faire l'aumône, et, dans les années difficiles, ils venaient en aide à bien des familles pauvres. *L'aumône*, dit un vieux proverbe, *n'appauvrit jamais*; aussi le ciel avait béni leurs travaux et leurs entreprises, et ils avaient acquis une fortune relativement assez belle, et, ce qui est bien plus précieux encore, Dieu avait béni leur mariage, car ils donnèrent naissance à six enfants.

L'aîné, Bernard, fut plus tard, comme son frère, appelé à l'honneur du sacerdoce : Félicité, la troisième, toute jeune encore, fut appelée aux cieux avant d'avoir connu la vie. Le cinquième, Charles-Florimond, est celui dont nous écrivons l'histoire.

Il naquit le 3 mars de l'an 1800, et reçut peu après le saint baptême dans l'église de Cilly, qui, à ce titre, lui demeura toujours si chère. Son berceau fut entouré de tous les soins d'une tendre mère, qui avait pour lui une particulière affection, et voulut le voir grandir sous ses yeux.

Comme beaucoup d'enfants, Charles-Florimond était plein d'ardeur pour le jeu ; mais, dès son jeune âge, on le vit aimable et doux, ennemi des chicanes et de la dispute : ses camarades d'enfance ont conservé de lui le meilleur souvenir ; et, après cinquante ans, ils aimaient encore à le revoir et à l'embrasser.

Charles-Florimond chérissait bien tendrement sa mère. On dit qu'il ne la voulait jamais quitter, et la suivait partout, la tenant par le bas de sa robe. Mais il eut la douleur de la perdre, lorsqu'il était tout jeune encore. Plus tard, il ne parlait jamais sans émotion de sa mère, et du chagrin qu'il eut de la voir sitôt ravie à son amour.

Plusieurs fois pendant ses premières années, il faillit perdre la vie. En jouant sur le bord de l'eau, deux fois, il se laissa choir dans la rivière, et il ne fut sauvé que par une espèce de miracle. Un autre jour, il fut exposé à être écrasé sous une meule de moulin. Mais Dieu, qui avait sur lui des desseins particuliers, le préserva toujours du danger.

Il était tout petit encore lorsque son père l'envoya à l'école du village, et il s'y fit bientôt remarquer par une intelligence précoce et une mémoire des plus heureuses.

A l'âge de neuf ans, il quitta la maison paternelle, et fut placé chez le digne instituteur d'un pays voisin qui tenait un modeste pensionnat pour les enfants des deux sexes : « Nous étions alors, grâce à Dieu, bien innocents, disait M. Tavernier en rappelant plus tard à l'un de ses condisciples cette époque de sa vie, nous étions bien innocents, car jamais nous n'avons même eu la pensée de soupçonner le moindre mal. »

La grâce de Dieu parla dès lors à l'oreille de son cœur et l'appela au sacerdoce en l'inclinant doucement vers les choses saintes. « Samuel était encore enfant quand il entendit la voix de Dieu. » Et c'est à l'âge de trois ans, selon une pieuse et très-respectable tradition, que Marie fut appelée dans le temple par une voix intérieure de la grâce.

Ainsi, c'est ordinairement dès l'âge le plus tendre que se fait sentir la vocation au sacerdoce. Elle se révèle tout d'abord par ce doux et irrésistible attrait vers l'église, l'autel, le tabernacle, le prêtre, les vêtements sacrés, les saints mystères ; elle se développe peu à peu, elle grandit et se fortifie sous l'action de la grâce, et arrive insensiblement jusqu'à une maturité parfaite.

C'est alors qu'elle se traduit par une résolution bien arrêtée, et une volonté que rien n'ébranle : on veut être prêtre, on veut répondre à l'appel certain de Dieu. A mesure qu'on avance vers l'autel et qu'on touche de plus près au sanctuaire, les idées et les intentions s'épurent, on veut être prêtre pour procurer la gloire de Dieu et le salut des âmes.

M. Tavernier ne voulut point s'opposer aux desseins de Dieu, et comme ses deux fils avaient manifesté les mêmes goûts et le même attrait pour le sacerdoce, il les envoya tous deux au petit séminaire de Menneville.

Cette maison fut pour Charles-Florimond comme le berceau de ses vertus cléricales.

Le nom de son fondateur est bien connu parmi nous; je suis doublement heureux de le saluer ici avec une vénération mêlée d'amour; et comme enfant d'un pays qu'il a évangélisé au prix de ses sueurs et au péril de sa vie, et aussi parce son nom revenait bien souvent sur les lèvres de M. Tavernier, qui le regardait à si juste titre comme un modèle, et l'auteur après Dieu de son élévation au sacerdoce: j'ai nommé M. J.-B. Billaudel, (1), un de ces prêtres

---

(1) Ce prêtre vénérable naquit vers le milieu du xviiie siècle, et quoique par droit de naissance il appartînt au diocèse de Reims, il consacra néanmoins sa vie au diocèse de Laon. Il vint s'y fixer en 1780, un an après avoir reçu la prêtrise, et il y fut bientôt suivi par son frère, prêtre comme lui. Ces deux hommes, remarquables par leurs vertus vraiment sacerdotales et par leur inviolable attachement

aimés de Dieu et des hommes, dont la mémoire reste en bénédiction jusqu'aux générations les plus reculées. *Dilectus Deo et hominibus, cujus memoria in benedictione est.*

C'est vers 1810 que le jeune Charles-Florimond fut confié par son père à la direction de cet homme de Dieu.

Qu'on nous laisse dire un mot de la vie qu'on menait à Menneville. Ces détails, empruntés à une notice écrite sur M. J.-B. Billaudel, appartiennent naturellement à notre histoire, puisqu'ils offrent un tableau fidèle des premières années de M. Tavernier.

La pauvreté, et une pauvreté austère, y régnait partout; les bâtiments, construits de terre, étaient de

---

la foi, furent de ceux qui, lors de la grande révolution, donnèrent au ciel un si beau spectacle, et à tous les âges un si bel exemple.

En 1791, tous deux, avec un courage apostolique, refusèrent d'adhérer à la constitution civile du clergé, et de prêter le serment exigé par l'assemblée constituante : ils durent prendre en 92 le chemin de l'exil. Mais trois ans après ils rentraient en France, et au prix des plus grands dangers, toujours sous le coup de la persécution, sur le point mille fois d'être saisis par les révolutionnaires, et sans cesse exposés comme tant d'autres à mourir sur l'échafaud, ils parcouraient, en tous sens, avec plusieurs autres prêtres, l'ancien diocèse de Laon, administrant le baptême aux enfants, donnant aux mourants les dernières consolations de la religion, célébrant le saint sacrifice de la messe dans des caves, dans des granges, dans des réduits.

C'est en 1797, qu'au milieu de tant de périls, sans s'effrayer de la fureur et de la rage infernale des ennemis de Dieu, et appuyé sur une confiance inébranlable dans le secours du ciel, M. J.-B. Billaudel conçut le dessein de pourvoir à la perpétuité du sacerdoce en France, où il n'était que trop menacé de s'éteindre.

Mais comment, et où trouver des jeunes gens qui consentissent à se préparer au sacerdoce, dans un temps où le sacerdoce était comme un engagement au martyre ; où trouver un homme assez courageux pour accepter la direction d'une œuvre si périlleuse, et un lieu assez solitaire pour les mettre à l'abri de dangers toujours imminents.? Aidé du ciel,

la dernière simplicité, et servaient presque tous à plusieurs fins. La chambre du Supérieur était disposée dans une espèce de mansarde, et le réfectoire commun était pris sur une grange voisine. La nourriture était des plus communes, et la plupart des élèves ne buvaient que de l'eau.

Mais, en revanche, il régnait au sein de cette petite famille une franche et douce gaieté ; on y voyait aussi une grande ardeur pour l'étude, et pendant les récréations on se livrait à tous les travaux et exercices corporels auxquels M. Billaudel aimait à engager les plus robustes.

« Ce digne prêtre s'appliquait avec un zèle persévérant et cette énergie de volonté dont le ciel l'avait doué, à réprimer les défauts naissants de ses jeunes

---

cet homme admirable finit par réunir tous ces éléments nécessaires à l'œuvre qu'il méditait.

M. Labrusse, ancien chanoine de Saint-Jean de Laon, s'était retiré au petit village de Menneville, près de Neufchâtel-en-Laonnois ; il s'y tenait caché dans le sein de sa propre famille, l'une des plus honorables du pays, et des plus distinguées par son zèle pour la foi.

M. Billaudel l'engagea à recevoir dans le plus grand secret, un petit nombre de jeunes gens, qu'il avait recueillis au milieu de ses courses apostoliques, et cette œuvre fut fondée la même année qu'elle avait été conçue.

Ce n'est que par une permission toute particulière de Dieu, et grâce sans doute aux vertus et aux prières de son serviteur, que cette humble maison, berceau de nos séminaires diocésains, put échapper à tous les périls qui la menaçaient : jamais elle ne fut ni inquiétée, ni trahie. Vers 1799, plusieurs prêtres déjà en étaient sortis, destinés plus tard à faire refleurir le sacerdoce dans notre malheureuse patrie. Mais en 1808, le vénérable chanoine fut enlevé par une mort presque subite : M. Billaudel se proposa dès lors non-seulement de poursuivre cette bonne œuvre, en s'y consacrant tout entier, mais même de l'étendre et de la mettre en proportion avec les besoins toujours croissants du diocèse. En 1809, grâce à la protection de Mgr l'évêque de Soissons, il avait réuni à Menneville plus de soixante élèves.

élèves ; il leur inspirait par dessus tout, une grande crainte de Dieu, le détachement absolu et l'amour d'une vie frugale et laborieuse. » Ce sont bien là, en effet, les vertus qui domineront dans toute la vie que nous essayons de décrire.

On a toujours remarqué chez ceux qui sont sortis de cette maison une volonté forte et énergique pour le bien, un mépris sincère pour les honneurs, un grand esprit de mortification et un zèle ardent pour la gloire de Dieu et le salut des âmes.

M. Billaudel s'efforçait également d'inspirer à ses jeunes élèves les sentiments de profond respect, d'amour et d'affection pour le saint Siége, dont il était lui-même pénétré, et qui n'avaient fait que s'accroître à la suite des calamités de l'Eglise de France pendant la révolution, et des maux causés par le schisme. Il les exhortait sans cesse à s'attacher inviolablement à l'autorité, et à se défier des opinions qui affaiblissent ses droits. Il leur recommandait souvent de prier pour le pape et pour les évêques. M. Tavernier prouva plus d'une fois qu'il n'avait pas oublié ces premières leçons.

Au mois d'octobre 1811, le petit Séminaire de Menneville fut transporté à Liesse, petite ville célèbre par son pélerinage en l'honneur de la sainte Vierge ; mais un mois après, une mesure rigoureuse en ordonna l'entière suppression.

M. Billaudel, sans se laisser abattre ni décourager par tant de vicissitudes et de revers, usa de tout son crédit et de l'ascendant qu'il avait acquis sur le clergé par ses vertus et son dévouement, pour engager les ecclésiastiques des campagnes à recevoir chez eux les élèves dispersés de son Séminaire, afin de continuer leur éducation cléricale.

C'est alors que le jeune Tavernier fut envoyé chez le vénérable curé de Bernot, près Saint-Quentin, où il passa près de trois années. Il s'appliqua dès lors à l'étude avec une assiduité et des succès qui ne firent que croître avec l'âge.

L'époque de sa première communion étant arrivée, il s'y disposa avec une grande ferveur et il en conserva toujours le souvenir comme du plus beau jour de sa vie; jamais il ne pensait sans émotion au moment où il s'était agenouillé la première fois à la table sainte et avait reçu Notre Seigneur sur ses lèvres toutes tremblantes d'amour.

Ce souvenir, si doux pour ceux qui restent fidèles à Dieu, est mille fois plus suave encore pour ceux qui, à dater du jour où ils ont reçu dans leur cœur le Dieu des vertus, n'ont fait que grandir en sainteté.

Dès ce jour aussi, la vocation du jeune Tavernier, à l'état ecclésiastique, devint plus ferme et plus sûre. Voici un trait qui le prouve. J'emprunte les paroles mêmes de son éloge funèbre (1): « Un jour, son père, qui n'avait pas encore ouvert son cœur à la pratique de la foi chrétienne, voulut, en rappelant près de lui le jeune enfant, mettre obstacle à des vœux

---

(1) Eloge funèbre prononcé par l'abbé Mathieu, dans l'Eglise collégiale de Saint-Quentin, le 30ᵉ jour après la mort de M. Tavernier.

ardents et chers. L'enfant répondit, avec cette fermeté de caractère qui fut si saillante dans toute sa vie : — il est trop tard, vous m'avez fait commencer, mon père, il me faut continuer, je veux être prêtre. — Admirables secrets des desseins de Dieu qui sont toujours, mes Frères, des desseins de miséricorde ! Plus tard, ce père trouvera, dans les exemples de son fils, une apparition constante de la divine vérité.

» Plus tard, l'âme du père et l'âme du fils se rencontreront dans les inébranlables certitudes de la foi. Ils adoreront, ils aimeront, ils prieront ensemble, et ce sera une des premières conquêtes du zèle de Charles-Florimond Tavernier devenu prêtre. »

C'est en 1814, aussitôt après le retour des Bourbons, que M. Billaudel put rouvrir le Séminaire de Liesse, et que Charles-Florimond y rentra avec ses condisciples.

« On a vu constamment régner dans cette maison la plus tendre piété, à laquelle semblent inviter si naturellement les autels de Marie, un calme parfait, beaucoup de simplicité et un grand respect pour la règle et pour les maîtres. Tous ceux qui sont sortis de cette maison en conservent chèrement la mémoire et la bénissent comme le berceau de leur vertu. M. Billaudel était l'âme et le mobile de tout le bien qui s'y opérait ; aussi tous ceux qui l'ont connu, même dans un âge si tendre, ne prononcent maintenant encore son nom qu'avec une profonde vénération. »

Nous n'avons pas d'autres détails sur les premières années de Charles-Florimond ; nous savons seulement qu'il poursuivit avec succès, au petit Séminaire de Soissons, le cours de ses humanités.

Ici se place un trait sans importance réelle, mais que nous ne tairons pas néanmoins, parce qu'il révèle le caractère de celui dont nous écrivons la vie.

A cette époque, les élèves du petit Séminaire étaient obligés d'assister aux classes du Collége. Or, un jour, il advint (pour quel motif? à vrai dire nous l'ignorons), qu'un collégien violemment irrité contre Charles-Florimond, s'oublia jusqu'à le frapper de son canif et lui fit une assez large blessure à l'épaule. La chose parvint aux oreilles de la justice et les parties durent comparaître devant le tribunal. Charles-Florimond ne voulut d'autre avocat que lui-même, plaida sa cause avec une grande assurance et gagna son procès.

En 1818, le jeune Tavernier revint à Liesse et y fit son cours de philosophie sous un professeur, qui, quoique bien jeune encore, brillait déjà par les plus éminentes qualités de l'esprit, et est aujourd'hui l'une des notabilités ecclésiastiques du diocèse de Soissons (1). On remarqua dès lors chez lui un esprit sérieux, un jugement sûr, une intelligence élevée.

Il aimait sincèrement la philosophie, il en étudiait et approfondissait volontiers les questions. Loin de fuir la discussion (on sait que la philosophie humaine

---

(1) M. l'abbé Tévenart, curé-archiprêtre de Laon. Sa modestie nous pardonnera ces quelques mots, en souvenir de l'amitié si fidèle et si vraie qui l'a toujours uni à son ancien élève.

est un terrain où elle naît à chaque pas), il savait la provoquer et la soutenait habilement : en s'efforçant de faire prévaloir son opinion, il ne prétendait pourtant jamais l'imposer aux autres. Et d'ailleurs, il gardait toujours, dans ces innocentes disputes, les formes de la plus exquise politesse; il ne s'écartait jamais des règles de la charité chrétienne, comme il savait ne point sortir des limites de la douceur, et il eût été au désespoir d'attrister un condisciple et de lui causer quelque peine.

En un mot, dès cette époque, tout en lui dénotait ce qu'il sera toujours plus tard, une belle intelligence et un excellent cœur.

CHAPITRE II.

L'ABBÉ TAVERNIER A SAINT-SULPICE. — IL PROFESSE LA PHILOSOPHIE ET LA THÉOLOGIE DOGMATIQUE AU GRAND SÉMINAIRE DE SOISSONS. — IL REÇOIT LA PRÊTRISE EN 1823.

> Funes ceciderunt mihi in præclaris,
> etenim hæreditas mea præclara est mihi.
> Le sort m'est échu d'une manière très-avantageuse,
> car mon héritage est excellent.
> (*Psalm.* xv, v. 6.)

Le jeune Tavernier, en grandissant, n'avait rien perdu de son goût et de son amour pour le sacerdoce : ou plutôt cet attrait, fortifié avec l'âge, était devenu véritablement irrésistible.

« En 1819, il fut envoyé à Saint-Sulpice, pour y faire sa théologie sous la direction du savant et vertueux abbé Gosselin. C'est là que devait se réaliser, pour lui, d'une manière plus prochaine et plus parfaite, la préparation au sacerdoce, que tous les saints docteurs placent dans la piété, la mortification, l'amour des autres et une sainte ardeur pour la science ecclésiastique : préparation qui, selon la remarque d'un pieux évêque, autrefois son condisciple, devait faire de l'abbé Tavernier un apôtre tout armé pour la conquête des âmes. »

Sa régularité, sa ferveur, sa piété étaient admirables. Il était si paisible et si calme qu'il semblait ignorer jusqu'aux tentations et n'avoir d'inclinations que pour la vertu. On admirait son attitude profondément recueillie au pied du tabernacle, la ferveur pleine de confiance et d'abandon avec laquelle il s'approchait de la table sainte, et la pieuse dignité avec laquelle déjà il servait aux saints mystères.

C'est aussi dans cette maison bénie qu'il apprit à connaître mieux encore et à aimer plus tendrement la sainte Vierge. Cette dévotion toute filiale à l'égard de Marie sera celle de toute sa vie sacerdotale, et c'est à elle, comme il l'a plus d'une fois assuré, qu'il devra toutes les bénédictions de Dieu répandues sur les œuvres de son ministère pastoral.

« L'abbé Tavernier était estimé et aimé de ses condisciples et de ses maîtres, c'est le témoignage d'un autre de ses amis. On voyait en lui un modèle de vertus solides, de zèle pour l'étude et les choses sérieuses. »

Il est à Saint-Sulpice un pieux usage, celui de confier les nouveaux venus à un élève plus ancien, auquel on donne pour cela le nom d'*ange gardien*. Pendant son séjour au séminaire, l'abbé Tavernier eut l'honneur de remplir plusieurs fois cet office. Quelques-uns de ceux qu'il dirigea ainsi à leur début dans la vie et les exercices du séminaire, occupent aujourd'hui une position éminente dans l'Eglise. Le pieux et saint évêque d'un des plus beaux diocèses de France, qu'il eut le bonheur de visiter une dernière fois trois ans avant de mourir, lui fit l'accueil le plus cordial et le plus empressé, et il aimait à lui rappeler avec un sourire ami qu'il l'avait eu pour ange gardien à Saint-Sulpice.

« L'abbé Tavernier avait un cœur droit, une âme détachée et mortifiée. Ses condisciples se rappellent encore toutes les sévérités dont il usait envers lui-même, et que sa modestie ne réussit pas toujours à cacher.

» Ainsi il préludait à l'infatigable ardeur de son apostolat futur, sachant que la soumission du corps à l'âme est la seule voie que Dieu ouvre à l'ambition de gagner les âmes au divin amour. Il avait de plus cette heureuse faiblesse (dont on ne saurait trop louer ceux qui s'appliquent au ministère du zèle) le besoin de posséder les cœurs et de donner le sien.

» Assis sur les mêmes bancs avec les futurs évêques d'Orléans, de Chartres, de Nantes, de Séez, d'Evreux, de Besançon, il était leur ami sincère et dévoué; il les charmait par l'aménité de ses conversations, par ses manières polies et agréables. Intelligence cultivée, il semblait parvenu, quoique jeune encore, à la maturité de la science et du talent.

» Sa justesse d'esprit et sa logique étaient remarquables, écrit l'un de ses condisciples bien capable d'en juger; il soutenait vigoureusement les thèses qu'il avait à défendre. Sa voix était respectée dans les classes; quand il faisait une objection (et elle était toujours sérieuse) il n'avait qu'un désir, celui de connaître ou de faire ressortir la vérité.

» Toutefois, les victoires que l'abbé Tavernier remportait dans les luttes théologiques ne le rendaient ni vain ni présomptueux. La modestie et la charité étaient les compagnes de la science en lui. Il fut toujours respectueux envers ses supérieurs, affable et plein de déférence envers ses confrères. Déjà, en un mot, il semblait, au dire d'un de ses anciens condisciples, destiné à devenir une des lumières de l'Eglise par la réunion des vertus sacerdotales qui jetaient en lui, dès lors, un si vif éclat (1). »

L'abbé Tavernier s'adonnait à la théologie par goût comme par devoir, et il disait que cette science avait toujours eu pour lui beaucoup d'attraits. Comme il a été facile de le voir dans la suite, il avait fait de solides études, et il connaissait à fond cette partie de la science ecclésiastique. Plus tard, aidé de l'expérience, il sera un prêtre aussi précieux par ses lumières que par ses vertus.

Il aimait la solitude, et ne sortait que rarement et par devoir. Pendant les années de Saint-Sulpice, il y passa même le temps des vacances et ne retourna pas au sein de sa famille. Il conservera toujours pour cette maison le plus cher et le plus affectueux souvenir; et chaque fois qu'une circonstance l'amènera à Paris, il aimera jusqu'à la fin de sa vie à la revoir, à y visiter ses anciens directeurs, à y prier

---

(1) Cette page est empruntée à l'Eloge funèbre déjà cité. Nous l'avons transcrite textuellement, car il était impossible de mieux dire.

dans la chapelle témoin de ses oraisons et de ses communions préparatoires au sacerdoce, et dans l'église où il avait pris avec Dieu des engagements éternels.

Les pieux séminaristes conservent toute leur vie cette bonne affection pour le séminaire, parce que cette maison, en rappelant à leur cœur les jours de leur noviciat au sacerdoce, leur rappelle les plus beaux, les plus purs et les plus heureux jours de la vie, à peu près comme l'enfant bien né aime toujours la maison paternelle, et le chrétien fidèle, l'église, si pauvre soit-elle, où il a reçu le saint baptême.

Profondément pénétré des pensées de la foi et de la sainteté que Dieu exige de ses ministres, l'abbé Tavernier se prépara avec une grande ferveur à la réception des saints ordres. Il éprouva même parfois, comme quelques saints, de véritables frayeurs aux approches de l'ordination. Un de ces jours-là son impression fut si vive, qu'il s'évanouit en se rendant à l'église.

Une autre fois (c'était, selon toute apparence, la veille de son sous-diaconat) il alla trouver son directeur à l'entrée de la nuit, et lui fit part de ses craintes et de ses alarmes : « Mettez-vous à genoux, lui dit cet homme de Dieu, je vais vous donner ma bénédiction, puis vous irez prendre votre repos, et demain vous direz à Notre Seigneur : me voici parce que vous m'avez appelé. » Telle fut la réponse du directeur ; et l'abbé Tavernier, qui ne savait plus hésiter quand l'obéissance lui imposait un devoir, se releva plein de confiance, et le lendemain se présenta au saint autel avec une paix entière et un calme parfait.

Quelques années plus tard, fortifié par la grâce plus abondante qu'il avait reçue dans le sacerdoce, il écrivait à un jeune séminariste qui l'avait consulté sur sa vocation : « Vous voulez bien, mon bon abbé, me demander ce que je pense de votre appel au sous-diaconat, et si je crois que vous deviez y répondre. Je n'hésite nullement à vous dire que vous devez répondre à Notre-Seigneur avec une humble confiance, comme le jeune Samuel : *Ecce ego quia vocasti me* (1). Ce n'est pas à raison de nos mérites que le divin Maître daigne nous choisir, mais bien à raison de son infinie miséricorde... Il y a des gens qui, quand il s'agit du sous-diaconat, s'imaginent faire à Dieu un bien grand sacrifice, parce qu'en faisant ce premier pas ils renoncent au monde et à tout ce qu'il promet, pour ne s'attacher qu'à Dieu : comme si en vérité ce n'était pas pour nous un honneur infini d'être choisi par un aussi grand maître pour être à toujours attaché d'une manière particulière à son service. »

L'abbé Tavernier, on le voit, se donnait à Dieu comme le conseille l'Esprit-Saint : *Corde magno et animo volenti* (2). Il savait que Dieu aime celui qui

---

(1) Me voici parce que vous m'avez appelé.
(2) De grand cœur et de toutes les forces de l'âme.

donne avec joie : *Hilarem enim datorem diligit Deus.* Il fut très-heureux de se voir obligé à la récitation quotidienne de l'office divin, et, comme il l'a plus d'une fois rappelé dans la suite, il disait alors : « Si seulement j'avais le bonheur de bien réciter le *Gloria patri*, chaque fois que l'Eglise le place sur mes lèvres ! »

Pour faire mieux connaître encore les dispositions qui durent l'animer à cette époque de sa vie, nous allons citer quelques fragments de ses lettres : quoiqu'écrites un peu plus tard, elles ne paraissent que la fidèle expression des sentiments dont son cœur était rempli aux jours de son noviciat au sacerdoce. Nous voulons les reproduire ici, parce qu'il nous coûterait de les passer sous silence, et qu'elles trouveraient difficilement leur place ailleurs.

« Plus que jamais, écrivait-il au jeune sous-diacre dont nous venons de parler, plus que jamais vous allez vous appliquer à devenir plus tard un saint prêtre, selon le cœur de Dieu. Vous allez, dès ce moment, plus que jamais poser les solides fondements d'une vie vraiment sacerdotale. Or, vous savez comment s'y prennent les architectes qui veulent bâtir un édifice solide ; ils creusent à proportion de l'élévation qu'ils veulent lui donner. Ainsi, voulons-nous élever bien haut l'édifice d'une piété solide, creusons bien avant, c'est-à-dire, humilions-nous, abaissons-nous en toutes choses, soyons toujours très-petits à nos propres yeux. Ce doit être là, si j'ai bon souvenir, la vertu favorite des sous-diacres, et à bien plus forte raison des prêtres. C'est par là que nous deviendrons des hommes solidement vertueux et propres à toutes sortes de bonnes œuvres. »

« Les principales vertus nécessaires aux ministres de Jésus-Christ, écrivait-il encore, sont un détachement complet de tout ce que le monde estime, un entier oubli de soi-même, pour la plus grande gloire de Dieu, un dévouement sans bornes et que rien ne déconcerte, et une tendre dévotion envers la sainte Vierge qui est comme la clef des cœurs, enfin une grande et continuelle défiance de soi-même pour ne compter que sur Dieu. »

« L'étude de la théologie, dit-il encore dans une autre lettre, est d'une indispensable nécessité, c'est bien un motif assez puissant, quand on ne cherche que Dieu, pour s'y livrer avec ardeur : ce n'est pas nous qu'il faut envisager en cela, mais la gloire de Dieu et le salut des âmes. Nous devons donc nous efforcer de devenir des hommes solides en science comme en vertu. »

L'abbé Tavernier estimait donc la science et la regardait comme indispensable pour le prêtre, mais il mettait toujours au premier rang la vertu, car il ajoute : « D'ailleurs, nous aurons plus tard bien assez d'acquit si nous conservons l'amour de l'étude. Nous devons nous appliquer par dessus tout à devenir des hommes de Dieu. »

En 1822, l'abbé Tavernier recevait l'ordre sacré du Diaconat, et terminait son cours de théologie.

Sur ces entrefaites, Monseigneur de Villèle, nommé

à l'évêché de Soissons pour succéder à Monseigneur de Beaulieu, vint se faire sacrer à Paris, et, peu de jours après, il célébra la sainte Messe dans la chapelle de Saint-Sulpice. L'abbé Tavernier, comme son diocésain, fut désigné pour la lui servir ; après le saint Sacrifice, il demanda comme une précieuse faveur à son nouvel Évêque, l'autorisation d'entrer dans la Congrégation des Sulpiciens, vers laquelle il se sentait attiré, pensait-il, par un mouvement de la grâce. Monseigneur de Villèle la lui promit, mais réserva pour plus tard, et après son arrivée dans le diocèse de Soissons, son consentement définitif.

L'abbé Tavernier attendait impatiemment le jour où il pourrait, en se donnant à cette pieuse et noble société au sein de laquelle la modestie et les vertus ont toujours été les compagnes de la science, renoncer à toutes les espérances d'avenir que pouvait lui offrir son diocèse natal, et que semblaient lui promettre ses talents déjà appréciés.

Mais peu de temps après, Monseigneur de Villèle lui fit répondre que le diocèse était trop dépourvu de prêtres, pour qu'il lui fût permis de le quitter et de donner suite à son projet.

L'abbé Tavernier ne pouvait résister aux ordres de son Evêque, motivés d'ailleurs par une raison aussi grave : et, sans renoncer peut-être à réaliser plus tard et dans des temps plus heureux le pieux dessein qu'il avait conçu, il rentra au sein de son diocèse ; c'est alors que Monseigneur de Villèle lui confia la chaire de philosophie du grand Séminaire.

L'abbé Tavernier, c'est le témoignage de ses anciens élèves, savait répandre sur les questions philosophiques, souvent aussi sèches et arides par elles-mêmes qu'elles sont obscures et incertaines, l'intérêt qui attache à une étude et la lumière qui satisfait l'intelligence. On dit même qu'il s'était passionné pour un système fameux improuvé depuis par l'Eglise, mais qu'un grand nombre avaient embrassé sans trop prévoir toutes les conséquences que son auteur voulait en déduire.

Ennemi irréconciliable de ce latin barbare dont le moindre inconvénient est d'émousser le goût littéraire, et le plus grave de rendre encore plus obscures des propositions qui ne le sont déjà que trop, il parlait un latin élégant et facile. Il savait développer habilement une thèse et conduisait fort bien une argumentation.

Peu confiant dans les souvenirs qui lui restaient de ses propres études et dans les moyens naturels dont il était doué, il préparait son cours avec soin, et c'est ainsi qu'il se fit pardonner sa jeunesse.

L'année suivante, il professa la théologie dogmatique. « C'était toujours même activité d'esprit, même logique serrée et vigoureuse, même profondeur de vues : ses enseignements, comme ceux de toute grande théologie, étaient pleins de haute raison. C'était aussi même régularité, même détachement, même application à ses devoirs, même sentiment de foi transpirant dans toute sa conduite. »

L'abbé Tavernier avait dès lors le secret de se faire

aimer, et tous ceux qui l'ont connu à cette époque ont toujours conservé pour lui une vraie et sincère affection. Quelques-uns même doivent à sa direction et à ses conseils de n'avoir pas quitté la carrière cléricale, et lui sont ainsi redevables après Dieu de la grâce du sacerdoce.

A la Trinité de 1823, l'abbé Tavernier reçut la prêtrise des mains de Monseigneur de Villèle.

Qu'on nous permette encore de citer ici une lettre qu'il écrivait plus tard à l'un de ses parents à la veille d'être promu au sacerdoce. Nous ne pouvons douter, comme l'indique d'ailleurs assez clairement un passage de cette lettre, que telles n'aient été ses propres dispositions, lorsque lui-même était sur le point de recevoir cette grâce ineffable.

« Mon cher ami,

» Je ne veux pas cette fois laisser ta lettre sans réponse, car elle m'annonce le grand événement qui va marquer plus que jamais ta vie d'un caractère sacré et indélébile, et te consacrer définitivement au service de Dieu et au salut des âmes.

» Quel appel et quel privilége de la part de Dieu! mon bien cher ami. N'est-ce pas le cas de chanter avec l'auguste Vierge dans son magnifique cantique de reconnaissance : *Deposuit potentes de sede, et exaltavit humiles* (1). Aussi le premier sentiment que doit t'inspirer la reconnaissance, *c'est une profonde*

---

(1) Il a fait descendre de leurs trônes les puissants et il a élevé les humbles.

humilité. Marie d'Agréda rapporte dans son admirable ouvrage sur la vie divine de la très-sainte Vierge, qu'à chaque nouvelle faveur et à chaque nouveau privilége que la mère de Dieu recevait du ciel, elle s'abîmait pour ainsi dire dans son néant, afin de réserver au Seigneur toute la gloire de ses dons, et c'est bien là assurément ce qui attirait sur elle tant de grâces nouvelles : *Deus superbis resistit, humilibus autem dat gratiam* (1).

» Après ce premier sentiment, demande à Dieu, et je le ferai avec toi, *une foi bien vive* ; puisque tu vas être appelé, par le sacerdoce, à consacrer, à toucher de tes mains, à recevoir chaque jour et à distribuer aux fidèles le grand mystère de foi par excellence, *mysterium fidei*, comme nous le rappellent à chaque messe les paroles de la consécration du précieux sang.

» Le père de la Colombière s'emparant de la parole de saint Augustin : *ama, et fac quod vis* (2), changeait, en parlant de ce mystère, le mot *ama* en celui de *crede. Crede, et fac quod vis* (3) ; voulant par là faire comprendre aux prêtres et aux fidèles que le degré de leur foi sera celui de leur ferveur avant, pendant et après la célébration des saints mystères. Cette deuxième disposition te fera nécessairement sentir l'indispensable nécessité d'une troisième, qui n'en est que la conséquence, je veux dire une grande

---

(1) Dieu résiste aux superbes, aux humbles seuls il donne sa grâce.
(2) Aime et fais ce que tu veux.
(3) Crois, et fais ce que tu veux.

pureté de cœur. Notre Seigneur lui-même nous a indiqué les moyens de l'acquérir : la vigilance et la prière ; mais une vigilance et une prière constantes et de chaque jour. C'est là ce qui a manqué à David et à Salomon...

» J'y ajoute, sans sortir de la pensée du maître, le lavement des pieds. Il est difficile, souvent même impossible, dans l'exercice du saint ministère, de se confesser tous les jours comme saint Charles. Il y a un immense avantage à le faire régulièrement tous les huit jours, si c'est possible ; et je te recommande singulièrement cette pratique dont je me trouve admirablement bien. Autrement, si, à raison des circonstances où tu te trouveras placé, la chose n'est pas possible, n'attends jamais au-delà de quinze jours... *Quis ascendet in montem Domini, aut quis stabit in loco sancto ejus ? innocens manibus et mundo corde. Qui diligit cordis munditiam habebit amicum regem.* (1)

» Si tu apportes, mon cher ami, au jour de ton ordination, et si tu as le bonheur de porter chaque jour, dès lors, au saint autel ces trois dispositions, Notre Seigneur ne demandera plus de toi qu'une chose, une seule chose. C'est que, comme par amour il s'est livré pour nous, *dilexit me et tradidit semetipsum pro me*, (2) tu saches aussi te livrer pour lui et pour ses brebis.

---

(1) Qui donc s'élèvera au haut de la montagne qu'habite le Seigneur, et qui sera admis dans le lieu saint ? Celui qui est innocent, celui qui a le cœur pur ; celui qui aime la pureté du cœur aura pour ami le roi des rois.

(2) Il m'a aimé et s'est livré pour moi.

» *Da totum pro toto* (1), dit si bien et en plusieurs endroits l'admirable auteur de l'Imitation (que, par parenthèse, tu ne saurais jamais trop lire ni trop méditer, ni trop faire lire à tous ceux et à toutes celles que tu en trouveras capables. Ce livre, pour le dire en passant, a presque été toute ma pharmacie, et je m'en suis bien trouvé toujours pour les autres comme pour moi.)

» Ainsi donc, mon cher ami, le dernier mot de Notre Seigneur, qui va te combler de tant de faveurs et t'élever si haut, c'est uniquement le *da totum pro toto*. C'est là tout ce qu'il a prétendu demander au bon saint Pierre, et en sa personne aux futurs pasteurs de tous les siècles, quand il lui dit : *Petre, amas me ? diligis me plus his ? pasce agnos meos, pasce oves meas.* (2) La preuve de l'amour, c'est le *tradidit*, c'est le dévouement, mais entier, absolu, complet, sans réserve et surtout constant. Sans cela le *tradidit* qui dit tant de choses et le *da totum*, qui en est la traduction, n'y serait pas.

» Oh ! demande bien tout cela, mon cher ami, au jour précieux de ton ordination, et surtout au moment de l'imposition des mains. Je ne saurais rendre encore maintenant l'impression vive et profonde que je ressentis à ce moment de mon ordination, et que je n'ai jamais oubliée. C'est à ce moment, soit dit entre nous avec simplicité, que j'ai toujours attribué

---

(1) Donne-toi tout entier à celui qui s'est donné à toi sans réserve.
(2) Pierre, m'aimez-vous, m'aimez-vous plus que les autres ? Paissez mes agneaux, paissez mes brebis.

les grâces particulières et les consolations dont Notre Seigneur a bien voulu me combler en ce jour à jamais béni.

» Adieu, prépare-toi bien, bonne retraite, courage et confiance ; …. etc….

L'humilité, la foi vive, la pureté du cœur et le dévouement, telles sont donc les vertus que l'abbé Tavernier regardait comme essentielles au prêtre, et nous allons voir en effet qu'elles furent toujours les vertus dominantes de sa vie sacerdotale. Puisse le ciel bénir les exemples qui nous ont été donnés par ce fidèle ministre et leur faire porter des fruits pour la sanctification des âmes et la plus grande gloire de Dieu !

CHAPITRE III.

M. TAVERNIER CURÉ DE BURELLE. (1824-1828.) — PUIS DE ROSOY-SUR-SERRE. (1828-1837).

> *Ego veni ut vitam habeant, et abundantius habeant.*
> « Je suis venu afin de leur donner la vie,
> » et une vie plus abondante. »
> (Evang. *St-Jean*, c. x, v. 10.)

L'abbé Tavernier eût volontiers consacré toute sa vie à l'enseignement de la théologie; son amour pour la Congrégation de saint Sulpice, uniquement vouée à cette noble mission, en est une preuve. Il avait d'ailleurs toutes les qualités d'un excellent professeur de grand séminaire : une modeste gravité, une vertu aimable et solide, l'amour de l'étude et surtout des études sacrées, un jugement sûr, un esprit pénétrant, une élocution facile, et une grande clarté d'exposition.

« Mais, les desseins de Dieu ne sont pas les desseins des hommes. Il y a dans sa volonté providentielle une vocation spéciale pour chacun de nous, et une perfection relative à laquelle il lui est demandé d'atteindre. C'est ce qu'on pourrait appeler, avec saint Paul, la volonté de Dieu renfermant ce qui est bon et ce qui doit nous conduire à la sainteté. Suivre cette volonté, tel doit être notre but, dût-il en coûter des épreuves et des sacrifices; dussions-nous, au milieu d'emplois obscurs, ensevelir de brillantes qualités et de sérieuses espérances, il faut être prêt à tout pour accomplir, jusque dans ses détails, la volonté de Dieu.

» La noble et sainte vie que nous retraçons nous en donne le magnifique exemple. Il semble que l'enseignement de la philosophie et de la théologie ait dû la remplir tout entière. » (1).

Mais Dieu en avait disposé autrement, et voulut ouvrir devant M. Tavernier une autre carrière, où pourrait se déployer l'activité dévorante de son zèle, et où ses vertus d'apôtre devaient produire tant de fruits dans l'Eglise. Dieu voulait faire de lui un curé. Un curé! noble et sainte création du cœur de Jésus, et le continuateur de son œuvre rédemptrice! Un curé, c'est-à-dire un pasteur, un père des âmes!

Qu'il soit à la tête d'un nombreux et riche troupeau, ou qu'avec sa science et ses vertus il soit caché aux regards des hommes et comme enseveli dans un hameau, un humble village, le curé est toujours cet homme admirable qui, selon la parole du Maître, oublie son père et sa mère, ses frères et ses sœurs, et se consacre tout entier à une nouvelle famille d'adoption, ne vivant et ne respirant plus que pour elle; il est cet homme qui dépense ses forces, sa

---

(1) Eloge funèbre de M. Tavernier.

santé, et donne lentement sa vie dans l'exercice d'un ministère d'autant plus méritoire qu'il est plus obscur et moins apprécié d'un monde frivole ; il est ce pasteur qui ne doit jamais abandonner son troupeau, ni lui refuser les soins de son ministère même dans les circonstances les plus difficiles et les plus périlleuses; il est ce pasteur enfin qui, à l'exemple de Jésus-Christ et des saints doit savoir donner sa vie pour ses brebis. *Bonus pastor animam suam dat pro ovibus suis.*

Voilà les traits qui caractériseront toujours M. Tavernier, devenu pasteur des âmes, et sa devise sera ces paroles de l'apôtre : *Omnia impendum et superimpendar ipse pro animabus vestris.* (1)

Monseigneur lui confia la cure de Burelle et Gronard, deux petites paroisses, proches de son pays natal, et formant ensemble une population d'environ 800 habitants.

Le nouveau curé conçut tout d'abord pour ces âmes, dont il devenait le pasteur, la plus vive affection; et quoique dans la pensée de Monseigneur, il n'y fût que momentanément pour rétablir sa santé compromise par les fatigues de l'enseignement, il s'y regardait comme définitivement fixé; et il pria avec instances son évêque de le laisser au milieu de ce bon peuple qu'il aimait et dont il avait été si vite et si sincèrement aimé.

Cette affection pour sa paroisse est une des pre-

---

(1) Je sacrifierai tout, et je me sacrifierai moi-même de grand cœur pour le salut de vos âmes.

mières qualités d'un curé, et la première condition pour faire le bien ; on ne se dévoue que pour ceux qu'on aime ; *Dilexit me et tradidit semetipsum pro me.* C'est parce que Notre Seigneur nous a aimés qu'il s'est livré pour nous. Et puis le peuple, qui sent bien quand on l'aime, ne tarde pas à répondre au cœur par le cœur, à l'amour par l'amour et au dévouement par le dévouement.

Et c'est à Notre Seigneur que reviennent en dernière analyse cet amour et ce dévouement, car c'est lui qu'on aime dans son ministre : et c'est aussi sa gloire qui en résulte ; car un pasteur aimé de sa paroisse sera toujours un pasteur utile au bien des âmes, et son ministère sera béni. Mais autrement, sa parole ne trouverait pas d'écho dans les cœurs, son ministère serait presque toujours frappé de stérilité.

M. Tavernier d'ailleurs trouvait à Burelle et à Gronard des âmes riches de foi et bien préparées à la bonne semence de l'Evangile.

Il s'appliqua à profiter de leurs pieuses dispositions pour développer les éléments de bien qu'il trouva parmi elles, et c'est là qu'en affermissant les justes dans la vertu, en s'efforçant par ses exhortations incessantes et la ferveur de ses prières de ramener les pécheurs à Dieu, en se livrant avec une remarquable assiduité à toutes les occupations du saint ministère, en soutenant et en vivifiant toutes les œuvres de son prédécesseur, en ranimant le zèle des confréries, et surtout de celle de la sainte Vierge établie avant son arrivée, « il préludait aux œuvres vraiment étonnantes qu'il réalisera plus tard. » Aussi quoique son séjour y ait été de si courte durée, son zèle y est resté populaire, et, aujourd'hui encore, après quarante années, son nom est béni et vénéré.

La paroisse de Burelle n'avait pas alors de presbytère, et M. Tavernier, pendant les quatre années qu'il y passa, dut se contenter pour toute habitation de deux chambres des plus modestes dans la maison d'un fermier. C'est lui qui prépara, avant de quitter cette paroisse, la construction du presbytère actuel.

En 1825, Mgr de Simony succédait à Mgr de Villèle sur le siége épiscopal de Soissons. L'année suivante, l'arrondissement de Vervins eut la faveur de sa première visite pastorale : et c'est à Vervins que Monseigneur vit pour la première fois le jeune curé de Burelle. Le saint évêque fut frappé de son extérieur et charmé de sa conversation ; et de ce jour date l'affection toute paternelle qu'il lui a toujours gardée jusqu'à sa mort.

En 1828, il le nomma à la cure de Rosoy-sur-Serre, devenue vacante (1).

---

(1) Rosoy est un bourg de l'ancienne Thiérache, agréablement bâti sur le penchant d'une colline, près de la rive gauche de la Serre, à dix lieues de Laon. Sa population est de près de 2,000 âmes. Son église, ancienne collégiale fondée au commencement du xi° siècle par un seigneur du pays, comptait au siècle dernier jusqu'à vingt-neuf chanoines. Le chapitre de Rosoy subsista jusqu'en 1789 ; un certain nombre de chanoines s'y trouvaient même encore au mois de février 93, mais vers le milieu de cette année, tous disparurent comme tant d'autres dans la tourmente révolutionnaire.

M. Bertrand, Guillaume, curé de Notre-Dame de Rosoy, avait émigré au mois de mai 1791 ; et revenu de l'exil quelque temps avant le concordat, il fut réinstallé dans la cure de Rosoy. Après avoir évangélisé ce

— 32 —

Le 3 décembre, il fit son entrée solennelle dans sa nouvelle paroisse.

La cérémonie de l'installation, présidée par M. le Doyen de Montcornet, vit accourir toute la paroisse. On en a conservé le pieux souvenir, et aujourd'hui encore on répète que tous les cœurs en furent pénétrés. Tous les regards se portaient sur le nouveau pasteur; et on admirait en lui cet air de dignité qui relevait toute sa personne, cette modestie, cette piété et ce recueillement qu'il conservait toujours, mais qui paraissait surtout au milieu des cérémonies sacrées. Dans son premier discours, M. Tavernier révéla son âme tout entière, et conquit dès lors l'affection de son troupeau.

Trois jours seulement après son installation à Rosoy, plusieurs Pères Jésuites, à sa demande, vinrent donner une mission qui dura six semaines, et produisit les plus heureux fruits dans les âmes : « La mission, nous écrit une personne qui y prit part, fut donnée et suivie avec un entrain extraordinaire : les zélés missionnaires donnaient chaque

---

peuple pendant plus de cinquante années, il mourut en 1828, âgé de 92 ans, laissant à sa famille spirituelle le plus précieux et le plus riche des héritages, je veux dire le souvenir de son inviolable attachement à la foi, de son grand zèle pour le salut des âmes et de toutes les vertus qui font les prêtres selon le cœur de Dieu.

A une lieue de Rosoy, vers l'ouest se trouve le petit village de Soize, composé d'environ 350 habitants : la population y est remarquable par la simplicité de ses mœurs, ses habitudes calmes et paisibles et sa foi vive; dans toute la Thiérache il est peu de paroisses aussi pieuses, et qui aient aussi soigneusement conservé sa religion au milieu du malheur des temps. Soize était alors annexé à la paroisse de Rosoy; et tel est le double champ assez vaste déjà qui fut confié au zèle de M. Tavernier.

jour deux instructions, une le matin et l'autre le soir.

» L'affluence, à certains jours surtout, était immense, et force était de s'asseoir jusques sur les marches du sanctuaire et le marche-pied de l'autel; les allées étaient encombrées de fidèles, et notre église, on le sait, est cependant assez vaste.

» Dieu seul connaît tout le fruit produit par ces pieux exercices, et toutes les bénédictions qu'ils attirèrent sur le ministère de M. Tavernier à son début. Le jour de la communion générale, on ne put se présenter à la table sainte aux places accoutumées, et les communiants furent rangés du maître-autel au portail sur deux lignes qui se renouvelaient successivement. Oh! comme nous aimons à nous reporter par le souvenir aux jours de cette mission : jamais nous n'avions connu des jours aussi heureux, jamais nous n'avions goûté une joie si pure : partout, dans toutes les conversations, il n'était question que de la mission. Les ouvriers chantaient même pendant leur travail les cantiques qu'ils avaient entendus à l'église, et que leur avaient appris le zélé pasteur et ses bons missionnaires. Je me souviens que plusieurs instructions faites sous forme de controverse, eurent un plein succès. »

Vers la fin de la mission, on établit la Congrégation en l'honneur de la sainte Vierge.

Pour y être admises, les jeunes personnes devaient mener une vie sérieusement chrétienne; renoncer sincèrement aux plaisirs du monde et à ses vanités, à la danse surtout.

Le dimanche soir, on se réunissait pour chanter les vêpres de la sainte Vierge, à la suite desquelles il y avait toujours une instruction, et deux fois par mois le salut du Saint-Sacrement.

Un petit règlement pour l'association fut dressé et imprimé par les soins du bon curé qui trouvait du temps pour toutes les œuvres de zèle : « Mes chères enfants, disait-il souvent, vous ne vous soutiendrez pas au milieu du monde, sans la dévotion à la sainte Vierge ; et il faut nécessairement que Marie soit la gardienne de votre vertu. » Six mois plus tard, à la fête de l'Assomption, eut lieu la réunion générale de la Congrégation. Un Père de la Compagnie de Jésus, qui avait pris part aux travaux de la mission, revint à Rosoy pour cette pieuse solennité.

Les jeunes filles de Soize et de Rosoy, au nombre de 130, étaient réunies dans le sanctuaire, où un autel avait été dressé exprès pour cette cérémonie. Les Congréganistes, vêtues de blanc, le front couvert d'un voile, et tenant un cierge à la main, vinrent deux à deux faire leur consécration à Marie aux pieds de sa douce image.

Le cœur du zélé pasteur surabondait de joie à la vue de ce triomphe remporté sur le monde et sur ses illusions. Ah ! qu'il était heureux d'offrir à Marie cette couronne de jeunes vierges, mille fois plus précieuse à ses yeux qu'une couronne d'or enrichie de pierreries. Ses paroles toujours si pieuses et si pénétrantes, furent ce jour-là plus touchantes que jamais. Il aimait à dire que ce jour avait été un des plus beaux de sa vie, et qu'il n'en avait jamais perdu le souvenir.

M. Tavernier ne se contentait pas d'établir des œuvres, il était surtout admirable dans sa constance à les soutenir. Ainsi, il assistait avec la plus exacte assiduité à toutes les réunions de sa chère Congrégation, et chaque dimanche il faisait une conférence aux associées.

Sa parole onctueuse pénétrait toutes les âmes, et on était si heureux de l'entendre que le temps ne manquait à personne pour assister à ces pieux exercices en l'honneur de Marie. Les habitantes des hameaux éloignés bravaient la pluie, la neige et le froid pour s'y rendre : « C'est là, disent-elles encore aujourd'hui, qu'elles reprenaient force et courage pour supporter les fatigues de la semaine. »

« M. Tavernier était toujours pénétré des vérités qu'il annonçait, et cette conviction il la communiquait aisément. Aussi a-t-il élevé la paroisse de Rosoy à un degré de piété qui l'a fait placer au premier rang parmi les meilleures paroisses du diocèse. »

C'est encore grâce à cette Congrégation que le zélé pasteur eut le bonheur d'éloigner une foule de jeunes personnes des divertissements profanes, toujours si dangereux pour leur vertu.

Mais comme il faut des récréations à tout le monde, que l'esprit ne peut être continuellement appliqué aux choses sérieuses, et qu'il y a d'ailleurs des récréations non-seulement permises mais conseillées par la religion, M. Tavernier, en détournant la jeunesse des plaisirs coupables, dut chercher à lui en procurer d'innocents. Il loua à ses frais un enclos agréable près de l'église.

Là, les jeunes filles vertueuses se retrouvaient dans l'union d'une amitié pure et sainte, et pouvaient selon leur âge et leur goût se récréer sans péril. Le chant des cantiques remplaça les chants légers ou dissolus; les plaisirs calmes et purs remplacèrent les joies trompeuses et bruyantes des mondains.

C'est vers la même époque que M. Tavernier fit ériger dans son église le Chemin de la Croix. Il aimait à parler des souffrances de Notre-Seigneur; et souvent il exhortait les fidèles à parcourir les stations douloureuses, si fécondes en indulgences, en bénédictions spirituelles et en grâces de conversion.

Tous les jours on voyait un certain nombre de personnes pieuses suivre le Divin Maître sur le chemin ensanglanté du Calvaire, et, en rappelant à leur cœur les souffrances et la passion de Jésus-Christ, devenir plus pures, plus mortifiées et plus ferventes.

C'est encore M. Tavernier qui rétablit dans la paroisse de Rosoy les exercices quotidiens du *Mois de Marie*, et qui fonda l'association du *Rosaire vivant*.

C'est à lui que la même paroisse est redevable des exercices en l'honneur de saint Joseph pendant le mois de mars.

C'est lui qui la consacra au *Sacré-Cœur de Jésus*. Le premier vendredi de chaque mois, il célébrait la sainte messe en l'honneur de ce cœur divin, et il avait ce jour-là la consolation de distribuer de nombreuses communions. Le soir il donnait le salut du très-saint Sacrement, auquel avait lieu l'amende honorable. C'est plus tard seulement que ces pieux usages furent répandus dans tout le diocèse de Soissons par Mgr de Garsignies.

Pendant son séjour à Rosoy, M. Tavernier revêtit aussi du *saint Scopulaire* un grand nombre de personnes ; et il avait soin, pour donner plus de prix à cette insigne faveur, de faire connaître l'origine de cette dévotion, ses pratiques et les avantages si précieux qu'elle procure.

En un mot, il n'était pas de moyen qu'il ne prît pour procurer le bien des âmes, et pour les faire avancer dans la vertu.

Il recommandait instamment *la communion fréquente,* mais en même temps *la préparation* et *l'action de grâces* auxquelles il attachait le plus haut prix; telle était la délicate attention de sa pieuse charité, qu'il récitait lui-même à haute voix dans le chœur les prières ordonnées par les souverains Pontifes pour gagner les indulgences à certains jours de fête.

Il enseignait aussi aux fidèles *la pratique de l'oraison,* et il procurait lui-même des livres où la méditation était toute tracée. Peut-être est-il à propos de rappeler ici ce qu'il disait si bien : « Les personnes simples, les personnes du peuple sont aptes à l'oraison comme les plus instruites. Il suffit pour faire oraison d'avoir un cœur; l'esprit ne joue, dans cet acte de religion, qu'un rôle accessoire. »

Et l'on comprend sans peine le zèle qui poussait les saints à faire connaître et aimer l'exercice de l'oraison. L'oraison ou la méditation n'est pas seulement nécessaire aux prêtres et aux religieux ; entendue dans le sens large du mot, elle est nécessaire à tous les chrétiens. Car ainsi comprise, l'oraison se confond avec la réflexion, et la réflexion est nécessaire au salut, puisque *la terre n'est désolée d'une si grande désolation que parce qu'il n'y a personne qui réfléchisse en son cœur.*

M. Tavernier exhortait vivement à *la visite au saint-Sacrement* ; lui-même donnait le premier l'exemple de cette pieuse pratique : et vers le soir un bon nombre d'âmes fidèles venaient s'agenouiller avec lui au pied du tabernacle où réside le Dieu Eucharistique. Que de grâces, et pour soi-même et pour les autres, on obtient dans ces entretiens intimes avec Notre Seigneur, et par ces ferventes prières qui vont si directement à son cœur sacré !

Monsieur Tavernier introduisit aussi dans sa paroisse la pratique dite *de l'heure sainte*.

L'Église de Rosoy, comme tant d'autres sanctuaires, avait perdu, pendant la révolution, la plus grande partie de ses beautés et de ses richesses ; il s'occupa avec zèle de l'embellir et de l'orner, c'est lui qui prépara les fonds nécessaires pour l'achat de la grille du sanctuaire, et pour la construction de deux sacristies.

Non content de faire le bien dans sa paroisse, il saisissait toutes les occasions qui se présentaient d'être utile même aux âmes qui n'étaient pas spécialement confiées à ses soins. Dès le début de son ministère, et toujours depuis, il eut à cœur de faire connaître aimer et honorer la très-sainte Vierge, pour laquelle il avait la plus tendre dévotion.

On sait qu'au commencement de ce siècle, dans notre malheureuse église de France, les pasteurs relevaient à grand'peine l'édifice de la religion, en recueillant les débris épars de la foi et de la piété des anciens jours.

Quand M. Tavernier vint apporter à leurs travaux sa part de zèle et d'activité, déjà bien des institutions pieuses avaient refleuri ; mais dans un grand nombre de paroisses on n'avait pas encore revu les exercices particuliers de dévotion en l'honneur de Marie.

Or, à Burelle et à Rosoy, ainsi qu'à Soissons et à Saint-Quentin, M. Tavernier était connu comme un prêtre fort assidu au confessionnal.

On savait aussi (car ces choses se reportent) qu'il était très-zélé pour la sanctification des âmes qu'il dirigeait. On venait donc souvent le trouver des paroisses voisines.

Et alors, s'il rencontrait quelques âmes plus ferventes, il s'en servait comme d'instruments pour étendre et propager le bien dans les pays environnants.

Il les engageait à se réunir le dimanche soir, avec l'autorisation de leur curé, au pied des autels de

Marie, et à chanter à la louange de cette vierge auguste quelques cantiques, ou les psaumes de son office, ou ses litanies.

Peu à peu le nombre des enfants de Marie allait s'augmentant, le curé voulait alors présider lui-même la pieuse réunion : et c'est ainsi, qu'en plusieurs paroisses se sont trouvées établies, par le zèle industrieux de M. Tavernier, des confréries en l'honneur de la sainte Vierge

Oh ! qu'un prêtre zélé peut faire de bien au confessionnal ! son ministère est humble et ignoré, mais qu'il peut devenir abondant en fruits de salut ! Nonseulement c'est par ce ministère que les âmes sont sanctifiées ; mais ces âmes saintes à leur tour, inspirées et dirigées par un saint confesseur, deviennent comme autant d'apôtres et de pieuses auxiliaires pour les œuvres de zèle. Ainsi l'action du prêtre s'étend au loin, ainsi le prêtre se multiplie en quelque sorte, et répand en tous lieux la bonne semence qui produit pour le ciel !

Une des occupations les plus douces et les plus chères au cœur de M. Tavernier, c'était le soin des enfants ; et sous ce rapport aussi son ministère a été béni de Dieu. Le plus grand nombre a répondu aux efforts de son zèle ; et il a eu la consolation de voir s'élever autour de lui une génération chrétienne et pure.

Mais aussi avec quel zèle ne travaillait-il pas ces jeunes âmes. Il donnait tout le temps nécessaire à la confession des enfants ; il les engageait avec une extrême douceur à s'ouvrir à lui sans crainte, à lui dire toutes leurs fautes ; et avec une admirable patience et une bonté toute paternelle, il leur indiquait les moyens à prendre pour sortir d'une mauvaise habitude, corriger leurs petits défauts, et bien servir le bon Dieu.

Convaincu de la vérité de cette parole de l'Ecriture : *Adolescens juxta viam suam, etiam quum senuerit, non recedet ab ea*, (1) il s'efforçait d'incliner leurs cœurs à la vertu ; il regardait comme un temps saintement employé celui qu'il leur consacrait ; et, pour lui un des moyens les plus sûrs de ramener la foi et la piété parmi nous, c'était de donner à l'enfance les soins les plus assidus.

Il était, pour les enfants surtout, aussi indulgent qu'on peut l'être au saint tribunal ; et cette indulgence reposait sur une science solide, une connaissance exacte et précise des principes de la Théologie, et sur une véritable piété : « Toutes les fois, disait-il, que je voyais des efforts pour sortir de l'état du péché, j'encourageais ces efforts en me montrant indulgent. »

Même aux jeunes enfants qui n'avaient pas encore fait leur première communion il donnait l'absolution chaque fois qu'ils en avaient besoin. « On ne peut laisser, disait-il, ces enfants en état de péché mortel. Il faut les habituer à avoir une véritable délicatesse

---

(1) L'homme suivra la voie qu'il aura prise dans sa jeunesse, et même en vieillissant il ne s'en écartera point.

de conscience : on obtient ainsi qu'ils fassent une bonne première communion. »

« J'ai obtenu moi-même ce résultat, ajoutait-il, en donnant fréquemment l'absolution aux enfants. » Et il citait entre autres un jeune homme qui était devenu par ce moyen un chrétien excellent.

M. Tavernier sans être d'une constitution fort robuste, était d'un tempérament nerveux qui supportait la fatigue : outre qu'il aimait ardemment Dieu et les âmes, et volontiers se sacrifiait comme le bon pasteur, il avait une volonté forte et énergique; peu habitué à compter avec la nature, il marchait toujours avec la même ardeur qu'au début de sa carrière sacerdotale.

On dit parfois des jeunes prêtres qui se livrent avec ardeur aux œuvres de zèle : « c'est une ferveur de novice qui se ralentira bientôt. » Serait-ce que le novice doit être plus parfait que le religieux qui a vieilli dans le cloître ? Et la ferveur du novice dans le sacerdoce ne doit-elle pas au contraire grandir toujours avec les vertus sacerdotales? Oui, sans nul doute; et la vie entière de M. Tavernier sera une condamnation du reproche fait aux novices fervents.

Le dimanche matin, à six heures, en toute saison, il partait pour Soize. Dès son arrivée, il entrait au confessionnal pour entendre les personnes qui se présentaient; puis il chantait la grand'messe à laquelle il prêchait invariablement chaque dimanche; il faisait ensuite le catéchisme et visitait les malades. Nous avons dit que Soize est éloignée de Rosoy de près d'une lieue, et les chemins alors surtout étaient fort mauvais. M. Tavernier était de retour à Rosoy vers dix heures, souvent trempé d'eau ou de sueur et couvert de boue.

Je sais qu'un grand nombre de curés, dans nos contrées, donnent chaque jour au monde ces exemples d'abnégation et de dévouement; mais parce qu'ils sont moins rares, en sont-ils moins dignes d'admiration et d'éloges? Que Dieu donc en soit mille fois béni! Il y a de grandes et nobles vertus dans notre admirable clergé français; et parmi les chaumières du hameau, près de l'humble église du village, il y a une modeste demeure qui abrite un saint, Dieu le voit, Dieu le sait, et c'est pourquoi Dieu aime l'église de France.

A dix heures, M. Tavernier chantait une seconde grand'messe et faisait une instruction en forme de prône. Puis, après son repas, vers une heure, il faisait le catéchisme aux enfants de la première communion. Après les vêpres qui se chantaient à deux heures, il récitait avec les fidèles une partie du chapelet et faisait le catéchisme de persévérance auquel presque toute la paroisse assistait.

Vers la fin de la journée, on chantait les vêpres de la sainte Vierge qu'il présidait toujours lui-même, et auxquelles il faisait encore une instruction.

Si l'on résume ce que nous venons de dire, et ces détails nous viennent de personnes sûres, on trouvera que M. Tavernier, pendant les neuf années qu'il passa à Rosoy, parlait régulièrement six fois chaque dimanche.

Chaque semaine, il allait dire la sainte messe deux fois à sa seconde paroisse : il partait de bon matin, emportant avec lui le morceau de pain qui devait le soutenir durant le jour, et après les confessions, le catéchisme, et la visite des malades, il rentrait à Rosoy, vers cinq heures du soir, n'ayant pris aucune autre nourriture (1).

La veille des grandes fêtes, il était au confessionnal dès cinq heures du matin, et il y demeurait souvent jusqu'à une heure avancée de la nuit ; ayant alors à réciter son bréviaire, et le chapelet qu'il n'a jamais omis. C'est ainsi qu'il prit l'habitude de se coucher vers minuit, habitude qu'il conserva dès lors jusqu'à la veille de sa mort.

« Aussi, ajoute la personne qui nous a transmis ces détails, ceux qui connaîtront la multiplicité des travaux apostoliques, auxquels s'est livré M. Taver-

---

(1) Dans le temps des Pâques, M. Tavernier passait une semaine entière à Soize pour y entendre les confessions. Il y arrivait de bon matin pour y célébrer la sainte messe, et il ne retournait que fort tard à Rosoy.

Une bonne femme de cette paroisse veut à tout prix que l'on explique ce qui a été dit dans l'éloge funèbre ; M. Tavernier apportait, quand il venait à Soize, sa nourriture pour la journée ; elle craint qu'on ne reproche aux habitants de Soize de n'avoir pas voulu la lui donner. « On lui en a offert bien souvent, disait-elle, mais il n'a jamais accepté, ne voulant être à charge à personne. »

Dans une autre famille on a recueilli cette bonne parole à laquelle nous conserverons son caractère de naïve et pieuse simplicité: « Oh! notre pays a été bien gâté du bon Dieu, il n'a eu que d'excellents curés. Mais M. Tavernier est toujours le premier de tous. »

nier à Rosoy et à Soize, ne seront pas étonnés qu'en peu de temps il ait réduit sa santé, au point de ne pouvoir plus parler. Et aujourd'hui, pour maintenir la paroisse de Rosoy sur le pied où il l'a mise, c'est un rude labeur, et les hommes les plus robustes y succombent en peu de temps. »

Il n'est personne qui n'ait été l'objet de son zèle, personne qui puisse se plaindre d'avoir été oublié.

Il visitait souvent les vieillards, les infirmes et les malades. Il prenait toujours occasion du récit de leurs souffrances pour les porter à Dieu : « Un jour de souffrance, leur disait-il (et cette parole lui était familière), vaut mieux qu'une année de santé. »

Et cette vérité il la comprenait si bien qu'il voulait lui-même être toujours marqué du signe de la croix. Il s'imposait de fréquentes mortifications, et il en est beaucoup que Dieu seul a connues. Il avait déjà des migraines très-violentes qui le faisaient vivement souffrir (et il les conserva plus de trente ans). Quand on lui conseillait d'essayer un remède, il avait coutume de dire qu'il ne donnerait pas une tête d'épingle pour en être délivré. Il pensait alors à la couronne d'épines de Notre Seigneur, et il n'estimait rien tant qu'un trait de ressemblance avec ce divin maître.

Il ne faisait cas d'ailleurs que d'une seule chose ici-bas, de la vertu, et tout le reste était sans prix à ses yeux.

« C'est par ce dévouement, ce zèle et ces vertus vraiment sacerdotales, que M. Tavernier avait conquis dans ses deux paroisses l'estime et l'affection.

Cet attachement si vrai et si solide qu'inspire la vertu, a survécu à une absence de vingt-huit années, écoulées depuis son départ, et il est encore maintenant dans le cœur des personnes qu'il a dirigées aussi vif qu'au premier jour : parce que, selon l'expression de saint François de Sales, *c'était une affection de bon aloi qui ne souffrait point d'alliage.*

» Aujourd'hui encore, continue la même personne, il sert de règle à l'idée qu'on se fait d'un saint prêtre; on mesure tous les curés à sa taille, et celui qui en approche le plus près est généralement proclamé le plus parfait. Et cette parole qui a été dite plus tard à Saint-Quentin, a été bien des fois prononcée auparavant à Rosoy : *M. Tavernier est le type des curés.*

Nous terminerons ce chapitre par un trait qu'il peut être utile de révéler.

A l'époque où le terrible fléau du choléra fit en France sa première apparition, M. Tavernier invita ses paroissiens à faire des prières publiques, et les engagea à inscrire sur la porte de leurs habitations cette invocation : « O Marie conçue sans péché, priez pour nous qui avons recours à vous. » Tous les pays voisins furent visités par le fléau, et Rosoy seul fut épargné.

« L'opinion générale, nous écrit-on, est que la paroisse obtint cette protection visible de la sainte Vierge par les prières et les mérites de son curé. »

CHAPITRE IV.

DÉPART DE ROSOY. — M. TAVERNIER EST NOMMÉ CHANOINE TITULAIRE DE SOISSONS. (1837).

Odio habuerunt me gratis.
« Leur haine pour moi a été sans motif. »
(Psalm. XXIV, V, 19.)

La mission du prêtre est souvent difficile et épineuse ; et elle l'était surtout à cette époque.

Le prêtre d'ailleurs quand il s'occupe avec zèle des œuvres du saint ministère, quand il travaille à sauver des âmes, est presque toujours certain parmi nous de rencontrer des obstacles plus ou moins sérieux, une opposition plus ou moins déclarée ; or M. Tavernier était ce prêtre-là.

La congrégation établie en l'honneur de la sainte Vierge interdisait aux associées les danses et la fréquentation du monde. Le démon pouvait-il voir sans dépit et sans rage, tant d'âmes enlevées à son empire et placées sous l'égide tutélaire de Marie ? non, sans doute ; et il fit là comme ailleurs. Il commença par souffler dans quelques âmes la haine dont il était lui-même animé contre le zélé pasteur.

Pour connaître l'origine de cette lutte, il faut remonter à 1830.

Charles X avait pris le chemin de l'exil, et Louis-Philippe s'asseyait pour 18 ans sur le trône de France : cette triste page de notre histoire fut, comme tant d'autres, éclairée par de splendides illuminations.

On sait qu'alors les plus petites villes rivalisent d'empressement avec les plus populeuses cités, pour déposer leur couronne de lumière sur le front du nouveau monarque. Cette manifestation devient presque obligatoire pour tout le monde; et l'humble presbytère doit briller des mêmes feux que la maison commune.

M. Tavernier n'était pas un homme d'opposition; il illumina donc, et d'assez bonne grâce, la façade de sa demeure.

Chacun avait le droit de donner aux lampions la forme qu'il souhaitait; pourvu que cette forme ne fût pas révolutionnaire, qu'importe ?

M. Tavernier, au lieu de faire briller les initiales de Sa Majesté, crut plus digne de son caractère de faire briller la croix; il illumina donc en forme de croix. La croix du presbytère fut commentée de toutes façons. Quelques-uns des plus ardents s'irritèrent, et groupés autour de la demeure du pacifique curé voulurent abattre la croix; on alla même jusqu'à jeter des pierres dans les fenêtres.

Averti à l'église de ce qui se passait, M. Tavernier se rendit aussitôt sur les lieux, et voulut essayer avec une douce fermeté de calmer les esprits émus.

Il n'y put réussir, mais, comme il arrive souvent en pareil cas, l'agitation peu à peu s'apaisa d'elle-même.

Les choses n'eurent pas d'autres suites ; on sait que le clergé en 1830 en fut quitte pour quelques chansons et pour des menaces.

Un autre jour toutefois, la musique de la garde nationale, assistant à la messe de paroisse, s'oublia jusqu'à jouer dans le lieu saint la *Marseillaise* et d'autres airs inconvenants.

Monsieur le curé dut se plaindre, rappeler aux musiciens que la *Marseillaise* était un air révolutionnaire, et que nous n'étions pas en révolution puisque nous avions un roi.

Mais il est des époques malheureuses dans la vie des peuples comme dans celle des individus ; on veut être en révolution quand même. La révolution plaît à beaucoup de Français depuis 93 ; c'est étrange, mais cela est.

Inutile d'ajouter qu'on ne se fait pas faute alors de dénaturer la conduite, les actes, et les paroles des honnêtes gens.

« Ainsi, Monsieur le curé avait interdit la musique de la garde nationale ; il lui avait même interdit l'entrée de l'église. Eh bien ! il n'y aura plus de garde nationale, la garde nationale sera dissoute. » *Inde iræ* :

Et que de reproches n'invente pas l'esprit de haine et de vengeance !

La chapelle de la sainte Vierge était garnie d'une

vieille tapisserie fleurdelisée : « Un homme sage et prudent ne devait-il pas faire disparaître cet emblême de l'ancienne dynastie ? » or Monsieur le curé n'y songeait pas.

Chaque semaine, on avait l'habitude d'orner les autels des fleurs de la saison : or, il s'y rencontrait parfois des lis. Nouvelles accusations ! « M. le curé était un partisan entêté de la dynastie déchue ! »

Et certes, si quelqu'un s'occupait de politique, ce n'était pas à coup sûr M. Tavernier ; quelles qu'aient été en cela ses opinions, je ne sache pas qu'il ait jamais abusé de son ministère pour insinuer la moindre idée hostile au gouvernement de Louis-Philippe.

Aux jeunes enfants qui venaient de faire leur première communion, il faisait porter, comme c'est l'usage partout, un ruban de couleur blanche : rien de plus beau et de plus innocent que ce symbole; « c'était encore un moyen de rappeler l'ancienne dynastie. »

M. Tavernier souffrait tout sans se plaindre, sachant d'ailleurs que ces clameurs étaient le fait du petit nombre, il n'avait cessé de vouer à sa paroisse les affections de son cœur. Elle était l'objet incessant de ses pensées, de ses travaux et de ses veilles. Il avait même refusé, pour demeurer à Rosoy, une position plus élevée. Volontiers il eût consenti à être méconnu et persécuté, volontiers il eût oublié l'ingratitude de quelques uns pour se dévouer au salut du reste de son troupeau.— Car pour bien apprécier la force des liens qui attachent l'âme du pasteur à ses brebis, il faut se rappeler que Notre Seigneur, en envoyant ses apôtres au milieu des hommes, pour y continuer sa mission de dévouement et de sacrifice, a déposé dans leur cœur, au jour de leur consécration sacerdotale, son amour des âmes ; et que cet amour tout surnaturel est aussi fort que la mort : *Fortis est ut mors dilectio.*

Mais d'autres faits survinrent, qui furent la vraie cause du départ de M. Tavernier. Nous aurions le droit d'en parler puisque les journaux, à cette époque, ont rendu les débats publics. Je veux dire qu'il s'agissait d'un terrain que M. Tavernier réclamait comme propriété de l'église afin d'y construire une sacristie, et qu'un personnage influent prétendait retenir comme sa propriété particulière.

On écrivit au préfet de Laon, à M. le juge d'instruction, et même au ministre des cultes. Mais M. Tavernier se défendit partout, et même devant l'opinion ; car dans une suite d'articles livrés à la publicité de la presse, il démontra avec éloquence les droits de son église.

Il ne crut pas néanmoins devoir prolonger la lutte. Les âmes souffrent toujours de ces combats engagés entre le prêtre et l'administration civile.

J'en resterai là moi-même.

Les détails de ces petites persécutions, dont certains officiers civils ont le monopole, serviraient assez peu à l'édification du lecteur, et M. Tavernier, qui a tant aimé Rosoy, les blâmerait peut-être du fond de sa tombe.

Mgr de Simony profita de ces difficultés pour appeler M. Tavernier près de lui, et bientôt la nouvelle de son prochain départ se répandit dans la paroisse; aussitôt les habitants de Rosoy, qui presque tous avaient compris leur curé et savaient répondre à son affection et à son dévouement, rédigèrent une supplique qui fut en quelques jours couverte de signatures, et portée à Monseigneur par une députation de quelques notables du pays. « Mes enfants, répondit le saint évêque, avec une grande douceur, je ne vous avais pas donné votre vénérable pasteur, je n'ai fait que vous le prêter; j'ai besoin de lui à Soissons, je reprends ce qui m'appartient. »

Cette réponse fut rapportée à la paroisse éplorée : et il ne restait plus désormais au pieux pasteur et à son troupeau que d'obéir aux ordres du ciel, manifestés par un organe si vénérable.

M. Tavernier témoigna néanmoins lui-même dans une lettre à M. Delaloge, vicaire-général de Soissons, la peine qu'il éprouvait de quitter Rosoy. Il reçut cette courte mais touchante réponse : « Mon cher curé, je comprends la peine que vous éprouvez de quitter votre bien-aimée paroisse, mais tout le mérite sera pour vous et tout le bonheur pour nous. »

En homme prudent, M. Tavernier ne fit connaître à personne ni le jour ni l'heure de son départ : il remplit toutes ses fonctions jusqu'à la fin, et il termina son dernier catéchisme par ces mots : « Mes petits enfants, aimez-vous les uns les autres comme Notre-Seigneur vous a aimés. »

Et le jour suivant, on le vit sortir ayant, comme toujours, son bréviaire sous le bras. Son émotion était bien vive et bien profonde, mais rien ne la trahissait au-dehors; et l'on crut qu'il se rendait à Soize, sa seconde paroisse. Mais au lieu de prendre le chemin qui y conduit, il prit sur la route la voiture de Soissons.

En passant à Laon, il se rappela qu'il y avait là une personne de sa paroisse : il voulut la voir, et lui dit en versant des larmes : « Je quitte Rosoy, je n'y rentrerai jamais; mon cœur est brisé de douleur. »

Les paroles de M. Tavernier et les efforts de son zèle à Rosoy n'ont été perdus pour personne, tous ne sont pas convertis, cela est vrai; mais la bonne semence est tombée dans tous les cœurs; et à Rosoy, personne ne veut mourir sans recevoir les derniers sacrements. Il en est encore qui luttent contre la grâce qui les sollicite et les presse; mais ils avouent implicitement qu'ils sont malheureux, qu'ils ne veulent pas mourir dans cet état, que le courage seul leur manque pour être chrétiens. Et tôt ou tard la foi, qui est comme étouffée au fond de leur cœur, se fait jour, elle apparaît vive et brillante, elle triomphe.

A Rosoy, en un mot, on est pour ainsi dire plongé dans une atmosphère de foi, dont on subit nécessairement l'influence. Celui qui a semé n'est pas toujours celui qui moissonne ; et souvent, Dieu permet que le ministère d'un saint prêtre soit en apparence frappé de stérilité. Mais il faut bien se garder de le croire réellement infructueux, car il prépare toujours une moisson abondante ; et cette seule espérance doit suffire pour encourager les efforts du zèle et le préserver des défaillances.

CHAPITRE V.

M. TAVERNIER EST NOMMÉ CHANOINE TITULAIRE ; MEMBRE DU CONSEIL ÉPISCOPAL ; PROMOTEUR DU DIOCÈSE ; SUPÉRIEUR, PAR INTÉRIM, DE L'INSTITUTION DES SOURDS-MUETS DE SAINT-MÉDARD. — PLAN D'ÉTUDE QU'IL TRACE A UN JEUNE PRÊTRE. — MORT DE SON PÈRE.

Perfectus sit homo Dei,
ad omne opus bonum instructus.
Que l'homme de Dieu soit parfait,
et disposé à toutes sortes de bonnes œuvres.
II *Tim.* c. III, v. 17.

Mgr de Simony, qui était avant tout un père pour les prêtres de son diocèse, et dont le noble cœur savait si bien compatir à leurs peines, fit bientôt oublier à M. Tavernier toutes ses tristesses.

Il l'accueillit avec une particulière affection, et dès ce moment lui confia les plus hauts emplois.

Il le fit entrer dans son conseil privé, où quoique jeune encore, (il n'avait que 37 ans) M. Tavernier porta toute la maturité de l'âge et de l'expérience.

Un mois plus tard, arriva sa nomination comme chanoine titulaire de la cathédrale. « La réception de M. Tavernier, nous écrit-on, fut fêtée par le chapitre, qui lui témoigna dès lors les plus vives sympathies. »

« M. Tavernier, devenu chanoine, se fit un devoir d'assister très-régulièrement au chœur, sans écouter les exigences d'une santé affaiblie; il y arrivait toujours un des premiers, et chantait l'office, alors même qu'il en souffrait beaucoup. Il ne s'est jamais dispensé de l'office canonial sans une nécessité absolue. Au chœur on admirait sa tenue toujours pleine de dignité; l'esprit de foi dont il était animé pénétrait toute sa personne, et sa seule vue inspirait la piété et portait à Dieu. »

Monseigneur, désireux de l'entendre, et persuadé que sa parole serait goûtée et produirait des fruits de salut, le fit prêcher plusieurs fois à la cathédrale. Nous avons de lui plusieurs sermons écrits qui datent de cette époque; un pour le jour de la Toussaint, un autre pour la propagation de la foi, et un troisième pour la fête de la dédicace. Et Sa Grandeur, après l'avoir entendu, daigna lui témoigner à plusieurs reprises sa vive satisfaction. On remarquait toujours dans ses instructions, comme nous le dirons plus tard, le même accent de foi et de conviction profonde, et le même zèle pour la sanctification des âmes : On sent à chaque ligne qu'il brûlait du désir de réchauffer la ferveur des justes, et de ramener les pécheurs à Dieu.

En ce même temps M. Tavernier fut nommé promoteur du diocèse, et il s'acquitta de cette charge avec beaucoup de prudence, et de tact. C'est le témoignage que lui rendent les membres du clergé qui eurent à traiter avec lui quelque affaire.

Il eût été difficile à M. Tavernier de vivre sans exercer le ministère de la confession ; aussi, même à Soissons, il dirigeait un grand nombre de personnes. Je n'entrerai ici dans aucun détail, car je le ferai connaître plus tard comme directeur des âmes.

Pendant son séjour à Soissons, M. Tavernier fut aussi chargé *par interim* de la direction de l'établissement des sourds-muets fondé quelques années auparavant à Saint-Médard, par M. l'abbé Dupont, curé de Villeneuve.

Ce prêtre plein d'un zèle sacerdotal, et pénétré d'une tendre charité pour cette classe d'infortunés jusqu'alors délaissée dans le diocèse, leur avait voué sa vie toute entière. Mais jeune encore il succombait à une longue et douloureuse maladie, léguant à Mgr de Simony le précieux établissement qu'il avait créé au prix de tant de peines et de fatigues.

La nouvelle de sa mort produisit la plus douloureuse impression, et de toutes parts on plaignait ses malheureux enfants adoptifs laissés orphelins. Qu'allait devenir Saint-Médard, qu'on s'était habitué à regarder comme un asile de plus enfanté par la charité publique ! Que deviendraient ces pauvres sourds-muets que leur infirmité rend si dignes d'une charitable compassion !

Pour calmer toutes ces inquiétudes, Mgr de Simony se hâta d'envoyer à Saint-Médard M. Tavernier, auquel il confiait en même temps l'administration de l'établissement. Un des premiers actes du nouveau directeur fut de rassurer les parents et les protecteurs des enfants, sur l'avenir de cette institution :

« La religion, écrivait-il, perd dans M. Dupont un de ses prêtres les plus zélés, et la société un des plus précieux bienfaiteurs de l'humanité souffrante.

« Quoique sa mort soit une perte immense pour l'établissement de Saint-Médard, je suis néanmoins chargé de vous rassurer sur l'avenir de cette œuvre si intéressante. Monseigneur l'évêque de Soissons a pris cette institution sous sa protection, et s'occupe en ce moment de chercher les moyens de la soutenir, et d'en continuer le bienfait. »

Ami et confident de M. Dupont, M. Tavernier, qui avait suivi dans toutes ses phases l'accroissement de l'institution des sourds-muets, qui souvent avait aidé le fondateur de ses conseils, qui avait même on peut le dire, coopéré activement à cette bonne œuvre, était bien capable de la soutenir et de la faire grandir.

C'eût été aussi pour lui un bonheur de consacrer son temps et sa vie à ces pauvres déshérités de la terre !

Son cœur si compatissant l'inclinait vers eux comme vers tous les infortunés, vers tous ceux qui souffrent; il aimait à les visiter souvent, étudiait leurs signes afin de pouvoir converser avec eux, et prenait part à leurs jeux ; et ainsi en quelques jours il avait gagné leur confiance et leur affection.

Mais les obligations qui lui étaient imposées comme chanoine le contraignirent de renoncer bientôt à la direction de cet asile. C'est alors qu'elle fut confiée à M. l'abbé Poquet, prêtre aussi zélé qu'éclairé, sous l'administration duquel la maison de Saint-Médard a toujours été florissante.

M. Tavernier profita aussi des années de son canonicat pour reprendre les études sacrées. Il avait fait, je l'ai dit, d'excellentes études théologiques, et il avait un fonds solide de doctrine. Mais lancé dans le ministère pastoral, il s'était surtout adonné aux œuvres extérieures. Il fut donc heureux, durant son canonicat, de consacrer au travail des loisirs précieux qui pour lui ne devaient plus revenir.

Voici une lettre écrite précisément à cette époque, et qui prouve que M. Tavernier s'occupait sérieusement d'études.

Elle est adressée à un curé du diocèse.

« Vous voulez, mon cher abbé, que je vous communique quelques idées pour un plan d'étude. Le meilleur plan d'étude à suivre sera toujours celui qui vous rendra plus propre à faire beaucoup de bien dans votre paroisse et dans celles qui vous seraient plus tard confiées.

» Votre vocation ne me paraît pas être de tendre à devenir un savant, mais bien un utile et saint pasteur, qui sache se sauver, en travaillant activement au salut des autres. Ce doit donc être là, avant tout, le but constant de vos travaux. Que peut importer à votre pauvre peuple que vous soyez habile à raisonner sur toutes les questions que Dieu a abandonnées aux vaines disputes des hommes? Mais il lui importera toujours infiniment que vous soyez un saint prêtre et un pasteur dévoué. »

His præmissis, les objets principaux de vos études me paraissent devoir être :

» 1° L'Ecriture Sainte, au moins une heure par jour... D'abord la lire par suite et tout entière (*v. g.* deux chapitres par jour), simplement le texte ; puis, prendre à tâche d'en étudier quelque partie principale, par exemple : les Livres sapientiaux, les Prophètes et en particulier Isaïe, l'Evangile selon saint Jean, les Epîtres de saint Paul. Lire, relire et méditer : avancer peu. Se bien pénétrer des commentaires les plus estimés, surtout de Picquigny sur saint Paul. Noter dans des liasses par feuilles, ou mieux encore sur un cahier divisé par ordre de matières, les textes, ou au moins les indications qui peuvent fournir à des instructions.

» 2° *Théologie.* Au moins une heure par jour, *positis ponendis*, — une demi-heure pour la morale et une demi-heure pour le dogme. Pour la morale, étudier, bien comprendre et repasser avec soin l'*homo Apostolicus* de saint Liguory. Pour le dogme, revoir la Religion, l'Eglise, les points principaux de l'Incarnation et de la grâce — lire M. de Maistre sur le Pape et l'Eglise gallicane — les conférences de Mgr Frayssinous — les dissertations de M. de la Luzerne — les instructions pastorales de Mgr de Précy, évêque de Boulogne — étudier surtout et analyser les questions principales, par exemple : l'existence de Dieu — la Providence — l'immortalité et spiritualité de l'âme — Liberté — Loi naturelle — Révélation, sa nécessité, ses preuves, miracles — Etablissement du Christianisme, perpétuité de l'Eglise, notes et nature de l'Eglise — son autorité... etc., etc.

» 3° *Prédication*. Préparer exactement et écrire, au moins quant à la substance, ses prônes et instructions — disposer quelque chose de plus soigné et de plus solennel pour les fêtes, mais toujours d'une manière bien proportionnée aux auditeurs et avec des détails pratiques. Je trouverais très-utile, par exemple : de s'approprier bonnement, en les travaillant et arrangeant à sa manière, les projets d'instructions de Guillet — recueillir ailleurs les matériaux que l'on rencontrera sur son passage, les lier et les coordonner avec ces projets. On n'inventera pas mieux. A mesure qu'on lit, quoi que ce soit, voir ce qui convient, vu le temps, le goût et le talent personnel — prendre des notes — par moment, quand on se sent plus d'attrait pour ce genre d'ouvrage et mieux disposé, dessiner un plan de sermon — plus tard on en coordonnerait au besoin l'ensemble et la suite. En un mot, se servir de tout pour faire des provisions. — Lire beaucoup Bourdaloue, et l'analyser ensuite après une lecture attentive — c'est Théologie en même temps. — On peut consulter souvent avec fruit, le P. Lejeune, le P. Lacolombière, etc. Lire pour se former le style, et si l'on veut, par délassement, Fénélon et Massillon. Quoi qu'en disent certaines personnes, je crois utile la collection des Pères, de l'abbé Guillon : c'est une lecture intéressante, attachante même, qui donne une idée de l'ensemble, indique les sources et les plus beaux passages ordinairement. Noter toujours à mesure qu'on lit, mais sobrement....

» 4° Quant au programme des questions à l'ordre du jour, je ne puis que vous conseiller deux recueils mensuels que j'estime beaucoup : *Les Annales de Philosophie chrétienne*, recueil périodique, destiné à faire connaître tout ce que les sciences humaines renferment de preuves et de découvertes en faveur du christianisme, et *l'Université catholique*... Vous pourriez aussi vous procurer et lire avec avantage les soirées de Montlhéry, par M. Desdouits. »

Je n'ai pas à faire ressortir la sagesse de ces conseils. Il est assez évident que des études ainsi réglées et dirigées ne feraient que des prêtres utiles à la Religion et au bien des âmes.

C'est aussi pendant son séjour à Soissons que M. Tavernier eut la douleur de perdre son père.

A la première nouvelle de sa maladie, il se hâte d'écrire à l'une de ses sœurs qui restait près de lui : et ce qui l'occupe avant tout, ce n'est pas tant la crainte de le perdre, que celle de le voir mourir sans les dernières consolations de la religion. On sait que la vertu ne détruit pas les affections légitimes de la terre, mais qu'elle les purifie, les sanctifie, les surnaturalise. On aime ceux qu'on doit aimer, mais on ne les aime qu'en Dieu et pour Dieu.

Voici ce qu'il écrivait :

« Je suis très-sincèrement affligé de la maladie de notre bon et très-cher père. Si cette maladie continue à être sérieuse, mande-le moi, ne serait-ce qu'en quelques lignes, et j'irai le voir aussitôt.

» J'ai la confiance que M. le curé ne manque pas de le visiter tous les jours. Je le supplie de ne pas se laisser surprendre par la maladie, si on la reconnaît dangereuse. Je me rappelle trop bien qu'avec notre pauvre mère, on s'y est pris trop tard, et qu'on n'a pu la confesser : c'est un souvenir qui m'est bien douloureux et que je ne puis oublier. Si Dieu voulait en ce moment nous imposer un nouveau et si pénible sacrifice, je désire bien vivement, du moins, que ce ne soit pas sans cette ineffable consolation que procure la religion.

» Tâche de ton côté de lui suggérer de temps en temps quelques paroles d'encouragement et de tendre confiance en l'infinie bonté de Dieu. Il est si bon, ce Dieu, qu'il n'attend, de notre part à tous, que le regret sincère du cœur pour nous pardonner. Son plus grand plaisir, c'est de faire miséricorde, il attend seulement qu'on la lui demande.

» Inspire lui aussi, si tu le peux, une douce et amoureuse confiance envers Marie, l'avocate et le refuge assuré de tous ceux qui l'invoquent. Vois si tu ne pourrais pas réciter de temps en temps à côté de lui une partie du chapelet : il lui suffirait de s'y unir de cœur. »

Bientôt M. Tavernier se rendit lui-même près de son père mourant, et l'exhorta avec tout le zèle et toute la piété que lui inspirait son cœur de prêtre et de fils, à accepter avec résignation ses souffrances et à faire même le sacrifice de sa vie, s'il plaisait à Dieu. Rien de plus suave et de plus touchant que les derniers entretiens qu'il eut avec lui : aussi toutes les personnes qui assistaient à cette scène attendrissante en furent émues jusqu'aux larmes.

Dieu bénit et récompensa cet acte de généreuse charité, et M. Tavernier obtint du ciel les seules consolations qu'il souhaitait, les consolations ineffables que procure la religion. Son père reçut avec une grande piété les derniers sacrements, et après plusieurs mois de cruelles souffrances, patiemment endurées, il s'endormit dans la paix du Seigneur, au mois d'août de l'année 1841.

CHAPITRE VI.

M. TAVERNIER SUPÉRIEUR DE LA COMMUNAUTÉ DE L'ENFANT-JÉSUS, DONT IL EST COMME LE SECOND FONDATEUR.

> *Pavit eos in innocentia cordis sui,*
> *et in intellectibus manuum suarum deduxit eos*
> Il les a nourris dans l'innocence de son cœur,
> et il les a conduits d'une main sage et prudente.
> *Psaume* LXXVII, v. 72.

Mgr de Simony connaissant le zèle et l'ardeur de M. Tavernier, ne craignait pas de lui fournir toutes les occasions de les exercer pour la plus grande gloire de Dieu et le salut des âmes.

Il le fit supérieur de la communauté de l'Enfant-Jésus de Soissons, tout en lui laissant les autres fonctions dont il l'avait chargé. M. Tavernier qui était bien cet *homme de Dieu*, dont parle l'Apôtre, *prêt à toutes sortes de bonnes œuvres*, accepta sans hésiter cette nouvelle et importante mission et s'y dévoua tout entier.

La communauté de l'Enfant-Jésus avait été, comme toutes les autres, dispersée par la grande tourmente révolutionnaire. Et, lorsqu'après tous nos malheurs on vit luire des jours plus sereins, Monseigneur l'Evêque de Soissons (c'était alors Mgr de Beaulieu) s'efforça de réunir autour du sanctuaire toutes les enfants dispersés de cette pieuse et sainte famille : il voulut leur confier plusieurs établissements de son diocèse.

Force était alors, on le comprend assez, d'admettre un certain nombre de sujets après une courte préparation, et le niveau des études ne paraissait plus assez élevé. Peu à peu, l'Université se montrant plus exigeante, et demandant aux candidats, avant de délivrer ses diplômes, une instruction plus étendue, l'Enfant-Jésus fut un moment sur le point de se borner à la direction des Ecoles communales.

Mgr de Simony, qui tenait à conserver cette communauté, mit tout en œuvre pour la relever et l'asseoir sur des bases solides. C'est alors qu'il en nomma M. Tavernier supérieur général. Puis il s'adressa à une Communauté de Paris, pour en obtenir une supérieure capable de la diriger.

On ne voulait accéder à sa demande qu'à la condition qu'il renoncerait à son autorité sur la maison, et qu'il consentirait à l'affilier à celle de Paris.

C'est ce que le saint Evêque refusa constamment. Les choses en demeurèrent là quelque temps.

Mais bientôt Dieu envoya à Soissons une personne qui, ayant passé au Sacré-Cœur près de six ans, n'avait jamais osé prononcer les vœux de religion. Elle venait consulter M. Tavernier, son ancien directeur ; car elle était de Rosoy. Mgr de Simony la regarda comme vraiment envoyée du ciel : et l'ayant vue, il l'engagea à passer quelques semaines à l'Enfant-Jésus, pour réfléchir devant Dieu au parti qu'elle devait prendre.

Cette personne désirait avant tout connaître et accomplir la volonté de Dieu : Elle suppliait tantôt M. Tavernier, et tantôt Monseigneur de la lui faire connaître.

Tous deux désiraient vivement la voir se fixer à l'Enfant-Jésus, mais tous deux, comme supérieurs de la communauté, refusaient de se prononcer ; craignant toujours de mettre leur volonté à la place de celle de Dieu, et de regarder trop facilement leurs désirs comme venant du ciel.

Admirable défiance de soi-même, qui est toujours le caractère distinctif de la vraie vertu et du vrai mérite !

Le bon Dieu finit par se prononcer car il inspira à la religieuse de demander au pieux évêque *s'il était aussi agréable à Notre Seigneur pour elle de rester à l'Enfant-Jésus, que de retourner au Sacré-Cœur.* — Il répondit : *plus agréable.* — « Il suffit, répondit-elle, » je veux demeurer à l'Enfant-Jésus. »

On se mit aussitôt à l'œuvre : on régla tous les exercices de piété, et on organisa les études.

M. Tavernier allait chaque jour faire aux novices une instruction religieuse, réglait et surveillait les classes, encourageait les maîtresses et leurs élèves par ses exhortations toujours si pleines de bienveillance. Plusieurs jeunes personnes d'ailleurs, douées d'une éducation complète, furent attirées par la grâce, et vinrent grossir le nombre des religieuses. C'est ainsi que peu à peu la communauté refleurit.

M. Tavernier était l'âme de toutes les réformes : Il enseignait lui-même à réciter l'office en chœur, introduisait les pieuses pratiques en usage dans les autres communautés. Chaque année, il donnait une retraite à toutes les religieuses, qui accouraient toujours avec empressement à la maison-mère pour se retremper dans la ferveur.

Les sœurs de l'Enfant-Jésus travaillaient avec un grand zèle à l'œuvre de leur sanctification, et s'occupaient aussi très-sérieusement de l'étude.

Bientôt leurs maisons se multiplièrent au dehors, et le nombre de leurs élèves augmenta dans le pensionnat de Soissons : il fallut songer à se procurer un plus vaste local.

C'est alors que M. Tavernier, non content de consacrer sa vie à sa chère communauté, conçut le généreux dessein de vendre son petit patrimoine, et de lui en donner le prix. Mais la supérieure, à qui il fit part de cette pensée, lui présenta, pour l'en détourner, des observations auxquelles il céda.

On loua donc une maison plus vaste, dans la petite rue de l'Echelle-du-Temple, et on y transporta le pensionnat. Et comme le nombre des élèves allait toujours croissant, on dut encore s'agrandir ; les classes furent transférées dans une maison voisine.

« Le pensionnat et les classes gratuites, nous dit une bonne religieuse de cette époque étaient comme notre communauté l'objet de la tendre sollicitude de notre vénéré père. Chaque semaine il venait y célébrer le saint sacrifice de la messe, et faisait à toutes les élèves réunies une instruction dont elles se plaisaient toujours à faire le résumé.

» Il les appelait *mes enfants*, et chacune d'elles sentait bien que ce mot sortait de son cœur.

» Il s'occupait de tout ce qui intéressait notre maison, même de nos distributions de prix, de nos livres de lectures spirituelles qu'il savait toujours si bien choisir.

» Dans ses instructions, il revenait sans cesse sur la vertu de charité : « Mes petites filles, nous disait-il bien souvent avec saint Jean, aimez-vous les unes les autres, car c'est là le précepte du Seigneur, et si on l'accomplit, il suffit. » — « Au risque de vous ennuyer, disait-il une autre fois, je vais vous parler encore de la charité. » — Puis, il s'efforçait de nous la faire aimer, en nous en retraçant la beauté, ou bien en nous découvrant les suites funestes qu'entraînerait pour une communauté l'absence de cette vertu. — « N'allons pas, disait-il agréablement, réaliser parmi nous cette définition du cloître donnée par un méchant écrivain : Le cloître est une réunion de personnes qui s'assemblent sans se connaître, vivent en société sans s'aimer et se quittent sans regret. »

La charité en effet doit être la vertu des communautés religieuses. C'est elle qui fait de la vie en apparence la plus austère une existence pleine de délices et de charmes. Avec elle, le cloître est comme un paradis sur la terre; sans elle, les palais des grands eux-mêmes ne sont qu'un enfer anticipé, un séjour plein de tristesses et d'amertume.

M. Tavernier, d'ailleurs, était lui-même si charitable et si bon, qu'il suffisait de le voir et de l'entendre pour lui ouvrir son cœur. Il avait pour chacune des religieuses une condescendance toute paternelle. On sait que dans une communauté, changer d'emploi ou de résidence, est souvent un sacrifice pénible à la nature, et quelque parfait que l'on soit, il est difficile, impossible même, de ne pas le sentir. Aussi les sacrifices que M. Tavernier imposait à ses religieuses, étaient toujours pénibles à son cœur: et il appelait en particulier la personne dont il fallait l'exiger, afin d'adoucir par sa parole la peine qu'il craignait de lui causer.

Il écoutait toujours avec une patience inaltérable les chagrins qu'on venait lui confier, et si petits qu'ils fussent, il les prenait toujours en considération. (Ce qui est peu de chose pour une âme forte et généreuse, ne l'est pas pour une âme encore faible dans la vertu. C'est là une règle de prudence qu'un directeur sage et éclairé n'oublie jamais dans la conduite des âmes).

Il pratiquait en toute occasion la charité chrétienne.

« Je ne suis pas content de vous, » dit-il un jour à une postulante trop timide qui n'avait pas osé lui dire ses peines. Le ton et le regard paternels qui accompagnaient ces mots, la pénétrèrent tellement qu'elle fut plusieurs jours sous l'impression du regret le plus vif de ne lui avoir pas témoigné toute la confiance qu'elle lui devait.

Une autre fois, il dit à la même personne : « Vous m'avez distrait pendant la sainte messe ; avoir froid toute une nuit sans oser demander une couverture ! Il fallait me le dire, je l'aurais demandée pour vous ! »

Et le même jour une belle couverture neuve arrivait à la novice.

« En un mot, écrit une religieuse, toutes celles de nos sœurs qui l'ont connu, savent qu'il portait à chacune d'elles un intérêt si particulier et si paternel, que chacune se croyait la plus aimée. Les intérêts temporels ou spirituels de la plus jeune des religieuses comme de la plus ancienne, lui étaient tellement chers et personnels, que toujours, il était disposé à y pourvoir, même à ses dépens et qu'il faisait pour cela toutes les démarches nécessaires. »

« Toutes nos peines, petites ou grandes, traversaient son cœur ; aussi les acceptions-nous et les supportions-nous avec courage. »

« Mais c'était surtout quand il croyait devoir réprimander, qu'on sentait tout ce que son cœur de père avait de tendresse et de dévouement ! aussi ses reproches, soit en général, soit en particulier, ne froissaient-ils jamais. On n'éprouvait qu'une peine, c'était de l'avoir contristé ; et il savait vous décider à tous les sacrifices. »

M. Tavernier n'avait dans l'exercice de son saint ministère aucune vue personnelle ; et il laissait à ses religieuses toute liberté de s'adresser à un confesseur autre que lui-même. « Ceux qui se montreraient susceptibles sous ce rapport, disait-il, soit à l'égard des religieuses, soit à l'égard des personnes du monde, s'exposeraient à faire commettre bien des sacriléges, et assumeraient ainsi devant Dieu une terrible responsabilité. » — Mais les religieuses de l'Enfant-Jésus avaient en M. Tavernier une telle confiance, que toutes sans exception s'adressaient à lui.

Il donnait à chaque personne autant de soins que s'il eût été chargé de sa seule âme. « Je ne réponds pas, disait-il, de ceux qui attendent, je ne réponds que de ceux que je confesse. »

Lui demandait-on un conseil? toujours il réfléchissait pendant un temps plus ou moins long selon son importance, et toujours aussi il avait recours à la prière avant de donner une décision.

Il recommandait fréquemment aux religieuses l'observation très-exacte de la règle ; et nous lui avons entendu dire que sous ce rapport il se montrait fort exigeant: « Votre règle, leur disait-il, suffit pour vous sanctifier ; et même à vrai dire toute votre perfection consiste à la bien accomplir. »

Les sœurs de l'Enfant-Jésus n'étaient à cette époque liées par aucun vœu de religion : M. Tavernier eût désiré que la communauté subsistât ainsi, et que la ferveur et l'obéissance s'y maintinssent par le seul esprit de foi. Il craignait de plus qu'en imposant des vœux, on n'éloignât de la vie de communauté des personnes véritablement appelées de Dieu à quitter le monde, et à vivre dans la solitude du cloître.

On a cru devoir dans la suite imposer aux sœurs de l'Enfant-Jésus les vœux ordinaires de religion : il est assurément bien loin de notre pensée de blâmer cette mesure, nous voulons seulement faire connaître par là combien était vif en M. Tavernier l'esprit de foi.

M. Tavernier recommandait bien souvent aussi à ses religieuses, la pensée de la présence de Dieu, comme un moyen excellent de perfection. Il les entretenait souvent de l'union avec Notre Seigneur. « Cette union, disait-il, est la vie de l'âme religieuse, elle est aussi son bonheur ici bas, comme elle sera sa félicité éternelle ! »

Ce qu'il disait sur ce sujet, surtout aux cérémonies de prise d'habit et de profession, pénétrait tellement les cœurs, que bien des fois l'émotion se trahissait par des larmes. Toutes ses paroles étaient persuasives, parce qu'il les puisait toutes dans le cœur du divin Maître, et qu'elles étaient l'expression d'une tendre piété.

Il conseillait aux religieuses de lire chaque jour deux ou trois versets, au moins, de l'Imitation qu'il appelait *le livre d'or*. Ce livre, il le portait toujours sur lui, et faisait presque un reproche à quelques-unes de ses filles spirituelles de ne pas l'imiter en cela.

Il prenait en un mot tous les moyens possibles d'alimenter la dévotion : par exemple, il voulait présider lui-même, tous les soirs, à la maison-mère, l'exercice du mois de Marie et les autres exercices publics de dévotion, et il y assistait aussi deux ou trois fois chaque semaine au pensionnat. — Il faisait pratiquer la retraite du mois, comme préparation à la mort dont il rappelait fréquemment le souvenir : « **La mort**, disait-il, est l'acte le plus important de la vie ; *souvenez-vous toujours de vos fins dernières et vous ne pécherez jamais.* »

Si une religieuse tombait malade, il veillait à ce que les soins les plus assidus lui fussent prodigués, et si la maladie était longue et sérieuse, il voulait qu'une garde-malade de la ville fût à demeure auprès de celle qui souffrait, pour ne pas imposer à ses consœurs un surcroît de fatigue. Lui-même était là souvent pour soutenir ou ranimer son courage, lui représentant Notre Seigneur sur la croix, la conjurant d'unir ses souffrances aux siennes.

« Aussi grâces lui en soient rendues après Dieu, s'écrie une pieuse religieuse qui nous a transmis ces détails, nous avons toujours eu la consolation de voir mourir nos chères sœurs, non-seulement avec résignation, mais avec joie. »

Quand une religieuse de la communauté venait à mourir, il voulait que les actes de vertu qu'elle avait pratiqués fussent inscrits dans un registre pour l'édification des autres.

Voici encore quelques-unes des maximes qu'il rappelait souvent, et dont il voulait faire pour ses religieuses comme des règles de conduite.

« Apportons à l'œuvre de Dieu les mêmes dispositions que les Apôtres. — Laissons-nous conduire par la grâce divine. — Que notre dévouement soit entier et absolu. — Sachons nous oublier nous-mêmes (Dieu prend un soin tout particulier des âmes qui savent s'oublier pour se donner entièrement à lui). — Former le cœur des enfants plus encore que leur esprit. — Préparer chaque jour avec soin la leçon et l'instruction religieuse; la méditer, la sentir : ainsi nos instructions seront goûtées. — Arriver dans sa classe, non pas comme une simple maîtresse d'école, mais comme une bonne et sainte religieuse. — Faire surtout connaître et aimer Notre Seigneur. »

Une jeune religieuse vint un jour le trouver et lui avoua qu'elle était toute découragée : « Mon père, lui dit-elle, notre communauté n'est pas fervente ; on manque souvent à la charité les unes envers les autres ; il y en a peu parmi nous qui soient vraiment pieuses et mortifiées. »

« Cela est très-malheureux, répondit-il, mais, dites-moi, combien voudriez-vous qu'il y eût de bonnes religieuses pour que la communauté fût fervente? »

« Mais, mon père, il faudrait que toutes le fussent ! »

« Eh bien ! moi, reprit-il, je ne suis pas aussi exigeant, je n'en veux qu'une. »

« Une, mon père ! »

« Oui bien, une seule, et c'est vous-même. Si vous voulez me donner en vous une bonne religieuse, charitable, dévouée, patiente, humble, mortifiée, je vous réponds que vous trouverez la communauté très-fervente ; parce qu'alors vous ne verrez plus que défauts en vous et vertus dans les autres. »

La leçon était bonne, et on dit qu'elle ne fut point perdue.

M. Tavernier avait une estime particulière pour la vie religieuse ; la regardant avec raison comme un port assuré où tant de vertus fragiles peuvent venir s'abriter contre les orages du monde. Lui-même, nous l'avons vu, aurait embrassé cet état de vie, si des obstacles sérieux ne s'y étaient opposés, et il désirait vivement procurer aux autres un bonheur qu'il n'avait pu obtenir pour lui-même.

Il recommandait à ceux qui le consultaient sur leur vocation, de prier beaucoup pour obtenir la grâce de la connaître ; puis de faire *une balance* des raisons qui les engageaient à rester au milieu du monde ou à s'en séparer (c'est ce qu'il conseillait fort souvent).

Et lui-même ne décidait jamais cette question si sérieuse du choix d'un état de vie, sans avoir beaucoup prié et réfléchi, et même sans avoir offert à Dieu plusieurs mortifications à cette intention. Puis il éprouvait les vocations et leur laissait le temps de s'affermir, car il avait le talent de ne rien précipiter. On l'a même parfois, pour cela comme pour plusieurs autres choses, accusé de lenteur : si c'est un défaut, il l'a partagé avec beaucoup de saints.

On pourra juger, par quelques fragments de ses lettres, de sa prudence en cette matière.

« Quelque occupé que je sois, écrivait-il à une personne sur ce sujet, je ne puis en conscience laisser sans réponse l'importante communication que vous voulez bien m'adresser. Je n'ai pas cru, du reste, devoir y répondre plus vite, à raison même de son importance.

» Quand il y va de tout un avenir, c'est dès lors une de ces questions que l'on ne traite pas à la légère, et à laquelle on ne saurait trop mûrement réfléchir; quand surtout de cet avenir dépend en même temps, peut-être, l'avenir de toute une communauté. »

Il écrivit plusieurs lettres, sur le même sujet, à l'une de ses sœurs plus jeune, qui était alors dans un excellent pensionnat dirigé par des religieuses. Nous voudrions pouvoir les transcrire toutes en entier, mais puisque les limites de notre ouvrage ne nous le permettent pas, nous en citerons seulement quelques extraits.

« Oh! combien je désire vivement, lui disait-il, que tu mettes bien à profit le temps que tu auras le bonheur de passer dans la précieuse maison où le Seigneur t'a conduite! Je suis sûr que tu comprends et apprécies mieux que jamais la faveur inestimable que le bon Dieu t'a faite en te retirant du milieu des pauvres et malheureux enfants du siècle pour t'introduire dans cet asile spécialement confié à sa divine providence.

» Une chose que je désire par-dessus tout, c'est que, dès ce moment, tu réfléchisses sérieusement devant

Dieu sur ta vocation, et que par ta conduite tu te rendes de plus en plus digne de la connaître.

» Tu penses bien que le Seigneur, en créant l'homme, n'a pas voulu l'abandonner sur la terre au hasard ; mais il destine chacun de nous à une vocation particulière ; semblable à un maître qui assigne à chacun de ses serviteurs diverses fonctions à remplir.

» S'il y a si peu de vrais chrétiens sur la terre, c'est qu'il y en a fort peu qui cherchent à connaître la volonté du Souverain Maître sur eux, et qui se donnent le soin de l'accomplir. Quand on s'est placé hors de la voie que le Seigneur avait tracée, il est bien difficile, pour ne pas dire impossible, d'arriver au but qui est pour chacun de nous le salut de son âme...

» Je ne veux faire de toi ni une religieuse, ni autre chose ; je ne veux en tout que l'accomplissement de la très-sainte volonté de Dieu sur toi. S'il t'appelait à te consacrer à lui tout entière et à vivre en communauté, ce serait pour toi et pour moi-même un bonheur dont je ne cesserais de le remercier ; mais s'il t'appelle à aller exposer ta fragile vertu au milieu des orages du monde, je le bénirai encore, tout en le conjurant de t'accorder toujours, pour t'y soutenir, l'abondance de ses grâces et de son esprit.

» L'important, c'est de mériter, par des prières ferventes et une conduite angélique, de connaître cette toute sainte et tout aimable volonté du bon maître.

» J'ai appris, écrivait-il encore, avec une bien vive satisfaction, ton entrée dans la Congrégation des

Enfants de Marie. Je conjure la très-sainte Vierge, que tu as choisie pour mère, de te prendre comme par la main, et de te conduire elle-même à travers tous les périls. Après Dieu, elle peut tout pour la grande affaire de ta vocation. »

Le zèle de M. Tavernier, on l'a vu, s'étendait à tout, et ne connaissait d'autres limites que celles du possible. Ce qui fut en lui principalement remarquable, c'est que ce zèle pour la gloire de Dieu et la sanctification des âmes ne s'est jamais ralenti. Aussi nous ne saurions trouver, pour résumer sa vie, de texte de la sainte Ecriture plus heureusement choisi que celui qui commence et résume son éloge funèbre: « *Zelo zelotus sum pro Domino Deo exercituum.* — Je brûle de zèle pour le Seigneur Dieu des armées. »

Durant les années de son canonicat, qui auraient pu être si paisibles, non-seulement il se livrait à tous les travaux dont j'ai parlé dans ce chapitre et dans le précédent, mais il répondait encore aux invitations qui lui étaient faites d'aller prêcher dans les campagnes, où il donnait des Carêmes entiers, et il suivit Monseigneur de Simony dans plusieurs tournées pastorales, annonçant lui-même la sainte parole. Par une coïncidence digne de remarque, la dernière de ces visites, dans laquelle il accompagna Monseigneur, fut celle de l'arrondissement de Saint-Quentin.

Toutes ces fatigues, jointes à celles qu'il avait endurées à Rosoy, eurent bientôt réduit sa santé : « Que l'homme est peu de chose, s'écriait-il alors; quand Dieu le veut, il le touche et le voilà anéanti. »

Et il montrait du doigt sa gorge malade, car il fut à cette époque atteint d'une affection au larynx qui dura fort longtemps.

Comme on l'engageait, dès le principe, à supprimer momentanément ses conférences, ou du moins à en abréger la durée et à ne plus confesser : « Ah ! disait-il, nous nous reposerons au ciel ! mais tant que nous serons sur la terre, il faut travailler. »

Bientôt cependant on dut lui interdire pour un temps l'exercice du saint ministère et lui enjoindre de prendre un peu de repos à la campagne. Il passa plusieurs semaines au petit village de Mercin, près de Soissons, dans une ancienne maison seigneuriale que le grand Séminaire doit à la générosité de Monseigneur de Simony. M. Tavernier n'y put demeurer inactif, et il consacra ces quelques jours à établir dans cette paroisse l'exercice du soir, chaque dimanche, en l'honneur de la sainte Vierge.

Il est facile de deviner combien il était pénible pour cette âme ardente, d'interrompre les travaux du zèle et de renoncer aux œuvres entreprises. Mais, néanmoins, M. Tavernier conserva toujours une résignation parfaite à la volonté de Dieu, et même une sainte gaieté au milieu de ses souffrances.

« Si vous saviez, écrivait-il, comme mon malheureux médecin écourte mes journées. A l'entendre, il faut en passer une partie au lit, une autre partie à respirer des vapeurs. Tantôt il étend sa baguette sur mes livres pour m'en interdire la lecture, tantôt sur mon encrier et sur mes plumes pour m'empêcher d'écrire. Que voulez-vous que je fasse avec un drôle comme celui-là ? Il va être cause que je me brouillerai avec tous mes amis qui ne pourront jamais s'expliquer ni excuser mon silence.

» Je suis heureux de penser que vous êtes un des plus charitables et que ce méchant docteur ne réussira pas à nous brouiller ensemble...

» Ces laryngites, disait-il encore, sont des maladies extrêmement longues et pour lesquelles il faut une bonne provision d'abnégation et de patience. Demandez-la pour moi à Notre Seigneur, au saint Autel, où vous avez le bonheur de monter tous les jours, et où moi je ne monte plus que bien rarement ! »

Et il ajoute : « J'aurais bien encore l'envie de me rendre utile en quelque chose pour procurer la gloire de Dieu et le salut des âmes ; mais je désire avant tout la volonté de Dieu sur moi. Puissè-je toujours l'accomplir parfaitement et avec une soumission aveugle ! »

Dans une autre circonstance, il écrivait à un curé qui l'avait invité à bénir de nouvelles cloches.

« Commençons par répondre à vos cloches. Il m'est impossible de me rendre à votre aimable et pressante invitation, parce que, dès ce moment, la saison m'est trop contraire et m'oblige à être casanier... Mon larynx est encore bien malade, et ma présence à votre pieuse et intéressante cérémonie ne ressemblerait à quelque chose, qu'autant que je pourrais y ouvrir la bouche et parler un peu à vos braves gens.

» Or, je ne le pourrais encore sans une véritable témérité.... Il n'y a qu'un petit inconvénient qui en pourra résulter pour moi, c'est que mon nom ne passera pas à la postérité de Mézières ; mais j'avoue que cet honneur me tente peu, et je désire beaucoup plus ardemment qu'il soit écrit dans le ciel que de le voir gravé sur vos cloches. »

La santé de M. Tavernier ne s'améliorant pas, on lui conseilla de voir un médecin de la capitale. Il se rendit à cet avis et suivit aux Néothernes un long et douloureux traitement, à la suite duquel il se trouva beaucoup mieux.

Lorsqu'il demanda sa note au célèbre docteur (1) qui lui avait prodigué ses soins avec tant de dévouement, il reçut cette réponse : « M. l'abbé, vous avez usé votre santé au service de la société, vous ne me devez rien. »

Nous citons ce trait à dessein, mais sans aucune malice.

Monseigneur de Simony apprit avec bonheur la guérison de M. Tavernier.

« Ma satisfaction, mon très-cher abbé, lui écrivait-il à la nouvelle de son prochain retour, est pour le moins égale à la vôtre. Quoique j'aie dit bien souvent au bon Dieu, *fiat voluntas tua*, je ne lui demandais pas moins qu'il vous rendît à mes vœux.

» Je ne disputerai pas avec notre bon maître sur le plus ou le moins, et ce sera beaucoup de vous voir

---

(1) Le docteur Trousseau.

arriver avec l'espoir fondé d'une guérison complète ; après quoi je me charge d'apposer mon *veto* sur toute fonction qui serait capable d'y apporter quelque obstacle.

» Pendant votre absence, vos bonnes filles ont été leur train sans trop d'encombre.

» Le mois prochain, je compte, s'il plaît à Dieu, commencer mes visites pastorales. Puissent-elles être fécondes en bénédictions célestes sur le clergé et sur le peuple ! Heureusement que leur efficacité ne dépend point de l'instrument par lequel elles sont dispensées. Vos prières adouciront mes fatigues par les consolations qui m'en reviendront, et elles seront pour moi un motif de confiance. »

« Dimanche dernier, Monseigneur de Châlons a été visiter Mercin, et je l'accompagnais. Notre première visite a été à l'Eglise, où le pasteur avait réuni ses jeunes brebis. Tout le troupeau portait encore l'empreinte de votre zèle. Monseigneur lui a dit quelques mots qui ont dû charmer, et j'espère que le bon Dieu en sera content.

» Je vous renouvelle du plus profond de mon âme, l'assurance de mon affection inaltérable. »

CHAPITRE VII.

M. TAVERNIER EST NOMMÉ A LA CURE DE SAINT-QUENTIN (1844). — SES HÉSITATIONS ET SES CRAINTES. — SON OBÉISSANCE GÉNÉREUSE. — PORTRAIT DE M. TAVERNIER.

Vir obediens loquetur victoriam
« L'homme obéissant racontera ses victoires. »
(*Prov.* c. XXI, p. 28).

M. Grandmoulin, curé-archidiacre de Saint-Quentin, après dix-sept années d'un ministère honorable et fructueux, venait de mourir.

La ville de Saint-Quentin perdait en lui un guide éclairé, un prédicateur éloquent et un pasteur dévoué; le diocèse de Soissons, un de ses prêtres les plus éminents; le clergé de France, un de ses membres les plus recommandables par ses lumières et ses vertus sacerdotales.

M. Grandmoulin avait traversé, sans faillir dans la foi, l'époque si difficile de la Révolution Française. Successivement précepteur des enfants de la famille des comtes de Marle, principal d'un Collége de Bretagne, professeur de rhétorique et de philosophie, puis censeur et proviseur du Lycée de Napoléonville, et enfin aumônier de l'Ecole militaire de Saint-Cyr ; c'est tandis qu'il occupait ce dernier poste, qu'il fut appelé, en 1827, par Monseigneur de Simony, à la cure de Saint-Quentin.

Ce prêtre, aussi remarquable par ses hautes vertus que par ses talents, avait acquis dans sa vaste paroisse l'estime et la vénération universelles.

« On connaît le caractère généreux dont la nature a doué les nobles enfants de la Bretagne. M. Grandmoulin, qui ne parlait jamais de son pays natal sans qu'une larme vînt mouiller ses yeux, était un de ces bretons dont M. de Chateaubriand a tracé l'immortel portrait : Ame ardente, cœur composé de dévouement et d'indulgence, esprit vaste et solide, nature supérieure ; un de ces hommes enfin qui commandent l'estime et le respect : un de ces prêtres devant lesquels croyants et incroyants s'inclinent avec une égale vénération. »

M. Grandmoulin, quoique chargé d'années, voulut remplir jusqu'à la fin les obligations de sa charge pastorale, mais ses forces enfin le trahirent, et parvenu à une longue vieillesse, après une douloureuse maladie patiemment endurée, muni des sacrements de la sainte Eglise, qu'il reçut avec l'expression de la foi la plus vive, il s'endormit dans la paix du Seigneur, au mois d'avril de l'an 1844. Il avait vécu pauvrement et il mourait pauvre, car tous ses revenus avaient été consacrés au soulagement de la misère.

Ses funérailles, suivies par une foule pressée et attendrie, furent célébrées avec une grande pompe ;

M. de Garsignies, qui les présidait en sa qualité de grand-archidiacre du diocèse, fit avec un rare bonheur l'éloge funèbre du défunt.

La paroisse de Saint-Quentin demeura assez longtemps sans pasteur, et l'opinion publique, qui, en pareille circonstance, dans une grande ville surtout, se préoccupe si fort de l'avenir, fut plusieurs mois incertaine. Elle mettait plusieurs noms en avant; et annonçait qu'à n'en plus douter, M. de Garsignies lui-même était désigné pour remplir ce poste si important; elle se démentait huit jours plus tard, et le confiait à M. Caby, mort depuis curé-archiprêtre de Château-Thierry.

Le nom de M. Tavernier restait toujours dans le plus complet silence.

Or, pendant que tous ces bruits contradictoires circulaient à Saint-Quentin, voici ce qui se passait à Soissons.

Monseigneur de Simony, qui a laissé parmi nous une réputation de si grande prudence et de si haute sainteté, souvent agenouillé au pied de son crucifix, priait le Seigneur de l'éclairer dans le choix du nouveau pasteur à donner à la première paroisse de son diocèse.

Il réunissait fréquemment les membres de son conseil, pour les consulter sur ce grave objet.

Un moment le saint Evêque s'arrêta à la pensée de confier une seconde fois la cure de Saint-Quentin à un prêtre étranger au diocèse.

M. Tavernier voyait dans la réalisation de ce projet

une humiliation pour le clergé de Soissons qu'il affectionnait tant; aussi il le combattit énergiquement, mais toujours avec le profond respect qu'il avait voué à Monseigneur de Simony.

Plusieurs, nous le savons, ne connaissant qu'imparfaitement les circonstances de ce fait, ont cru qu'il s'était offert à Monseigneur pour la cure de Saint-Quentin.

C'est sans aucune amertume que je combats cette idée : ceux qui ont ainsi pensé, comprenant bien les choses de Dieu, faisaient à M. Tavernier honneur de son dévouement, et jamais ils n'ont supposé, alors qu'il était chanoine titulaire, membre du conseil épiscopal, promoteur du diocèse, et sur le point d'être revêtu des pouvoirs de vicaire général, jamais ils n'ont supposé dans sa généreuse offrande aucune vue d'ambition.

Mais je tiens à bien établir la vérité sur ce point relativement important. Elle ressortira d'ailleurs des propres paroles de M. Tavernier et de la relation exacte des faits que je vais dire.

Monseigneur de Simony avait en M. Tavernier la plus grande confiance, et crut devoir se ranger à son avis : puis, après avoir prié de nouveau, il l'appela et lui fit part de la résolution qu'il avait prise de lui confier à lui-même la cure de Saint-Quentin.

M. Tavernier qui, lui aussi, ne se décidait à rien d'important sans avoir prié Dieu, demanda du temps pour réfléchir et pour implorer les lumières d'en haut. Puis, il consacra les huit jours qui lui furent accordés, à rechercher les raisons qui semblaient l'engager à refuser, comme il en avait le droit, et celles qui pourraient militer en faveur de son acceptation.

Chose étrange ! dans ce qu'il appelait sa balance, toutes les raisons furent contre l'acceptation ; et l'humble prêtre n'en trouva aucune qui pût le déterminer à accepter cette mission.

Il présenta à Monseigneur ce travail écrit.

Monseigneur de Simony adressa de nouvelles et plus ferventes prières au Seigneur, et plusieurs jours après, il fit savoir à M. Tavernier que, malgré toutes ses raisons, il se sentait pressé de le nommer curé de Saint-Quentin.

Restait une difficulté qui résumait toutes les autres ; les médecins avaient déclaré M. Tavernier incapable d'exercer le ministère paroissial, vu l'état de sa santé ; et, à la suite de la longue maladie dont il était à peine guéri, il paraissait devoir être toujours d'un tempérament assez faible.

Comment assumer sur ses épaules le lourd fardeau d'une paroisse qui comptait déjà plus de 25,000 âmes ?

« Vous aurez, lui disait Monseigneur, bon nombre de zélés coopérateurs ; ils pourront vous suppléer, vous vous contenterez de la haute direction de la paroisse. »

« C'est-à-dire, Monseigneur, répondit M. Tavernier, que je serais curé sans l'être : eh bien ! c'est ce que je ne voudrai jamais ! »

Il se contenta néanmoins de rappeler à Monseigneur le mauvais état de sa santé, et lui demanda une dernière autorisation; celle de consulter le médecin qui venait de le traiter.

Monseigneur de Simony y consentit.

Le médecin consulté lui déclara nettement que pour lui, accepter Saint-Quentin, c'était se dévouer à une mort assurée et prochaine !

M. Tavernier fit connaître à Monseigneur cette réponse. Le saint Evêque pria une troisième, une quatrième fois, et, chose admirable, lui adressa ces dernières paroles :

« Quoi qu'il en soit, mon cher ami, je pense que le bon Dieu vous appelle et vous veut à Saint-Quentin ! »

« Mais, est-ce un apostolat, Monseigneur, ou un honneur que vous me confiez ? » demanda M. Tavernier en tombant aux genoux de son Evêque.

« C'est un apostolat ! » répondit le Pontife.

« Eh bien ! alors, j'accepte. Et si bientôt vous apprenez ma mort, ne vous en troublez pas, Monseigneur, c'est le soldat qui mourra à son poste. »

La chose dès lors fut arrêtée, M. Tavernier était curé de Saint-Quentin.

On trouve dans les lettres qu'il écrivit à cette époque, les craintes et les alarmes dont je viens de parler, mais on n'y voit plus d'hésitation : il tremble à la pensée de ce qu'il appelle son insuffisance et sa faiblesse, mais il suit avec une sainte assurance la voie que l'obéissance lui a tracée. *Vir obediens loquetur victoriam.*

« Donnez-moi tel nom que vous voudrez, écrivait-il à un curé du diocèse qui l'avait félicité, je suis et serai avant tout pour vous un ami : c'est, je crois, le titre auquel vous tenez le plus, n'est-ce pas ?

» Ce ne sont point, non certainement, des félicitations que je vous demande, mais bien les plus ardentes prières dont vous serez capable. Je suis encore à m'expliquer comment le bon Dieu a pu jeter les yeux sur un pauvre homme comme moi pour en faire un curé de Saint-Quentin.

» Depuis le premier mot qui m'en a été dit, je n'ai pas cessé un seul jour de le rendre dépositaire de toutes mes répugnances et de toutes mes craintes.

» Mes prières, mes représentations, mes plaintes, tout a été inutile. Il faut donc aller tête baissée avec le sentiment profond de mon insuffisance.

» La sainte volonté de Dieu soit faite pour sa plus grande gloire et mon salut ! »

Il disait encore, en écrivant à l'une de ses sœurs :

« Exposé que je suis à être appelé à Saint-Quentin d'un moment à l'autre, j'ai un indispensable besoin de me préparer à cette nouvelle mission que je redoute si fort, et pour laquelle je me sens si insuffisant. J'ai fui Soissons tout exprès pour trouver ici un temps précieux qu'on ne m'y laissait pas. »

« Ma santé, dit-il dans une autre lettre, est assez bonne ; mais je sens évidemment qu'il m'en faudrait une tout autre pour supporter l'écrasant fardeau que l'on m'impose en ce moment sur les épaules.

» Le bon Dieu, après tout, est le maître ; et comme

c'est lui, à coup sûr, qui m'envoie, et qu'il n'a tenu aucun compte de mes représentations pour décliner cette charge effrayante, que sa sainte volonté soit faite et que son saint nom soit béni !

» Je lui dévoue tout mon être, et je ne lui demande en retour qu'une grâce, celle de faire jusqu'au dernier soupir de ma vie tout ce qu'il attend de moi, et par suite celle de vivre et de mourir dans son amour.

» Priez plus que jamais pour moi, car j'en ai plus que jamais besoin. »

Bientôt la nouvelle de la nomination de M. Tavernier à la cure de Saint-Quentin, se répandit dans le diocèse, et l'on peut dire que partout elle fut accueillie avec une joie unanime ; tous ceux qui le connaissaient applaudissaient au choix de Monseigneur.

Le *Journal de Saint-Quentin*, annonçant cette nouvelle, ajoutait :

« M. Tavernier est connu parmi les membres du clergé par sa piété, sa science et ses talents administratifs, et notre ville n'aura qu'à se féliciter du choix de Monseigneur. »

Cet éloge, simple comme il convient toujours, avait tout le mérite de la vérité. M. Tavernier devait en effet se faire connaître à Saint-Quentin, mieux encore que partout ailleurs, par les trois qualités qu'on vient de dire.

Il ne pouvait quitter Soissons sans y laisser des regrets, car il était difficile de l'avoir connu sans regretter de le perdre.

« M. l'abbé Tavernier, y écrivait-on, est appelé par Monseigneur à la cure de Saint-Quentin; son départ laisse un grand vide dans le cœur de ceux qui avaient l'honneur de le connaître et d'être connus de lui. Il arrivera à Saint-Quentin précédé d'une juste réputation de vertus et de talents qui l'y fera chérir et estimer comme il le fut à Soissons, pendant le trop court espace de temps qu'il y a passé. »

Quelques habitants de Saint-Quentin ayant eu occasion de le voir et de l'entretenir, s'accordaient à faire le plus bel éloge du nouveau curé, aussi distingué, disaient-ils, par les qualités du cœur et de l'esprit, que par la noblesse des manières et la douceur évangélique du langage.

C'est ici que vient se placer naturellement le portrait de M. Tavernier. Je demande la permission de le retracer, et je veux le faire aussi fidèlement que possible.

M. Tavernier était d'une taille au-dessus de la moyenne; sa démarche, sans avoir rien d'apprêté, était noble comme son maintien; ses manières étaient fort distinguées, et l'on aurait cru, en le voyant, qu'il appartenait par sa naissance à cette classe exceptionnelle de la société, où toutes les qualités extérieures semblent héréditaires comme la fortune et la noblesse du sang.

Ses traits étaient d'une admirable douceur; ses yeux calmes et purs aimaient à s'élever vers le ciel avec l'expression d'une tendre piété. Toute sa physionomie, en un mot, où son âme se reflétait comme en un miroir, respirait la bonté et la mansuétude.

Il était, malgré ses nombreux soucis, d'un caractère assez gai ; un agréable sourire reposait toujours sur ses lèvres, mais jamais on ne l'entendait rire aux éclats.

Il parlait généralement peu dans les réunions ; mais il savait néanmoins entretenir très-agréablement une conversation, et son langage toujours aimable, n'était jamais commun ni trivial. Formé à l'école tout à la fois douce et sévère de Saint-Sulpice, il y avait vécu dans l'intimité avec des jeunes gens distingués par leur naissance et leur éducation, et il avait acquis à leur contact ce bon ton et cette haute politesse que l'on remarque d'ordinaire chez ceux qui sortent de cette maison, appelée à bon droit le séminaire des évêques.

« Lorsque je le vis pour la première fois, dit un bon curé, je me sentis pénétré d'un profond respect ; tout son extérieur respirait la sainteté, la dignité, la bonté ! Je me croyais en présence d'un habitant du ciel ! »

— « Quel air de sainteté dans M. Tavernier, disait un jour une personne en le voyant, on dirait la figure de Notre Seigneur ! »

— Un enfant disait : « Comme ce monsieur a l'air vénérable ! On voit bien que l'Esprit Saint habite en lui ! »

Et l'on peut dire que partout M. Tavernier produisait sur tous ceux qui le voyaient cette agréable et douce impression !

«Quand je me confesserai, disait un grand seigneur avec lequel il n'avait conversé qu'une fois, c'est à M. Tavernier que je veux m'adresser. »

Ce seigneur vit toujours, mais M. Tavernier n'est plus. Est-ce à dire que ce seigneur ne se confessera jamais? Non, sans doute, mais cette manière de dire est dans la bouche de certaines personnes le plus bel éloge qu'elles puissent faire d'un prêtre.

Il y avait, en un mot, dans M. Tavernier, quelque chose de ces attraits du divin maître, dont il est parlé dans les pieuses légendes ; il gagnait comme irrésistiblement les cœurs.

Sa seule vue, nous l'avons éprouvé bien des fois, portait à Dieu et à la vertu, et consolait l'âme affligée.

En le voyant pour la première fois, quelques personnes ont pu croire qu'il avait conscience des charmes de sa personne et qu'il en tirait vanité; mais cette idée disparaissait bientôt quand on l'approchait de plus près, et qu'on avait appris à le mieux connaître.

Ne l'a-t-on pas vu, pendant les trois dernières années de sa vie, baiser amoureusement la main de Dieu qui l'avait éprouvé, et porter, sans se plaindre jamais, sur son visage amaigri par la souffrance et vieilli par l'âge, les traces d'une paralysie qui avait si fort altéré ses traits.

Quand le bon Dieu fait briller sur un homme, comme un reflet de sa beauté, il n'exige pas que cet homme l'ignore, il veut seulement qu'il lui rapporte toute la gloire de ses dons, et dans ses desseins tout doit contribuer au bonheur de ses élus : *omnia propter electos*.

Quand il afflige, quand il humilie, il veut (et c'est à cette marque qu'il reconnaît ses vrais serviteurs) qu'on se soumette, qu'on l'adore, qu'on le bénisse et qu'on profite des épreuves pour la sanctification de son âme.

CHAPITRE VIII.

INSTALLATION DE M. TAVERNIER A SAINT-QUENTIN (27 Octobre 1844). — DISCOURS QU'IL PRONONCE DANS CETTE CIRCONSTANCE.

> *Non nosmetipsos prædicamus, sed Jesum Christum Dominum nostrum: nos autem servos vestros per Jesum.*
> « Nous ne nous prêchons pas nous-mêmes, mais Jésus-Christ notre Seigneur: pour nous, nous ne sommes que vos serviteurs en Jésus-Christ. »
> (II *Cor*, c. IV, v. 5.)

M. Tavernier, aussitôt après sa nomination à la cure de St-Quentin, s'était retiré dans la solitude : son vénérable ami, M. l'archiprêtre de Laon, lui avait offert la plus gracieuse hospitalité dans sa maison de campagne, au petit village de Presles.

C'est là, que seul avec Dieu seul, il composa son discours d'installation, et se prépara par la prière et le recueillement à sa grande mission.

Le jour est venu où il va faire dans sa magnifique collégiale sa première entrée solennelle, et prendre possession de son immense paroisse.

Mgr de Simony aurait voulu présider lui-même en personne cette cérémonie : il avait même ajourné l'époque de la confirmation pour la faire coïncider avec l'arrivée du nouveau pasteur. Mais des besoins impérieux l'ayant appelé alors au sein de sa famille, il ne put réaliser ce désir.

C'est à M. de Garsignies qu'il confia le soin de le remplacer.

Nous n'entrerons pas dans le détail de cette cérémonie ; nous dirons seulement qu'elle fut très-solennelle, suivie par un concours extraordinaire de fidèles et rehaussée par un nombreux clergé. On y remarquait M. Tévenart, archiprêtre de Laon, qui aima toujours à s'associer aux joies de son ami comme à ses peines, M. l'archiprêtre de Château-Thierry, M. l'archiprêtre de Vervins, et MM. les doyens de l'archiprêtré de Saint-Quentin.

M. de Garsignies lut à cet auditoire silencieux et attentif les lettres de créance du nouveau curé, puis dans un brillant discours fit son éloge.

Après les cérémonies ordinaires de l'installation, M. Tavernier à son tour monta en chaire, pour y adresser à son peuple ses premières paroles.

Dieu voulait faire de M. Tavernier un homme d'action et d'entreprise, non un écrivain. Mais comme les œuvres ne s'entreprennent pas d'ordinaire sans le concours des pieux fidèles et des âmes charitables, et que la parole est souvent nécessaire au pasteur pour entretenir la vie de ces œuvres comme pour les faire naître, il accorde presque toujours le don de la parole à ceux qu'il destine à les créer ou à les soutenir.

M. Tavernier avait reçu ce don sacré qui ne s'acquiert point par l'étude ; il avait une grande facilité d'élocution, il parlait toujours avec beaucoup d'à-propos, et souvent même avec un rare bonheur d'expressions : mais il parlait surtout avec onction, car il puisait son éloquence dans son cœur.

Nous avons son discours d'installation à Saint-Quentin tout entier écrit de sa main : j'avais eu la pensée de le reproduire ici *in extenso* mais j'ai dû y renoncer dans la crainte de trop ralentir la marche de mon récit. Je veux néanmoins en donner une analyse détaillée, et en citer les principaux passages.

M. Tavernier appelle la cérémonie d'installation d'un curé, le programme officiel de ses devoirs : et l'on peut dire, dans le même sens, que dans ce premier discours, il a donné comme le programme des œuvres qu'il réalisa plus tard à Saint-Quentin.

En voici l'exorde, on y trouvera le sujet et la division clairement dessinés.

Non nos metipsos prædicamus, sed Jesum Christum Dominum nostrum ; nos autem servos vestros per Jesum.
Nous ne venons pas nous prêcher nous-mêmes, mais Jésus-Christ Notre Seigneur ; pour nous, nous ne sommes que vos serviteurs en Jésus-Christ. »
(II *Cor.* c. IV, v. 5).

En ce moment solennel, nos très-chers frères, où nous paraissons pour la première fois au milieu de vous comme Pasteur, qu'il nous soit permis d'épancher ici, en votre présence, notre âme tout entière, et de vous rendre les dépositaires et comme les témoins des premières pensées qui se pressent dans notre esprit.

Plus nous méditons en notre âme sur la circonstance si grave et tout à la fois si touchante qui nous réunit en ce moment, plus il nous semble qu'elle est pour vous et pour nous d'une importance extrême.

Pour nous : car c'est un moment bien sérieux, dans la vie d'un prêtre, que celui où il reçoit la haute et difficile mission d'évangéliser et de conduire toute une immense paroisse ! Et, cette pensée, quoi qu'il fasse, doit bien difficilement quitter son esprit : un jour viendra où il me sera demandé compte, âme pour âme, de tout ce peuple qui m'est confié !

Quant à vous, nos très-chers frères, il ne saurait vous être non plus indifférent de savoir en quelles mains sont pour ainsi dire déposées vos destinées éternelles. Certes, à des passagers, qui doivent naviguer ensemble sur une mer féconde en naufrages, il ne peut pas être indifférent de s'informer si le pilote, qui est appelé à diriger le vaisseau, saura le conduire.

Aussi c'est bien ce qui nous explique, mieux que tout le reste, votre touchant empressement à nous voir, et votre prodigieux concours en cette circonstance.

Toutefois, ce n'est pas ainsi que le monde, (nous voulons parler de ce monde qui ne s'attache qu'à la terre et qui ne sait comprendre les choses de Dieu) ce n'est pas ainsi que le monde envisage notre mission, Comme il ne connaît ni celui qui nous envoie, ni ce dont il nous charge, le monde n'apprécie ce qu'il appelle nos places que d'après le degré d'élévation et d'intérêt qu'elles semblent offrir. Il nous regarde, laissez-nous vous le dire, presque comme des serviteurs à gage, ou comme des gens qui font un métier; et il semblerait, à l'entendre, que nous acceptons par calcul, l'ignominieuse mission d'endormir et de tromper nos frères.

Oh! que le monde nous connaît peu! Car, *ce n'est pas nous-mêmes*, ô nos très-chers frères, *que nous venons vous prêcher, mais Jésus-Christ notre Seigneur; nous ne sommes, nous, que vos serviteurs en Jésus-Christ.* Si nous vous parlons de la sorte, ô nos frères bien-aimés, ce n'est pas que nous vous supposions à cet égard les fausses idées du monde, vous avez, nous en avons la confiance, de tout autres sentiments, et moins éloignés du salut : *Confidimus de vobis, dilectissimi, meliora et viciniora saluti; tametsi ita loquimur.*

Néanmoins, pour votre consolation et pour la nôtre, laissez-nous profiter de cette circonstance pour apprendre à ceux qui l'ignorent quel est celui qui nous envoie, et quel est le but qu'il se propose en nous envoyant.

En remontant, d'un côté, à l'origine de notre mission, il sera visible que c'est Jésus-Christ qui nous envoie et que ce n'est que lui que nous venons vous prêcher : *Non nos metipsos prædicamus, sed Jesum Christum Dominum nostrum :* et, de l'autre, en étudiant l'objet de cette mission, vous verrez que nous ne sommes envoyés que pour votre bonheur et que pour vous servir dans vos intérêts les plus chers : *Nos autem servos vestros per Jesum.*

O divine Marie, pour qui, après Dieu, nous avons senti et conservé au fond du cœur une affection sans mesure, c'est à vous toujours que nous avons voulu consacrer le premier exercice de nos divers ministères. Daignez bénir encore aujourd'hui le plus important de tous, et nous obtenir que ces premières paroles, adressées par nous aux bons habitants d'une cité qui nous est déjà si chère, soient pour eux une source de bénédictions et de grâces.

Ave Maria etc.

§ I. ORIGINE DE LA MISSION DU PASTEUR.

M. Tavernier établit d'abord la nécessité pour le pasteur d'une mission divine; et il la prouve 1° par plusieurs textes de Saint-Paul : *Omnis Pontifex, ex hominibus assumptus, pro hominibus constituitur in iis quæ sunt ad Deum — nec quisquam sumit sibi honorem, sed qui vocatur a Deo tanquam Aaron — Et quidem Jesus non semetipsum clarificavit ut pontifex fieret.* Et enfin : *quomodo audient sine prædicante ? quomodo vero prædicabunt nisi mittantur ?* 2° par la raison éclairée des lumières de la foi. Que vient faire en effet le pasteur des âmes? Il vient s'interposer entre Dieu et l'homme, pour être entre eux comme le médiateur secondaire, l'ambassadeur de Dieu près des hommes, l'intercesseur des hommes près de Dieu. Or, pour remplir ces diverses fonctions, il faut évidemment une mission divine.

Ce principe une fois établi, il démontre par une foule de textes, tirés de nos saintes lettres, que Dieu a eu visiblement et toujours parmi les hommes ses envoyés et ses ministres.

Dieu parla d'abord par la bouche des Patriarches; il se communiquait comme face à face à ces chefs d'une grande famille qui devenaient ainsi parmi leurs nombreux enfants comme les prophètes de leurs destinées futures.

Plus tard, lorsque le Dieu d'Abraham, d'Isaac et de Jacob se fut formé avec la postérité de ces patriarches un peuple à part, destiné à conserver les traditions antiques, et la solennelle promesse d'un messie libérateur, il commence par se choisir un homme selon son cœur... Moïse devient non seulement le chef du peuple de Dieu, mais l'interprète des volontés divines auprès de lui... et voici sa mission : *Qui est misit me ad vos: perge igitur, ego ero in ore tuo, doceboque te quid loquaris;* il la prouve par d'étonnants miracles — Dieu lui parlait face à face, comme un ami parle à son ami, puis il l'envoyait vers son peuple pour lui manifester ses volontés, et lui intimer ses ordres.

Bientôt après, le Seigneur choisit l'une des douze tribus d'Israël pour fonder un sacerdoce perpétuel : c'est sur la tribu de Lévi que s'arrêtent ses regards, c'est à elle qu'il confie sa loi.

Souvent dans la suite, le Seigneur envoyait, de loin en loin, des prophètes à son peuple, pour le rappeler à l'observation de la loi.

« Toutefois, nos très-chers frères, une chose est par dessus tout, frappante dans tous ces envoyés de l'ancienne alliance, c'est que, depuis les Patriarches jusqu'au fils de Zacharie, tous annoncent et célèbrent comme à l'envi *un envoyé* plus grand encore qui apportera une loi nouvelle, et sera le libérateur de son peuple ; on l'appellera, disent-ils, « Emmanuel ou Dieu avec nous. »

A voir la manière dont ils se complaisent à revenir toujours sur cette grande promesse, il est visible que c'est là le premier et le principal objet de leur mission.

Dieu donc, après avoir autrefois parlé à nos pères en divers temps et en diverses manières par les prophètes, nous a parlé enfin à nous dans ces temps heureux par son propre fils : *Multifariam multisque modis olim Deus loquens patribus in prophetis, novissime diebus istis locutus est nobis in filio.*

Bientôt notre Seigneur choisit des hommes parmi les disciples qui l'entourent : il leur donne le nom d'*Apôtres*, c'est à dire *envoyés*, parce que déjà il les destine à continuer après lui son œuvre.

Dès que sa mission divine est accomplie, celle de ses apôtres commence ; il leur a dit avant de monter aux cieux : « Toute puissance m'a été donnée au ciel et sur la terre. En vertu de cette puissance comme mon Père m'a envoyé je vous envoie. Allez donc enseigner toutes les nations — prêchez l'Evangile à toute créature — celui qui croira sera sauvé, celui qui ne croira pas sera condamné. Car qui vous écoute m'écoute, qui vous méprise me méprise. — Voici que je suis avec vous jusqu'à la consommation des siècles. »

Puis avec la même plénitude d'autorité, avec laquelle, établissant le plus auguste de ses mystères, il leur avait dit : « Faites ceci en mémoire de moi, » soufflant sur eux, il ajoute : « Recevez le St-Esprit, les péchés seront remis à ceux à qui vous les remettrez, et ils seront retenus à ceux à qui vous les retiendrez. »

Ainsi les Apôtres sont établis les ministres de Jésus-Christ, et les dispensateurs des mystères de

Dieu : ainsi est fondée l'Eglise. Car Jésus-Christ n'est pas venu seulement pour une nation ni pour un temps, mais pour toutes les nations et pour tous les temps : et par un sacrement ineffable il a légué au monde un sacerdoce immortel.

Par le moyen de ce mystérieux canal, les apôtres et leurs légitimes successeurs ont dès lors communiqué leur divine puissance à une nouvelle tribu de lévites et de prêtres qui deviennent comme eux par le sacerdoce « les ministres de Jésus-Christ et les dispensateurs des mystères de Dieu » — que dis-je, ils deviennent d'autres Jésus-Christ. Comme Jésus-Christ, ils sont pasteurs, comme lui pères spirituels des âmes, comme lui médiateurs, comme lui sauveurs, comme lui rédempteurs.....

Et maintenant, oserai-je bien le dire ? cette sublime mission, ce divin ministère, sont ceux que nous avons reçus nous-mêmes, et que nous venons en tremblant remplir au milieu de vous. Le plus noble organe et le premier représentant de notre évêque vous lisait tout à l'heure les lettres de créance qui attestent notre mission. A nous aussi par un des plus dignes successeurs des apôtres il a été dit: « Comme j'ai été envoyé, je vous envoie. »

Ici M. Tavernier fait connaître les appréhensions qu'il éprouva au moment où Monseigneur lui avait imposé le lourd fardeau de la paroisse de St-Quentin. Puis il parle de ce qu'il avait dû quitter pour venir à St-Quentin : il fait à Soissons les plus touchants adieux.

« Cette parole est venue tout-à-coup nous surprendre au milieu des modestes travaux auxquels nous nous complaisions à consacrer ce qui nous restait d'une santé affaiblie et d'une voix presque éteinte. Nous ne nous doutions guère que votre premier pasteur et le nôtre s'apprêtait à nous donner une tout autre mission et nous destinait à venir consoler votre antique église en faisant cesser son veuvage !

Pourquoi vous le tairions-nous, ô nos très-chers frères, nous avons été d'autant plus surpris, et effrayé, qu'un nom (1) bien autrement connu de vous et qui depuis longtemps vous est cher avait été mis en avant par toutes les bouches. Sa voix qui bien des fois déjà a retenti dans toutes les chaires de votre industrieuse cité, et que, il n'y a pas longtemps encore, vous entendiez avec délices, sa voix, à lui, ne vous eût pas été un seul instant inconnue !

Déjà nous étions tout occupé à applaudir avec vous à ce choix qui proclamait si haut toute la bienveillante sollicitude du pieux Pontife qui, pour vous, paraissait disposé à imposer à son cœur un si pénible sacrifice... Il ne nous restait pour vous qu'une crainte, celle que vous ne pussiez longtemps jouir de votre bonheur, et que quelque Église principale ne vînt bientôt vous le ravir. »

Pourquoi donc faut-il que, de si haut, on soit ensuite descendu jusqu'à notre faiblesse ?...

Par compassion pour vous, nos très-chers frères, nous ne devons pas vous le cacher, nous avons longtemps supplié le divin Pasteur d'inspirer à son représentant sur la terre un autre choix plus digne de vous. Combien de fois ne lui avons-nous pas dit comme Jérémie : *A. a, a Domine Deus ecce nescio loqui quia puer ego sum* (2) !

Nos plaintes ont été vaines et nos supplications sans

---

(1) M. de Garsignies.
(2) Ah ! Seigneur Dieu, je ne sais rien dire, car je ne suis qu'un enfant.

succès. Nous avons entendu une voix, que nous ne pouvions plus méconnaître, et qui nous a répondu comme au Prophète : « Ne dis pas je ne suis qu'un enfant, car tu iras partout où je t'enverrai et tu annonceras de ma part tout ce que je t'ordonnerai. » Et dès lors nous fûmes irrévocablement envoyé vers vous.

Laissez-nous vous le dire, nos très-chers frères, il nous en a coûté pour nous arracher à une ville où nous avions cru pouvoir placer à toujours toutes nos affections ! Pour vous, il nous fallait nous séparer d'un pontife que nous aimions comme un père, et que nous nous étions habitué à vénérer comme un saint, à l'égal des François de Sales.

Appelé tout près de lui par une confiance dont nous n'étions pas digne, nous pouvions admirer de plus près ses éclatantes vertus que rehaussent toujours tant de noblesse et de dignité, et nous exciter à imiter, du moins en quelque chose, sa douce et tendre piété !

Admis en outre, par son inexplicable bonté pour nous, au sein d'un sénat de vénérables prêtres que nous rougissions d'appeler nos frères parce qu'à tous titres ils étaient bien plus nos maîtres et nos pères dans la foi, nous leur avions voué à tous le plus respectueux comme le plus tendre attachement...

Pour vous encore, il nous a fallu briser des liens si doux et nous dire, après le baiser de paix, au revoir, sans doute pour l'éternité.

Pour vous enfin, il nous a fallu délaisser une double famille de nombreux enfants qui nous étaient bien chères et auxquelles nous pensions avoir consacré toute notre existence.

Saint Pontife, vénérables frères, et vous toutes enfants bien aimées que le divin Pasteur avait confiées à notre amour, Adieu ! ! ! Oh ! nous ne vous oublierons jamais ! et, chaque jour nous rendrons l'adorable victime, au saint autel, dépositaire de nos plus précieux souvenirs et de nos vœux les plus ardents pour vous !

Mais pourquoi, nos très-chers frères, vous entretenir ainsi de tout ce que nous avons laissé pour venir à vous ? Nous pardonnerez-vous ces regrets ? Oh ! oui : Vous saurez comprendre qu'ils sont un gage assuré de la vive et paternelle affection que désormais nous allons avoir pour vous tous. Vous êtes à présent notre famille. C'est vers vous, c'est pour vous que nous sommes envoyé, c'est vous aussi qui serez maintenant le premier, l'unique objet de notre tendresse et de notre sollicitude.

§ II. OBJET DE LA MISSION DU PASTEUR.

L'apôtre saint Paul la résume dans ces deux mots : *Sic nos existimet homo ut ministros Christi, et dispensatores mysteriorum Dei.*

Comme *ministre de Jésus-Christ* annoncer et expliquer sa parole aux hommes, *comme dispensateur des mystères de Dieu* coopérer à leur salut par l'administration des sacrements, tel est donc l'objet de la mission du pasteur des âmes.

1° *Annoncer et expliquer sa parole aux hommes.*

Oserai-je bien vous dire, mes frères, demande ici l'orateur, que dans ce siècle proclamé par toutes les bouches le siècle des lumières et du progrès, vous avez besoin au milieu de vous de quelqu'un qui ait reçu mission de vous enseigner les choses du salut ?

Oui, mes frères, et je le dis bien haut.

L'homme, à l'aide des lumières naturelles, et à force de recherches, pourra bien parvenir à lire quelques pages de ce grand livre dans lequel les cieux racontent la gloire de Dieu, et le firmament publie la magnificence de ses œuvres. (M. Tavernier entre alors dans quelques développements, et il ajoute):

Mais pourtant! qui le croirait? l'homme, si intelligent, si habile pour les choses de la terre, est souvent comme sans intelligence pour les choses du ciel!

On le verra n'ignorer aucune des lois qui régissent les sociétés humaines, étudier et approfondir avec ardeur celles qui régissent le monde, et il ne connaît pas la loi de Dieu destinée à le régir lui-même.

S'élevant par la pensée jusque dans ces régions où la main du Tout-Puissant a semé comme la poussière ces globes immenses qui roulent sur nos têtes, l'homme saura calculer leurs distances, saisir avec précision la régularité constante de leurs évolutions diverses; et tandis qu'il est si sérieusement occupé à considérer en détail cette scène mobile dont le spectacle pour lui va bientôt finir, il ne sait pas se demander à lui-même qui il est, d'où il vient, où il va, et ce qu'il doit être tout à l'heure dans cet autre monde immuable, éternel, pour lequel seul il est fait.

Rappeler donc à l'homme son origine, lui retracer sans cesse ses devoirs; lui apprendre pour cela la nécessité et l'existence d'une religion divine avec ses dogmes et ses mystères; lui remettre à chaque instant devant les yeux sa fin; le presser de diriger constamment vers elle toutes les pensées de son esprit, toutes les affections de son cœur toutes les actions de son être, tel est le premier objet de la mission du pasteur des âmes. « Vous êtes la lumière du monde, dit Jésus-Christ à ses apôtres, allez, enseignez toutes les nations, apprenez-leur à garder tout ce que je vous ai recommandé moi-même. — Malheur à moi si je n'évangélise, » s'écrie Paul, frappé de cette injonction de son maître, « ce n'est pas pour moi une gloire, c'est une nécessité ! » Aussi est-ce là la principale instruction qu'il laisse à Timothée son disciple :

« Je vous le recommande, en présence de Dieu et de Jésus-Christ qui doit juger les vivants et les morts, annoncez sa parole, insistez à temps, à contre-temps. »

Ici M. Tavernier cite plusieurs textes de nos saints livres pour appuyer la même vérité; puis il ajoute :

L'avez-vous bien comprise, nos très-chers frères, cette première partie de la mission du pasteur des âmes ? Nous l'avons comprise, nous, nous osons le dire, et comprise tout entière : et avant d'arriver au milieu de vous, nous avons été plus d'une fois saisi d'épouvante, en en méditant pour nous comme pour vous les sérieuses et inévitables conséquences.

Et, lorsque tout à l'heure dans cette imposante cérémonie dont vous avez été les témoins, et que j'appellerais volontiers le programme officiel des devoirs qui en ce moment nous sont imposés, lorsque, dis-je, on nous conduisait à cette chaire sacrée, nous ne nous sommes pas fait illusion, et tout ce langage de nos saintes lettres que nous venons de citer, retentissait à nos oreilles.

C'est donc à dire, nos très-chers frères, que nous voilà solennellement établi le débiteur de la parole divine envers vous tous. « Nous faisant désormais tout à tous au milieu de vous pour vous gagner tous à Jésus-Christ » nous devrons, proportionnant notre langage, exercer envers vous tous notre mission d'évangéliste :

A vos enfants nous devrons apprendre à bégayer les premiers éléments de la science du salut, leur distribuer le lait plutôt que la substance de la doctrine, et travailler à former de bonne heure leurs cœurs à la tendre et douce piété.

A vos jeunes gens, à vos jeunes personnes, nous devrons une nourriture plus solide ; nous aimerons surtout à leur rappeler souvent que leur âge où l'on ne vit d'ordinaire que d'illusions et de plaisirs, est pourtant l'âge le plus précieux de leur bien courte existence, et celui qui a le plus de conséquence pour leur vie présente comme pour leur vie future, qu'il est d'expérience que l'on suit d'ordinaire toujours jusque dans la vieillesse, la voie que l'on a suivie dans l'adolescence et la jeunesse.

Aux pères et mères, nous devrons rappeler sans cesse que les enfants sont le premier et le plus précieux dépôt dont le Seigneur leur demandera compte ; et que s'ils veulent que leurs avertissements soient utiles, la meilleure de toutes les leçons, c'est l'exemple. Aux maîtres et maîtresses, nous ne pourrons laisser ignorer les formidables paroles de l'Apôtre : « Si quelqu'un n'a pas soin des siens et spécialement de ceux de sa maison, il a renié la foi, et il est pire qu'un infidèle. »

A tous ceux que l'amour des richesses et un insatiable désir de faire fortune absorberaient tellement dans leurs affaires et leurs entreprises qu'ils en oublieraient leur salut, nous crierons de toutes nos forces : Si c'est là le soin que vous donnez à des choses qui passent et que vous n'emporterez pas, avec quel zèle, si vous êtes sages, ne devez-vous pas travailler à acquérir les biens durables de l'Eternité! Amassez-vous donc bien plutôt des trésors que ni les voleurs, ni la rouille, ni les vers ne puissent vous ravir. Que sert à l'homme de gagner tout le monde, s'il vient à perdre son âme !!

Aux pécheurs déhontés et scandaleux, si nous étions parfois condamné à en rencontrer parmi vous, nous ne pourrions nous empêcher de dire comme autrefois Jean-Baptiste : « Cela ne vous est pas permis : *Non licet* — Ne vous y trompez pas, on ne se moque pas de Dieu : *Nolite errare, Deus non irridetur...* Est-ce que vous pensez, ô homme, échapper à ses jugements? Ne voyez-vous pas que par votre endurcissement et votre cœur impénitent, vous amassez sur vous des trésors de colère pour le jour de ses vengeances? »

A tous ceux enfin qui auront fourni une plus longue carrière et fait plus de pas dans le chemin de la vie, nous dirons avec respect : Vos jours ont été bien courts sur la terre et remplis de bien des misères! Vos cheveux blanchis, vos pas plus lents, et déjà chancelants peut-être, semblent vous avertir que le temps de votre dissolution est plus proche, et que pour vous l'exil va finir! Oh! prenez donc bien garde désormais comment vous marchez dans la vie et faites-le avec précaution non pas comme des insensés, mais comme des gens sages, rachetant le temps puisque vos jours sont mauvais : *Videte, fratres, quomodo caute ambuletis, non quasi insipientes, sed ut sapientes.* Exposés tout à l'heure peut-être à quitter la vie, n'allez pas ainsi affronter aveuglément la mort, sans vous demander ce qui peut vous attendre au-delà du tombeau.

2° ADMINISTRER LES SACREMENTS.

Mais l'homme, devenu coupable, n'a pas seulement besoin d'être instruit des vérités du salut; faible, comme il est, marchant sans cesse au milieu des écueils, environné d'ennemis qui le harcèlent de toutes parts, il lui faut des secours puissants qui répondent à tous ses besoins.

M. Tavernier montre ici comment Notre-Seigneur y a pourvu en léguant à son Eglise ces mystères ineffables dont le prêtre est établi le dispensateur.

Oui, s'écrie-t-il, dispenser les mystères de Dieu, voilà le second objet de notre mission, la grande, l'admirable destination de notre ministère.

Puis, parcourant les divers sacrements dont la dispensation est confiée au prêtre, il s'arrête surtout à la pénitence, dans laquelle il découvre les riches trésors de la miséricorde divine d'une part, et de l'autre la puissance merveilleuse du sacerdoce catholique. Puissance divine dans son principe, puissance universelle dans son étendue, puissance surhumaine dans ses effets.

Oh! que de grâces, que d'ineffables consolations dont ce divin ministère du Pasteur est la source. Venez donc, ô vous qui vous tenez éloignés et depuis longtemps peut-être de nos tribunaux sacrés que vous ne connaissez plus! Venez, goûtez donc et voyez combien le Seigneur notre Dieu s'y montre miséricordieux et bon!

Eh quoi! tout en vous vous crie que vous êtes faits pour

le bonheur ! On vous voit vous épuiser à le chercher partout.

Vous le mendiez en passant à chaque créature que vous rencontrez dans la vie ? Et pourtant, pourquoi nous le cacher ? Vous ne l'avez jusqu'ici rencontré nulle part ! Ah ! c'est qu'il ne sera jamais où vous le cherchez ! Il n'y a de bonheur possible pour l'homme, retenez-le bien, qui que vous soyez, que dans la paix de la conscience ; et le seul lieu au monde où l'on puisse la recouvrer quand on l'a perdue, c'est le tribunal sacré de la pénitence.

M. Tavernier suit enfin le prêtre à l'autel, au chevet des malades et partout où le réclament les besoins spirituels des âmes, et il le montre partout dispensant les mystères de Dieu.

Nous ne pouvons résister au désir de publier encore les dernières pages de ce discours dans lequel M. Tavernier a su si bien se peindre lui-même ; elles contiennent une invitation pressante à toutes les classes de la société, de venir à lui comme à leur pasteur, à leur père.

C'est donc avec confiance que nous venons à vous, nos très-chers frères. Désigné par la volonté de Dieu pour être près de vous la source de ce précieux et consolant ministère, nous osons nous persuader que nous serons reçu de vous comme un père l'est de ses enfants bien-aimés.

Oui, vous êtes déjà placés bien avant dans notre cœur avec ce titre si doux. Déjà, nous le sentons, pour vous la charité de Jésus-Christ nous presse : *Caritas Christi urget nos.* Du moment où il ne nous fut plus possible de douter que le Seigneur lui-même nous envoyait vers vous, vous nous êtes devenus tellement chers, nous vous avons été aussitôt si dévoué que, comme l'écrivait le grand Paul aux habitants de Thessalonique, déjà nous souhaitions ardemment de vous livrer non-seulement l'Evangile de Dieu, mais tout jusqu'à notre vie. Comme lui, séparé de vous de corps, mais déjà uni d'affection, nous nous sommes senti pressé de venir vous voir. Dès ce moment, notre cœur vous fût ouvert, et s'est dilaté pour vous recevoir tous. *Os nostrum patet ad vos, cor nostrum dilatatum est!* Vous n'y êtes pas à l'étroit, ô nos frères bien-aimés! Dilatez donc aussi les vôtres : *Non angustiamini in nobis, dilatamini et vos!...*

Oui, vous viendrez à nous avec le même amour et la même confiance avec lesquels nous venons à vous.

Vous viendrez à nous justes et fidèles dévoués : nous mettrons notre gloire à vous encourager, à vous diriger, à vous soutenir. Nous vous apprendrons à ne point vous appuyer sur votre justice, à veiller toujours pour ne pas tomber, et nous vous répèterons souvent avec les saints que, dans la voie de la perfection, ne pas avancer c'est reculer.

Vous viendrez à nous, vous surtout pécheurs, et vous tous qui, depuis longtemps peut-être, vous êtes écartés de la voie de la vérité. Aussi bien pourquoi nous fuiriez-vous ? c'est vous qui êtes le principal but de notre mission, le premier et le plus cher objet de notre ministère. A l'exemple du maître qui nous envoie, nous ne venons pas ici chercher les justes mais les pécheurs. Ceux qui ne sont pas malades n'ont pas besoin de médecin ; nous voulons, nous, être ici le médecin des malades. La leçon la plus touchante que nous ayons jamais apprise et que nous oublierons la dernière, c'est que le bon pasteur doit savoir abandonner au besoin les quatre-vingt-dix-neuf brebis fidèles pour courir après la centième et dernière qui s'est égarée.

Vous viendrez donc toujours à nous avec confiance, ô vous que le poids de vos iniquités accable, après vous avoir ravi avec la paix de la conscience le seul bonheur qui soit sur la terre ? Oui, vous viendrez, nous prierons et gémirons ensemble sur la longueur de vos égarements et sur la profondeur de votre misère; ensemble nous demanderons grâce au cœur blessé de notre Dieu si bon, et nous ne le quitterons pas qu'il ne nous ait fait miséricorde !

Vous viendrez aussi à nous, riches de cette opulente cité : nous vous apprendrons le secret d'échapper à l'anathème porté contre vos richesses, en vous enseignant à en faire un noble et saint usage; nous vous exhorterons souvent à vous en servir pour vous amasser, non sur la terre mais dans le ciel, des trésors que ni la rouille, ni les vers, ni les voleurs ne pourront jamais vous ravir.

Les occasions certes ne nous manqueront pas : d'un côté, vous montrant d'une main cette magnifique basilique devant laquelle vient s'incliner avec respect la science, pour admirer tout ce qu'y a renfermé de hardi et de sublime le génie des siècles passés, nous vous conjurerons de nous procurer les moyens de conserver du moins et d'entretenir ce que la foi vive de vos ancêtres a trouvé le secret d'édifier.

De l'autre, vous arrachant aux douceurs de votre opulence, nous aimerons à vous conduire en esprit dans ces humbles et obscurs réduits où des milliers de pauvres, vos frères en Jésus-Christ, abritent et cachent leur misère. Là, nous avouant devant vous sans honte leur avocat et leur père, nous vous supplierons avec larmes de nous aider à donner, aux uns le pain de chaque jour qui doit les nourrir, à ceux-ci des vêtements qui couvrent leur nudité, aux autres un lit où ils puissent reposer leurs membres fatigués, sans mettre en péril leur innocence. Et plus je verrai abonder la misère, plus je demanderai à Dieu de faire aussi croître et abonder votre charité.

Vous aussi, et vous ne serez pas les derniers, vous viendrez à nous, pauvres de Jésus-Christ, portion choisie, et si vous le voulez, la plus précieuse de son troupeau ; nous vous apprendrons à supporter avec résignation, à bénir même votre indigence. Nous nous complairons à vous redire que ce Dieu fait homme pour votre salut, après avoir voulu naître dans une étable et y être déposé dans une crèche, a choisi pour son partage de vivre et de mourir dans la pauvreté. Vous avez été ses premiers amis sur la terre, pour vous il n'a jamais eu sur les lèvres que des paroles de consolation et d'espérance. « Heureux, s'écriait-il souvent, heureux, ô vous pauvres, car le royaume de Dieu est à vous. » Les riches pourront y entrer, mais ils n'y entreront que par vous, et qu'autant qu'ils seront en esprit pauvres comme vous.

Consolez-vous donc et faites crédit à Dieu. En attendant que ses promesses s'effectuent et que son règne vous arrive, vous trouverez en nous un père, un ami, un frère, et bien souvent un avocat qui ne laissera point oublier aux aînés de la famille vos misères et vos besoins. Accordez-nous seulement d'être toujours de bons pauvres, des pauvres vraiment chrétiens.

Ici M. Tavernier fait un touchant appel aux protestants de sa paroisse; quoiqu'ils soient assez peu nombreux à Saint-Quentin, il importait de ne pas les oublier dans cette circonstance solennelle.

Oh ! pourquoi ne viendriez-vous pas aussi à nous, ô vous que nous ne cesserons jamais d'appeler nos frères, quoique maintenant dissidents d'avec nous dans la foi ! Nous avons le même Jésus-Christ pour maître et pour père, pourquoi donc n'aurions-nous plus la même Eglise pour mère ? Nous avons le même pasteur, pourquoi n'aurions-nous plus le même bercail ?

« Comment croire, vous dirai-je avec le grand évêque de Carthage, que l'on est en possession de la vérité, quand on est séparé de l'unité. Elle est une, elle est sans tache, l'épouse du Sauveur ; elle seule lui donne les enfants légitimes qui doivent hériter de son céleste royaume. Celui qui s'en sépare pour s'attacher à une étrangère, n'est plus lui-même qu'un étranger, un profane. Non il ne peut avoir Dieu pour père, celui qui n'a pas l'Eglise pour mère (St Cypr. *de Unit. Eccl.*) »

Que nous serions heureux, ô nos très-chers frères, si, au prix de nos fatigues et de nos sueurs, nous pouvions unir tous vos cœurs dans les liens de la paix, de la Charité et de la foi : *Solliciti servare unitatem spiritus in vinculo pacis* ! Car telle est notre mission, nous ne l'oublierons jamais : étranger par nos fonctions aux intérêts profanes et libre de toutes vues humaines, notre seule ambition sera toujours « de nous faire tout à tous pour vous gagner tous à Jésus-Christ.

On nous verra toujours l'homme de Dieu, et jamais l'homme des opinions variables et des intérêts passagers du temps. Nous ne sommes les hommes d'aucun parti ; « notre royaume n'est pas de ce monde. » Quelles que soient les opinions qui vous divisent, nous ne voyons et ne verrons jamais en vous, qui que vous soyez, que des frères. Du reste sans ambition comme sans projets, nous ne venons point au milieu de vous pour y recueillir des honneurs ou de la fortune.

Ce n'est pas ce qui vous appartient que nous venons chercher, c'est vous-mêmes. *Non vestra sed vos.* Nous n'apportons au milieu de vous qu'un désir, mais il est immense, celui de travailler à vous sauver. Laissez-nous seulement sauver vos âmes, et vous nous verrez faire avec vous et pour vous les vœux les plus sincères, pour la prospérité toujours croissante de votre commerce, et le succès de toutes vos entreprises.

Voici maintenant en quels termes M. Tavernier rappelle le souvenir si cher de son vénérable prédécesseur.

Ce sera donc, nos très-chers frères, par notre tendresse et notre dévouement pour vous tous, que nous nous efforcerons d'adoucir l'amertume de vos regrets, et la trop juste douleur que vous a fait éprouver la perte de notre vénéré et pieux prédécesseur.

La mort, en vous privant de sa présence, n'a pu vous ravir le souvenir de ses vertus, d'une longue vie toujours honorable, de sa science profonde, de la franchise de son caractère, de toutes les aimables qualités de son cœur si droit et si bon, et surtout de ce ministère pastoral de dix-sept années exercé au milieu de vous, et fécondé par une parole puissante dont tous les accents, qui avaient pour vous tant de charmes, étaient sûrs à l'avance de trouver toujours écho dans vos âmes.

Mais hélas ! ce ne sont plus là pour vous que des souvenirs ! Vous ne le verrez donc plus, ô nos très-chers frères, ce pasteur bien aimé, ce père chéri, qui avait su si bien conquérir toute votre vénération et votre amour !

Vous n'entendrez plus descendre du haut de cette chaire les sons graves et tout à la fois harmonieux de sa majestueuse éloquence! Vous ne le verrez plus s'associant à toutes les œuvres qu'il jugeait les plus propres à contribuer à la gloire de Dieu, en devenir lui-même l'âme et le mobile!

Hélas! non. Et pourtant ne semble-t-il pas que de tels hommes ne devraient point mourir! Ah! si, comme autrefois pour la pieuse et bienfaisante Dorcas à qui Pierre rendit la vie, il ne fallait pour le rendre à votre amour, que présenter ici les vêtements dont il a plus d'une fois couvert l'indigence, que d'orphelins, que de pauvres veuves s'élèveraient du milieu de cette assemblée pour trahir et révéler sa charité!

Du moins, tandis que des hommes honorables et au cœur généreux et reconnaissant essaieront d'adoucir vos regrets et de faire illusion à votre amour, en érigeant à sa mémoire un monument qui vous le rendra présent toujours, nous nous efforcerons, nous, nos très-chers frères, de le faire revivre au milieu de vous dans toute notre vie de pasteur, et d'identifier avec le sien notre ministère.

Les œuvres qu'il a su créer, nous ferons tout pour les soutenir; nous chercherons à réaliser celles qu'il n'a pu que désirer : et si vous ne trouvez pas en nous son éloquence, nous osons le dire avec confiance, vous y trouverez toute sa tendresse et tout son dévouement pour vous.

Comme lui, l'Eglise nous a fait votre pasteur; comme lui, elle nous a chargé du soin de vos âmes; comme lui, nous venons nous dévouer à vos intérêts éternels. Aussi, voilà pourquoi, laissez-nous vous le dire, notre cœur se flatte que votre affection sera pour nous ce qu'elle a été pour lui; c'est que, comme lui, nous ne mettons aucune réserve à notre dévouement pour vous, et que nous nous sommes donné tout à vous.

M. Tavernier termine son discours en faisant connaître ses motifs de confiance.

Aussi, nos très-chers frères, tout nous fait espérer en ce moment que notre ministère sera béni de Dieu et deviendra fructueux au milieu de vous. Pourquoi même ne vous avouerions-nous pas ici, en terminant, les motifs de nos espérances ?

Et d'abord, à la manière dont nous avons été choisi pour devenir votre pasteur, il ne nous est pas possible de douter un moment que ce soit Dieu lui-même qui nous envoie. Nous reconnaissons bien là une de ses admirables et ordinaires industries qui lui font choisir souvent ce qu'il y a de plus faible pour opérer ses plus grandes œuvres. Il veut que l'on ne doute pas qu'alors, s'il y a succès, c'est à sa grâce que tout est dû. Avec Paul, « nous nous glorifierons donc de notre insuffisance et de notre faiblesse, afin que la vertu toute-puissante de Jésus-Christ habite en nous. » *Gloriabor in infirmitatibus meis.* Comme lui nous compterons sur elle seule ; et alors, pourquoi ne vous serions-nous pas utile avec elle ?

Ce qui augmente de beaucoup notre confiance, nos très-chers frères, c'est la dévotion tendre que notre vénérable prédécesseur a su vous inspirer pour l'Auguste Vierge, première patronne de cette paroisse. Si la grâce de Dieu seule est toute-puissante, y a-t-il un chrétien catholique qui ne sache que Marie en a été établie comme la dépositaire et la dispensatrice ? Aussi la dévotion à la mère de Dieu a été à nous-même la dévotion de notre vie entière. C'est à elle que toujours nous avons confié jusqu'ici l'exercice de notre ministère que, nous devons le dire à sa gloire, elle a plus d'une fois daigné bénir. Désigné pour être votre pasteur, c'est à ses pieds et sous ses auspices, dans le pieux sanctuaire (1) que sa miséricordieuse charité a rendu si célèbre dans ce diocèse, et le jour même où nous célébrions avec l'Eglise sa glorieuse Nativité, qu'elle a voulu que nous reçussions définitivement notre mission. Oh! avec quelle effusion d'âme nous lui avons aussitôt dévoué de nouveau notre personne tout entière et chacun de vous, en présence même d'une pieuse députation de votre ville que sa prévoyance avait su attirer comme exprès ! Avec quel abandon nous avons consacré à son cœur immaculé tous vos cœurs, au milieu même de l'adorable sacrifice que nous offrions pour vous ! Enfin avec quel aveugle et filial transport nous lui avons dit que nous acceptions de grand cœur et de sa main, quoique en tremblant, la garde du troupeau qu'elle affectionne, mais à la condition qu'elle ne cesserait pas un instant d'en être avec nous la gardienne et la mère !

Et puis, Dieu, dans son infinie bonté, pourra t-l bien abandonner une Eglise dont la fondation remonte presqu'au berceau même du Christianisme. C'est une vigne qu'il semble avoir plantée lui-même, et qu'il regarde avec une ineffable complaisance. Il a voulu lui donner pour fondement et pour base, après la pierre angulaire, une des pierres les plus précieuses de son église. Et, si la ville sainte a été arrosée et fécondée par le sang des Etienne, la ville éternelle par le sang des Laurent, la vôtre, nos très-chers frères, ne l'a-t-elle pas été par celui aussi généreux et aussi pur des Quentin.

Salut donc, ô glorieuse et noble cité, plus fière de porter

---

(1) Notre-Dame de Liesse.

depuis de longs siècles déjà le nom de ton illustre martyr que tu ne le fus jamais autrefois de porter celui plus fastueux des Césars ! désormais ton sanctuaire sera mon sanctuaire, ton peuple sera mon peuple ; et puisse ta terre bénie qui reçoit la cendre de tes enfants, devenir aussi un jour le lieu de ma sépulture ! (1)

Que pourrions-nous donc craindre en venant au milieu de vous, nos très-chers frères ? N'aurons-nous pas d'ailleurs autour de nous de nombreux et puissants auxiliaires qui déjà vous sont tous avantageusement connus ? Leur foi vive, leur piété sincère, leur zèle ardent et plein de sagesse, leur admirable union qui en a fait une famille de frères, vous ont, comme nous, bien souvent édifiés, et leur ont mérité toute votre confiance, comme ils ont déjà toute la nôtre.

Oui, nos très-chers frères, nous pouvons donc l'espérer, notre ministère ne sera pas sans fruit dans cette importante paroisse. Nous l'espérons de l'heureux appui de tous les dépositaires de l'autorité du Roi dans cette ville. Le digne chef qui y est préposé à la tête de l'arrondissement, montre en toute occasion qu'il sait comprendre que, servir la religion, c'est servir le prince et la patrie.

Nous retrouverons toujours, notre cœur nous le dit, une si noble conduite et une si utile maxime chez tous vos magistrats, ainsi que dans les honorables représentants de cette cité et dans ceux que vous avez investis de votre haute confiance. Nos premiers rapports avec eux et l'accueil bienveillant et empressé qu'ils nous firent dès notre

---

(1) Ce vœu, nous le verrons, fut exaucé, et le corps de M. Tavernier reposera toujours au milieu de ceux qu'il a aimés, dans cette terre qu'il a choisie; ses cendres n'y seront pas sans honneurs, ni ses ossements sans gloire.

première apparition au milieu de vous, ne nous permettent pas d'en douter.

Nous allons aussi compter sur le généreux concours et sur le zèle constant et éclairé que notre digne prédécesseur a toujours rencontrés dans les hommes recommandables qui ont bien voulu accepter la tutelle de cette belle Église. Nous n'aurons pas même besoin, nous le savons déjà, d'exciter leur sollicitude qui veille toujours sur elle ; nous aimerons seulement à leur prêter souvent notre voix pour vous exposer ses immenses besoins et en appeler de concert avec eux à votre inépuisable charité.

Vous nous seconderez aussi du sein de vos paisibles retraites, vierges chrétiennes, portion chérie du troupeau de Jésus-Christ. Vos prières et les œuvres de charité qui occupent toute votre vie, et que vous offrirez à Dieu pour l'heureux succès de notre ministère, suppléeront à tout ce qui pourrait manquer de notre part.

Enfin, vous tous, à qui la gloire de Dieu, l'honneur et l'antique foi de cette belle église de Saint-Quentin, et le salut des âmes qui la composent, sont chers, vous offrirez aussi à Dieu vos supplications et vos vœux afin d'attirer sur nous cette abondance de grâces qui puisse suffire à l'étendue de nos devoirs, et se répande par nous jusque sur le dernier des fidèles confiés à notre sollicitude.

C'est maintenant, ô Marie, notre bonne et tendre mère, que nous déposons de plus près et à toujours dans votre sein maternel ce te grande famille dont vous êtes la reine et dont nous sommes le pasteur. Couvrez-la de votre égide tutélaire ; cachez-la dans votre cœur immaculé. Nous vous la redemanderons un jour.

Obtenez-nous à tous, pasteur et troupeau, l'inestimable grâce de nous montrer toujours si fidèles à entendre ici-bas la voix de Jésus votre fils, notre divin-pasteur, que nous méritions de nous retrouver au Ciel réunis tous ensemble pour ne faire plus à jamais, sous sa divine houlette, et la vôtre, qu'un seul bercail et un seul troupeau ! C'est, nos très-chers frères, ce que je vous souhaite au nom du Père, etc. etc.

Amen ! Amen ! Amen !

C'est à la suite de ce discours, prononcé avec tout l'accent d'un cœur aimant et convaincu, qu'un personnage important s'écriait : « Si nous y retournions une seconde fois, nous pourrions nous y laisser prendre. »

Tels sont les charmes de la vérité qu'ils attirent comme irrésistiblement les âmes, et la vérité est toujours revêtue de ces charmes puissants quand elle sort d'un cœur sacerdotal qu'embrasent l'amour divin et le zèle des âmes. *Vivus est sermo Dei, et efficax, et penetrabilior omni gladio ancipiti.* « La parole de Dieu est pleine de vie et d'efficacité, et plus pénétrante qu'un glaive à deux tranchants. » (*Heb.* IV. v. 12.

CHAPITRE IX.

DÉBUT DE M. TAVERNIER A SAINT-QUENTIN. — PETITES PERSÉCUTIONS. — UNE PROCESSION AU CIMETIÈRE. — LE CATÉCHISME DE PERSÉVÉRANCE. — M. TAVERNIER SE FAIT CONNAITRE EN QUELQUES MOTS.

> *Vos ex Deo estis, filioli, et vicistis eum; quoniam major est qui in vobis est, quam qui in mundo.*
>
> « Vous êtes de Dieu... et c'est pourquoi vous avez triomphé du monde ; car celui qui est en vous est plus puissant que celui qui est dans le monde. »
> (I Ep. S. Joan. c. IV, v. 4.)

M. Tavernier, à peine installé dans sa grande paroisse, lui voua toutes ses affections et toute sa vie. A Saint-Quentin, plus que partout ailleurs, voici quelle sera sa règle de conduite : « Je dépenserai tout ce que j'ai et je me dépenserai moi-même pour le salut de vos âmes. » Et, si nous l'osons dire, il aurait pu ajouter alors comme l'Apôtre : « quand « même vous ne paieriez mon amour et mes sacrifices « que par l'ingratitude. » *Licet plus vos diligens, minus diligar.*

Ce mot fait deviner aisément qu'il ne devait pas

être accueilli par tous avec la même affection, ni secondé par le même dévouement.

Il arrivait dans des temps difficiles. On était en 1844, et à cette époque, le philosophisme du xviiie siècle ne conservait encore que trop de partisans; et la foi, à Saint-Quentin, quoique réveillée au fond des cœurs par la puissante parole de M. Grandmoulin, n'était pas alors bien vive. Il semblait aux yeux de certaines personnes, que le prêtre, pour se faire accepter, dût se contenter de célébrer les saints offices, même sans trop d'éclat ni trop de pompe, et de prêcher l'Evangile à petit bruit.

Or M. Tavernier voulait sans doute prendre conseil de la prudence, une de ses vertus favorites, et tenir compte des circonstances et de l'état des esprits, mais il était avant tout un homme d'entreprise, un homme de zèle. Cette réputation l'avait précédé à Saint-Quentin, et les difficultés qu'il avait rencontrées à Rosoy ainsi que les causes de son départ n'y étaient pas inconnues.

On savait qu'il n'était pas homme à se laisser dominer par des influences étrangères, ni à permettre à une opposition plus ou moins avouée de paralyser son action.

Le prêtre ne fait opposition à personne, mais il doit être disposé à la soutenir de quelque part qu'elle lui vienne : autrement que signifierait ce passage du Prophète? *Tu ergo accinge lumbos tuos, et surge, et loquere ad eos omnia quæ ego præcipio tibi. Ne formides a facie eorum, nec enim timere te faciam vultum*

eorum. Ego quippe dedi te in civitatem munitam, et in columnam ferream, et in murum œreum...; Et bellabunt adversum te, et non prœvalebunt ; quia ego tecum sum, ait Dominus, ut liberem te.
(*Jerem.* c. 1, v. 17 et seq.) (1)

M. Tavernier savait donc être, lorsqu'il le fallait, cet homme de résistance ; l'opposition même la plus acharnée n'eût pas été capable d'effrayer son âme intrépide, ni de le faire reculer d'un pas dans une œuvre entreprise pour la gloire de Dieu et le salut des âmes. Doué d'une volonté de fer, il ne savait pas alors fléchir, il marchait toujours droit vers le but que lui indiquait sa conscience; et cette fermeté, il la puisait dans la prière, à laquelle il recourait toujours avant d'agir.

Mais néanmoins quand sa conscience n'était point engagée, il savait céder sans se plaindre, et renoncer même à des droits certains. « Je céderai, a-t-il dit bien des fois, je céderai aux exigences de l'opposition tout ce que je pourrai sans intéresser ma conscience. Mais pour manquer à mes devoirs de pasteur, jamais, *dût-on me couper par morceaux.* »

Voici des traits qui prouvent ce que nous venons d'avancer.

On n'a pas oublié (car ce fait a été public) que le

---

(1) « Vous donc, ceignez vos reins, levez-vous, et dites-leur tout ce que je vous commande. N'appréhendez pas de paraître devant eux, car je ferai que vous n'en aurez aucune crainte. Je vous établis aujourd'hui comme une ville forte, une colonne de fer, et un mur d'airain... Ils combattront contre vous, mais ils ne prévaudront pas, parce que je suis avec vous pour vous délivrer, dit le Seigneur. »

jour même de son installation, au moment où la procession allait se mettre en marche, on vint lui signifier de ne pas se rendre à l'Eglise, comme il avait été convenu, par le grand portail, mais de suivre un chemin abrégé et d'entrer par une petite porte latérale. M. Tavernier se soumit, sans mot dire, à ce caprice d'une autorité tracassière.

Il n'en fut pas de même dans une autre circonstance.

La première année de son ministère à Saint-Quentin, il fit, comme les années précédentes, la procession au cimetière le jour de la commémoraison des morts. Le lendemain, sous prétexte d'un accident arrivé pendant cette cérémonie, il reçut de la part de l'autorité municipale par l'entremise du commissaire de police, ordre de comparaître devant le juge de paix.

Il écouta sans s'émouvoir cette notification, mais fort de son droit, et ne voyant en cela qu'une nouvelle et misérable tracasserie, il n'eut garde de comparaître.

Le *Journal de Saint-Quentin* prit fait et cause pour M. le curé, ainsi que plusieurs journaux des départements voisins, tandis qu'une autre feuille de la localité s'acharnait contre lui.

Heureusement, le juge de paix donna un avis favorable à M. le curé.

Ses accusateurs parlaient de porter l'affaire au conseil d'état, mais nous croyons qu'ils n'osèrent réaliser cette pensée, car M. le curé avait raison aux yeux de tous les hommes de sens.

Il en serait ainsi, presque toujours, si nos ennemis

n'agissaient pas avec passion, et ne se laissaient point guider par une haine aveugle.

A quelque temps de là, on vint lui enjoindre de quitter la maison qu'on avait louée provisoirement pour son usage, et d'habiter le presbytère, auquel on venait de faire quelques réparations. M. Tavernier, jugeant ces réparations insuffisantes, et regardant cette demeure comme indigne d'un curé de Saint-Quentin, s'y refusa avec une noble fierté.

De quelle prudence encore et de quelle fermeté n'eut-il pas besoin, pour maintenir à Saint-Quentin les sœurs de charité qu'une administration hostile en voulait chasser!

Voici d'autres circonstances dans lesquelles il dut faire appel à tout son courage et à toute l'énergie de son caractère.

Peu après son arrivée à Saint-Quentin, il établit le catéchisme de persévérance, qui avait lieu chaque dimanche après les vêpres de la paroisse. Toutes les jeunes filles des pensions y assistaient, et il était suivi aussi d'un bon nombre de fidèles.

Rien de plus utile sans contredit, je dirais volontiers, rien de plus nécessaire, de nos jours, que ces instructions simples et familières adressées sous forme de catéchisme aux enfants qui ont fait leur première communion, et aux personnes de l'âge mûr.

« Ce n'est pas ici, dirai-je avec un auteur, le lieu de rechercher ni d'apprécier les symptômes de vie ou de mort que présente aujourd'hui le corps social.

« Il nous importe seulement de constater un fait ;

savoir, que tous les esprits sérieux et élevés sont unanimes à répondre : oui, le monde triomphera de la crise actuelle, si la religion reprend son empire. Et si vous leur demandez par quel moyen la religion peut redevenir la règle des croyances et des mœurs, ils n'ont encore qu'une voix pour vous dire : La religion ne rentrera dans les esprits et dans les cœurs, qu'en s'emparant des générations naissantes. »

« Tel est donc le problème de notre époque. Rendre franchement, consciencieusement chrétienne la génération qui s'élève.

« Mais pour fixer invariablement dans le christianisme les générations naissantes, malgré la mobilité de leur cœur, malgré les orages dont elles sont battues dès le berceau, malgré les scandales de parole et de conduite qui leur prêchent sans cesse, et sur tous les tons, précisément le contraire de ce qu'elles doivent croire, aimer et pratiquer ; que sont, je le demande, les fugitives leçons de la première enfance ? Superficiels enseignements, que la faiblesse et la légèreté de l'âge empêchent de comprendre et de retenir, et qui, ne pénétrant point jusqu'au fond de l'âme, ne sauraient y laisser ces impressions profondes capables de déterminer la conduite pendant le reste de la vie. »

« Interrogez les prêtres vénérables qui chaque année, reçoivent à la table sainte un si grand nombre de jeunes chrétiens ; demandez-leur combien il en est qui persévèrent. »

« Ils vous répondront dans l'amertume de leur

âme, en vous montrant à peine çà et là, quelques enfants, tristes débris, échappés comme par miracle au vaste naufrage dans lequel tous les autres périssent. »

Frappé de ces considérations, et instruit par l'expérience d'un ministère de plus de vingt années, M. Tavernier s'arrêta donc à l'idée mûrement réfléchie d'établir un catéchisme de persévérance ayant pour but, comme le nom l'indique, de faire persévérer dans l'étude de la religion et la pratique des devoirs, la génération nouvelle.

Il faisait lui-même le catéchisme chaque dimanche, quoiqu'il lui eût été facile de se faire remplacer par l'un de ses vicaires; et il suivait la méthode de saint Sulpice qu'il avait vu pratiquer à Paris. Il avait adopté, pour ce cours d'instructions, le catéchisme de persévérance de Gaume, ouvrage, on le sait, universellement estimé.

Je ne dirai rien ici de ses conférences, car j'aurai occasion plus loin de le faire connaître comme catéchiste et comme prédicateur.

Le démon, à ce qu'il paraît, vit d'un fort mauvais œil cette institution, et mit tout en œuvre pour la détruire. Il trouva des écrivains pour servir sa cause; et un journal, qu'il est hors de propos de nommer ici, déclara au zélé pasteur une guerre ouverte. Ce journal avait eu tout le mérite de l'initiative, il eut aussi l'avantage de lutter seul, car M. Tavernier ne lui fit jamais l'honneur d'une réponse.

On ne pouvait contester à M. le curé le droit

d'établir le catéchisme dont nous venons de parler: on commença donc par blâmer l'auteur qu'il suivait.

Gaume, dans son livre, osait décrier Voltaire, Jean-Jacques-Rousseau et quelques autres philosophes pareils ! « n'était ce pas un forfait? cet auteur était-il de son siècle ? comment oser enseigner sa doctrine du haut de la chaire sacrée ? »

Et M. Tavernier faisait plus encore. Il avait introduit dans les écoles communales le petit abrégé du catéchisme incriminé. « Eh bien ! il faut mettre ce livre à l'index, en interdire l'enseignement aux instituteurs, et la lecture aux enfants. »

C'est ce que fit dans l'une de ses séances, le comité d'instruction, malgré les réclamations réitérées de M. le curé, qui prétendait, non sans raison, que le comité outrepassait étrangement ses droits.

Rien de plus surprenant que cette décision semi-dogmatique et semi-administrative, émanant d'un tribunal laïque! Mais ce n'est pas d'aujourd'hui que les autorités civiles s'arrogent un droit qu'elles contestent souvent aux pasteurs *établis par l'Esprit-Saint pour régir l'Eglise de Dieu !*

On attaqua ensuite l'enseignement même de M. Tavernier : à en croire ses adversaires, il eût dû recommencer ses études et refaire son cours de théologie.

Il avait émis ce principe : « que l'on doit l'obéissance à ses parents en tout ce qui n'est pas contraire à la loi de Dieu: mais qu'il faut savoir en certains cas, quand l'ordre des parents se trouve en opposition avec l'ordre divin, répondre comme les apôtres : il vaut mieux obéir à Dieu qu'aux hommes. »

La simple raison, à coup sûr, est en cela, comme en tout, d'accord avec la foi ; et ce principe est incontestable aux yeux de toute saine philosophie comme aux yeux de la théologie chrétienne. Il trouva néanmoins, le croirait-on, des contradicteurs. « C'était un principe destructeur de l'autorité dans la famille, et partant subversif de l'ordre social ! »

M. Tavernier n'en continua pas moins son cours d'instruction : *Faire le bien et laisser dire*, telle fut alors sa devise.

C'est que rien n'est plus fort qu'un zèle pur et désintéressé, rien n'est plus inébranlable qu'une volonté qui s'appuie sur Dieu ; car elle peut toujours compter sur l'aide de sa grâce.

Et cette fermeté, cette constance, on ne doit pas les attribuer aux petitesses de l'ambition, ni à la ténacité de l'orgueil, mais bien à la vraie charité : on pourrait même dire qu'elles sont l'effet naturel de la douceur chrétienne. « Car, comme le dit saint Vincent de Paul, il n'y a point de personnes plus constantes et plus fermes dans le bien que ceux qui sont doux et débonnaires, parce que les autres n'agissent que par boutades et par emportement ; semblables aux torrents qui n'ont de force et d'impétuosité que dans leurs débordements, et tarissent dès qu'ils sont écoulés. »

Je dois ajouter ici que M. Tavernier sut toujours conserver son calme et sa dignité quand la malignité des censures vint l'atteindre : il se cachait alors, comme le conseillent les saints, dans le secret de sa bonne conscience, priait beaucoup pour ceux qui se déclaraient ses ennemis, ne confiant toutes ses peines qu'à Dieu seul, et n'en travaillant qu'avec plus de zèle à faire connaître et aimer la vertu.

« Nous devons remercier et bénir Dieu, dit encore saint Vincent de Paul, quand nous nous trouvons dans l'occasion de souffrir quelques peines en exerçant la charité ! »

Aussi bien, telle est la doctrine du Sauveur, dont M. Tavernier a toujours fait dans ces circonstances difficiles la règle de sa conduite. « Nous bénissons ceux qui nous maudissent, nous souffrons persécution sans nous plaindre, et nous prions pour ceux qui nous haïssent. »

Jamais M. Tavernier n'a conservé contre ses détracteurs le moindre sentiment d'aversion. Toujours prêt à les accueillir quand ils revenaient à lui, il prouva une fois de plus, quoiqu'en dise un monde méchant, que le cœur du prêtre est formé sur celui de Jésus, et bat à l'unisson avec ce cœur si plein d'amour.

Je terminerai ce chapitre par un trait qui révèle bien ce côté du caractère de M. Tavernier, et découvre en lui ce fonds de courage et de fermeté uni au vrai zèle pour la gloire de Dieu.

Il savait ce que plusieurs pensaient et disaient de lui dans les cercles du monde : mais il était persuadé qu'on ne le jugeait ainsi que parce qu'on ne le connaissait point. Un jour, Dieu lui fournit l'occasion de se faire connaître tout entier, et il en profita.

Nous ignorons comment la chose fut amenée, mais nous savons que se trouvant dans une réunion assez nombreuse :

« Je vois bien, messieurs, dit-il avec beaucoup de calme, que depuis mon arrivée au milieu de vous, vous vous demandez à qui vous avez affaire. Vous ne me connaissez pas, permettez-moi de vous dire qui je suis.

« J'ai appris qu'on m'a traité de *jésuite*. Je dois vous dire tout d'abord que je ne suis pas jésuite : non pas que je n'aie en grande estime l'illustre compagnie de Jésus; mais je constate un fait, c'est que je n'ai pas l'honneur de lui appartenir. »

« Je suis tout simplement un prêtre catholique envoyé, par son évêque, au milieu de vous, pour y faire le plus de bien possible. Je n'ai rien fait, messieurs, pour venir à Saint-Quentin, j'ai même fait tout au monde pour décliner cette difficile mission : mais j'y suis maintenant par la volonté de Dieu et de mon évêque, et j'y suis pour travailler au salut des âmes avec tout le zèle dont je serai capable.

« Il y a, messieurs, entre nous, des points de contact nécessaires, mais aussi il reste toujours une ligne de démarcation qui nous sépare. Cette ligne, messieurs, vous ne me la verrez jamais franchir; mais s'il prenait à l'un d'entre vous l'idée de passer sur mon terrain, souffrez, messieurs, qu'il se trouve là un homme pour lui crier : *on ne passe pas.* »

M. Tavernier était un homme de sang-froid, il prononça ces dernières paroles sans émotion, et elles firent la plus vive impression sur ceux qui l'écoutaient.

CHAPITRE X.

DÉVOTION DE M. TAVERNIER ENVERS LA TRÈS-SAINTE VIERGE. — ÉTABLISSEMENT DE L'ARCHICONFRÉRIE DU SAINT ET IMMACULÉ CŒUR DE MARIE.

> *Qui me invenerit inveniet vitam, et hauriet salutem a Domino.*
> « Celui qui me trouvera, trouvera la vie, et obtiendra le salut du Seigneur. »
> (*Prov.* c. VIII, v. 35).

Le catéchisme de persévérance m'amène à parler de l'établissement de l'*Archiconfrérie du saint et immaculé cœur de Marie*, « l'œuvre de prédilection de « M. Tavernier, et comme le brillant fleuron de sa « couronne sacerdotale. » C'est à cet exercice, lorsqu'il fut canoniquement institué dans son église, qu'il transféra les conférences dont j'ai parlé dans le chapitre précédent.

Mais je crois devoir auparavant faire connaître sa dévotion envers la très-sainte Vierge, le sujet de ce chapitre m'en fournissant l'occasion.

Une chose remarquable, dans la vie des saints c'est que tous se sont signalés par la plus filiale et la plus tendre dévotion envers Marie. L'abrégé de leur histoire, dans les offices du bréviaire romain, commence ordinairement par ce trait, que l'Eglise se plaît à citer comme un signe de prédestination et de salut.

Loin de s'en étonner, tous les vrais chrétiens en savent fort bien la raison : est-il possible en effet d'aimer Dieu, sans aimer Marie de l'amour le plus affectueux ; Marie, cette Vierge incomparable, le chef-d'œuvre de sa grâce, et l'image si parfaite de ses perfections infinies? Est-il possible de ne pas confondre dans un même amour le Fils et la Mère, qu'a toujours unis le double lien indissoluble et sacré de la nature et de la grâce? non sans doute. Et la dévotion à Marie ne doit pas être seulement un des traits qui distinguent les saints ; elle doit se retrouver dans la vie de tous les fidèles de l'Eglise catholique, de tous les vrais enfants de Dieu.

On a pu remarquer déjà, dans les pages précédentes, que la dévotion à Marie, toujours pour M. Tavernier pleine de suavité et de charmes, avait été un des traits dominants de sa vie.

Dès ses plus tendres années il avait appris à connaître et à aimer la sainte Vierge. C'est à l'ombre du sanctuaire vénéré de Notre-Dame-de-Liesse que s'écoula une partie de sa jeunesse; c'est sous le regard de Marie qu'il essaya ses premiers pas dans la pratique des vertus cléricales et dans l'étude des sciences sacrées ; et c'est là aussi, dans cette Eglise célèbre par tant et de si éclatants prodiges, au pied de cette statue miraculeuse qui a vu couler tant de douces larmes et reçu tant de ferventes prières, que bien souvent il se prosterna, et se consacra pour la vie à la Reine du Ciel.

Toujours il se plut à établir des confréries en son honneur, et à parler de ses gloires et de ses vertus : toujours, dans ses diverses paroisses, il lui voua toutes ses œuvres ; et partout il eut à cœur de porter les âmes vers elle, comme vers la mère des vertus, et le refuge assuré des pécheurs. C'est à Marie toujours qu'il attribua le succès de son ministère à Saint-Quentin et à Rosoy.

On voyait chez lui une modeste statue en plâtre représentant l'image de cette Vierge auguste : durant toutes les années de son sacerdoce, elle ne l'a jamais quitté. C'est à ses pieds qu'il s'agenouillait pour accomplir ses divers exercices de dévotion ; et selon une pieuse pratique de Saint-Sulpice, quand il entrait chez lui ou qu'il en sortait, il la saluait avec respect. S'il avait quelques peines, c'est à ses pieds qu'il les venait déposer : avait-il quelque difficulté à résoudre ? il implorait par son intercession les lumières de l'Esprit Saint : se trouvait-il dans quelque embarras ? c'est encore à elle qu'il voulait le confier.

Lorsqu'il entrait dans l'Eglise, c'était toujours de préférence devant son autel qu'il s'agenouillait pour prier ; et on a remarqué bien des fois qu'alors il élevait vers elle des regards suppliants, comme pour implorer la conversion de tous les pécheurs de sa paroisse.

On ne pouvait le blesser plus au vif que d'émettre une proposition peu favorable à la très-sainte Vierge.

Un jour, il apprit qu'un prédicateur avait manifesté des craintes au sujet de ce qu'il avait appelé les exagérations modernes de la dévotion envers Marie; dans le premier moment, ce mot lui échappa : « Mais, il est donc fou ! » — Pour lui, Marie apparaissait à ses yeux si belle, si pure, si élevée en grâces, elle plaisait tant à son cœur, que, dans sa pieuse simplicité, toutes les louanges, non contraires aux enseignements de l'Eglise, lui paraissaient permises quand il était question de cette vierge auguste; et dans l'élan de sa ferveur il lui parlait toujours avec toute l'effusion d'une âme pénétrée de respect et remplie d'amour.

Il n'est pas de livres qu'il lût plus volontiers que ceux qui parlent de la sainte Vierge. Il avait, pour les œuvres spirituelles de saint Liguory, une estime toute particulière, parce que le nom de Marie, comme un suave parfum, en embaume toutes les pages, et qu'on y trouve à chaque ligne les sentiments de la plus tendre dévotion envers elle. Il lisait avec délices *La cité mystique*, ou *Vie divine de la sainte Vierge* par Marie d'Agréda, et plusieurs autres ouvrages du même genre, par la seule raison qu'ils lui parlaient de celle qui après Dieu possédait tout son cœur.

Il portait sur lui, outre le scapulaire de la Passion, ceux du Mont-Carmel et de l'Immaculée-Conception: le soir et le matin il les baisait avec respect, en se recommandant à la sainte Vierge.

Tous les jours, quelles qu'aient été les occupations et les fatigues de la journée, il récitait le chapelet ordinaire de cinq dizaines, et celui de l'Immaculée-Conception, auquel il ajouta dans la suite le chapelet du Précieux Sang. Il arrivait souvent qu'à une heure avancée de la nuit, il n'avait pu encore accomplir ces actes de dévotion; alors il prenait du temps sur son sommeil, mais il n'y manquait jamais.

Je pourrais ajouter d'autres détails sur sa piété envers Marie, mais ils trouveront leur place dans un autre lieu, j'arrive et à l'établissement de l'Archiconfrérie.

On a vu, dans les chapitres précédents, que M. Tavernier avait établi en plusieurs paroisses des confréries en l'honneur de la très-sainte Vierge. Persuadé que ces pieuses associations de prières sont une source abondante de bénédictions et de grâces pour les fidèles, il voyait avec peine que Saint-Quentin en fût privé. Aussi dès son arrivée dans cette ville, il conçut le projet d'y établir une réunion affiliée à l'Archiconfrérie du saint et immaculé cœur de Marie de Notre-Dame des Victoires.

Mais plusieurs difficultés s'opposaient à son dessein.

D'abord, c'était ajouter aux offices du dimanche, déjà fort longs, un nouvel office jusqu'alors inconnu. Pouvait-on espérer une assistance convenable? Et si l'on risquait d'échouer en voulant exécuter ce projet, n'était-il point préférable d'y renoncer? On s'était insurgé avec tant de violence contre l'établissement des catéchismes de persévérance! Les mêmes adversaires n'allaient-ils pas renouveler leurs clameurs?

Ainsi pouvait raisonner la prudence humaine. Mais le zèle ne redoute rien tant que de se laisser arrêter par la crainte et la défiance : il n'est ni imprudent ni aveugle sans doute, mais, quand il a mûri un projet, il est ferme et intrépide parce qu'il espère en Dieu. Il sait que la grâce aide toujours la bonne volonté, seconde toujours les intentions droites ; il sait aussi que Dieu bénit toujours les hommes de désirs, et que d'ailleurs il ne nous demande pas le succès puisque le succès ne dépend que de lui seul.

Or tel était, comme nous l'avons déjà indiqué, le zèle de M. Tavernier. Peu habitué à prendre conseil de cette excessive timidité qui craint trop les hommes, et ne compte pas assez sur Dieu, il avait adopté, pour règle de conduite, les maximes des saints.

Un autre obstacle se présentait.

Cette confrérie venait d'être récemment érigée dans la chapelle des Dames de la Croix, très-proche de la Collégiale. Or, les statuts de l'Archiconfrérie s'opposent à ce qu'elle soit en même temps établie dans deux églises trop rapprochées. De son côté, M. le curé ne pouvait consentir à adopter la chapelle de la Croix comme lieu de réunion pour la confrérie de la paroisse ; son enceinte trop peu étendue ne devait point suffire à l'affluence que son zèle avait le ferme espoir d'y attirer : et de plus, c'eût été enlever à cette association son caractère paroissial.

C'est à la sainte Vierge elle-même, selon sa coutume, qu'il voulut avoir recours ; et bien souvent agenouillé au pied de son image, il la conjura de l'éclairer des lumières de Dieu, et de l'aider à réaliser un désir si cher à son cœur. Il ne devait pas être immédiatement exaucé. Dieu diffère souvent de nous accorder l'effet de nos prières, afin de rendre nos supplications plus ardentes, et de nous accorder dans les œuvres entreprises pour sa gloire un succès plus éclatant et plus durable.

Dès la première année, M. Tavernier n'hésitait plus, et sa résolution à cet égard était bien arrêtée ; voici la supplique, qu'au mois de décembre 1845, il adressait à Mgr de Simony pour obtenir l'érection canonique de la dite confrérie dans son Eglise.

Monseigneur,

« Depuis qu'il a plu à Votre Grandeur de me confier la paroisse de Saint-Quentin et de m'en établir le pasteur, je me fais un devoir sacré de chercher en présence de Dieu les meilleurs moyens d'y ranimer la foi et d'y encourager la piété.

» A cet effet, considérant que de tout temps dans l'Eglise, la divine Marie, mère de Dieu, a été regardée comme la plus puissante avocate des pauvres âmes qui vivent loin de Dieu, et comme le plus ferme appui des âmes fidèles ;

» Considérant que surtout à l'époque où nous vivons, le Seigneur, par des conversions nombreuses et éclatantes, semble vouloir nous la désigner comme le refuge particulier des pécheurs ;

» Désirant ranimer de plus en plus dans ma paroisse la dévotion envers cette auguste Vierge, qui en a toujours été considérée comme la première patronne ; et voulant offrir à tous les fidèles qui composent mon nombreux troupeau un nouveau moyen de manifester leur tendre piété et leur filiale confiance envers cette mère de miséricorde, et attendant tout, pour le succès de mon ministère, de sa puissante et maternelle protection, à laquelle je dois tant déjà :

» Je viens, par ces présentes, vous supplier, Monseigneur, qu'il vous plaise transférer et ériger canoniquement, dans l'église royale (1) et paroissiale de Saint-Quentin, l'association tout récemment formée dans la chapelle des dames de la Croix, sous le titre *d'association de prières, en l'honneur du très-saint et immaculé cœur de Marie, pour la conversion des pécheurs.*

» La communauté des dames de la Croix pourrait conserver ses réunions pieuses du dimanche soir, mais la confrérie serait établie dans l'Eglise paroissiale, dont la vaste enceinte est beaucoup plus en rapport avec sa nombreuse population, et donne par là même l'espoir d'y recueillir beaucoup plus de fruits de sanctification et de salut. »

M. Tavernier attendit pendant près de quatre ans l'autorisation qu'il avait sollicitée; et quand enfin il eut le bonheur de l'obtenir, il se mit à l'œuvre sans retard, écrivit au vénérable M. Des Genettes pour

---

(1) Ce titre d'Eglise Royale a été décerné à la collégiale de Saint-Quentin, dès son origine : car outre qu'elle fut entreprise par saint Louis même, elle appartenait à un chapitre, illustre et nombreux, dont le roi de France faisait partie.

demander l'affiliation de sa confrérie à l'Archiconfrérie de Notre-Dame des Victoires : et profitant de la présence d'un Père de la compagnie de Jésus qui venait de prêcher avec un grand succès la station du Carême, profitant aussi du mouvement religieux et des nombreuses conversions qui s'étaient opérées pendant ces jours de salut, il ouvrit les exercices de l'Archiconfrérie le dimanche de la Quasimodo, année 1849.

Le succès d'une œuvre dépend souvent des circonstances dans lesquelles on l'entreprend ; et toute la science d'un pasteur ne consiste ordinairement qu'à savoir saisir le temps favorable.

Dès le premier jour l'assistance fut nombreuse et recueillie : le salut d'ouverture célébré avec une grande solennité, l'autel de Marie décoré avec pompe, sa statue environnée de lumières, et les paroles onctueuses du bon religieux, produisirent dans les âmes les plus heureuses impressions: d'autre part, la grâce divine, attirée sur l'œuvre naissante par de ferventes prières, lui gagna toutes les sympathies des âmes pieuses, et lui conquit en peu de jours le droit de cité.

L'office a été organisé sur le modèle de celui de Notre-Dame des Victoires. Il commence par le chant des vêpres de la sainte Vierge; après les vêpres a lieu la prédication, puis les diverses recommandations aux prières des associés, et enfin le salut. Les enfants de la maîtrise et les chantres de la paroisse, dirigés par un maître de chapelle, exécutent les chants sacrés, avec un chœur de jeunes personnes, que M. Tavernier avait su sans peine intéresser à cette œuvre touchante (1).

M. le curé présidait lui-même, chaque dimanche, cet exercice qui ne dure pas moins de cinq quarts d'heure : quoique la plupart du temps brisé de fatigue, jamais il n'y voulait manquer, et il refusait même pour ce motif de répondre le dimanche soir aux invitations qui pouvaient lui être faites. Il disait à ce propos que l'exemple de son assiduité à l'Archiconfrérie n'avait pas peu contribué à y maintenir l'affluence qu'on y a toujours remarquée depuis sa fondation ; cette réunion en effet a toujours été admirablement suivie, et depuis bientôt dix-huit ans écoulés on y a toujours vu une assistance de quatre à cinq cents personnes au moins.

Non content d'y assister, M. le curé faisait lui-même l'instruction : c'est à cet exercice, comme je l'ai dit, qu'il transféra le catéchisme de persévérance. Je parlerai plus loin de ces conférences dont personne ici n'a perdu le souvenir.

M. le curé était glorieux et fier de son archiconfrérie ; il aimait à en parler, et il en parlait toujours comme d'une de ses œuvres les plus chères. Il ne recevait personne le dimanche, qu'il ne l'invitât à y assister. Et s'il se rencontrait ce jour-là un prêtre étranger à la paroisse, il ne manquait jamais de

---

(1) On nous reprocherait de ne pas signaler ici, comme ayant puissamment aidé M. Tavernier dans la fondation de l'Archiconfrérie, M. Vatin, organiste de la Collégiale.

l'inviter à y parler, afin d'intéresser ainsi la piété des fidèles.

Qui dira toutes les grâces obtenues par cette précieuse confrérie, et par ces prières faites en commun par tant d'associés au pied des autels de Marie ? Le spectacle seul de cette réunion du soir, et les chants si mélodieux qu'on y exécute, ont été pour plusieurs l'heureuse occasion d'une conversion solide ; et pour toutes les âmes ferventes elles sont une source de joies pures et saintes. Il n'est point de dimanche, où l'on ne vienne solliciter des grâces à l'Auguste Vierge qui en est établie par Dieu comme la trésorière et la dispensatrice ; point de dimanche aussi qu'on n'ait à la remercier de quelque faveur accordée par elle à la prière confiante.

Aujourd'hui, c'est une épouse qui demande la conversion de son époux : demain, c'est une mère désolée, nouvelle Monique, qui recommande au cœur si compatissant de Marie son fils qui s'égare, sa jeune fille exposée à se perdre ; une autre fois, c'est toute une famille en larmes qui implore la conversion désespérée d'un pauvre moribond. On appelle les bénédictions de cette Vierge, libérale envers tous, sur des maisons d'éducation, des établissements nouvellement fondés, des maisons de commerce : on recommande à son cœur maternel de jeunes enfants qui se disposent à leur première communion, des personnes parties pour un lointain voyage, les jeunes gens que le sort appelle dans les camps : on recommande à sa sollicitude des paroisses entières. Et toujours par son intercession, on obtient les grâces les plus abondantes.

Aussi on peut affirmer que, parmi les œuvres établies à Saint-Quentin, l'une des plus précieuses par ses fruits, c'est incontestablement l'Archiconfrérie ; et M. Tavernier a pu avec raison lui attribuer en grande partie le succès de son ministère dans cette paroisse.

CHAPITRE XI.

ZÈLE DE M. TAVERNIER POUR LA DÉCORATION DE L'ÉGLISE. — CRÉATION DE L'ŒUVRE DITE DE MARIE AU TEMPLE.

> *Domine, dilexi decorem domus tuæ, et locum habitationis gloriæ tuæ.*
>
> « Seigneur, j'ai aimé la beauté de votre maison, et le lieu où habite votre gloire. »
>
> (*Psalm.* xxv, v. 8.)

On a dit de M. Tavernier, que sa vie se résumait en ces trois mots : faire du bien, beaucoup de bien, le plus de bien possible. Son zèle, qui ne sommeillait pas, ne demandait que les occasions de se produire, et de faire le bien ; et son activité souffrait du moindre retard. Le temps d'ailleurs est si court ; il s'enfuit si vite pour ne plus revenir ! en perdre une parcelle, c'est perdre un trésor qu'on ne retrouvera jamais. Un poète l'a dit, et ce mot est devenu comme proverbial :

fugit irreparabile tempus ; (1)

pourquoi donc ne pas se souvenir de cette parole du

---

(1) Le temps s'enfuit et ne revient pas.

grand apôtre : *Dum tempus habemus operemur bonum ad omnes* (1).

M. Tavernier avait étudié sa paroisse, ses ressources et ses besoins. Il avait acquis la certitude que les besoins étaient immenses, et son âme ardente voulait tout entreprendre à la fois. Ce qui fait son éloge cause en ce moment notre embarras, et nous ne savons plus par où continuer notre récit. Puisqu'il faut choisir, nous parlerons ici de son zèle pour la maison de Dieu, et de l'œuvre de Marie au temple qui s'y rattache naturellement.

La vue du prêtre doit se porter tout d'abord sur le sanctuaire où habite Jésus-Christ; procurer à ce Dieu si grand une demeure moins indigne de sa majesté, orner son temple, décorer ses autels, est une des œuvres les plus douces à son cœur : *Domine, dilexi decorem domus tuæ et locum habitationis gloriæ tuæ.* Hélas ! que de fois, dans nos pauvres contrées attiédies, il pleure avec le prophète Jérémie sur les ruines du temple !

M. Tavernier n'a ignoré ni ces saintes ardeurs, ni ces pieuses tristesses.

Saintement passionné pour son église, il la trouvait admirable dans son majestueux ensemble et dans ses gracieux détails : il aimait à en parler et c'était toujours avec enthousiasme. N'était-elle pas d'ailleurs son épouse, et pouvait-il ne pas l'aimer ?

(1) Tandis que nous avons le temps, faisons tout le bien possible.

n'était-elle pas la demeure de ce Jésus dont l'honneur et la gloire lui étaient si chers ? (1)

Il suffit de connaître l'église de Saint-Quentin, pour comprendre que son curé se prenne pour elle d'une double affection ; et quand on saura que ce magnifique vaisseau, si riche d'architecture, était alors très-pauvre d'ornements, on comprendra mieux encore le zèle de M. Tavernier pour sa décoration.

Ceux qui l'ont connu dans ses diverses paroisses savent tout l'amour qu'il avait pour la maison de Dieu, et avec combien de raison on a pu lui appliquer et graver sur sa tombe cette parole : *Seigneur, j'ai aimé la beauté de votre temple, et le lieu où habite votre gloire.*

---

(1) Qu'on nous permette de dire quelques mots sur ce monument remarquable, trop peu connu peut-être, quoiqu'il soit l'une des gloires de notre France religieuse et l'un des chefs-d'œuvre de l'architecture gothique.

Je rappelle d'abord son origine.

Tout le monde sait que saint Quentin, l'un de ces héros venus de Rome, qui ont implanté le christianisme dans le nord de la France consomma son martyre vers la fin du IIIe siècle, sous Rictiovare, dans la ville capitale du Vermandois : cette ville, qui s'appelait alors *Augusta Veromanduorum*, échangea bientôt ce nom contre celui du glorieux athlète de la foi qui l'avait arrosée de son sang, et sanctifiée par sa mort.

On sait aussi que l'impie Rictiovare, pour empêcher les chrétiens de vénérer les dépouilles sacrées du saint martyr, les fit jeter dans la rivière de la Somme qui baigne les murs de la ville. Elles y demeurèrent, inconnues aux hommes et connues de Dieu seul, jusques vers l'an 350. Miraculeusement découvertes alors par sainte Eusébie, dame romaine, elles furent déposées dans un riche tombeau, au milieu d'une chapelle bâtie en leur honneur.

Cette chapelle d'après les auteurs anciens, fut construite sur le point culminant de la colline, qu'enveloppe toute entière aujourd'hui la ville de Saint-Quentin. Et c'est en ce même lieu que l'on voit l'église actuelle.

Elle fut entreprise au commencement du XIIe siècle : le chœur en est la partie la plus ancienne, et n'a été terminé qu'au XIIIe siècle. Les corps des saints Quentin, Victorice et Cassien y furent transportés dans une

L'une de ses plus constantes préoccupations, à Burelle et à Rosoy, comme à Saint-Quentin, ce fut toujours la propreté, et la décoration de ses églises. Il n'épargnait rien pour procurer à Notre-Seigneur toute la gloire extérieure qui lui est due dans le plus auguste de tous nos sacrements, pour attirer les fidèles par l'éclat et la pompe des cérémonies sacrées; et il savait toujours intéresser quelques âmes pieuses à cette œuvre si belle et si touchante.

C'est lui qui à Saint-Quentin commença la restauration de la collégiale; et il fut en cela admirablement secondé par un conseil de fabrique composé d'hommes intelligents et chrétiennement dévoués à

crypte qui se voit encore avec leurs tombeaux en pierre. — La nef n'a été construite que longtemps après, vers la fin du XIVe siècle.

La collégiale de Saint-Quentin n'a donc pas le précieux mérite de l'unité; mais elle offre néanmoins un aspect des plus imposants, bien digne d'être admiré. Eclairée par plus de 110 fenêtres ogivales, dont la plupart ont 13 mètres d'élévation, et soutenue par 80 piliers formés de faisceaux de colonnettes, elle porte sa voûte superbe à 40 mètres au-dessus du sol: sa longueur totale est de 135 mètres, et sa largeur dans la nef de 37 mètres, y compris les chapelles; dans le pourtour du sanctuaire la largeur s'augmente de toute la profondeur des chapelles latérales.

Les cinq chapelles absidales, qui entourent le sanctuaire, sont des chefs-d'œuvre qu'on ne trouve pas même dans nos plus belles cathédrales gothiques: Amiens et Reims n'ont rien en ce genre qui puisse leur être comparé.

La collégiale offre en outre plusieurs particularités remarquables: les colonnes du sanctuaire et du chœur, à droite et à gauche, à mesure qu'elles s'élèvent, s'écartent de la perpendiculaire, et semblent, en se renversant sur les contre-forts, menacer d'une ruine prochaine. Quelques-uns ont pensé que ces piliers avaient surplombé au dehors; mais le savant architecte qui préside aux travaux intérieurs de l'église, a démontré victorieusement l'opinion contraire; — une autre particularité digne d'être notée, ce sont les deux transepts; l'un séparant le chœur du sanctuaire, l'autre la nef du chœur; — je dirai aussi que les fenêtres de l'abside ont conservé intacts leurs anciens et magnifiques vitraux, qu'on vient visiter de fort loin.

leur église, parmi lesquels il serait injuste de ne pas signaler l'éminent architecte (1) dont le concours aussi désintéressé qu'éclairé aida si puissamment M. Tavernier à réaliser ses pieux désirs.

Le buffet des grandes orgues exigeait d'importantes réparations ; un jour de Pâques, M. le curé fait à sa paroisse un appel chaleureux, et quête lui-même pour cet objet ; bientôt il a la joie de voir cette magnifique boiserie rendue à son ancienne splendeur.

C'est à son instigation et avec son concours qu'un orgue d'accompagnement est acheté pour le chœur ; que des peintures sont entreprises dans les chapelles dédiées à saint Pierre et à Notre-Dame de Lorette ; que la crypte du saint martyr est réparée ; que des fouilles sont pratiquées dans diverses parties de l'église (2), et que plusieurs améliorations importantes sont introduites.

Mais comme il fallait se borner dans un si vaste édifice, où l'on dépenserait sans peine plusieurs millions, M. le curé prit à cœur principalement de décorer un sanctuaire destiné à recevoir la sainte Eucharistie, et dont il voulait faire comme un oratoire pour les pieux fidèles.

---

(1) M. Pierre Bénard, maître des ouvrages de la collégiale pour l'intérieur.

(2) Ces fouilles, continuées par M. Bénard, l'année qui a suivi la mort de M. Tavernier, ont amené des découvertes aussi intéressantes au point de vue de la piété qu'au point de vue de la science archéologique. On croit, avec raison, avoir trouvé une mosaïque fort ancienne qui serait un reste du dallage de l'ancienne église élevée par saint Éloi à la gloire du martyr saint Quentin ; et aussi la pierre commémorative placée par le saint évêque au lieu même où il découvrit ses précieuses reliques.

La chapelle de la sainte Vierge fut choisie à cet effet, et il se fit lui-même son avocat : bien souvent il montait en chaire pour plaider sa cause, s'efforçant d'intéresser en sa faveur la charité de ses paroissiens et sollicitant leurs largesses. Toujours, nous aimons à le dire, sa voix trouva de l'écho dans leurs cœurs ; on ne se lassait pas de lui donner, et il obtint pour cette seule chapelle près de quarante mille francs.

Bientôt on vit de riches peintures orner ces murailles que recouvrait autrefois un muet et pâle badigeon : les colonnes furent revêtues d'une brillante parure ; et la voûte, dont les moindres nervures s'étaient admirablement dessinées sous le pinceau de l'artiste, étincela d'étoiles d'or semées au milieu d'un ciel d'azur.

Un nouvel autel, en pierres sculptées et du style gothique, s'éleva à la place de l'ancien, et fut aussi orné avec un goût exquis. Il est surmonté d'une niche en bois où l'on admire la statue de Marie portant dans ses bras l'Enfant-Jésus qui tient à la main un lis blanc ; cette statue, ornée de peintures polychromes semble attirer les cœurs vers la Vierge Immaculée en même temps qu'elle charme les yeux. A ses pieds on lit cette inscription : *Virgo mater regina sine labe concepta*.

La chapelle est dédiée en effet à Marie Immaculée : restaurée vers l'époque de la proclamation du dogme de l'immaculée conception par Pie IX, elle fut, dans la pensée de M. Tavernier, l'acte de foi solennel et authentique du pasteur et du troupeau à cette vérité si consolante et si douce.

A droite et à gauche de la statue reposent deux châsses, aussi en bois sculpté et doré ; elles sont d'une grande richesse et dignes des précieuses reliques qu'elles renferment. En un mot la délicatesse et le fini des détails ne sont égalés que par la gracieuse harmonie de l'ensemble. J'aurais pu parler aussi de la belle lampe suspendue devant l'autel, de la grille du sanctuaire, et des marbres qui en forment le dallage : mais, quoique tous ces objets soient dus à l'initiative et aux sollicitations de notre zélé pasteur, ces détails m'éloigneraient peut-être trop de mon sujet.

J'ajouterai néanmoins que, toujours grâce aux prières réitérées de ce digne prêtre, qui ne craignit jamais d'être importun en se faisant mendiant pour Jésus-Christ, les autels furent dotés de nappes, de fleurs, d'expositions, de candélabres, de tapis ; le tout d'une grande beauté.

On le vit encore, et ici je rappelle des souvenirs d'autant plus chers qu'ils sont plus récents, on le vit dans ses dernières années, s'occuper avec ardeur de l'érection d'un nouvel autel au Sacré-Cœur. Secondé dans cette œuvre par l'un de ses premiers vicaires (1), qui lui prêta le concours de sa pieuse et sympathique éloquence, il eut le bonheur de la voir réalisée quelques mois avant de mourir.

(1) M. l'abbé Mathieu.

Ce majestueux autel, exécuté par un artiste de Lille (1), fut placé dans le côté du premier transept qui regarde le nord. Le tout est en bois sculpté et du style gothique. On voit sur le devant un bas-relief représentant Notre Seigneur reconnu à la fraction du pain par les deux disciples d'Emmaüs. Le rétable est découpé en élégantes dentelles; et trois niches surmontées de clochetons s'en détachent pour s'élever à une hauteur de près de dix mètres. Elles renferment trois statues de taille héroïque. Au milieu, c'est Notre Seigneur montrant son cœur avec une expression indéfinissable de douceur et de tendresse; et de chaque côté, ce sont des anges portant, l'un, les emblèmes de la passion, l'autre ceux de l'Eucharistie (2).

Une immense fenêtre domine l'autel, et n'offre aux regards attristés, au milieu des richesses de son architecture, que des débris informes d'anciens vitraux. Elle appelait donc un vitrail nouveau en rapport avec le monument qu'elle couronne, et avec l'idée qu'il représente. Ce fut un des derniers vœux de M. Tavernier, et déjà une partie de la somme nécessaire à la réalisation de ce dessein avait été recueillie avant sa mort. Le projet est aujourd'hui en voie d'exécution, et bientôt un riche vitrail, qui

---

(1) M. Busine, avantageusement connu par beaucoup d'autres ouvrages du même genre.

(2) Monseigneur Dours, lors de sa première visite pastorale à Saint-Quentin, voulut lui-même bénir ce monument élevé au Sacré-Cœur. La cérémonie se fit au milieu d'un immense concours de fidèles le 1er vendredi du mois de juin année 1864.

ne coûtera pas moins de 10,000 francs, exécuté par un des artistes les plus distingués de la capitale (1), racontera à tous l'origine, les progrès, les luttes, et le triomphe de la dévotion et du culte du Sacré-Cœur.

Une chose avait attristé M. Tavernier dès son arrivée à Saint-Quentin. Ayant remarqué le peu de propreté des chapelles et des autels, plusieurs fois il monta en chaire pour supplier ses paroissiens de vouloir bien débarrasser son église des poussières et des toiles d'araignées : il n'expliqua pas alors autrement sa pensée; aussi quelques-uns, étonnés de sa persistance à parler ainsi, disaient en l'écoutant : « Quel drôle de curé nous avons! s'il y a de la poussière sur les autels ou des toiles d'araignées, qu'il en avertisse le sacristain ; que pouvons-nous y faire? »

Les choses en demeurèrent là, jusqu'au mois de mai 1846; c'est à cette époque qu'une demoiselle, entendant la messe dans la crypte de Saint-Quentin, vit avec peine à l'autel une garniture déchirée, et une nappe assez malpropre ; se rappelant alors les avis donnés tant de fois en chaire par M. le curé, elle lui fit part de ses impressions, et s'offrit avec deux de ses amies qu'elle s'était adjointes, de raccommoder les nappes sacrées. Cette proposition fut accueillie avec empressement et avec bonheur: et même le zélé pasteur demandant plus encore qu'on ne lui offrait, proposa à ces pieuses personnes de s'adjoindre

---

(1) M. Claudius-Lavergne.

d'autres compagnes, pour former ainsi une petite société dans le but de veiller toutes ensemble à la propreté des autels.

Deux mois après, douze zélatrices du saint Sacrement se trouvaient réunies chez M. le curé ; et dans cette première assemblée on décide :

1° Qu'une réunion semblable aura lieu chaque mois,

2° Que le bureau d'administration de la petite société sera composé d'une présidente, d'une secrétaire et de deux conseillères.

3° Que chaque associée fera chaque année une petite offrande pour les besoins de l'œuvre.

4° Qu'on cherchera à s'affilier des membres honoraires, pour augmenter les ressources.

5° Que la Société se chargera de payer un homme de peine pour les travaux plus fatigants.

6° Que tous les travaux de couture et de blanchissage seront faits par les associées elles-mêmes pour éviter les frais de main d'œuvre.

Puis, comme il fallait un nom à la petite famille, M. Tavernier lui donna celui d'*Association de Marie au Temple*, la plaçant ainsi sous le patronage de Marie dans le temple de Jérusalem. La devise de l'œuvre, que l'on devait graver sur la tombe de toutes les associées, était cette parole du prophète royal : *Domine, dilexi decorem domus tuæ.*

Ainsi fut fondée l'œuvre de Marie au temple: œuvre en apparence, bien petite, bien humble, mais à coup sûr bien agréable à Dieu ; car s'il est vrai que rien n'est petit aux yeux de la foi, ne faut-il pas avouer que cette œuvre qui touche de si près, et se rapporte si directement au plus auguste de tous nos sacrements, doit être grande entre toutes. Aussi le bon Dieu l'a bénie et elle prospère toujours.

Le conseil de fabrique exprima bientôt le désir que l'association se chargeât de tout le linge de l'église, et de tout ce qui concerne la décoration des autels, ce qu'elle accepta avec grande joie sur la proposition de M. le curé. Grâce à ces pieuses filles, nos chapelles sont toujours d'une grande décence et propreté ; les linges sacrés, les nappes d'autels, les aubes, les surplis sont admirablement tenus et nous pouvons dire sans vanité que sous ce rapport il est fort peu d'églises aussi bien et aussi richement pourvues que l'église de Saint-Quentin.

Au bout de quelques années, M. Tavernier, voyant le bien produit par l'association, promit d'en assurer l'existence en l'établissant sur des bases solides, et en lui donnant un règlement.

Chaque mois il réunissait chez lui les enfants de Marie au temple, et leur faisait une petite conférence spirituelle, pour entretenir le zèle de leur piété. Il leur expliquait les différentes cérémonies de la messe, le symbolisme des ornements sacerdotaux, et depuis plusieurs années il leur parlait du zèle qu'on doit avoir pour sa perfection, des motifs qui nous pressent d'y travailler, et des moyens de l'acquérir; puis il enseignait la pratique de toutes les vertus qui font la perfection d'une âme.

Son but était de faire ainsi de ses enfants de Marie au temple des chrétiennes exceptionnelles par les fruits de sainteté qu'il les exhortait à produire.

Il leur recommandait un grand esprit de foi dans l'exercice de leurs fonctions ; il voulait qu'au commencement de leur semaine elles offrissent à Notre-Seigneur tous leurs pas, toutes leurs démarches et leurs fatigues, afin de n'en rien perdre. Il s'efforçait de les prémunir contre la routine, cette rouille funeste qui gâte jusqu'à nos meilleures actions. On se familiarise si aisément même avec les choses les plus saintes !

Il voulait aussi en elles un profond recueillement et une grande pureté d'intention : « Avant tout, disait-il, prosternez-vous devant l'autel, recueillez-vous profondément et pénétrez-vous bien de la présence de Dieu ; puis acquittez-vous de votre emploi avec tout le soin possible, sans craindre d'y passer trop de temps ou de paraître minutieuses ; vous ne ferez jamais trop bien une si grande action. »

Il leur demandait encore l'esprit d'humilité ; les filles de Marie au temple ne doivent se rechercher en rien, elles doivent regarder comme bien peu de chose ce qu'elles font pour Notre-Seigneur, et se tenir très-honorées de ce que l'hôte divin du tabernacle veuille bien les admettre au service et à la décoration de ses autels.

M. Tavernier a toujours voulu tenir dans l'obscurité cette petite association ; jamais il n'en a parlé en chaire ; et dans les conférences spirituelles qu'il leur adressait, il témoignait bien sa reconnaissance, mais ne faisait jamais de compliments. Les louanges mettent toujours en péril l'humilité, cette vertu qui aime à se cacher comme la fleur sous le brin d'herbe.

Dans leurs rapports entre elles, M. le curé voulait que les associées se considérassent comme une seule et même famille ; se dépouillant de tout esprit particulier, rejetant toute distinction, regardant tout ce qui se fait comme fait par l'association, et non par telle ou telle personne. Elles doivent se considérer comme des sœurs, et entretenir toujours les unes avec les autres des rapports pleins de douceur, de patience, de bienveillance, de concorde et de charité.

Les associées doivent choisir elles-mêmes les membres de l'association ; et elles les choisissent dans les réunions générales. Les demoiselles seules peuvent être admises; on rejette impitoyablement celles qui fréquentent le monde, celles qui ont une mise trop recherchée, un extérieur mondain, ou des manières qui peuvent prêter au ridicule.

Nous avons tout dit sur la petite œuvre de Marie au temple ! puisse-t-elle vivre toujours sous le regard de Jésus. Les lis vivants sont toujours les plus agréables à ses yeux, et les plus chers à son cœur.

CHAPITRE XII.

FONDATION DE LA CONFÉRENCE DE SAINT VINCENT DE PAUL ET DES DAMES DE LA PROVIDENCE.

> *Beatus qui intelligit super egenum et pauperem...*
> « Bienheureux celui qui a l'intelligence du pauvre et de l'indigent... »
>
> (*Psal.* XL, v. 1.)

Parmi toutes les œuvres saintes qui ont pris naissance dans notre siècle, et sur notre sol de France, une des plus belles sans contredit, et une des plus catholiques, c'est l'œuvre des conférences de saint Vincent de Paul. Elle est aussi l'une des œuvres les plus fécondes en fruits de grâces et de salut.

Les penseurs chrétiens l'ont souvent remarqué : Dieu proportionne toujours dans la société religieuse les ressources aux besoins, comme il donne aux individus des grâces proportionnées aux luttes qu'il leur réserve. S'il permet, par exemple, que l'Eglise soit menacée dans sa foi par le protestantisme, il lui prépare à l'heure même des défenseurs intrépides dans la personne de saint Ignace et de ses nobles enfants. S'il permet à tous les fléaux réunis de ravager les peuples, c'est qu'il a sous la main un saint Vincent de Paul, dont le cœur est aussi vaste que le monde, et dont l'activité et le zèle infatigables sauront procurer à tous ceux qui souffrent des aumônes et des consolations.

Or, s'il est un autre fait bien avéré dans l'histoire contemporaine, c'est qu'aujourd'hui, malgré les progrès incessants de l'industrie et du commerce, et en dépit des rêves impuissants de nos philanthropes modernes, le *paupérisme*, comme on l'appelle maintenant dans un langage quelque peu païen, s'étend plus que jamais, et se propage comme une affreuse épidémie.

Nous ne faisons pas ici la philosophie de notre histoire, on nous dispensera donc d'expliquer cette énigme ; il nous suffit d'avoir fait cette observation, pour justifier une fois de plus la divine providence, et montrer le doigt de Dieu dans l'établissement des conférences de saint Vincent de Paul. C'est un devoir sacré pour tous de maintenir cette œuvre admirable au haut degré d'honneur et d'estime où l'ont placée la reconnaissance et l'amour des pauvres, aussi bien que tout ce qu'il y a encore d'hommes sérieux par le monde (1).

---

(1) En 1833, quelques jeunes étudiants, réunis dans une petite chambre du quartier des écoles à Paris, dissertaient entre eux sur les fondements de notre foi. Leur but était de se soutenir et de s'encourager mutuellement dans le bien. Au milieu de cette mer orageuse qu'on appelle Paris, tant d'autres chaque jour faisaient naufrage ! Ils pouvaient avec raison trembler pour eux-mêmes !

Un jour, ils vinrent à penser qu'après tout l'Evangile ne fait pas un devoir de ces discussions souvent stériles ; et qu'en se dévouant au soulagement

Si la mission des conférences de saint Vincent de Paul a été vraiment providentielle dans le monde, nous pouvons dire aussi que la mission de M. Tavernier a été providentielle à Saint-Quentin.

La misère y abonde toujours, mais jamais peut-être elle n'y fut plus grande que dans les vingt dernières années; plusieurs hivers rigoureux, les grandes crises commerciales qui eurent leur contre-coup principalement dans les industries Saint-Quentinoises, l'augmentation toujours croissante de la population des faubourgs, amenèrent à Saint-Quentin une misère vraiment exceptionnelle, à ce point que, sur environ 35,000 âmes, 12,000 pauvres reçoivent leur pain chaque jour de la charité publique.

Il fallait pour bien comprendre une telle misère, un cœur large et dévoué comme celui de M. Tavernier. Ce ne fut jamais sans une profonde douleur que parcourant les faubourgs de son immense paroisse,

---

des pauvres, ils se conformeraient beaucoup mieux aux exemples du Sauveur. Tous embrassèrent avec ardeur cette idée généreuse, et ne connurent plus désormais d'autre émulation que celle de la charité et du dévouement.

Suivez-les, vous les verrez avec admiration recherchant partout les familles les plus déshéritées, les plus à plaindre. Ils ne voient dans ces pauvres que des frères malheureux, des membres souffrants de Jésus-Christ. Ils courent vers ces infortunés, s'asseoient près d'eux, leur font l'aumône; bientôt ils ont trouvé le chemin de leur cœur, et non contents de soulager leur misère corporelle, bientôt aussi ils leur parlent du bon Dieu, leur font connaître Jésus-Christ, le Dieu du pauvre, leur découvrent le prix des souffrances patiemment endurées, le bonheur et les joies immortelles réservés à ceux qui pleurent. Peu à peu la lumière pénètre dans ces esprits, la résignation et la confiance dans ces âmes abattues: et souvent il arrive que des cœurs, depuis longtemps égarés, touchés enfin et attendris par la charité chrétienne qui les console, les encourage et les soutient, sont rendus à la grâce et revivent à Dieu.

il voyait, là, des enfants encore au berceau et qui connaissaient les privations avant de savoir demander du pain ; des enfants amaigris, étiolés, couverts de haillons, les pieds nus ; ici des femmes au teint livide, dont tous les traits respiraient la souffrance : là encore, des vieillards, des infirmes que les hospices de la ville ne pouvaient tous abriter... là enfin, (le dirons-nous ?) des jeunes filles à la veille de vendre pour de l'or et de l'argent le seul bien qui puisse rester à une fille pauvre et chrétienne.

Son cœur si tendre et si compatissant était navré, lorsqu'il entrait dans ces chaumières et ces réduits à peine éclairés par la lumière du jour, et qu'il y voyait la misère s'étaler sous toutes ses formes les plus hideuses et les plus repoussantes, la misère avec toutes les suites qu'elle entraîne après elle.

Là que de familles ne s'abreuvent qu'aux eaux de la tribulation, et ne se nourrissent que du pain de leurs larmes ! là que de malheureux s'endorment le soir sur leur grabat sans savoir s'ils auront le lendemain le morceau de pain qui les a nourris la veille ; languissants et flottant toujours pour ainsi dire entre la vie et la mort, si une providence ne venait à leur secours !

Ceux qui connaissent Saint-Quentin, à coup sûr ne nous reprocheront pas d'avoir chargé le tableau ; on nous reprocherait avec plus de raison de rester bien en dessous de la réalité.

Nous dirons plus tard, dans un chapitre spécial, ce que M. Tavernier a fait personnellement pour le soulagement des pauvres de sa paroisse, il n'est question ici que de ce qu'il a fait par l'entremise des hommes charitables qu'il sut intéresser à leur misère.

On serait injuste de ne pas reconnaître que l'administration civile de Saint-Quentin pratique la charité sur une très-large échelle, et accomplit avec une noble générosité le précepte de l'aumône. Le bureau de bienfaisance, parfaitement organisé et administré avec sagesse, distribue chaque semaine aux nécessiteux du pain en abondance et même des secours en argent.

Mais ne faut-il pas le reconnaître aussi? A côté des misères connues et qui s'affichent, que d'autres se cachent et n'osent se produire! Et puis, il est une aumône qui est peu dans les habitudes d'une administration civile, d'un bureau de bienfaisance, je veux dire l'aumône spirituelle, la plus utile cependant et la plus excellente, puisqu'elle a pour objet les besoins de l'âme. Oui, il est beau de soulager l'infortune, de venir en aide à l'indigence, de donner du pain à ceux qui ont faim, et des vêtements à ceux qui sont nus! Mais il est bien plus beau encore de consoler ceux qui pleurent, de faire pénétrer la résignation dans les cœurs aigris par les privations et la souffrance, de ramener à la religion des âmes depuis longtemps égarées! L'aumône spirituelle, en un mot, est autant au-dessus de l'aumône corporelle, que l'âme est au-dessus du corps!

Or, tel est précisément le but des conférences de saint Vincent de Paul: accomplir le précepte de l'aumône corporelle, mais exercer surtout la charité envers les âmes... Et n'est-ce pas le vrai sens de cette parole des psaumes : *Beatus qui intelligit super egenum et pauperem...*

L'association charitable, dont nous avons parlé au commencement de ce chapitre, demeura quelque temps faible et ignorée ; mais bientôt bénie du Ciel, elle se propagea avec une rapidité merveilleuse. Onze ans après sa fondation, elle comptait 265 conférences, dans lesquelles 8,000 membres actifs avaient en une seule année porté des secours à 17,500 familles et disposé de plus de 850,000 francs.

C'est vers cette époque que M. Tavernier entendit parler des sociétés de saint Vincent de Paul. Déjà plusieurs villes voisines, Lille, Valenciennes, Douai, Amiens, Beauvais, Reims et Compiègne en étaient dotées. Mais les nouvelles comme les idées, ne marchaient pas alors aussi vite qu'aujourd'hui; et M. l'archiprêtre ne connaissait pas bien, avant son arrivée à Saint-Quentin, l'esprit et le but des conférences. Dès qu'il en fut mieux instruit, il conçut le projet d'établir dans sa paroisse cette œuvre excellente, dont il se promettait les plus heureux fruits ; et accueillant cette pensée comme une inspiration du ciel, il se mit aussitôt à l'œuvre.

On pouvait trouver à Saint-Quentin, alors comme aujourd'hui, des hommes de cœur, des hommes qui savent compatir aux souffrances de leurs frères ; mais il était plus difficile d'y trouver des hommes de foi pratique. Quelques-uns sans doute, malgré la difficulté des temps, étaient restés fidèles à Dieu, et pratiquaient leurs devoirs de chrétiens. Mais outre que le nombre en était assez restreint, plusieurs d'entre eux ressemblaient à ce prince de la Judée, qui n'osa venir à Jésus et lui faire sa profession de foi qu'à la faveur des ténèbres de la nuit. On ne permettait pas encore aux hommes de conviction religieuse de s'afficher au grand jour, et ceux-ci avaient le tort de craindre les sourires et les railleries du monde.

Dieu, par bonheur, avait donné à M. Tavernier une prudence, une patience, et un tact qui venaient à bout des plus sérieuses difficultés.

Il commença par réunir chez lui quelques hommes de bonne volonté et leur expliqua son dessein. Nous voudrions bien lever le voile qui couvre les noms bénis et respectables des premiers associés de sa charité! la chose nous serait aussi aisée qu'agréable, car nous avons sous les yeux les comptes-rendus des premières séances. Mais la modestie de ces hommes d'élite ne nous pardonnerait pas d'avoir trahi en les révélant leurs œuvres de miséricorde. Il leur suffit que Dieu les ait vus, qu'il les ait comptés et inscrits dans le livre de vie.

On était au mois de décembre : la rigueur de la saison, et la fête si touchante de la naissance de l'Enfant-Dieu qui approchait, se chargèrent de plaider avec le digne curé la cause des malheureux.

M. Tavernier fut compris par ces âmes nobles et chrétiennes, et leur concours lui fut aussitôt assuré.

C'est le 22 décembre, année 1845, qu'eut lieu dans

l'une des salles du presbytère, la première réunion de la conférence, présidée par M. le curé. Les membres étaient au nombre de six seulement. M. Tavernier, dans son premier entretien, les anima de son zèle et du feu de sa charité. On organisa la petite société naissante, et M. l'archiprêtre fut naturellement désigné pour en être le directeur spirituel.

Chaque semaine pendant près de sept années, la conférence se réunissait au presbytère, M. le curé y assistait fréquemment, et y adressait toujours quelques mots d'édification et d'encouragement.

Peu à peu le nombre des confrères augmenta, à la grande joie du pasteur, qui trouvait en eux de puissants auxiliaires pour le bien des âmes et le soulagement des misères du pauvre.

Vint en 1846 le jubilé accordé par notre saint père le pape Pie IX, à l'occasion de son exaltation au trône pontifical. M. le curé en profita adroitement pour parler aux membres de sa chère conférence du grand devoir de la confession et de la communion, dont plusieurs ne s'étaient pas acquittés depuis longtemps. Il prit toutes sortes de ménagements et de précautions oratoires pour leur faire comprendre qu'il ne suffisait pas de faire la charité aux pauvres, qu'il fallait accomplir toute la loi : que d'ailleurs pour être vraiment charitable, il fallait aller puiser la charité à sa véritable source, c'est-à-dire dans le cœur du divin Sauveur, et enfin que Notre-Seigneur les avait choisis particulièrement pour donner l'exemple à la paroisse.

Quelques-uns dominés par le respect humain, ce *Croquemitaine des grand'personnes*, comme l'appelle un spirituel écrivain, n'eurent pas le courage de le braver en remplissant leur devoir pascal ; et pour éviter sans doute les nouvelles et toujours si pressantes sollicitations du zélé pasteur, ils abandonnèrent l'œuvre des conférences.

M. Tavernier en eut l'âme attristée, mais néanmoins ne se découragea pas un seul instant; il poussa même la condescendance jusqu'à faire un règlement spécial pour sa conférence, afin de ne pas effrayer et de ne pas éloigner les plus craintifs. Puis il chercha à connaître les quelques hommes qui s'approchaient assez timidement des sacrements au temps de Pâques, et s'efforça de les attirer à lui pour remplacer les défections dans l'association naissante.

L'année de disette de 1847 avait sonné, le pain était à un prix exhorbitant. Tous les cœurs généreux sentaient la nécessité de se dévouer. Mais on craignait de se ridiculiser, aux yeux d'un certain monde, en fréquentant trop souvent le presbytère. Cependant plusieurs membres nouveaux, attirés par la grâce, et cédant aux sollicitations d'amis charitablement importuns, se présentèrent, non toutefois sans quelque défiance. M. Tavernier n'était pas encore connu.

Mais la confiance venait bien vite quand on l'approchait de plus près : « Il était si bon, nous dit un de ses premiers et de ses plus zélés coopérateurs, il était si bon pour ceux qui l'aidaient dans son ministère de charité; il savait si bien les féliciter de leur zèle, les remercier de leur précieux concours, et les encourager à de nouvelles œuvres ! Il nous rendait au centuple le peu que nous faisions pour sa famille privilégiée, pour ses chers pauvres. Au sortir de nos réunions hebdomadaires, toujours nous avions le cœur content, l'âme retrempée dans l'amour de Dieu et des pauvres. »

Grâce à ses efforts persévérants, l'œuvre de la conférence s'affermit donc bientôt, en prenant pour base, selon la pensée de son fondateur, l'élément religieux. Le règlement général, commun à toutes les conférences, fut mis en vigueur, et la conférence de Saint-Quentin put se dire sans mensonge la fille de l'association toute chrétienne fondée à Paris en 1833.

Dès lors le cœur du pieux pasteur fut à l'aise, il pouvait s'ouvrir tout entier et parler sans détours : ses paroles désormais ne s'adressaient plus qu'à des convertis, qu'il fallait seulement animer d'une ardeur encore plus grande pour le bien et porter à de plus hautes vertus.

Il était facile à M. Tavernier de gagner ainsi les cœurs, et de les porter au dévouement, quand on voulait prêter à ses paroles une oreille attentive. Presque toujours il parlait de la charité, et jamais il n'avait plus d'onction, jamais il n'était plus abondant que quand il traitait ce sujet : il parlait de la charité, en homme convaincu, et aucun des membres de la conférence n'ignorait que le premier il en pratiquait admirablement le précepte.

S'il parlait si souvent de cette vertu, c'est qu'elle doit être la vertu dominante des fils de saint Vincent de Paul, et qu'aussi bien elle renferme toute la loi, *Plenitudo legis est dilectio.*

Tantôt pour animer leur zèle, il leur découvrait la grandeur, et la haute dignité des pauvres sous la loi évangélique, il disait :

«Bienheureux les pauvres, car le ciel leur appartient. Remarquez bien ce dernier mot, messieurs, *le ciel leur appartient* ; ils le possèdent pour ainsi dire de droit, tandis que les riches, qui l'auront mérité par leurs œuvres, n'y entreront en quelque sorte que par grâce. Sublime compensation établie par le Sauveur...! » puis il ajoutait : « Voyez comme toute la conduite de Jésus-Christ sur la terre a été la réhabilitation de la pauvreté et du malheur pour lesquels le paganisme était sans pitié... Je dis plus : Jésus-Christ a en quelque sorte divinisé les pauvres ; il les a choisis pour être ses représentants ici-bas.... ah ! messieurs, lorsque vous leur faites du bien, songez que vous le faites à Jésus-Christ lui-même ; agissez dans cet esprit de foi et tout vous paraîtra facile. Mais pour entretenir la foi vive et l'ardente charité dans vos âmes, il faut vous approcher souvent de la sainte table... »(1)

Tantôt il leur développait les motifs qui nous pressent d'aimer nos frères, et les caractères que doit revêtir la charité chrétienne. Il revenait souvent

---

(1) Ces paroles et les autres fragments de discours, cités dans ce chapitre, sont extraits des procès-verbaux des réunions de la conférence.

sur les mêmes pensées, mais il savait toujours leur donner une couleur nouvelle.

« Les pauvres, disait-il, sont comme nous, messieurs, des créatures de Dieu ; et je dirai même qu'ils sont ses créatures privilégiées. Les pauvres, comme nous, ont été rachetés par le sang de Jésus-Christ... Les pauvres appellent Dieu leur père avec la même confiance, et avec autant de raison que nous ; que dis-je ? Le pauvre est enfant de Dieu, cohéritier de Jésus-Christ, plus que tout autre, parce que souffrant avec Jésus-Christ, il doit espérer beaucoup... Oui, messieurs, ajoutait-il, les titres de noblesse du pauvre sous la loi Évangélique valent bien les titres de parchemin dont s'honorent dans le monde les familles illustres, car ces titres du pauvre sont écrits avec le sang du Sauveur...

« Mais quels sont les caractères de la vraie charité.

« Aimez-vous les uns les autres, a dit le Divin Maître, comme je vous ai aimés moi-même... L'amour de Notre-Seigneur pour nous, voilà donc la règle de l'amour que nous devons avoir pour nos frères. Or, Notre-Seigneur nous a aimés sincèrement, du fond du cœur, puisqu'il a donné sa vie pour nous ; il nous a aimés d'un amour efficace, puisqu'il l'a prouvé par des œuvres : enfin et surtout, il nous a aimés d'un amour intelligent. C'est ainsi que nous devons aimer nos frères. A l'exemple du Divin Maître, notre charité doit être sincère, efficace, intelligente.

« Oh ! oui, aimons le pauvre sincèrement, ayons pour lui cette charité qui part du cœur, et qui fait tant de bien. Prouvons-lui notre amour par des œuvres;... recherchons surtout les misères cachées, j'en connais qui sont affreuses... allons au-devant des pauvres honteux. — Inspirés par la charité chrétienne, par cette charité intelligente que dirige la foi, ne vous contentez pas de soulager les corps, efforcez-vous surtout de soulager les besoins de l'âme, la misère spirituelle. »

Un autre jour il leur disait :

« La charité chrétienne consiste à aimer le prochain en Dieu, pour Dieu, et comme Dieu. Dieu est le principe de la charité, il en est le motif premier, et la règle..., »

Bientôt les membres de la conférence se multiplièrent au-delà même des premières espérances de son fondateur; la salle du presbytère fut trop petite pour les contenir, et il fallut chercher un autre local pour les réunions : M. Tavernier laissa à la conférence le soin de le choisir elle-même; après quelques mois de séjour à l'Hôtel-Dieu, elle se décida à se réunir dans la vaste sacristie de la Collégiale.

M. L'Archiprêtre assistait à la première réunion qui s'y tint, et cédant à l'invitation de l'honorable président, M. Kolb,

« Laissez-moi d'abord vous féliciter, dit-il, d'être venus vous réunir dans ce lieu si favorable au recueillement : en vous rapprochant du sanctuaire, messieurs, vous vous pénètrerez plus facilement des principes de la véritable charité que Notre-Seigneur Jésus-Christ a enseignée au monde.

« C'est de cette charité même, messieurs, que je veux vous entretenir ce soir, *Beatus qui intelligit super egenum et pauperem*, a dit le Roi-prophète, « Heureux celui qui veille avec intelligence sur le pauvre et l'indigent. » Il ne suffit pas en effet, messieurs, de donner aux pauvres un secours matériel ; on resterait ainsi dans les limites étroites de la bienfaisance humaine et de la philanthropie, qui ne sont pas des vertus surnaturelles. Le sentiment qui doit animer les disciples de saint Vincent de Paul, c'est la charité chrétienne, c'est cet amour du pauvre que Dieu seul peut donner, cet amour qui nous incline vers les malheureux, et nous porte à les secourir non seulement par nos aumônes mais par des paroles de consolation sorties du cœur.

« Une différence essentielle existe donc entre la bienfaisance humaine et la charité chrétienne. L'une repose sur le sentiment naturel de pitié qui nous porte à soulager un être souffrant ; l'autre nous découvre dans le pauvre un être privilégié qui a droit à notre respect, parce qu'il est le représentant de Dieu sur la terre. Si différentes dans leur principe et dans la source d'où elles découlent, elles diffèrent aussi dans les récompenses qu'elles attendent et qui les soutiennent. »

Laissons la conférence grandir et se développer à l'ombre du sanctuaire : l'aînée du diocèse de Soissons, on a dit qu'elle était aussi la plus zélée ; mais les comparaisons sont toujours odieuses, et la charité les évite.

M. Tavernier n'ira plus chaque semaine l'animer de sa parole et de ses brûlantes exhortations; car ses œuvres se multiplient chaque jour et ses occupations s'accroissent. Toutes les fois du moins que son ministère ou sa santé le lui permettront, (ce sera toujours trop rarement au gré de ses désirs) il se fera un bonheur d'être au milieu des bien-aimés disciples de saint Vincent de Paul, et d'épancher son cœur dans leur cœur.

Les paroles d'édification qu'il leur adressait étaient toujours avidement recueillies, et ont produit plus d'une fois des fruits précieux. Il ne négligeait rien pour procurer leur avancement spirituel.

Dans ses allocutions, il recommandait instamment la méditation de chaque jour : « Donnez-moi dix minutes de méditation chaque matin, disait-il, et je réponds de votre salut. La prière vocale ne peut remplacer la méditation. C'est dans l'exercice de la méditation que tous les jours vous jetterez un coup d'œil en arrière pour voir les fautes commises et le chemin parcouru, et un autre en avant pour voir le chemin à parcourir et les vertus à pratiquer. »

Assez souvent il procurait à la conférence le bienfait d'une retraite dont lui-même suivait tous les exercices : il invitait toujours à cette fin un Père de la compagnie de Jésus, qu'il était heureux de recevoir chez lui.

« Je viens, leur disait-il à l'approche de la retraite, vous annoncer le sujet d'une grande joie, c'est que le projet d'une retraite concertée entre vous va se réaliser... Je suis heureux et fier, messieurs, de pouvoir présenter à Dieu des hommes qui réfléchissent; ils sont rares dans notre siècle... Vous aurez donc une retraite, messieurs, c'est le révérend Père Dupuy de la maison de Lille, qui viendra la prêcher; j'ai la douce certitude que rien ne manquera du côté du ministre, ni de votre côté, ni du côté de Dieu...

« Qu'il est grand, messieurs, le bienfait d'une retraite !... La pensée que vous en avez eue vient de Dieu, c'est une grâce toute spéciale que le bon Dieu accorde aux âmes qu'il veut sauver. Le but que vous devez vous y proposer c'est de réparer le passé et de prévoir l'avenir. »

Chaque année, M. Tavernier regardait comme une douce obligation d'aller offrir aux membres de la conférence ses vœux de bonne et sainte année : et l'on sentait à chaque mot, qu'il était inspiré par son cœur comme par sa foi :

« Si j'allais visiter des commerçants, leur disait-il, je leur souhaiterais des affaires avantageuses, des bénéfices considérables... Mais aux confrères de saint Vincent de Paul ce que je souhaite par dessus tout, c'est la profonde intelligence de l'œuvre qu'ils ont entreprise : c'est d'être bien pénétrés de cette parole de la sainte écriture: *Beatus qui intelligit super egenum et pauperem...*

Ou bien il disait :

« J'ai demandé à Dieu une bonne année pour tous

mes paroissiens; aux membres de la conférence, je souhaite particulièrement une année pleine de bonnes œuvres... Or, on entend par bonnes œuvres celles qui sont animées par la foi, et dont une seule mérite le Ciel... Oh ! messieurs, qu'aucune de vos œuvres ne soit perdue; préparez-vous toujours par la prière à vos œuvres de charité... et rappelez-vous toujours avec saint Martin que visiter le pauvre, c'est visiter Jésus-Christ... n'ayez d'autre but que la gloire de Dieu, et le soulagement des souffrances de Jésus-Christ dans la personne des pauvres. »

Une autre année, il disait :

» Messieurs, j'ai éprouvé le besoin d'exprimer à ma paroisse tout entière les vœux que je forme pour elle, au commencement de cette année; j'éprouve ce sentiment plus particulièrement encore à votre égard, car vous vous occupez de soulager *mes pauvres*; et de même que les enfants les plus souffreteux sont ceux que les mères chérissent davantage, de même, pour un pasteur, les pauvres et les infirmes sont les membres les plus aimés de son troupeau.

« Aussi, messieurs, c'est du fond de mon cœur, qu'en célébrant le saint sacrifice, j'ai appelé sur vous les bénédictions de Dieu. Puisse-t-il bénir votre œuvre, vous accompagner toujours et vous fortifier dans vos démarches, et vous aider si bien par sa grâce, qu'un jour on puisse inscrire sur votre tombe cette parole appliquée au divin Maître: « Il a passé en faisant le bien. » *Pertransiit benefaciendo.*

Puis il ajoutait ces paroles qui lui étaient familières, et qui sont comme le résumé de sa vie et de ses vertus :

« Pour mériter cette récompense, messieurs, un disciple de saint Vincent de Paul doit prendre pour règle de conduite trois principes que je formule ainsi : Dieu seul toujours en vue ; Jésus-Christ toujours en pratique ; et moi toujours en sacrifice.

« En vertu du premier principe, vous agirez toujours avec une grande pureté d'intention ; en vertu du second, vous suivrez toujours et pas à pas les exemples du divin Sauveur ; et en vertu du troisième, vous vous dépenserez comme Jésus-Christ, vous vous sacrifierez comme lui... »

M. Tavernier se trouvant, nous l'avons dit, impuissant à réaliser, même avec le concours de ses coopérateurs si dévoués, tout le bien qu'il méditait, demanda souvent aux membres de la conférence de s'unir à lui pour la cause de Dieu, et de l'aider de leurs efforts. Il revenait souvent sur cette pensée, que les disciples de saint Vincent de Paul doivent être les auxiliaires du prêtre.

« Quelle est, leur disait-il, la mission que Dieu a donnée aux conférences de saint Vincent de Paul en général, et à celle de Saint-Quentin en particulier ?

« Je dis : que Dieu a donnée aux conférences, car ce n'est pas vous qui êtes venus, mais c'est Dieu qui vous a choisis : *Non vos me elegistis, sed ego elegi vos...* vous êtes, messieurs, les auxiliaires de Dieu, et de la sainte Eglise.... Dieu ne s'est jamais manqué à lui-même, à toute époque, à côté d'un grand mal, il a placé un grand remède; le mal de notre siècle étant l'indifférence, le matérialisme, et l'égoïsme, Dieu a suscité les conférences de saint Vincent de Paul, sources de foi et de dévouement...

«Et ici, Messieurs, dans une ville comme la nôtre, votre mission est plus importante, votre concours plus utile que partout ailleurs... vous êtes nos puissants auxiliaires; vous portez à ce peuple immense, qui nous est confié, des paroles que sans vous nous ne pourrions faire arriver jusqu'à lui. L'homme ne vit pas seulement de pain, mais de toute parole qui sort de la bouche de Dieu; cette parole, plus essentielle encore que la sainte Eucharistie, c'est à vous de la porter aux plus délaissés, à ceux qui jamais ne s'occupent de Dieu, et qui sont ainsi dans la plus déplorable indigence. »

« Quelles dispositions doivent animer un membre des conférences ? les deux principales sont : l'esprit de foi, et l'esprit de vérité.... »

M. Tavernier savait en effet se servir des membres de la conférence comme d'auxiliaires pour le bien, et les intéresser à ses œuvres.

Aujourd'hui, avec leur concours, il fondait les classes du soir pour les adultes, et leur disait quelques mois après : « J'ai besoin de vous remercier, messieurs, du concours que vous m'avez prêté pour la fondation des classes du soir. Vous vous êtes faits mendiants pous m'aider dans cette œuvre, acceptez-en ma reconnaissance.... Je vous invite, messieurs, à la cérémonie de son installation officielle.... Je serai heureux, je serai fier de vous présenter à tous comme les bienfaiteurs de cette école. »

Une autre fois, M. l'archiprêtre, toujours avec l'aide de ces hommes, qui ne connaissaient alors comme aujourd'hui qu'un désir, celui de faire le bien, fondait le catéchisme des enfants pauvres qui ne fréquentent pas les écoles, obligés qu'ils sont d'entrer avant l'âge dans les ateliers de l'industrie. Chaque soir, pendant l'année entière qui précède la première communion, ces enfants se réunissent chez les frères, et sont surveillés par des membres de la conférence.

« Puissè-je, leur disait M. l'archiprêtre pour exciter leur zèle à cet égard, puissè-je vous faire comprendre toute l'importance de cette œuvre, et en même temps la manière de produire, en l'accomplissant, des fruits nombreux ! »

Puis il leur faisait voir d'une part la nécessité indispensable de l'instruction religieuse : d'autre part, l'ignorance extrême de notre société en matière de religion, l'ignorance surtout de ces pauvres enfants presqu'abandonnés.... « Ils pourront bien un jour, messieurs, oublier en partie les bons enseignements que vous leur aurez donnés; mais un reste de foi, mais la voix de leur conscience, mais les remords leur diront, tôt ou tard, qu'il faut reprendre le chemin dont ils se seront éloignés, et qui seul conduit au vrai bonheur. »

Un autre jour, M. l'archiprêtre implorait de

nouveau le concours de ces hommes dévoués pour une œuvre des plus importantes, que Mgr de Garsignies avait eu le désir d'implanter dans le diocèse, *l'œuvre de la sanctification du dimanche.*

« Cette œuvre, leur disait-il, est véritablement capitale.... Sans l'observation du dimanche plus de culte, sans culte plus de religion, sans religion plus de société ! Il s'agit donc ici, messieurs, d'une question de vie ou de mort pour la civilisation. Le clergé fait, il est vrai, les efforts les plus énergiques et les plus persévérants pour faire comprendre cette grande vérité ; mais son action ne s'étend pas, d'ordinaire, au delà du cercle des auditeurs qui entourent la chaire sacrée ; tandis que vous, par vos relations de société, vous avez de fréquentes occasions de répandre les idées religieuses qui seules peuvent nous sauver. Je compte donc, messieurs, sur votre coopération dans cette sainte croisade entreprise pour la sanctification du dimanche, et pour vous guider dans l'accomplissement de cette tâche, je vais remettre à chacun de vous l'extrait de la théologie du cardinal Gousset, qui traite des œuvres défendues ou permises les jours de dimanches. »

D'autres fois, M. l'archiprêtre venait demander aux membres de la conférence le secours de leurs prières pour le succès spirituel du Carême, ou d'une autre œuvre entreprise pour la gloire de Dieu.

« Vous savez, messieurs, combien le temps du Carême est précieux : c'est à lui que l'Eglise applique cette parole de la sainte Écriture : *Ecce nunc tempus acceptabile, ecce nunc dies salutis* (1)... Quelques uns d'entre vous peut-être se rappellent avec bonheur que c'est pendant ces jours de miséricorde qu'après une trop longue indifférence ils sont revenus à Dieu...

« Donner l'exemple de l'assiduité aux offices et aux instructions, prier avec plus de ferveur que jamais, exercer autour de soi une salutaire influence, distribuer de bons livres, des objets de piété, voilà, disait-il encore, quelle est la mission des disciples de saint Vincent de Paul pendant les jours du Carême... »

Et quand arrivait le temps pascal, il voulait venir leur parler du sacrement auguste auquel bientôt ils devaient participer.

« Je vous rappellerai, Messieurs, disait-il, ces paroles que Notre-Seigneur adressait à ses apôtres : *Desiderio desideravi hac pascha manducare vobiscum.* » (2)

Nous voudrions pouvoir citer tout le commentaire qu'il faisait de cette parole, on verrait combien son cœur était pénétré d'amour pour le Dieu caché dans l'Eucharistie.

On comprend que toutes ces paroles sorties du cœur ne pouvaient demeurer stériles, tombant surtout dans des âmes si bien préparées. Aussi les œuvres entreprises et réalisées par la conférence de Saint-Quentin, sont nombreuses, et Dieu a voulu qu'elles prospérassent toujours. Non seulement elle

---

(1) Voici maintenant le temps favorable, voici maintenant les jours de salut.
(2) J'ai désiré d'un désir ardent de manger cette pâque avec vous...

aida M. le curé dans la fondation de l'école du soir, et du catéchisme des enfants pauvres ; mais encore elle prêta son utile concours à l'œuvre des bons livres de la bibliothèque paroissiale.

C'est elle aussi qui fonda la caisse des loyers pour encourager l'économie dans la classe ouvrière; c'est elle qui, pour entretenir l'émulation du travail et du bon exemple parmi les enfants des écoles, voulut se charger du patronage des classes ; et de son sein, enfin, sortiront bientôt ces hommes généreux, au cœur plein de confiance en Dieu et de noble dévouement pour leurs frères, qui travailleront à établir la Société de secours mutuels de saint François-Xavier.

Je ne dirai pas toutes les familles pauvres qu'elle a secourues, toutes les familles désunies qu'elle a reconciliées, tous les affligés qu'elle a consolés, tous les désespérés qu'elle a soutenus en leur rendant l'espérance chrétienne, toutes les unions civiles qu'elle a réhabilitées ; je ne dirai pas la conversion de tant de pauvres qu'elle a visités depuis vingt ans, ni la mort édifiante de tant de malheureux qu'elle a assistés à l'heure dernière. Ce serait une touchante histoire, dont plus d'un détail pourrait faire couler de douces larmes d'attendrissement, mais que nous lirons un jour mieux écrite dans le livre du ciel.

La conférence de Saint-Quentin compte aujourd'hui près de cinquante membres actifs qui visitent assidûment, chaque semaine, un nombre considérable de malheureux. Puisse-t-elle grandir toujours et prospérer à l'ombre du sanctuaire, près duquel elle a continué de se réunir jusqu'aujourd'hui.

Depuis bientôt dix ans sous la direction d'un homme aussi remarquable par ses vertus chrétiennes que par ses talents, et qui sait toujours l'animer de ses exemples comme de sa parole, elle suit fidèlement les nobles traces de ses fondateurs. *Beati qui intelligunt super egenum et pauperem, in die mala liberabit eos Dominus.* (1)

L'œuvre de la conférence de saint Vincent de Paul appelait comme complément l'œuvre *des dames de la Providence;* M. Tavernier l'avait compris, et travailla simultanément à fonder ces deux associations.

Dès l'année 1847, il fit appel à quelques femmes charitables et chrétiennes, et les réunit chez les sœurs de la Charité. Il commença par leur exposer son dessein; ce qu'il fit, comme toujours, avec une grande simplicité de langage, mais avec tout son cœur. Sa première et unique pensée, d'abord, était de procurer des lits aux familles pauvres où leur nombre n'était que trop souvent insuffisant. On n'a pas oublié ce mot de son discours d'installation : « Vous viendrez à nous, ô riches de cette opulente cité,.... vous arrachant aux douceurs de votre opulence, nous aimerons à vous conduire en esprit dans ces humbles et obscurs réduits, où des milliers de pauvres, vos frères en Jésus-Chist, abritent et cachent leur misère. Là nous avouant devant vous sans honte leur

---

(1) Bienheureux ceux qui ont l'intelligence du pauvre et de l'indigent, aux jours mauvais le Seigneur les délivrera.

avocat et leur père, nous vous supplierons avec larmes de nous aider à donner, aux uns, leur pain de chaque jour.... aux autres, un lit où ils puissent reposer leurs membres fatigués, sans mettre en péril leur innocence. »

Ces nobles dames, au cœur bon et pur, comprirent l'œuvre projetée par M. le curé, et s'y livrèrent avec zèle et empressement. Parcourant les faubourgs en tous sens, elles entraient dans les mansardes, dans les pauvres chaumières, faisaient l'inventaire du chétif mobilier, s'informaient du nombre et de l'âge des enfants, et pourvoyaient ensuite aux besoins de chaque famille. Soutenues par la prière, et animées aussi par les exhortations de leur pasteur toujours si brûlantes de charité, les fatigues et les peines loin d'abattre leur courage ne faisaient que le soutenir et l'enflammer.

Les associées furent d'abord en petit nombre : c'est ainsi que commencent d'ordinaire les œuvres de Dieu. Mais peu à peu ce nombre s'accrut, au point que la salle de la Charité devint trop petite pour les contenir, et M. l'archiprêtre adopta comme lieu des réunions mensuelles la sacristie de la collégiale.

C'est seulement au mois de Janvier 1850 que cette œuvre fut définitivement établie sur les bases où elle repose aujourd'hui. Un règlement, dont nous voulons citer quelques extraits, fut dressé par les soins de M. Tavernier.

1° « On donna à l'association le nom de *Dames de la Providence*, parce qu'elle doit être comme la

Providence des malheureux, l'aide de Dieu dans les soins qu'il prend du pauvre et de l'indigent. Son but est de pourvoir, autant qu'il est possible, au bien-être matériel et moral de la classe indigente, par des œuvres de miséricorde spirituelle et corporelle.

2° « Le bureau de bienfaisance et la société de saint Vincent de Paul s'occupant plus spécialement de procurer aux pauvres du pain et du charbon, les Dames de la Providence leur fourniront surtout des lits, matelas, traversins, couvertures, chaussures, vêtements et linges les plus indispensables, comme robes, chemises et draps.

3° « Pour atteindre le double but qu'elles se proposent, à l'exemple des membres de la conférence de saint Vincent de Paul, elles joindront toujours à l'aumône matérielle, l'aumône spirituelle, c'est-à-dire le conseil qui éclaire, et le petit mot d'exhortation qui touche. En visitant une famille elles s'occuperont de tous les membres qui la composent : elles s'informeront si les enfants sont baptisés, s'ils savent leurs prières et s'ils les récitent exactement, s'ils vont à l'école, et au catéchisme, s'ils ont fait leur première communion, s'ils s'approchent des sacrements, surtout au temps de Pâques; si les parents sont mariés à l'église; lorsqu'ils sont malades, s'ils ont reçu les derniers sacrements; si les enfants ont chacun leur lit. »

4° « Les Dames de la Providence tout en recommandant avec instances l'accomplissement des devoirs religieux, n'en feront jamais une condition essentielle pour avoir part aux secours de l'œuvre.

5° « L'association est unique et embrasse toute la ville de Saint-Quentin : elle se compose des membres actifs qui visitent les pauvres à domicile, et des membres honoraires qui la secondent par leur cotisation annuelle.

6° « La paroisse est divisée en trois quartiers, comprenant les trois faubourgs, où la misère abonde : le quartier du faubourg d'Isle, le quartier du faubourg Saint-Martin, et le quartier du faubourg Saint-Jean. Chacun de ces quartiers est divisé en deux sections. Un conseil est formé pour la direction générale de l'œuvre, et chaque section a son conseil particulier.

7° « Le conseil général est composé d'un président, (c'est de droit M. l'archiprêtre ; et il nomme vice-président l'un de ses vicaires pour le suppléer en cas d'absence) d'une présidente, de deux vice-présidentes, d'une secrétaire et d'une trésorière. Les présidentes des sections font partie du conseil avec le titre de conseillères, la nomination à chacune de ces charges se renouvelle tous les trois ans, en assemblée générale, au scrutin secret, et à la majorité relative des suffrages. Ce conseil se réunit le premier mardi de chaque mois, et convoque à ses séances tous les membres actifs. C'est à cette réunion que se fait la distribution des *bons* aux dames présidentes de section, on y donne aussi lecture des dépenses et des recettes de l'œuvre.

8º « Les conseils de division s'assemblent tous les quinze jours chez leurs présidentes respectives, et convoquent à leurs séances tous les membres actifs de leur ressort. Les dames visiteuses y exposent les besoins de leurs pauvres, et délivrent les *bons* alloués en séance générale.

9º « Le vestiaire de l'association est confié aux soins de Mme la supérieure de la charité. Tous les objets prêtés aux pauvres sont marqués au chiffre de l'œuvre : et toute famille convaincue d'en avoir vendu ou engagé quelqu'un, perd par ce seul fait tout droit à de nouveaux secours. La cotisation proposée pour l'entretien et l'augmentation de ce vestiaire est de 2 francs par mois, ou 24 francs par an.

« Les Dames de la Providence doivent agir dans des vues toutes chrétiennes, et réciter chaque jour un *Ave Maria*, avec cette petite invocation : *O Marie, consolatrice des affligés, priez pour nos pauvres et pour nous.* Elles doivent adopter pour règle invariable de vivre constamment entre elles dans la plus grande union.

« Aucune des obligations imposées par le règlement n'est et ne peut être obligation de conscience : mais l'association en confie l'accomplissement au zèle de ses membres, et à leur amour pour Dieu et pour le prochain. Si les sacrifices à faire effraient quelquefois la nature, on se souviendra de ces paroles de Notre-Seigneur : «Tout ce que vous aurez fait au plus petit d'entre vos frères, c'est à moi-même que vous l'aurez fait. » — « Venez donc les bénis de mon père...., etc. »

M. le curé se faisait un devoir d'assister à toutes les réunions mensuelles de l'association : et toujours il adressait aux dames une allocution pour exciter de plus en plus leur zèle et leur dévouement. Il leur donna pour patronne la Sainte Vierge au jour de sa Visitation : elles doivent, pour célébrer cette fête, assister à la messe qui est dite pour elles ce jour-là, et y faire la sainte communion. C'est aussi dans ce jour qu'a lieu l'assemblée générale annuelle, et qu'on donne lecture du compte-rendu de l'année.

Dire le bien produit par cette association charitable, ce serait répéter ce que nous avons dit plus haut à la louange de la conférence de saint Vincent de Paul. Plus d'une fois, on a été ému et touché, en voyant ces dames, qu'environne l'éclat de la fortune, quitter leurs splendides demeures, se diriger vers les faubourgs, ne pas dédaigner d'entrer dans la chaumière du pauvre, de s'asseoir à son foyer; et avec cette douceur, ce tact, cette délicatesse qui sont comme l'apanage de la femme chrétienne, lui parler des consolations de la foi, porter son âme vers le ciel par l'espérance des biens à venir, et élever son cœur à Dieu en s'efforçant d'y faire pénétrer la charité. Encore une fois : « Bienheureux ceux qui ont l'intelligence du pauvre et de l'indigent. »

CHAPITRE XIII.

M. TAVERNIER, FONDATEUR DE L'ÉCOLE DES FRÈRES. — CLASSES DU SOIR. — CATÉCHISME DES ENFANTS PAUVRES. — MAITRISE. — OEUVRE DE SAINT FRANÇOIS-XAVIER.

> *Si potes credere, omnia possibilia sunt credenti.*
> « Si vous pouvez avoir la Foi, tout est possible à celui qui croit. »
> (*Sanct. Marc*, IX, 22.)

La fondation de l'école des frères à Saint-Quentin restera toujours attachée au nom de M. Tavernier, comme son œuvre par excellence, et son titre le plus glorieux à la reconnaissance des pauvres. Elle fut l'œuvre de son zèle, l'œuvre de son courage ; nous allions dire l'œuvre de sa pieuse imprudence, de son intrépidité et de sa sainte audace.

Nous aimons à le dire aussi, elle fut sans doute son œuvre la plus méritoire aux yeux de Dieu, si, comme nous n'en pouvons douter, le mérite d'une œuvre est en proportion des sacrifices qu'elle impose et des peines qu'elle fait naître.

Dès l'année 1820, M. le curé de Saint-Quentin s'était adressé au Supérieur Général des frères des écoles chrétiennes, afin d'obtenir quelques-uns de ses disciples pour diriger les écoles communales de sa paroisse.

Mais cette demande resta sans effet pendant plus de trente ans, c'est à dire jusqu'en 1851, époque à laquelle remonte la fondation de cette œuvre par M. Tavernier.

M. Grandmoulin avait bien souvent demandé des frères, du haut de la chaire sacrée ; mais malgré tout l'ascendant de son mérite et de ses vertus, malgré toute l'autorité de sa parole et les accents de son éloquence, sa prière était demeurée sans succès, et ses désirs stériles. M. Tavernier était l'homme de la parole, nous le verrons, mais il était aussi et plus encore l'homme de l'action. Non content de demander des frères, il résolut à tout prix de les établir à Saint-Quentin. Laissons le parler lui-même : (nous copions textuellement des lettres écrites de sa main, et adressées l'une au Président de la République, l'autre au ministre des cultes).

« Pasteur d'une ville de plus de 25,000 âmes, j'ai dû étudier avec une grande attention tous ses besoins afin d'y pourvoir dans la mesure possible. Or, il m'a été facile de voir que le plus pressant de tous était le besoin d'écoles.

« La création d'une école nouvelle est devenue, pour le curé de Saint-Quentin, ajoute-t-il, une nécessité absolue, pour deux raisons extrêmement graves, sur lesquelles il ne peut, sans prévarication, fermer les yeux. La première c'est que d'après un rapport imprimé du comité communal d'instruction, il est constaté que treize ou quatorze cents enfants restent chaque année sans instruction dans la ville de Saint-Quentin, attendu qu'ils ne peuvent obtenir l'entrée d'aucune école.

« La seconde, c'est que par suite de cette insuffisance des écoles, l'école protestante est devenue la seule ressource d'un nombre considérable d'enfants catholiques, qui en sortent sans aucune croyance, et sans aucun culte.

« Profondément affligé, et comme chrétien et comme pasteur, d'un pareil état de choses, j'ai résolu de faire tout au monde pour fonder à Saint-Quentin une école libre de frères des écoles chrétiennes. Aucune ville en France n'en a plus de besoin. »

Mais comment réaliser ce dessein dans un temps où l'on faisait aux chers frères des écoles chrétiennes les honneurs de la persécution et du mépris, leur donnant si libéralement l'épithète de *frères ignorantins*? Comment amener dans une ville du progrès des hommes étrangers au pays, habillés à la façon des prêtres et destinés à faire l'éducation de la jeunesse? c'était une œuvre difficile. Toutefois il est des hommes que les difficultés enhardissent au lieu de les abattre, que la persécution encourage, et dont les forces sont en quelque sorte décuplées par les obstacles qu'ils rencontrent sur leur route. On les comparerait volontiers à ces machines puissantes qui arrivées en présence d'une barrière, semblent frémir jusqu'à ce qu'elles la franchissent en la brisant.

M. Tavernier avait quelque chose de ce que nous venons de dire ; et (nous nous complaisons à le répéter) malgré la douceur habituelle qui faisait le fond de son caractère, il était plein d'une sainte énergie pour abattre tout ce qui s'opposait à ses desseins, tout ce qui lui barrait le passage. Il pria Dieu de l'éclairer ; il réfléchit beaucoup ; puis, pressé par sa conscience, inspiré par son cœur, et tout rempli de son sujet, il monta en chaire un jour de fête solennelle, pour exposer sa pensée aux fidèles.

Cette première annonce excita, comme on pouvait s'y attendre, d'assez vives rumeurs. Les indifférents se contentaient de sourire, mais les impies se moquaient, et les personnes même dévouées à M. le curé tremblaient : « N'était-il pas imprudent ? comment asseoir une œuvre si importante sans aucune ressource ? Comment oser l'entreprendre à une époque (on était en 1851) où tous les regards inquiets interrogeaient l'avenir qui paraissait si gros de tempêtes ? Alors que les institutions déjà existantes semblaient menacées d'une ruine prochaine, comment oser en fonder de nouvelles ? »

C'est à peine si quelques âmes, au cœur généreux et confiant, osaient espérer, avec M. Tavernier, contre toute espérance.

M. Tavernier n'ignorait rien de ce qui se disait pour ou contre lui : car il n'y eut jamais (quoiqu'on en ait pu croire) d'homme mieux informé de ce qui se passait à Saint-Quentin, ni de pasteur plus au courant de tout ce qui pouvait intéresser son ministère et ses œuvres. Mais encore une foisil ne savait point se décourager, et, comme les saints, il aimait l'impossible. *Si potes credere, omnia possibilia sunt credenti.*

On lui a reproché, nous le savons, de n'avoir pas assez consulté ceux qui semblaient naturellement appelés à l'aider des lumières de leur expérience : quel qu'ait été, en cela, le motif de sa conduite, nous pouvons répondre, avec un respectable ecclésiastique, que « s'il eût consulté, pour la fondation de l'école des frères, ceux qui l'entouraient, et s'il eût partagé leurs alarmes, Saint-Quentin serait aujourd'hui privé, peut-être, de cette admirable institution. »

Ne serait-il point permis de croire à une inspiration de Dieu; et les faits, d'ailleurs, n'ont-ils point prouvé l'intervention évidente et le concours de sa grâce ?

Il est d'ailleurs une maxime dont il est toujours bon de se souvenir : quoique sortie de la plume d'un poète païen, elle n'est que la traduction de plusieurs passages de nos saints livres: *audentes fortuna juvat* (1).

M. Tavernier annonça donc à ses paroissiens qu'il allait parcourir, une bourse à la main, toute la ville, frapper à toutes les portes, et se faire mendiant pour les pauvres enfants du peuple.

Il tint parole, et dès les jours suivants, accompagné

---

(1) Le succès fut toujours un enfant de l'audace.

de M. Genty l'un de ses vicaires (1), il se présenta dans toutes les demeures, pour recueillir des aumônes. Nous n'avons pas à faire ressortir ce qu'il y eut d'admirable dans cette conduite ; ce fut sans doute un spectacle digne du ciel, et qui ne laissa pas sans admiration le monde lui-même : nous n'avons pas à dire non plus tous les incidents de cette quête, qui procura au zélé pasteur et à son digne ami, plus de mérites encore que de pièces d'argent.

M. Tavernier entrait dans l'humble habitation du pauvre, comme dans la splendide habitation du riche; il paraissait même avoir, à l'exemple du Divin Maître, des préférences pour le denier de la veuve, et pour l'obole de l'indigent.

Souvent il était accueilli assez froidement, et c'est à peine, quelquefois, si l'on consentait à le recevoir; mais il attendait alors avec patience, et quand enfin, après une longue attente, on se présentait pour lui répondre, il exposait son dessein et demandait humblement l'aumône. Plus d'une fois, il éprouva des refus formels, et reçut même des injures, mais toujours sans se plaindre : il avait résolu, comme il le

---

(1) M. l'abbé Genty, dont la longue carrière a été si pleine aux yeux de Dieu, est vicaire de la Collégiale depuis plus de trente ans: on est heureux de rencontrer ici son nom, et de le saluer avec le respect qui lui est dû. Personne ne sera surpris de le voir dans cette œuvre de charité, aux côtés de son curé. On sait que toujours, pendant les 21 ans qu'il vécut avec M. Tavernier, il fut pour lui, par affection comme par devoir, plein de déférence et de dévouement. La plus sincère et la plus constante amitié a toujours uni ces deux prêtres si zélés pour la gloire de Dieu. La mort a pu les séparer pour un temps, mais ils se retrouveront dans un monde meilleur près de celui qu'ils ont glorifié par leurs œuvres, et environnés, comme d'une brillante couronne, des âmes qu'ils ont sauvées.

disait lui-même, d'être d'une patience à toute épreuve. Il n'hésitait pas même à frapper de nouveau à la porte des demeures où il n'avait pas été reçu une première fois.

Dieu ne pouvait refuser de bénir un zèle si généreux et si persévérant. Aussi l'infatigable pasteur fut-il assez heureux pour recueillir en quelques semaines plus de 17,000 francs. D'un autre côté, trois legs, montant ensemble à 6,000 francs, lui furent faits par testament, pour l'aider dans son œuvre, et peu après, il reçut un don manuel de 1,500 francs : ce qui porta ses ressources à près de 25,000 francs.

De plus, un certain nombre de personnes charitables s'étaient inscrites pour une somme annuelle en faveur de l'école projetée, jusqu'à ce que son avenir fût assuré.

Il put alors de nouveau monter en chaire, et remercier, avec toute l'effusion de son âme, ses fidèles paroissiens de lui avoir prêté leur concours pour une œuvre qu'il avait tant à cœur et dont il espérait tant de fruits.

Quand Dieu donne une vocation, il aplanit les difficultés qui pourraient la rendre impossible; de même quand il inspire une œuvre, il met à portée les moyens d'exécution, et pourvu qu'on sache se remuer, on les trouve toujours. C'est alors surtout qu'il est à propos de dire avec un vieux proverbe : *Aide-toi le ciel t'aidera*.

M. Tavernier s'occupa, sans retard, de chercher un local ; il trouva au centre de la ville une maison spacieuse, bien construite, et avec un assez vaste jardin. La mise en vente était de 60,000 francs ; il ne pouvait songer à l'acheter encore ; il se contenta de la louer, pour la somme annuelle de 3,000 francs. Les bâtiments alors existants suffisaient aux frères et pouvaient contenir, au rez-de-chaussée, la chapelle, le parloir, la salle d'étude, le réfectoire, et au premier les chambres particulières ; mais de classes ? point.

M. le curé ne recula pas devant l'idée de les construire : avec l'autorisation du propriétaire, il choisit pour cet effet la partie antérieure du jardin ; et bientôt un vaste bâtiment divisé en quatre classes, pouvant contenir chacune 100 enfants, fut élevé sur ce terrain. Le prix de cette construction, joint à celui du mobilier des classes, monta à près de 17,000 francs. Ainsi la somme recueillie fut presqu'entièrement absorbée par les premières dépenses.

Mais Dieu est toujours là pour soutenir les œuvres qu'il a une fois bénies. Le tout est d'avoir confiance. Si une œuvre de cette nature vient à tomber, c'est, ordinairement du moins, que la confiance a fait défaut. On peut en prendre à témoins deux mille petites sœurs des pauvres, et plus de dix mille vieillards, nourris par leurs soins.

M. Tavernier partit pour la capitale, et se rendit chez le très-révérend frère Philippe, supérieur général des frères des écoles chrétiennes. Il venait lui demander quatre de ses disciples pour fonder son école. Le très-révérend frère dut, à son grand regret;

lui répondre que, pour le moment, il n'en avait pas un seul à lui donner, tous ses sujets ayant reçu leur destination et leur emploi pour l'année.

C'était là une de ces épreuves que Dieu permet quelquefois à l'heure où le succès paraît le plus assuré. Elle devait donner occasion à une scène touchante comme on n'en rencontre que dans la vie des saints. Ce fait n'a été jusqu'à ce jour connu que de Dieu seul, et des deux hommes qui en furent les témoins et les acteurs.

M. Tavernier ne pouvait pas reculer; reculer alors c'eût été une défaite: ses adversaires (qui étaient, sans s'en douter, les adversaires du bien) auraient eu gain de cause; différer, c'était perdre l'œuvre entreprise. Sous l'impression de ces pensées, il tombe aux genoux du frère Philippe, le suppliant avec instances au nom de Dieu, de lui donner des frères. Le très-révérend frère, à son tour, tombe à genoux et les larmes aux yeux, se jette au cou de M. Tavernier, et l'embrasse en lui disant : « Je vous promets des frères, vous en aurez pour le mois de décembre prochain. »

Ces choses se passaient en 1851, et c'est le 2 décembre de cette même année, que M. Tavernier ouvrit et bénit solennellement son école; c'est ce qu'il appelait son *coup d'état* : et il aimait dans la suite, en souriant de la coïncidence, à rappeler cette date, qu'un autre coup d'état a rendue si fameuse.

Le dimanche précédent, il avait annoncé en ces termes l'ouverture des classes : « Mes frères, j'ai une heureuse nouvelle à vous apprendre : cette semaine aura lieu l'ouverture de l'école des frères. » Ces mots, si simples en apparence, avaient quelque chose de remarquable après toutes les difficultés de l'entreprise.

Plus de trois cents enfants inscrits à l'avance se pressèrent dès le début dans l'enceinte des classes.

Mais, nouvelle épreuve ! Le comité de salubrité publique s'assemble; il inspecte les classes, et déclare que le local, trop nouvellement construit, n'est pas habitable. M. Tavernier réunit tous ses chers enfants dans les salles réservées aux frères, dans le salon, dans les chambres, partout, et les classes non interrompues continuent de se faire régulièrement chaque jour : pendant cet intervalle, il fait allumer jour et nuit un grand feu dans le nouveau bâtiment; et quinze jours après, le comité assemblé de nouveau dut déclarer que rien ne s'opposait à ce que les classes fussent désormais habitées.

On n'a pas oublié que M. Tavernier avait dépensé déjà 20,000 francs, et que sa caisse ne possédait plus que 4,000 francs. Or, il fallait donner une indemnité au noviciat de la maison-mère, à Paris ; payer le traitement des quatre frères, et monter leur trousseau, en tout 7,200 francs ; payer les fournitures et l'entretien des élèves, un maître de chant, et un peu plus tard, trouver les fonds nécessaires pour l'achat des livres de la première distribution des prix.

Aussi, à la fin de la première année d'exercice, il

restait à la charge de M. Tavernier un déficit de près de 6,000 francs. Que de fois, pressé par la nécessité et les besoins sans cesse renaissants de son école, il monta en chaire pour faire appel à la générosité de ses paroissiens ! Toujours il fut entendu de quelques âmes charitables, auxquelles on ne tend jamais en vain une main suppliante : on vit même de pauvres ouvrières, pour aider leur pasteur à soutenir son œuvre, s'imposer chaque jour de pénibles sacrifices.

Mais, toutefois, ces aumônes partielles, si abondantes qu'elles fussent, semblaient ne pouvoir assurer l'existence d'un établissement si considérable. C'est alors que M. Tavernier écrivit au Président de la République une lettre remarquable et pleine d'assurance dont nous avons cité plus haut quelques passages. Après avoir exposé les motifs qui le pressaient d'établir l'école des frères, il ajoutait :

« Je n'ignorais pas les répugnances de l'administration municipale d'alors pour ce genre d'école, et l'impossibilité où je me trouverais d'en rien obtenir. Je savais même que quelque temps avant la révolution de 1830, une donation assez importante avait été faite pour fonder une école de ce genre, et que l'on avait profité de ce moment de perturbation pour la détourner et l'employer à la fondation de deux écoles mutuelles, et cela contrairement à l'intention positive du testateur, quoique pourtant avec l'adhésion des héritiers.

» Sans aucune ressource donc, et me confiant en la Divine Providence, j'osai annoncer à ma paroisse le projet que j'avais conçu : puis, devenu bientôt frère mendiant, je parcourus la cité pour recueillir des offrandes, qui, jointes à quelques dons particuliers, s'élevèrent au chiffre de 24,000 francs.

» Je m'empressai alors de choisir un logement convenable, moyennant un loyer de 3,000 francs. Je ne craignis pas ensuite, quoique simple locataire, mais contraint par la nécessité, d'y faire construire des classes, qui avec leur mobilier ont absorbé plus de la moitié de mes fonds, et j'appelai aussitôt quatre frères des écoles chrétiennes.

» Ces bons frères sont à l'œuvre depuis le mois de décembre dernier, plus de trois cents enfants sont inscrits sur leur cadre, et il s'en présente tous les jours. Aussi, déjà le besoin d'une quatrième classe se fait vivement sentir, et je ne puis y pourvoir ! De plus (ce qui me touche profondément) nos bons ouvriers apprécient tellement le bienfait de cette école qu'ils m'ont envoyé, à plusieurs reprises, une députation de quelques-uns d'entre eux, pour me supplier de leur procurer des écoles du soir. Ces écoles du soir feraient, je le sais, le plus grand bien !! mais, que puis-je sans ressources ? Déjà je me demande avec inquiétude comment je pourrai soutenir ainsi annuellement par des quêtes un établissement de cette importance. Je suis bien décidé à faire personnellement pour cela tous les sacrifices possibles, mais je suis sans fortune, et je n'ai jamais compris qu'un curé pût s'enrichir au milieu de tant de milliers de pauvres, et en présence des nécessités de toutes sortes qui se font sentir parmi nous.

» Laisserai-je donc tomber une si belle œuvre, alors que déjà il faudrait l'étendre? Non, mille fois non, grâce à votre appui, permettez-moi de l'espérer. Votre gouvernement, je le sais, soutient à Lyon, à Nancy et ailleurs, des écoles libres comme la mienne ; un seul mot écrit de votre main peut nous procurer le même bonheur, et garantir l'existence de ma fondation.

» Or, voici la double faveur que, dans ce but, je sollicite en ce moment de votre âme généreuse.

» 1° Je demande qu'en considération de la nécessité indispensable de cette école, et des sacrifices de tout genre que je me suis imposés pour la créer, vous veuillez bien me faire allouer un secours annuel qui me permette de soutenir, d'accroître même cette précieuse école, et d'y adjoindre les classes d'adultes qui me sont demandées.

» 2° Dans le but d'assurer définitivement son avenir, j'oserais même vous supplier de me faire allouer en outre un secours extraordinaire pour me mettre à même de profiter d'une clause, insérée au contrat, qui me réserve à l'exclusion de tout autre, le droit d'acquérir, dans les trois premières années, la maison, au prix de 58,000 francs. »

Quelques mois plus tard, M. Tavernier écrivit au Ministre des cultes, en lui envoyant un plan de la maison, un devis des dépenses faites et à faire, et un *prospectus* pour un établissement de frères. Dans cette lettre, il réitère avec instances les mêmes demandes. Nous avons cherché à savoir quel avait été le résultat de toutes ces démarches, mais nous n'avons pu découvrir rien de certain : nous regdraons comme plus probable que M. Tavernier ne reçut aucun secours de la part du gouvernement, et c'est ce que semble indiquer un passage de la lettre que nous allons citer.

M. Tavernier avait trouvé, pour la fondation de l'école des frères, un aide puissant dans la personne de M. le Recteur de l'Université de Douai : voici ce qu'il lui écrivit pour le remercier de son précieux concours.

Monsieur le Recteur,

« Je ne sais comment vous exprimer toute ma reconnaissance vivement sentie, pour l'intérêt si bienveillant que vous m'avez témoigné ainsi qu'à l'œuvre si chère à laquelle je me suis dévoué.

» J'ai vu avec bonheur, Monsieur le Recteur, que vous m'aviez parfaitement compris, et que vous aviez noblement et dignement apprécié les seuls motifs qui m'ont dirigé dans toute cette affaire. (M. Tavernier rappelle ici brièvement ces motifs, et il ajoute :) « Combien je regrette que le gouvernement ne m'aide en rien dans une œuvre de cette importance ! Et cependant, trouvera-t-on jamais un meilleur moyen d'éclairer et de moraliser ce pauvre peuple que l'on abuse ? — Ah ! si j'étais efficacement secouru, quel changement ces écoles chrétiennes opèreraient en peu d'années dans notre classe ouvrière ! et comme les sacrifices que l'on ferait pour nous seraient bientôt largement payés !

» M. le Ministre demande si le conseil municipal de Saint-Quentin ne pourrait pas adopter l'école chrétienne que j'essaie de fonder? Je ne crois pas même prudent de le lui proposer, du moins si vite. Vous n'ignorez pas, M. le Recteur, combien de répugnances et de préventions j'ai rencontrées, et que d'obstacles j'ai eu à vaincre, du côté même de l'administration municipale, lorsque j'ai voulu sérieusement m'occuper de cette œuvre. Quelle municipalité allons-nous avoir bientôt aux prochaines élections? je n'en sais rien. Mais alors même qu'elle serait composée en majorité dans un sens favorable à mon œuvre, j'avoue que ce ne serait pas encore sans inquiétude que j'oserais lui proposer de l'adopter. Les hommes passent si vite par le temps qui court ! Une municipalité, bien intentionnée pour nous aujourd'hui, peut être remplacée en peu de temps par une autre qui se hâterait de chasser nos frères, et croirait encore rendre par là un grand service à la société.

» S'il ne fallait que consentir à être oublié, M. le Recteur, pour trouver un moyen d'asseoir et de consolider cette œuvre si importante, vous me trouveriez prêt à m'effacer à l'instant même. Je serais mille fois heureux d'en assurer le succès, mais un succès durable, à ce prix ! tout moyen qui me serait offert en ce sens serait accepté par moi avec une grande reconnaissance.

» Cette reconnaissance, M. le Recteur, vous est déjà personnellement acquise ; jamais je n'oublierai tout ce que vous avez apporté de bon vouloir dans cette affaire, que j'ai tant à cœur. Permettez-moi de compter toujours sur vous, comme vous pouvez compter vous-même sur mes sentiments de haute estime et de profonde gratitude. »

L'école des Frères pesa ainsi sur les seules épaules de M. Tavernier pendant plus de dix ans. Lui seul, à l'aide des aumônes qu'il mendiait chaque année, la soutint et l'agrandit : il payait le loyer de la maison, soldait aux frères leur traitement annuel, pourvoyait aux fournitures et aux dépenses journalières de plus de 400 enfants : et l'on doit le dire à la gloire de Dieu et à la louange de sa Providence, jamais il ne se trouva pour cette œuvre à court d'argent : il le disait lui-même, *jamais pour les chers frères son tiroir ne s'est trouvé vide* : parfois même il fut tenté de croire à un miracle de saint Joseph qu'il appelait son procureur et son intendant.

Aussi, quoique laissé à lui-même et réduit à ses seules ressources, il put ouvrir bientôt pour les adultes les classes du soir qui lui étaient demandées, et un nouveau frère fut envoyé à cette fin. Mais le jour où ces classes devaient être inaugurées, il paraît que toutes les formalités légales n'avaient pas été remplies, et qu'au nom de la loi, on vint signifier à M. Tavernier de faire congédier les élèves : lui, sans se déconcerter, expédia sur le champ une dépêche télégraphique à l'administration supérieure, et une réponse immédiate leva toutes les difficultés, fit cesser toutes les poursuites.

Peu de jours après plus de 200 adultes venaient s'asseoir sur les bancs de l'école, pour recueillir les précieuses leçons dont ils avaient été privés dans l'enfance. Inutile de faire observer que la morale et la religion ne pouvaient qu'y gagner avec l'instruction. Comment en effet se trouver habituellement en contact avec ces bons religieux si dévoués, si remplis de vertus, sans devenir, en quelque sorte à son insu, et meilleur et plus vertueux; sans se rapprocher insensiblement de la religion qui inspire tant d'abnégation et de dévouement?

Et de plus, ces ouvriers, ces hommes du peuple, qui sont ordinairement meilleurs qu'on ne le croit généralement et qu'ils ne veulent eux-mêmes quelquefois le paraître, aimeront toujours plus tard à rencontrer sur leur chemin le frère qui les a instruits dans les soirées d'hiver; c'est sans effroi qu'ils le verront à leur chevet lorsque la maladie les aura cloués sur un lit de douleur: que dis-je? ils le salueront comme leur meilleur et leur plus sincère ami, et c'est avec bonheur qu'ils recevront par son entremise la visite d'un autre ami non moins vrai, la visite du prêtre qui doit leur procurer les dernières consolations de la religion.

Ce que nous disons des ouvriers, nous le dirions à plus forte raison des enfants qui passent leurs premières années dans les écoles des bons frères.

Telles étaient, à coup sûr, les hautes pensées qui

inspiraient à M. Tavernier tant de zèle pour cette œuvre. Il avait prévu que la semence, jetée dans les âmes, devait fructifier pour le ciel, et produire au centuple ces heureux fruits qui réjouissent tant le cœur de Dieu et sont une compensation surabondante pour tous les travaux et toutes les fatigues du zèle pastoral.

M. Tavernier se faisait une fête, chaque fois que ses occupations lui en laissaient le loisir, de visiter les nombreux enfants de son école, et même les ouvriers qui fréquentaient l'école du soir. Chaque année il présidait leur distribution des prix, et rien n'était négligé pour donner à cette cérémonie la splendeur et la solennité qui, en rehaussant les récompenses, leur donnent plus de valeur et excitent davantage l'émulation.

« Mes bien chers enfants, disait-il aux plus jeunes, puisque, malgré mes sincères sollicitations auprès de nos dignes magistrats, c'est à moi encore qu'est laissé l'honneur de présider cette intéressante solennité, j'en profiterai pour vous dire combien je suis heureux toujours de me retrouver au milieu de vous et quel bonheur c'est pour moi de venir ici partager les émotions de chacune de vos familles, et d'applaudir avec elles à vos succès. Ne suis-je pas constitué par la Divine Providence comme le père de toutes, et pourrais-je jamais être indifférent à ce qui intéresse si vivement chacune d'elles ?

» Aussi, c'est à ce titre, chers enfants, que je viens vous adresser, en ce moment où vous allez quitter votre précieuse école et vos maîtres si dévoués, un enseignement que je crois vous être utile à tous, mais surtout à ceux d'entre vous qui vont nous quitter, peut-être pour toujours. »

Tantôt il les entretenait de l'exemple, cette force seule capable d'entraîner les masses ; tantôt il leur parlait du travail, loi imposée à tous les hommes et source de tant de biens; tantôt il leur découvrait le prix inestimable d'une éducation chrétienne. Il leur disait :

« L'instruction religieuse a longtemps été regardée presque comme un hors-d'œuvre qu'il fallait bien quelque peu subir à l'époque d'une première communion, mais dont on savait se débarrasser aussi vite que possible. Une pareille éducation a jeté au sein de la société une foule de jeunes gens et une foule d'hommes inquiets, sceptiques, frondeurs, ennemis de tout joug, et contempteurs de Dieu, de sa loi et de ses ministres. Elle devait nécessairement produire les lamentables effets que nous voyons. Et je le dis, avec un profond chagrin dans l'âme, si la religion n'est pas désormais sérieusement replacée partout comme base de toute éducation, nous aboutirons encore à des abîmes !... c'est cette religion, chers enfants, qui vous a recueillis sous son égide tutélaire. Elle vous a donné pour maîtres des hommes dont toute la sublimité du dévouement ne sera bien appréciée et dignement récompensée que dans le ciel. Montrez-vous toujours pour eux reconnaissants et dociles. Pour nous qui sentons tout le prix de ce précieux établissement, nous ferons tout au monde pour le soutenir. S'il n'existait pas, on nous verrait encore tout aussi ardent et empressé à le créer... son existence est désormais une nécessité...

» Je remercie de nouveau tous nos bienfaiteurs et bienfaitrices. C'est à leur bienveillante charité qu'est due en très-grande partie cette belle institution. Ils voudront, j'en suis sûr, toujours la soutenir et la consolider avec moi.

» A vous en reviendra tout le profit, mes bien chers enfants : faites tout au monde pour que ce bienfait ne soit jamais perdu pour vous. Pour cela, n'oubliez jamais que le flambeau de la science n'est utile que quand il éclaire la vertu. Soyez pieux avant tout et toujours ! car *la piété*, dit saint Paul, *a tout à la fois les promesses de la vie présente et celles de la vie future*. Oui, soyez pieux, et ce Dieu qui aimait d'un amour de prédilection l'enfance, vous aimera, vous bénira ! Travaillez non pas seulement pour ces couronnes éphémères qu'un seul instant voit se flétrir ; mais travaillez pour cette couronne immortelle, seule digne de votre ambition et que l'éternité même ne flétrira jamais !!!... »

Aux élèves de l'école du soir, il disait : (qu'on nous permette de citer quelques-unes de ses paroles ; elles font ressortir un autre côté de son caractère, et découvrent tous les trésors de son cœur !)

« Bons ouvriers et chers amis,

« Bien des fois en ma vie il m'a été donné d'assister à ces touchantes fêtes de famille où de jeunes lauréats viennent, en présence d'une assemblée d'élite, recevoir les justes récompenses dues à leurs succès et à leurs travaux. Mais jamais, je dois le dire, je n'en ai rencontré d'aussi intéressante que celle-ci et qui me fit éprouver de plus délicieuses et de plus touchantes émotions.

» Quels élèves avons-nous à encourager et à récompenser aujourd'hui? D'abord des jeunes gens au cœur généreux, aux nobles instincts, qui, pressés par les besoins de leurs familles d'abandonner, avant le temps, le soin de leur première éducation, savent s'arracher à l'attrait d'une vie sous un rapport plus libre, et consacrer à l'étude les courts moments que leur laisse un laborieux apprentissage et que tant d'autres s'empressent de consacrer au plaisir. Puis, surtout, de bons et intéressants ouvriers, qui, après les continuelles fatigues d'un rude et incessant labeur, se sentent encore assez de courage pour venir s'asseoir, comme de simples et dociles enfants, sur les modestes bancs de l'école, et y puiser le précieux bienfait d'une instruction suffisante et plus complète....

» Plus d'une fois, quoique pas aussi souvent que nous l'eussions désiré, mes bons amis, nous vous avons vus à l'œuvre, et tous nous avons été profondément touchés du sérieux, de l'attention religieuse, de la respectueuse docilité que vous prêtiez à l'enseignement de vos dévoués et vénérables maîtres. Chaque fois nous avons admiré votre assiduité, votre continuelle application au travail....

» Continuez à bien travailler, mes bons et chers amis, et travaillez toujours. Le travail de l'école, comme celui de l'atelier, fécondé par la prière, vous préservera des vices qui dégradent les hommes, vous rapprochera et vous rendra plus dignes du Dieu qui, pour vous servir de modèle en tout, s'est fait ouvrier. Travaillez pour lui et à son exemple, comme il a travaillé pour vous ; et plus tard, il saura bien aussi, lui, récompenser vos travaux par des récompenses éternelles et vous décerner des couronnes qui ne se flétriront jamais.

» Soyez en attendant toujours bons, toujours chrétiens, toujours hommes de bien ! c'est le plus précieux gage de reconnaissance qu'attendent de vous ces bons frères qui vous sont si dévoués. Admirez leur vie de dévouement et de sacrifice! Ils renoncent à tout dans ce monde pour former de bons citoyens. Contemplez leur honorable pauvreté ; voyez les peines qu'ils se donnent, les fatigues qu'ils endurent; et vous comprendrez toute l'étendue de la reconnaissance que vous leur devez.

» Pour nous, mes bons et chers amis, nous leur avons voué une bien profonde gratitude ! et, en vous distribuant les prix que vous avez si bien mérités, nous leur décernons, à eux, des remerciments et des éloges en votre nom et au nôtre, et pourquoi ne le dirais-je pas, au nom de la cité tout entière. »

Plusieurs œuvres restaient à créer encore avec l'aide des Frères, et pour compléter leur école : nous devons dire un mot du Catéchisme des jeunes apprentis, et de la fondation de la Maîtrise.

La première de ces œuvres est due, comme nous l'avons déjà indiqué, à la conférence de saint Vincent de Paul. Ces jeunes apprentis, à qui leurs parents, soit par une négligence coupable, soit par suite d'une impérieuse nécessité, n'avaient pas procuré le bienfait de l'éducation, on les voyait jetés dès leur enfance dans les ateliers de l'industrie, et sur tous les grands chemins du travail; ou bien, couverts de haillons, ils erraient par les rues et sur les places publiques, dignes à tous égards de la commisération et de la pitié d'un cœur sacerdotal ! Leurs vêtements, aussi bien que leurs traits, indiquaient la plus profonde misère; leurs habitudes et leur langage dénotaient bien souvent une corruption précoce et des vices prématurés.

Leurs parents, oubliant le premier et le plus grand de leurs devoirs, les laissaient errer à l'aventure, et se préparer ainsi l'avenir le plus malheureux et courir aux abîmes avant même de les avoir soupçonnés.

Quand arrivait l'année de la première communion, ce n'est qu'à grand peine qu'on parvenait à les réunir dans l'église, une ou deux fois la semaine, pour les catéchismes préparatoires à cette grande et sainte action : et on les trouvait toujours alors presque sans aucune notion de Dieu, sans aucune habitude religieuse. Ce n'était qu'à force de temps et de patience, que le prêtre le plus zélé pouvait leur apprendre les premières notions des vérités chrétiennes. Heureux était-on si la retraite de première communion leur inspirait quelques bonnes pensées, quelques pieuses résolutions ; et si, la veille du grand jour, au moment de l'absolution, on voyait couler quelques larmes !

M. Tavernier avait le cœur profondément affligé d'un pareil état de choses, et ce n'est pas sans effroi qu'il se demandait devant Dieu ce que deviendraient, après une première communion ainsi préparée, ces pauvres enfants dont il était le pasteur et le père?

Les quelques lambeaux d'instruction religieuse qu'ils avaient recueillis comme à la hâte et par nécessité, n'allaient-ils pas être bien vite oubliés, et faire place pour toujours à la plus déplorable ignorance? Ces enfants, en se hâtant de dire adieu à l'église, n'allaient-ils pas reprendre bientôt leurs habitudes vicieuses ?

Les membres de la conférence de saint Vincent de Paul, comme M. Tavernier, frappés de cette considération, résolurent d'améliorer autant qu'il était en eux la situation morale et religieuse de ces jeunes enfants, en leur procurant les moyens de se préparer plus sérieusement à la plus grande action de leur vie. Un nouveau frère, dont le traitement devait être à la charge de la conférence, fut demandé à Paris, et on ouvrit les catéchismes du soir. Depuis cette époque, les enfants des fabriques qui se disposent à leur première communion, se réunissent chaque soir chez les frères au nombre d'environ

80, pour y apprendre leurs prières et les leçons du catéchisme. Deux membres de la conférence, désignés chaque semaine à cet effet, assistent aux réunions, et prêtent aux frères leur utile concours. Le dimanche, les enfants se réunissent de nouveau à l'heure des offices, et sont conduits à l'église par le frère chargé de leur instruction.

Un heureux changement s'opéra bientôt parmi eux ; et l'on eut, comme première récompense, la consolation de les voir plus sérieusement instruits des vérités religieuses, plus assidus aux offices, plus pénétrés de la grande action à laquelle ils se préparent, et plus dignes par là même de s'asseoir à la table sainte.

La fondation de la Maîtrise se rattache également au sujet de ce chapitre.

Nous l'avons déjà dit, toutes les œuvres qui se rapportent au plus auguste de nos mystères, et qui ont pour but de glorifier Jésus-Christ dans le sacrement de l'Eucharistie, sont des œuvres saintes et très-agréables à Dieu. Combien donc agréable et sainte dut être à ses yeux la fondation de cette maison humble et petite, il est vrai, aux regards des hommes, mais grande aux regards de la foi, puisqu'elle est destinée à former les enfants choisis qui doivent servir à l'autel ; puisque c'est là qu'on doit apprendre à ces nouveaux lévites le respect des choses saintes, et la piété qui doit se peindre sur leurs traits, animer toutes leurs démarches.

Quoi de plus triste que la déplorable insouciance,

ou la sacrilége dissipation, avec laquelle les enfants de chœur en certains pays s'acquittent des fonctions que leur envient pourtant les anges du ciel! Les fidèles s'en scandalisent et le prêtre en gémit.

M. Tavernier, qui aimait avant tout l'ordre et la décence dans les cérémonies sacrées, voulait voir au pied des saints autels des enfants de chœur pieux et recueillis ; et il crut avec raison qu'il réaliserait sans peine ce désir en fondant une maîtrise pour les enfants de chœur de la collégiale. Il fit part de son projet au conseil de fabrique, qui, entrant dans ses vues, accueillit sa demande et vota l'allocation d'une somme annuelle pour le traitement de deux frères à préposer au soin des enfants.

Quarante enfants environ, choisis parmi les plus intelligents et les mieux doués sous le rapport de la voix, sont réunis dans une salle attenante à la collégiale et construite dans ce but : Vingt d'entre eux, exercent les fonctions d'enfants de chœur, les autres qu'on nomme aspirants se préparent à leur succéder. Chaque semaine, les premiers sont désignés en nombre suffisant pour le service paroissial ; et les heures libres de la journée sont consacrées à l'instruction.

Outre que la beauté des offices, à Saint-Quentin, n'a pu que s'accroître depuis l'établissement de la maîtrise, un certain nombre d'enfants y ont vu naître et se développer dans leur cœur le goût et l'attrait pour l'état ecclésiastique, plusieurs déjà sont entrés au séminaire et font concevoir les meilleures espérances.

Nous terminerons ce chapitre par *l'Œuvre de Saint-François-Xavier*, qui se rattache encore, comme on va le voir, à celle des Frères.

En 1857 des hommes au cœur généreux conçurent la pensée de fonder à Saint-Quentin une société de secours mutuels de Saint-François-Xavier. Bon nombre de personnes regardaient comme impossible le succès d'une pareille entreprise : « Jamais, leur disaient-elles, les ouvriers de Saint-Quentin ne sauront vous comprendre, vous échouerez, vous en serez quittes pour vos frais d'annonces et vos espérances déçues. » Rien ne fut capable de les décourager.

M. Tavernier n'a pas eu la gloire de la première pensée pour cette œuvre, mais il eut du moins celle de l'accepter avec bonheur, et en l'épousant de la seconder de tous ses efforts. Non-seulement, pour l'implanter à Saint-Quentin, il prêta le concours de sa voix, mais toujours sa bourse fut ouverte pour les besoins de l'œuvre, et il offrit avec empressement pour les réunions mensuelles des sociétaires les classes de la maison des Frères.

Au grand étonnement de ceux qui avaient désespéré du succès, les développements et les progrès de la société furent des plus rapides. Inaugurée solennellement par Mgr de Garsignies, elle comptait dès le premier jour un nombre considérable de membres honoraires, et près de 60 membres participants (1).

---

(1) En 1837, M. l'abbé Crozes, du clergé de Paris, créait sur la paroisse Saint Nicolas-des-Champs, une société sous le titre d'*Association morale religieuse et de bienfaisance*. L'année suivante, les paroisses Saint Sulpice,

Quelques semaines à peine écoulées, ce nombre était quintuplé ; et au bout de quelques mois les sociétaires étaient plus de 500. Aujourd'hui on en compte 700 environ.

M. Tavernier ne pouvait assister fréquemment aux réunions de cette intéressante société, l'heure des séances concordant avec celle de l'archiconfrérie dont il ne s'absentait qu'à regret : mais sans aucun doute son cœur l'eût pressé d'y aller souvent ; car il aimait sincèrement l'ouvrier, l'homme du peuple.

Chaque fois qu'on l'y voyait apparaître, on éclatait en applaudissements et en *bravos*. Un jour surtout, M. Tavernier fut touché jusqu'aux larmes d'une démonstration de ce genre. Il sortait d'une longue maladie qui avait mis ses jours en péril, et il n'avait point paru depuis longtemps à la société.

La première fois qu'il y vint, les ouvriers ne savaient comment lui témoigner l'enthousiasme de leur joie et le féliciter de son retour à la vie. M. Tavernier les remercia d'une voix émue, en les assurant de

---

Saint Philippe-du-Roule, Sainte Marguerite étaient dotées d'associations semblables. Ces réunions se composaient d'ouvriers qui chaque mois assistaient à un exercice religieux, après lequel avaient lieu une instruction faite par un prêtre et un discours par un laïc. Les ouvriers du faubourg Saint-Antoine vinrent bientôt en grand nombre à ces réunions qui leur offraient de précieux avantages : ils avaient là une bonne soirée par mois, un honnête et fructueux repos après le travail, la joie de se trouver ensemble, tous hommes laborieux, pacifiques, et sanctifiant leur vie par leur amour de la Religion. C'est en 1842 que ces réunions prirent le titre de *Société des ouvriers de Saint François-Xavier*, et que l'on conçut l'excellente idée de les former en société de secours mutuels, pour parer aux inconvénients de la maladie, du chômage, et de la vieillesse... Un règlement fut dressé dans ce but, et servit de base à la fondation, dans les provinces, de sociétés analogues.

nouveau de toute son affection et de tout son dévouement.

Plus d'une fois il leur adressa la parole dans les séances publiques, et là plus que partout ailleurs c'est son cœur qui faisait tous les frais d'éloquence. Sa voix trouvait de l'écho dans ces âmes, souvent, il est vrai, oublieuses de Dieu et des choses du ciel, mais plus accessibles qu'on ne le croit dans certaines régions aux sentiments chrétiens.

Que de fois on a vu ces hommes applaudir aux bonnes paroles qui leur sont dites chaque mois par un prêtre qui les aime et se dévoue pour eux (1), et rendre ainsi aux vérités religieuses le témoignage que Tertullien appelle, « celui d'une âme naturellement chrétienne » *Testimonium animæ naturaliter christianæ*. Ils applaudissent à l'homme-Dieu dont on leur raconte les bienfaits; ils applaudissent au courage des martyrs dont l'histoire ne les trouve jamais froids ni insensibles; ils applaudissent à l'abnégation du frère des écoles chrétiennes, à l'héroïsme de la petite sœur des pauvres ou de la sœur de charité, et au zèle du missionnaire; ils applaudissent aux vertus de Pie IX dont ils apprennent à bénir le nom devenu populaire parmi eux; ils applaudissent aux triomphes de l'Église, à l'élévation de ses dogmes, à la sagesse et à la sainteté de sa morale.

Et rien dans les applaudissements de cet auditoire si vivant et si animé, rien qui provoque l'orateur aux mesquines pensées de la vaine gloire; celui qui

(1) M. l'abbé Prévot, vicaire de la paroisse.

parle est seulement heureux et fier d'être compris de ces ouvriers dont il voudrait le vrai bonheur; il est heureux surtout de pouvoir se dire : non, le christianisme n'est pas mort, et la foi n'est pas éteinte.

C'est ainsi que l'ouvrier se familiarise peu à peu avec le prêtre, dont les vêtements ne lui paraissent plus si noirs, ni la vie si triste, ni les conseils si méprisables : c'est là encore que le respect humain est confondu, les préjugés insensiblement détruits, les objections populaires pulvérisées dans des allocutions simples et familières. Des hommes méchants et corrompus, il ne s'en trouve point parmi eux; si parfois il venait à s'en rencontrer, c'est là aussi qu'ils apprendraient à se taire, ou à devenir meilleurs. Un trop grand nombre, il est vrai, négligent encore de revenir à Dieu durant la vie. Mais au moins, quand la maladie les atteint, jamais ils ne veulent négliger l'affaire de leur salut : le souvenir de leurs réunions du soir et des discours qu'ils y ont entendus leur revient, les pensées de la foi se réveillent en eux et ils demandent un prêtre, ou du moins ils l'accueillent toujours avec le sourire de l'amitié, et nous ne pensons pas qu'un seul d'entre eux, depuis la fondation de l'œuvre de saint François-Xavier à Saint-Quentin, ait refusé les secours de la religion.

Les femmes des sociétaires désiraient depuis longtemps former aussi une société de secours mutuels; leur vœu ne fut exaucé que dans ces dernières années. Elles se réunissent dans la maison des sœurs de charité, depuis quatre ans à peine, et on compte déjà près de 400 membres participants.

Je reviens, en terminant ce chapitre, à l'œuvre des frères : Nous avons vu que cette école avec toutes ses charges avait pesé sur les épaules de M. Tavernier pendant 10 ans. C'est en 1861 que l'administration municipale, cédant à l'opinion publique et au vœu général, adopta cette institution. M. Tavernier lui remit l'établissement libre de toute dette, et lui procura même, comme dernière largesse, une somme de 15,000 francs pour aider à l'achat de la maison.

Quelques-uns ont reproché à M. Tavernier d'avoir cédé la maison des frères à la ville sans aucune condition : mais ceux-là oubliaient apparemment que M. Tavernier n'en était pas le propriétaire. En demandant au conseil municipal d'adopter son école, il sollicitait donc un bienfait, et ce n'est pas d'ordinaire au pauvre, qui demande l'aumône, à imposer des conditions au riche qui lui fait la charité.

M. Tavernier, il est vrai, cédait à la ville le bâtiment des classes construit à ses frais, plus tout le mobilier et une somme de 15,000 francs qu'il avait recueillie ; mais la ville en retour se trouvait dans l'obligation d'acheter l'établissement tout entier, et de se substituer en la place de M. Tavernier pour solder aux frères leur traitement annuel et pourvoir à toutes les autres dépenses.

M. Tavernier d'ailleurs savait de source certaine que l'administration municipale n'accepterait aucune autre condition.

Alors, pourquoi céder ?

Pour deux raisons extrêmement simples. La première, c'est que l'établissement des frères, ne subsistant que par les aumônes des fidèles, ne pouvait être considéré humainement parlant et à moins de compter sur un miracle continuel de la Providence, comme assis sur une base solide et durable ; de plus M. Tavernier devait prévoir l'éventualité de sa mort, et les conséquences qu'elle pouvait entraîner pour cet établissement qui ne vivait que par lui. — La seconde, c'est qu'il lui était permis de regarder l'école des frères, après dix ans d'exercice, comme ayant acquis définitivement, avec toutes les sympathies des honnêtes gens, le droit de cité. L'avenir lui a donné raison.

L'école des frères n'a cessé de prospérer jusqu'aujourd'hui, et est devenue comme nécessaire à Saint-Quentin : on peut affirmer qu'à part peut-être de très-rares exceptions, elle a conquis tous les suffrages et gagné toutes les sympathies de la population : ceux même qui paraissaient ne l'avoir acceptée qu'à regret sont devenus ses protecteurs dévoués. Si nous sommes dans le siècle des égarements, nous sommes aussi dans le siècle des retours ; et la religion, grâce à Dieu, compte de nos jours assez de gloires pour forcer l'admiration et commander le respect de ses ennemis eux-mêmes. Il en est ainsi dans une certaine mesure des congrégations religieuses, quand on leur laisse la liberté d'action et d'expansion dont elles ont droit de jouir.

Notre école des frères en est une preuve nouvelle.

Sans vouloir la mettre en parallèle avec les écoles laïques de la ville, dirigées d'ailleurs depuis d'assez longues années par des instituteurs chrétiens et dévoués, qui donc oserait contester que cet établissement où près de 500 enfants chaque année reçoivent l'instruction gratuite et une éducation chrétienne ne soit un bienfait inestimable pour la cité ?

Quelle que soit l'opinion personnelle et la conduite d'un homme en matière de pratique religieuse, il ne peut croire, et encore moins faire admettre, que la religion soit un mal et que sa pratique soit funeste au bien moral de la société, de la famille et de l'individu. Si par impossible il s'en rencontrait quelque part d'assez osés pour soutenir une thèse aussi absurde, on leur rappellerait avec succès cette parole de Voltaire :

Si Dieu n'existait pas, il faudrait l'inventer,
et l'exemple de Diderot, enseignant lui-même le catéchisme à sa petite fille.

M. Tavernier, en même temps qu'il fondait l'œuvre des frères pour les garçons, s'occupait aussi de faire doubler les classes des filles dirigées par les sœurs de charité. Le nombre des enfants qui fréquentent cette école fut alors porté à près de 800.

On peut rappeler en finissant les paroles de l'Ecriture qui ouvrent ce chapitre : *Si potes credere, omnia possibilia sunt credenti.*

CHAPITRE XIV.

IL EST QUESTION POUR M. TAVERNIER D'ÊTRE PROMU
A L'ÉPISCOPAT (1856).

Exaltatus autem humiliatus sum et conturbatus.
« Lorsqu'on a voulu m'élever, je me suis humilié
» et j'en ai senti du trouble. »
(*Psal.* LXXXVII, v. 16.)

Quoique nous ayons peu de chose à dire sous ce titre, nous ne pouvons taire cette circonstance de la vie de M. Tavernier; car c'est alors (nous disait un père de la compagnie de Jésus, qui cette année-là prêchait le carême à St-Quentin, et que son intimité avec M. l'Archiprêtre a mis au courant de tous les détails de ce fait) « c'est alors que M. Tavernier « m'a révélé mieux que jamais toute la noblesse « de son caractère et toute la sublimité de sa « vertu. »

Il y a dans les honneurs un charme dont il est bien difficile de se défendre; l'éclat d'une mitre surtout a quelque chose de séduisant. Mais à côté de l'honneur qui environne si justement nos pontifes, la charge et la responsabilité qui pèsent sur eux sont effrayantes aux yeux de la foi : c'est ce qui explique la conduite des saints, et leur empressement à fuir cette dignité incomparable à toute autre.

On sait que l'humilité chrétienne ne se refuse pas, quand Dieu lui-même semble l'offrir, à l'accepter avec soumission à sa sainte volonté : mais on sait aussi que la plus complète indifférence, et même une sainte frayeur, doivent toujours précéder l'acceptation de ce qu'on appelle avec tant de raison *le fardeau de l'épiscopat*.

Telle fut la conduite de M. Tavernier.

Il n'était pas homme à se produire sans autre motif que de se faire connaître et d'attirer sur lui l'attention de l'autorité. On sait qu'il n'avait pas d'autre ambition que de sauver des âmes, ni d'autre désir, après avoir consacré tout ce qui lui restait de vie et d'activité à sa chère paroisse de St-Quentin, que « de « dormir en paix dans son cimetière, et de mêler sa « cendre à celle de ses enfants. » On peut affirmer, en particulier, qu'il n'avait jamais songé à l'épiscopat, lui qui s'était cru si indigne du poste élevé auquel la divine Providence l'avait appelé en lui confiant la cure de St-Quentin.

Il ne craignait pas néanmoins de se produire quand le bien de sa paroisse et le succès de ses œuvres l'exigeaient : c'est ainsi qu'il se fit présenter par un conseiller d'état à Napoléon, alors président de la république, afin de solliciter en personne les secours dont il avait si grand besoin. Sa position d'ailleurs et ses hautes relations le mettaient naturellement en évidence. Nous savons même, de source certaine, qu'un évêque, invité par le gouvernement impérial à désigner les Ecclésiastiques de sa connaissance qui pourraient être présentés pour l'épiscopat, avait cité M. Tavernier en première ligne.

Bref, un jour (c'était dans la première semaine du carême, année 1856) une dépêche ministérielle, expédiée à M. Tavernier, le mandait à Paris en toute hâte. Il fit répondre aussitôt que ses occupations à l'ouverture d'un carême lui permettaient à peine de s'absenter, et que pour cette raison il priait M. le Ministre de vouloir bien lui indiquer le jour et l'heure où il pourrait être reçu en audience. Le soir du même jour, une nouvelle dépêche lui apprenait que M. le Ministre des cultes l'attendait le lendemain à onze heures.

M. Tavernier, s'imaginant qu'il était question de son établissement des frères, passa toute la soirée et une partie de la nuit à mettre en règle tous les comptes relatifs à cette école, et à préparer toutes les pièces qui pourraient lui être nécessaires pour répondre au Ministre sur cet objet. Le rév. père prédicateur de la station, mieux informé, eut beau l'assurer qu'il s'agissait de toute autre chose, son humilité se refusait à le croire, et il ne consentit à prendre un peu de repos que quand il eut disposé tout ce qui concernait son œuvre des Frères.

Le lendemain, à l'heure indiquée, il était chez le Ministre des cultes, qui s'entretint assez longuement avec lui, mais ne lui dit pas un mot de l'œuvre des Frères. C'est alors seulement que M. Tavernier

soupçonna qu'il pouvait s'agir en effet de sa promotion à l'épiscopat; et tous ses doutes à cet égard disparurent, quand, après l'entrevue, plusieurs officiers du palais lui demandèrent à trois reprises différentes à quel hôtel il était descendu, le Ministre voulant l'inviter à dîner chez lui le lendemain. M. Tavernier fit à tous les trois la même réponse : « qu'il ne devait
« pas séjourner à Paris, mais retourner le jour même
« dans sa paroisse où ses devoirs de pasteur le récla-
« maient impérieusement. »

C'est alors, au sortir du palais, que M. Tavernier, entrant dans l'église de la Madeleine pour y réciter son office, dit à Dieu avec simplicité : « Je ne sais pas, mon Dieu, tout ce que ces Messieurs veulent de moi; mais je remets tout entre vos mains, et je vous en conjure, faites qu'il n'arrive en cela que ce qui doit procurer votre plus grande gloire. »

M. Tavernier, on le voit, ne considérait toutes choses que des yeux de la foi, ne les regardait que dans la lumière de Dieu.

A peine était-il de retour à Saint-Quentin, qu'une lettre écrite par un personnage très-haut placé lui apprenait que M. le Ministre, mécontent de son départ précipité, n'en était pas moins rempli d'admiration pour la dignité de ses manières, et pour les hautes qualités qu'il avait pu déjà reconnaître en lui : et il persistait dans l'intention de le présenter pour l'un des Evêchés vacants. Quelques jours après, l'un de ses amis alla jusqu'à le féliciter, en lui désignant officieusement le siége qui lui était destiné. Un autre, qui avait rempli à Saint-Quentin de hautes fonctions administratives, le représentait comme le modèle des curés, et digne à tous égards de la dignité à laquelle on voulait l'élever. Un troisième louait sa prudence et son esprit de conciliation.

M. Tavernier recevait en même temps de plusieurs points du diocèse des lettres et des visites de félicitations, comme c'est assez l'usage en pareille circonstance ! Il se contentait de répondre : « Je ne sais pas ce que l'on me veut, je ne suis rien de plus qu'auparavant. »

Nous ajouterons un trait plus récent, mais que l'analogie rapproche de ceux qui font l'objet de ce chapitre. Un jour, on lui parlait d'un Evêque qui venait de mourir subitement : « à la mort, s'écria-t-il, qu'est-ce qu'une crosse doit peser ! »

C'est ainsi que sans se laisser prendre aux dehors séduisants des grandeurs, il pesait toutes choses au poids du sanctuaire, devant Dieu, et en face de l'éternité.

Nous nous rappelons encore qu'un jour d'Assomption, regardant voltiger dans les airs les feux d'artifice, en l'honneur du souverain, à la vue de ces brillantes couleurs si tôt évanouies, il disait en souriant : *Sic transit gloria mundi* (1).

On sut à Paris, que M. Tavernier se souciait assez peu d'être évêque ; et le Ministre aurait répondu à l'un de ses amis qui revenait à la charge : « Mais, il n'en veut pas ! » Dans les premiers siècles, c'était une

---

(1) Ainsi passe la gloire de ce monde

marque de vocation divine : M. le Ministre pouvait l'ignorer.

Il est très permis de croire, et tel était d'ailleurs le sentiment du plus grand nombre, que M. Tavernier eût été à la hauteur de sa position ; et que, homme supérieur au second rang, il n'eût pas été inférieur au premier. On peut même penser que son zèle d'apôtre, la prudence et le tact exquis dont il était doué, sa grande expérience des hommes et des choses, sa parole facile et élégante, et avec cela une science ecclésiastique sérieuse, lui auraient assuré dans l'Episcopat une place d'honneur.

Quant au dévouement pour le saint-siége Apostolique, qu'il avait sucé avec le lait de la doctrine sacrée, il ne lui eût certes pas manqué dans les circonstances difficiles que nous traversons : nous l'avons vu à l'intérêt avec lequel il suivait les questions soulevées dans ces derniers temps : « Il eût été, lui-même qui parlait fort peu des choses possibles l'affirmait sans crainte, il eût été un défenseur hardi des droits du saint-siége. »

On en pourra juger par cet extrait d'une lettre écrite à Mgr Dours, évêque de Soissons, qui dès la première année de son Episcopat, voulut entreprendre le pélerinage *ad limina apostolorum*, et aller déposer aux pieds du Souverain Pontife l'hommage de son profond respect et de son dévouement filial.

.... « Tout votre clergé, Monseigneur, si profondément attaché au Souverain Pontife s'en réjouira, et votre cœur d'Evêque procurera une consolation de plus au cœur intrépide et magnanime de l'immortel Pie IX...... Vous allez quitter votre diocèse, Monseigneur, pour aller, comme le grand Paul, *videre Petrum*. Ah ! nous vous suivrons tous avec une grande effusion d'âme. Nous vous accompagnerons de tous nos vœux bien ardents et bien sincères. Portez au si digne et si intrépide successeur de Pierre tous nos cœurs avec notre impérissable dévouement. Quand vous aurez l'insigne bonheur d'être à ses pieds, veuillez vous souvenir que nous y sommes tous avec vous, les lèvres collées sur les pieds sacrés de notre père chéri ; et sollicitez pour le pauvre pasteur, pour ses chers collaborateurs, pour chacune de ses brebis et aussi surtout pour le succès de notre jubilé, une bénédiction spéciale et des plus abondantes. » (C'était en 1865).

Pourquoi dès lors lui eût-il été imprudent d'accepter les hautes et sublimes fonctions de l'Episcopat qu'il n'avait point recherchées, et auxquelles Dieu lui-même semblait l'appeler? C'est ce qu'exprimait un vénérable ecclésiastique de notre diocèse, auquel on s'accorde à reconnaître le jugement le plus sûr : « M. Tavernier, disait-il, serait un excellent évêque. Peut-être pourrait-on dire, qu'à part son zèle pour le salut des âmes, et sa charité pour les pauvres, il ne possède aucune qualité précisément supérieure, mais il est un homme hors ligne par l'ensemble de ses qualités. »

Et d'ailleurs à quoi bon toutes ces pièces justificatives? La conduite de M. Tavernier dans cette circonstance ne fait-elle pas assez son éloge ! Qu'elle ait été inspirée par un sentiment d'humilité, ou par la conviction d'une insuffisance réelle, on le louera toujours d'avoir agi avec tant de désintéressement et d'esprit de foi ; car toujours on mérite des éloges quand on ne veut pas rechercher les honneurs ou qu'on sait les fuir.

« L'orgueil, qui nous est si naturel, dit Bourdaloue, veut toujours faire de nouveaux progrès, et d'un degré passer à un autre : il y a même des temps, des conjonctures où la tentation est difficile à vaincre. Mais l'humble chrétien sait la réprimer, sait la surmonter, et par une sainte violence se rendre maître d'une passion dont l'empire néanmoins est si étendu. Il est ce que Dieu l'a fait naître, ce que Dieu veut qu'il soit : cela suffit, et que lui faut-il davantage ?

« Si dans le cours des années la Providence l'appelle à quelque chose de plus, il la laisse agir, et attend en paix qu'elle se déclare. Jusque-là nul empressement, nulle inquiétude : point d'autre soin que de vivre selon Dieu dans son état et de fournir saintement sa carrière. Dans une telle modération, qu'il y a de force ! et pour s'y maintenir, qu'il y a de combats à livrer et de victoires à remporter sur soi-même ! »

Nous n'avons pas à rechercher la raison des événements qui forment comme la trame d'une existence ; nous ferons toutefois, avant de continuer notre récit, ces simples réflexions.

« Dieu, selon la parole de l'Apôtre, veut sincèrement

que tous les hommes soient sauvés. » — Ce que Dieu désire, ce qu'il veut avant tout et par-dessus tout c'est donc notre salut. Il a néanmoins sur chacun de nous des desseins particuliers, et les chemins par où il nous conduit au ciel sont divers. Mais toujours ces desseins particuliers entrent dans le plan général de sa providence et doivent concourir au bien de la société universelle des âmes. « Tout arrive, dit encore l'Ecriture, pour le bien des élus. » *Omnia propter electos.* Tous les événements quels qu'ils soient sont préordonnés par Dieu pour le salut éternel de ceux qu'il sait être à lui.

Cela est vrai du prêtre plus que de tout autre : car outre que Dieu veut d'une volonté spéciale le salut de ses ministres, il les destine en même temps à être les instruments de sa miséricorde dans le grand œuvre du salut des âmes.

Si nous faisons à cette époque de la vie de M. Tavernier l'application des principes que nous venons de rappeler, nous devrons conclure que Dieu le voulait à St-Quentin jusqu'à la fin de ses jours, pour le plus grand bien des âmes. La suite de son histoire le prouvera mieux que tous les raisonnements.

Nous le verrons, toujours animé du même zèle pour la gloire de Dieu, se dévouer à de nouvelles œuvres et dépenser lentement sa vie, jusqu'à ce que succombant sous le poids des travaux bien plus que sous celui des années, il lui soit donné de mourir selon son expression: *comme le soldat à son poste, les armes à la main.*

CHAPITRE XV.

FONDATION DE L'ASILE DES PETITES SŒURS DES PAUVRES
(ANNÉE 1857)

> *Oculus fui cœco et pes claudo... pater eram pauperum.*
> « J'ai été l'œil de l'aveugle, et le pied du boiteux : on m'appelait le père des pauvres. »
> (*Job.* c. xxix, v. 15-16.)

Les hommes de ce temps appellent notre siècle, *le siècle des lumières* : ce nom peut-être il le perdra dans la suite des âges; car s'il est vrai que la splendeur de ses découvertes a fait pâlir l'éclat des siècles passés, il est possible aussi que l'avenir dévoile à nos arrière-neveux des choses cachées encore dans les mille replis de la nature et beaucoup plus belles et plus ravissantes que celles qu'il nous a été donné de contempler.

Mais il est un nom que notre siècle conservera toujours, car celui-là c'est la religion qui le lui a donné : il s'appellera jusqu'à la fin *le siècle de la charité*. Pas de prodiges en effet que la charité n'ait opérés parmi nous, pas d'œuvres qu'elle n'ait créées dans ces derniers temps. Il serait superflu de les nommer, elles sont populaires comme toutes les misères qu'elles soulagent.

« Au nombre des plus belles, des plus admirables œuvres créées dans le but d'améliorer la condition des classes pauvres, de venir en aide aux souffrances des indigents et d'établir entre tous les membres de la grande famille humaine cette association fraternelle de la Charité, on doit citer l'Institution des Petites Sœurs des pauvres (1).

« Petites Sœurs des Pauvres! dit un écrivain éminent, j'aime beaucoup ce nom, il a un air de fraîcheur chrétienne qui signifie humilité, innocence et bonté. »

« Il est cruel à tous les âges de souffrir de la faim,

---

(1) A la Bretagne, cette terre classique du dévouement chrétien, était réservée la gloire de donner naissance à l'Institution des Petites Sœurs des pauvres. Déjà des titres nombreux signalaient ce noble pays à l'admiration des hommes, la nouvelle page qu'il vient d'écrire ne sera pas une des moins glorieuses de son histoire.

Non loin du port de Saint-Malo, se rencontre la petite ville de Saint-Servan. Les habitants de cette contrée sont presque tous marins; et tandis qu'ils voyagent loin de leur pays, leurs vieux parents vivent dans l'indigence et le dénûment. Aussi, le nombre des vieilles femmes veuves et infirmes était malheureusement très-élevé à Saint-Servan. Un prêtre, l'abbé Le Pailleur, âme noble et vigoureusement trempée, porté au bien par caractère comme il y était incliné par la grâce, résolut devant Dieu d'apporter un remède aux maux qui accablaient ces pauvres vieillards dans leurs derniers ans. Il dirigeait dans les voies de la vertu deux jeunes ouvrières, assez pauvres des biens de la terre, mais riches de foi et animées d'un désir ardent de se dévouer. Elles portent aujourd'hui en religion les noms de Marie-Augustine, et de Marie-Thérèse. Par les conseils de leur saint directeur, elles prirent la généreuse résolution de venir en aide aux vieillards abandonnés, et commencèrent par donner leurs soins à une pauvre vieille aveugle du voisinage. C'était en l'année 1840.

Bientôt une nouvelle compagne vint s'adjoindre aux deux premières, et

de la soif et du froid : c'est une douleur poignante pour une mère de n'avoir que des larmes à donner à son enfant qui lui demande du pain, et combien est déchirant le désespoir d'un père qui voit mourir sa fille entre ses bras, faute de ressources nécessaires pour payer la visite du médecin qui la guérirait, il le croit du moins !

« Mais dans la série des misères humaines, il en est une qui surpasse toutes les autres, c'est la condition d'un pauvre vieillard en proie aux infirmités de l'âge, et sans force pour lutter contre les étreintes de l'indigence. Les années, en lui enlevant sa vigueur, le privent des moyens de vivre par le travail, seule richesse qu'il ait jamais possédée ici bas ; » elles traînent après elles une longue chaîne de privations et

---

aussi une nouvelle infirme fut recueillie et nourrie par leurs soins. Les trois Petites Sœurs (on peut déjà leur donner ce nom) travaillaient avec ardeur pour procurer à leurs vieillards le pain de chaque jour et les vêtements. Peu à peu le nombre des vieillards augmentait, et l'une des trois Petites Sœurs (car le fruit de leur travail ne pouvait désormais suffire aux besoins de leurs hôtes) parcourait les rues de la ville un panier au bras, et allait mendier des aumônes qu'elle rapportait toute joyeuse au logis.

L'œuvre des Petites Sœurs des pauvres était fondée... nous n'en dirons pas les progrès et les rapides développements. Bénie et fécondée par Dieu, cette congrégation, que l'humilité de ses fondateurs appelait *la petite famille*, s'est multipliée et propagée d'une façon vraiment merveilleuse. 26 ans à peine nous séparent de son berceau et déjà ses enfants sont au nombre de plus de 1,600 ; elles ont fondé au moins 90 asiles pour la vieillesse, et nourrissent plus de 10,000 vieillards ou infirmes. En France leur nom est populaire; la Belgique connaît aussi et aime la Petite Sœur des pauvres ; l'Espagne l'a accueillie avec amour; l'Angleterre même et l'Ecosse lui ont ouvert leurs portes : et bientôt sans doute, la Petite Sœur des pauvres, digne émule des filles de saint Vincent de Paul, sera sur tous les rivages, partout où il y a des pauvres vieillards à soulager et à préparer au grand passage de l'éternité.

Dieu a prouvé une fois de plus qu'il était toujours avec son Eglise, et que cette épouse du Sauveur était toujours féconde.

de souffrances ; elles sont un poids insupportable et comme un fardeau qui écrase. » (1)

Or, que de pauvres vieillards dans nos grandes villes manufacturières et commerçantes, que de pauvres vieillards, à St-Quentin, erraient tristement dans les rues, sans abri, sans pain, presque sans vêtements; offrant aux regards le plus navrant des spectacles, celui d'une vieillesse malheureuse et vagabonde.

On peut juger, d'après ce que nous avons déjà dit du cœur si charitable et si bon de M. Tavernier, quelle impression devait produire sur lui la vue d'une si cruelle infortune. Passant un jour près d'un groupe d'indigents, il disait à l'un de ses vicaires qui l'accompagnait : « Bien volontiers, mon cher ami, je me condamnerais à ne manger que du pain et des pommes de terre, pour venir en aide à tous ces malheureux. »

Ces pauvres invalides du travail avaient près de lui un accès facile: il les accueillait toujours avec une tendre et douce bonté, et jamais il ne leur refusait l'aumône. Mais quelque grande que fût sa générosité, pouvait-il pourvoir à tous leurs besoins? N'était-il pas trop souvent impuissant en présence d'une telle misère, en face d'un nombre si considérable de mendiants? Souvent il sollicitait pour eux l'entrée des hospices, ou les secours du bureau de bienfaisance; ou bien

---

(1) Nous avons fait cet emprunt et les suivants à une petite brochure écrite, il y a quelques années, par M. Félix Ribeyre, ancien rédacteur du *Journal de Saint-Quentin*, et ayant pour titre: *l'Institution des Petites-Sœurs des pauvres*.

(car les hospices de la ville n'étaient que trop insuffisants) il usait de son crédit près des personnes charitables pour les faire recueillir dans des maisons particulières. Toutefois, ce ne pouvait être là qu'une exception, et l'immense majorité restait malheureusement privée d'aumônes et de soins. Et, ce qui affligeait plus profondément encore l'âme de ce zélé pasteur, ceux qu'il avait forcément abandonnés à leur misère, atteints par la maladie dans quelque réduit obscur et inconnu, mouraient souvent sans les consolations de la religion.

Jadis, dans les siècles de foi, l'enfant eût frémi d'horreur à la pensée d'abandonner son vieux père indigent : il eût tout fait, et se fût même sacrifié plutôt que de le voir souffrir des privations de la pauvreté, ou réduit à mendier son pain.

Aujourd'hui, hélas ! (nos incrédules chercheront l'explication de ce triste mystère d'égoïsme) aujourd'hui, à mesure que les pensées de la foi vont s'affaiblissant dans les cœurs, on voit trop souvent un vieux père, une vieille mère, abandonnés par des enfants ingrats, qu'ils avaient, eux, élevés et nourris au prix de tant de fatigues et de peines !

Il fallait donc que Dieu donnât des Petites Sœurs aux pauvres qui n'avaient plus de familles : c'est alors que la sainte Église épouse toujours féconde de Jésus-Christ enfanta les Petites Sœurs des pauvres.

Voici comment Dieu permit que Saint-Quentin fût doté d'un asile dirigé par ces humbles et admirables filles.

Un prêtre du diocèse s'était vu contraint par le mauvais état de sa santé d'abandonner l'exercice du saint ministère. Jeune et plein de zèle, il eût été heureux de pouvoir se dévouer encore au salut des âmes ; mais ses forces l'ayant trahi, il avait dû se condamner à une retraite prématurée. Dieu, qui lui avait donné une assez belle fortune, lui inspira la pensée de venir se fixer à Saint-Quentin, sa ville natale, où s'offrent chaque jour pour un cœur généreux tant d'occasions de verser l'aumône dans le sein des pauvres. Nous n'avons pas à dire toutes les familles qu'il a assistées, tous les malheureux qu'il a secourus ; mais voici ce qui a trait à notre histoire.

Ce bon prêtre, l'un des premiers membres de la conférence de saint Vincent de Paul de Saint-Quentin, avait bien des fois parcouru les faubourgs de la ville, et pénétré dans les chaumières et les réduits du pauvre ; et il avait vu par lui-même l'extrême misère de la classe indigente : bien des fois aussi il avait trouvé de malheureux vieillards aux prises avec les dernières infortunes ; son cœur, comme celui de M. Tavernier, avait saigné de douleur, et comme lui aussi il consacrait à les soulager une grande partie de ses revenus. S'entretenant fréquemment avec le digne pasteur des moyens de leur venir en aide d'une manière plus efficace, il se rencontrait avec lui dans les mêmes pensées et les mêmes désirs, mais encore une fois que faire en présence d'un nombre si considérable de malheureux ?

La Providence devait y pourvoir.

Un jour, M. l'abbé Rivage (on nous aurait reproché de taire son nom) vint à lire, dans le *Messager de la Charité*, un bel éloge des Petites Sœurs des pauvres, l'origine tout extraordinaire de cette nouvelle famille religieuse, ses rapides développements et les merveilles qu'elle ne cessait d'opérer, comme autant de miracles renouvelés des anciens jours. Jamais il n'avait rencontré sur son chemin de Petites Sœurs des pauvres. Néanmoins par une secrète inspiration de la grâce, il se sentit pressé de procurer aux pauvres vieillards de Saint-Quentin un asile dirigé par ces nouvelles héroïnes de la charité. Quelques jours après il se rendit chez M. Tavernier, et lui fit part de son dessein.

Jusqu'alors le digne curé lui-même ne connaissait guère que de nom les Petites Sœurs des pauvres. Mais touché du récit de leurs œuvres et des merveilles de charité qu'elles opéraient dans d'autres villes, il entra aussitôt dans les vues de M. l'abbé Rivage et souscrivit à son projet avec empressement. Néanmoins, il fit observer par prudence qu'ayant en ce moment à soutenir l'Œuvre des Frères, pour laquelle il lui fallait trouver environ 10,000 francs chaque année, il ne pouvait à son grand regret quêter en personne pour la fondation du nouvel asile, et il pria M. Rivage de le remplacer pour recueillir à domicile les aumônes des fidèles. Quant à lui, du reste, il prenait l'œuvre sous sa protection et voulait la seconder de tous ses efforts. Ceci se passait au mois de Mai 1857.

M. l'abbé Rivage accepta généreusement la

mission qui lui était offerte, et, nous le dirons au risque de blesser sa modestie, il commença par s'inscrire pour la somme de 15,000 francs. M. Tavernier (malgré les charges énormes qui pesaient sur lui) souscrivit pour une somme de 1,000 francs ; « et le jour de l'Ascension, il adressa aux fidèles un appel chaleureux. Avant cet éloquent plaidoyer en faveur de l'œuvre des vieillards, quelques personnes conservaient peut-être encore des doutes sur la réussite de la fondation: après avoir entendu le digne prêtre, l'enthousiasme gagna tous les cœurs ; la sympathie générale était désormais acquise à l'établissement des petites sœurs des pauvres de Saint-Quentin. »

« La Société de saint Vincent de Paul manifesta ici, comme dans beaucoup d'autres villes, l'intérêt que lui inspirait une œuvre si en rapport avec la sienne par le dévouement et le but qu'elles se proposent toutes les deux.... Tous les nobles sentiments se touchent. Nous n'en finirions pas si nous voulions redire les témoignages de faveur que le projet recueillait chaque jour dans la ville et au dehors. Mais au nombre de ces illustres et éclatantes adhésions, il en est une que nous ne pouvons taire : c'est celle de Mgr de Garsignies. Répondant à M. l'Archiprêtre, à l'époque de sa visite pastorale, il lui disait : l'établissement des petites sœurs des pauvres est un trésor pour Saint-Quentin. Aussi le zélé prélat ne négligea rien pour soutenir cette œuvre charitable de son puissant crédit, et voulut s'inscrire le premier sur la liste des souscripteurs.

M. l'abbé Rivage de son côté parcourait la ville, et, aidé de M. l'abbé Genty toujours infatigable pour le bien, il recueillait d'abondantes aumônes. Personne ne voulait demeurer étranger à l'œuvre des pauvres vieillards : tous, riches et pauvres, répondaient avec un incroyable empressement à l'appel de la charité. En quelque temps, grâce surtout à la souscription d'un sou par semaine des nombreux ouvriers des fabriques, le total des recettes s'élevait à plus de cent mille francs.

Une commission fut alors formée par les soins de M. Tavernier afin de statuer sur l'emplacement à choisir pour le nouvel asile, sur le plan de la maison, et sur toutes les dépenses à faire. On avait fait choix tout d'abord d'une vaste propriété, située boulevard Saint-Martin ; dans cette enceinte, qui servait jadis de manège, on avait plus tard construit une usine dont les bâtiments eussent été facilement appropriés à l'usage des vieillards infirmes. Déjà même on en avait fait l'achat. Mais diverses circonstances ayant obligé les membres de la commission d'y renoncer, on dut chercher ailleurs.

Une autre propriété plus vaste encore était en vente au centre du faubourg Saint-Jean, vers le nord de la ville.

Elle se composait d'une modeste maison de fermier et de quelques bâtiments construits sur la rue, d'une cour assez spacieuse et d'un grand jardin. On en fit l'acquisition ; et les Petites Sœurs appelées aussitôt se mirent à l'œuvre.

Le jour de leur arrivée, M. l'archiprêtre eut à cœur de célébrer le premier le saint sacrifice dans leur chapelle provisoire ; humble asile de la prière, qui rappelait si bien l'étable de Bethléhem, moins encore par la pauvreté de ses murailles que par la piété et la ferveur des âmes saintes qui y venaient adorer le Dieu caché.

M. Tavernier se sentit dès lors le père de cette nouvelle famille et la prit en particulière affection. Il venait la visiter souvent, prenant à tout ce qui la concernait le plus vif intérêt. Lui-même voulut se charger de la direction spirituelle de ces saintes filles, disant que ce ministère n'est pas seulement agréable à Dieu comme tout ce qui est entrepris pour sa gloire et pour la sanctification des âmes, mais qu'il est aussi une source précieuse d'édification. Chaque fois qu'il allait entendre leurs confessions, c'est-à-dire tous les quinze jours, il leur remettait une somme de dix francs, se recommandant avec instances à leurs prières ; puis, il les réunissait à la salle commune, et, dans une allocution toujours pleine d'onction et de piété, les exhortait à ne jamais oublier leur première ferveur.

Tous les jours, une Petite Sœur venait recueillir au presbytère quelques aumônes; et quand un besoin particulier se faisait sentir à l'asile des vieillards, elle pouvait venir sans crainte frapper à la porte de sa demeure, la bourse du *bon père*, comme elle l'appelait, lui était toujours ouverte.

M. Tavernier suivait avec zèle les développements

progressifs de l'asile. On n'y comptait dans le principe que trois Petites Sœurs, et six ou huit vieilles femmes. Mais le nombre des vieillards et des infirmes s'accrut rapidement, et serait devenu dès les premiers jours beaucoup plus considérable encore, si l'exiguité du local n'eût contraint les servantes des pauvres à leur refuser l'hospitalité.

Cependant on s'occupait de construire une maison en rapport avec le nombre des pauvres vieillards de la ville qui en sollicitaient ou qui pourraient plus tard en solliciter l'entrée. Le plan en fut dressé par M. Bénard, et l'on commença les travaux sous sa direction aussi habile que désintéressée : lui-même voulut faire don de ses honoraires à l'œuvre des Petites Sœurs. Mais voici qu'en creusant les fondations destinées à recevoir les premières assises de l'édifice, on ne trouva sur toute la ligne qu'un terrain mouvant incapable de les soutenir. Il fallut au prix de bien des peines, et non sans péril, creuser douze ou treize puits d'une profondeur de cents pieds environ pour y asseoir les constructions; ce qui occasionna un grand surcroît de dépenses.

Toutefois pas un cœur ne s'abandonna au découragement ; et grâce à l'active direction de l'entreprise, grâce aussi à la générosité sans cesse renaissante des fidèles, en quelques mois la maison fut achevée.

Elle offre un aspect imposant et gracieux tout ensemble. On trouve en entrant une cour principale qui sépare la maison du bruit et du tumulte de la rue. La maison s'étend sur une belle largeur, et le rez-de-chaussée est surmonté de deux étages, le tout parfaitement aéré. Entre chaque fenêtre des contreforts ingénieusement disposés s'élèvent jusqu'au sommet de l'édifice, et en rompent la monotonie. On trouve au rez-de-chaussée le parloir, les deux réfectoires et la cuisine ; au premier, sont les infirmeries, les dortoirs pour les moins valides, la pharmacie et la lingerie ; au second se trouvent d'autres dortoirs pour les vieillards, et le logement des Petites Sœurs.

Le corps de logis que nous venons de décrire devait être flanqué de deux ailes donnant sur la cour principale et s'étendant jusqu'à la rue. Celle de gauche a pu être construite ces années dernières à l'aide d'un don de 15,000 francs, légué dans ce but par une personne morte naguère à Saint-Quentin en odeur de sainteté (1).

Derrière la maison s'étend un vaste jardin qui est aussi la propriété des Petites Sœurs. On dit qu'une bénédiction spéciale répand sur cette terre la fécondité et l'abondance ; on dit que ses fruits sont les plus vermeils et les plus suaves de toute la contrée : c'est à Dieu seul, sans nul doute, que doit en revenir toute la gloire, car les moyens humains sont comptés par les Petites Sœurs pour peu de chose ; quelques pauvres vieillards aux membres tremblants et débiles la cultivent et l'arrosent, et une Petite Sœur, agenouillée au pied de saint Joseph, le prie avec une naïve et touchante confiance.

(1) Mademoiselle Boucourt.

Puisque nous avons prononcé le nom de saint Joseph et parlé de la confiance des Petites Sœurs en sa protection, citons-en quelques traits relatifs à la maison de Saint-Quentin.

Le jardin, tout vaste qu'il est, ne suffit pas toujours aux besoins des vieillards, qui n'ont pas avec l'âge, grâce à Dieu, perdu l'appétit. Un autre jardin l'avoisine et n'en est séparé que par une faible haie. La bonne Mère le convoite, et elle a chargé saint Joseph, son éternel pourvoyeur et intendant, de le lui procurer; elle ne doute pas que saint Joseph ne recule tôt ou tard les limites de son domaine.

La statue de saint Joseph, son image, sa médaille se trouvent à la chapelle, au jardin, dans les salles, partout, à côté du crucifix et de la statue de Marie. Une lampe brûle continuellement devant lui pendant le jour : chaque soir et chaque matin on lui adresse quelques prières ou des cantiques; et l'on célèbre en son honneur le mois de Mars avec une grande pompe. C'est toujours à lui qu'on s'adresse d'abord, quand un besoin se fait sentir dans la maison ou qu'on veut obtenir quelque grâce; et ce n'est jamais en vain qu'on l'invoque. Aujourd'hui les Petites Sœurs sont au nombre de 14 et nourrissent 140 vieillards. Jamais jusqu'ici on n'a manqué de rien ; chaque jour apporte la nourriture du lendemain, et tous les vieillards vivent heureux et contents comme une famille de frères sans s'inquiéter de l'avenir.

Un soir, on vient avertir la bonne Mère qu'il manque *cinq* œufs pour le souper des pauvres; elle ordonne qu'on les prenne sur la part réservée aux Petites Sœurs (car elles doivent se priver pour leurs hôtes). Or voici qu'au moment où les Petites Sœurs allaient prendre leur repas, une fermière du faubourg sonne et dit naïvement à celle qui se présente pour lui ouvrir : « Mes poules aujourd'hui m'ont donné plus d'œufs que de coutume, en voilà *cinq* que je vous apporte. »

Un autre jour, la bonne Mère devait effectuer plusieurs paiements importants, et elle était presque sans argent; bien des fois déjà on avait prié saint Joseph, et on attendait toujours, quand enfin une pauvre ouvrière vint trouver l'aumônier et lui remit pour les Petites Sœurs une somme de 400 francs, fruit de ses longues économies.

Voici un autre fait qui peut être diversement apprécié mais dont nous pouvons garantir l'exacte vérité.

Plusieurs ouvriers, parmi lesquels se trouvait un enfant de quinze ans, nommé Célestin, travaillaient dans la cour de l'établissement, et puisaient de l'eau dans une citerne qui mesurait près de cent pieds de profondeur. Tout à coup, le petit Célestin s'étant imprudemment penché sur le bord du puits tombe et disparaît en poussant un grand cri. La bonne Mère accourt, détache une médaille de saint Joseph qu'elle portait sur elle, et la jette dans le puits, en invoquant son puissant protecteur. Elle appelle aussitôt l'enfant par son nom ! l'enfant lui a répondu : on se hâte de lui tendre une corde, et on le ramène au bord; il est pâle de frayeur, mais n'a éprouvé dans sa chute aucun mal. Les Petites Sœurs, par reconnaissance, lui ont donné le nom de Joseph.

Nous n'avons pas à suivre les Petites Sœurs dans toutes les œuvres de charité qui remplissent leurs journées ; préparer la nourriture des vieillards, les servir à table, faire leurs lits, laver leur linge, panser leurs plaies, leur rendre en un mot les plus humbles offices, telle est la sublime uniformité de leur vie ; au ciel seulement il nous sera donné d'apprécier la constance d'une telle abnégation, d'un tel dévouement.

M. Tavernier, que ces exemples ne laissaient jamais insensible, aimait à visiter les Petites-Sœurs, à présider à leurs humbles fêtes ; et il les encourageait alors, par le motif de l'amour divin et la vue des récompenses éternelles, dans ces œuvres de miséricorde si précieuses aux yeux de la foi ; c'était le thème ordinaire de ses instructions lorsqu'il assistait à la cérémonie de leur profession, ou à la rénovation de leurs vœux.

C'est lui encore qui leur procurait, pour leur retraite annuelle, un père de la compagnie de Jésus, à qui il offrait l'hospitalité dans son presbytère, et savait faire accepter adroitement une aumône de sa bourse. Une fois cependant, sur ce dernier point, il fut vaincu ; et nous dirons en passant ce petit trait qui ne manque pas de fraîcheur. Un bon Père avait donc été mandé pour donner aux Petites Sœurs les exercices de la retraite. Avant de quitter le lieu de sa résidence, où il exerçait les fonctions de curé, il eut la pensée de faire une quête en faveur de l'asile des vieillards, et il fut assez heureux pour recueillir une somme de 100 francs, qu'il offrit avec bonheur à son arrivée. Quand il vint, au moment du départ, faire ses adieux à M. l'archiprêtre, toutes les instances les plus pressantes ne purent le décider à accepter une obole. M. Tavernier ne cessa d'insister que quand il connut l'acte de générosité du bon religieux.

C'est aussi M. Tavernier qui obtint du conseil de fabrique qu'une quête fût faite chaque année à l'église, l'un des dimanches de Carême, en faveur de l'œuvre des Petites Sœurs. Cette quête, précédée d'un sermon de circonstance, est faite par des dames de condition, et a plus d'une fois procuré aux Petites Sœurs des secours abondants.

Il nous reste à indiquer en terminant un des côtés de cette œuvre si éminemment catholique : c'est la mort non-seulement chrétienne, elle l'est toujours, mais souvent édifiante des bons vieillards qui viennent finir leurs jours dans l'asile des Petites Sœurs.

Il a été donné à celui qui écrit ces pages d'en être bien des fois depuis quatre années l'heureux témoin.

Que servirait après tout à ces vieillards, de goûter, au déclin de leur vie de privations et de souffrances, quelques jours heureux, s'ils ne profitaient en même temps de ce repos que le ciel leur a fait, pour revenir à Dieu et aux devoirs du chrétien ; s'ils mouraient comme ils ont vécu, c'est-à-dire souvent, dans l'indifférence et l'oubli de Dieu ? Aussi bien, le but poursuivi par le fondateur des Petites Sœurs est tout autre qu'un but de philanthropie. Il a voulu sans doute soulager la misère des vieillards pauvres ; cette œuvre sanctifiée par la religion est déjà infiniment précieuse aux yeux de la foi puisqu'elle est une de ces œuvres de miséricorde tant louées par Notre-Seigneur ; mais M. Le Pailleur portait ses vues plus haut, et il ne voulait prodiguer tant de soins aux misères corporelles des pauvres que pour trouver le chemin de leur cœur, toucher leurs âmes et les ramener à Dieu.

Le ciel a béni ses pieux désirs. Vous verriez tous ces vieillards assidus à la prière, à la sainte messe, aux prédications : plusieurs fois chaque année, ils s'approchent des sacrements, et toujours avec les marques d'une vraie piété. Lorsque sonne l'heure dernière, ils se disposent à la mort en vrais chrétiens, acceptent avec une grande résignation les dernières souffrances, font généreusement à Dieu le sacrifice de leur vie, et meurent ainsi avec les signes de la prédestination.

CHAPITRE XVI.

M. TAVERNIER EN CHAIRE ET AU CATÉCHISME

> *Misit me Christus... evangelisare; non in sapientia verbi, ut non evacuetur crux Christi.*
>
> « Jésus-Christ m'a envoyé... pour prêcher l'Évangile: mais sans y employer la sagesse de la parole humaine, pour ne pas anéantir la vertu de la croix. »
>
> (I Ep. *ad. Corinth.* c. I, v. 17.)

M. Tavernier, nous l'avons dit, ne voulait rester étranger à aucune œuvre de zèle, et il saisissait toutes les occasions qui s'offraient à lui de travailler au salut des âmes. Or, un des moyens les plus puissants de conversion qui ait été mis au pouvoir du sacerdoce catholique, c'est incontestablement la prédication de l'Évangile : « La foi, dit le grand Apôtre, s'acquiert par l'ouïe, et l'ouïe reçoit la vérité par la parole du Christ. » — Et quand Notre-Seigneur envoie ses apôtres par le monde, c'est d'abord, pour prêcher l'Évangile : *Euntes ergo, docete.* — « Malheur à moi, dit encore l'Apôtre, malheur à moi si je n'évangélise, car c'est là un de mes devoirs les plus sacrés. » — Ou, pour mieux dire encore selon le sens littéral des expressions qu'il emploie : « c'est pour moi une nécessité, » *necessitas enim mihi incumbit.*

Aussi tous les prêtres selon le cœur de Dieu, ceux du moins qui ont charge d'âmes, sont pleins d'un zèle ardent pour le ministère de la prédication. Qu'ils soient ou non doués d'éloquence, ils prêchent, parce que c'est leur mission, parce que c'est un devoir qui pèse sur eux de tout le poids de l'ordre divin, et de toute la responsabilité des intérêts éternels des âmes. Qu'on profite, ou non, de leurs instructions, ils prêchent, parce que Dieu leur ordonne de prêcher, mais non de convertir: « C'est moi qui ai planté et jeté dans vos âmes les premières semences de la foi, disait le grand Apôtre, c'est Apollon qui a arrosé ces semences et qui les a cultivées par ses prédications; mais c'est Dieu seul qui leur a donné l'accroissement et qui les a fait fructifier. »

M. Tavernier était plein de ces pensées, on l'a vu dans son discours d'installation cité plus haut: Aussi fut-il toute sa vie un prédicateur zélé.

A Burelle et à Rosoy, c'est-à-dire pendant treize années, il prêchait régulièrement trois fois et faisait deux catéchismes chaque dimanche. Comme c'était la coutume assez générale à cette époque, il prêchait alors fort longtemps, une heure entière et quelquefois plus.

On reproche parfois aux prédicateurs d'être trop longs dans leurs sermons: ne pourrait-on pas, avec autant de justice et de raison, se plaindre que l'attention des auditeurs est trop courte ? Quoi qu'il en soit de cette critique réciproque, plus ou moins fondée de part et d'autre, nous dirons que ce défaut, qui peut provenir du manque absolu ou de l'insuffisance de préparation, ne provenait chez M. Tavernier que du désir de persuader son auditoire des vérités qu'il prêchait : et nous pouvons ajouter d'ailleurs, que, d'après les témoignages recueillis dans ses deux premières paroisses, il parlait avec tant de zèle et d'onction, témoignait à son auditoire un intérêt si affectueux et si vrai, qu'on ne se lassait pas de l'entendre. Nous devons à la vérité d'avouer qu'il n'en fut pas toujours de même à Saint-Quentin, où les offices assez multipliés ne comportent pas d'aussi longues instructions.

A Soissons, M. Tavernier prêchait très-souvent, nous l'avons vu, à la communauté dont il était chargé, et souvent aussi dans les paroisses environnantes. A Saint-Quentin, il faisait chaque dimanche le catéchisme de persévérance, auquel fut substituée plus tard l'instruction de l'Archiconfrérie qu'il donnait aussi lui-même : outre cela, il faisait le prône, ou donnait des avis, le premier dimanche de chaque mois; et il parlait souvent dans les réunions qu'il avait fondées, aux demoiselles de Marie au temple, aux dames de la Providence, aux associés du Rosaire vivant, aux tertiaires de Saint-François d'Assise, et quelquefois aux enfants de la Persévérance, dans les communautés religieuses, aux conférences de Saint-Vincent de Paul et de Saint-François-Xavier.

Fréquemment invité à se rendre dans les paroisses de son arrondissement pour y ériger des chemins de croix, y bénir des cloches, des églises, des fabriques, des écoles, il y parlait toujours lui-même, souvent plusieurs fois.

« Si je voulais m'écouter, écrivait-il, je désirerais avoir une santé de fer, une poitrine d'acier, et une voix de tonnerre afin de pouvoir publier partout les miséricordes du Seigneur et lui gagner toutes les âmes de l'univers. »

Quoique M. Tavernier prêchât bien souvent, il préparait toujours ses intructions, et ne voulait pas ressembler à un homme qui tente Dieu.

On sait que la prédication suppose et exige deux sortes de préparations : la préparation qui consiste dans la prière et dans la méditation des vérités saintes, et la préparation de l'étude.

Dieu est toujours la lumière qui doit éclairer nos intelligences, il est la source de toute vérité : or c'est par la prière que nous obtenons toutes les grâces. Saint Thomas avait plus appris au pied de son crucifix que dans tous les livres sortis de la main des hommes : la Croix est en effet le grand livre du chrétien, elle est surtout et par excellence le grand livre du prêtre.

Cette préparation de la prière et de la méditation n'a point manqué à M. Tavernier : habituellement recueilli, il aimait à méditer les vérités du salut, et c'était toujours avec bonheur qu'il se livrait au saint exercice de la prière. Ses conversations, ses discours, ses lettres prouvaient qu'il vivait en union habituelle avec Dieu et qu'il était toujours pénétré des pensées de la foi.

Mais à la prière on doit joindre l'étude, car encore une fois il ne faut pas tenter Dieu ; et c'est le tenter que de paraître devant un auditoire chrétien, pour lui développer une vérité dogmatique ou morale sans l'avoir préalablement étudiée, lorsqu'on en a eu le loisir. Si le temps a manqué, mais alors seulement, on peut compter sur l'assistance de l'Esprit-Saint promise par Notre-Seigneur : *Nolite cogitare quomodo aut quid loquamini.*

M. Tavernier n'a pas négligé non plus cette préparation. Il avait fait de solides études, et toujours dans la suite il travaillait quand les œuvres extérieures du ministère le lui permettaient. Il ne prétendait du reste rien dire de nouveau, ni même précisément d'une manière nouvelle, et ne recherchait pas ce langage étudié auquel Dieu prépare si souvent de brillants insuccès; il n'avait qu'un désir, faire du bien aux âmes.

Voici comment il s'y prenait ordinairement pour préparer ses discours ou ses allocutions.

Il lisait un sermon de Bourdaloue, ou du P. Lejeune, ou d'un autre orateur sacré, sur le sujet qu'il avait à traiter ; il se pénétrait des principales idées, en faisait l'analyse, puis se livrait à l'inspiration de son cœur et de sa foi.

S'il s'agissait de réunions pieuses auxquelles il devait faire une suite d'instructions, il choisissait un ouvrage d'un auteur ascétique, de Rodriguez par exemple, ou du P. Faber, en lisait un ou plusieurs chapitres dont il s'efforçait de bien comprendre la doctrine, pour l'exposer ensuite à son petit auditoire : et il continuait ainsi jusqu'à ce qu'il l'eût épuisé.

Ce mode de préparation n'est-il pas le plus sûr pour ceux qu'absorbent les œuvres du ministère pastoral? N'est-on pas certain, en le suivant, de dire toujours des choses solides, et de ne jamais s'égarer, même dans les matières d'ascétisme ou de direction que bien souvent on n'a pu suffisamment étudier.

M. Tavernier avait en chaire un débit attrayant, la déclamation très-naturelle et les gestes pleins de dignité. Doué d'une voix claire et perçante, il se faisait facilement entendre à un nombreux auditoire, même en plein air. Il savait donner à sa voix l'expression qui touche, et le ton de conviction qui persuade. Ce dernier trait est peut-être celui qui le distinguait le plus : il parlait en homme convaincu.

« La première fois que je l'entendis, nous dit une personne peu suspecte d'exagération, il prêchait sur la Propagation de la Foi. Ses paroles me pénétrèrent jusqu'au fond de l'âme ! Quel homme, me disais-je, quel cœur ! Et tous ses discours décelaient le même zèle et la même ardeur : Aussi, quels fruits n'ont-ils pas produit dans les âmes ! Il a eu plusieurs fois lui-même l'heureuse assurance que ses exhortations des dimanches de carême avaient ramené à Dieu des personnes depuis longtemps égarées. Lorsqu'il demandait pour ses œuvres, il savait faire ouvrir toutes les bourses. »

Et ce n'est pas peu dire, car il montait rarement en chaire, à Saint-Quentin du moins, sans avoir à intéresser son auditoire à quelque œuvre de charité. C'est la réputation qu'il s'était acquise ; et on sait ici tout ce qu'il a obtenu pour la décoration de l'église, pour l'église provisoire du faubourg d'Isle, pour l'œuvre des Frères, les Petites Sœurs des pauvres, le calvaire du cimetière, les pauvres de la paroisse, les reposoirs, les œuvres diocésaines, et le denier de Saint-Pierre.

C'est lui en effet qui fit connaître et goûter cette dernière œuvre ; et c'est sur sa demande que deux quêtes annuelles furent établies pour venir en aide au Souverain Pontife depuis tous les malheurs qui l'ont assailli. Ces deux quêtes, ordinairement précédées d'un sermon de circonstance, se font en deux grandes solennités, et à tous les offices.

Il aimait à parler de l'Eglise et du Pape, dans ces derniers temps surtout. Il dit un jour en parlant d'un petit livre que venait de publier Monseigneur de Ségur : « Je vous recommande instamment, mes frères, un tout petit livre qui vient de paraître et que j'appellerai le *Catéchisme du Pape* : Il ne contient que dix-sept questions, mais il est excellent et pour le fond et pour la forme. Vous le trouverez chez les principaux libraires de la ville. »

M. Tavernier parlait avec une sainte liberté, et l'on peut croire que rien n'eût été capable de lui faire retenir la vérité captive. « Je serais devant les grands de la terre, dit-il un jour, que je n'en parlerais pas avec moins de franchise. » Ceux qui l'ont connu savent qu'il était homme à tenir parole.

Il ne craignait pas d'attaquer en chaire certains abus, ou certains travers du siècle, et il le faisait avec une fine ironie. Nous l'avons entendu plaisanter agréablement au prône la coutume très-générale en plusieurs contrées, notamment à St-Quentin, de s'assembler en curieux aux abords de l'église et du sanctuaire quand doivent avoir lieu les mariages plus solennels. Il ne pouvait s'habituer à cet étrange usage, et il y revenait souvent : « Epargnez, je vous prie, disait-il, épargnez à nos jeunes époux la confusion de traverser, pour arriver à l'autel, deux rangs pressés de curieux. »

M. Tavernier aimait beaucoup à parler de la Sainte Vierge, et il en parlait toujours avec la plus tendre et la plus affectueuse piété. Il se réservait de prêcher le jour de l'ouverture et de la clôture du Mois de Mai. Il engageait les fidèles, avec instances, à se presser en foule autour des autels de Marie pour recueillir les grâces si abondantes de cette mère de miséricorde ; et quand le mois de Marie était à son déclin :

« Il va donc finir, s'écriait-il avec une pieuse tristesse, il va donc finir ce beau mois de Marie que nous avons suivi avec tant de bonheur et d'allégresse ! Nous devons vous l'avouer, mes frères, arrivés au terme de ce mois béni, nous ne saurions nous défendre d'un pénible sentiment de regret. Car nous les aimions ces jours délicieux que nous avons vus s'écouler trop rapidement et qui ressemblaient si bien aux ondes pures d'un fleuve limpide et fécond. Il nous semble aujourd'hui, en jouissant de son dernier soir, que nos âmes vont se décolorer avec la nature, si je puis ainsi dire, et perdre leurs trésors de joie et d'abondance. Ne vous semble t-il pas comme à moi que la source des faveurs célestes, dont le mois de Marie nous a comblés, va tarir. »

Et une autre année :

« Deux sentiments bien opposés, disait-il, se pressent en ce moment dans mon cœur : à côté d'un indicible sentiment de joie, parce que je vous vois accourus en si grand nombre pour chanter encore à l'envi les louanges de Marie notre mère, j'éprouve un sentiment d'amertume et de chagrin, parce que ces jours heureux vont si tôt finir. Il en est toujours ainsi hélas ! des joies de la terre, même des plus légitimes et des plus pures. »

« Pour moi, écrit un homme bien à même d'en juger, ce qui m'a frappé le plus, ce qui m'a toujours paru le plus admirable dans la vie de M. Tavernier, c'est son zèle à instruire ses ouailles. Pendant près de quinze années, il parla chaque dimanche à l'Archiconfrérie de la S^e Vierge ; et tous ceux qui comme moi ont suivi ses instructions attestent que, pendant ce laps de temps, il a développé avec une science ecclésiastique rare et incontestable toute la doctrine chrétienne, le Symbole des Apôtres, les commandements de Dieu et l'Eglise, les sacrements, les péchés, les devoirs de chaque état, l'oraison dominicale et la salutation angélique. Quoique toutes ces matières me fussent très-familières, j'aimais toujours à l'entendre, j'apprenais toujours quelque chose de nouveau ; et j'étais toujours péniblement privé quand il ne prenait pas la parole. Quelle lucidité on trouvait dans son enseignement, quelle connaissance de la doctrine catholique et du cœur humain! »

M. Tavernier avait adopté comme il convenait pour ces réunions le genre conférence ; et l'on peut dire sans flatterie qu'il y excellait. N'est-il pas après tout le plus utile? N'est-ce pas celui des Apôtres, celui des Pères et des Evêques des premiers siècles? Le grand sermon, comme on l'appelle, n'est-il pas d'invention récente? et s'il convenait du temps de Bourdaloue et de Bossuet à des auditeurs versés dans la science de la religion, n'est-il pas plus qu'inutile aux auditoires qui entourent aujourd'hui nos chaires sacrées? Même dans les grandes villes, est-on capable de suivre, sans se perdre plus de dix fois en chemin, ces orateurs qui font des discours étudiés, et semblent vouloir s'élancer toujours d'un vol hardi vers les nues pour planer dans les hautes régions? L'expérience est là pour répondre.

Le but de la prédication n'est pas d'ailleurs de provoquer l'admiration en faveur de celui qui parle, mais bien d'éclairer l'esprit et de toucher le cœur de ceux qui l'écoutent. D'où il suit que les sermons les plus simples sont souvent les plus utiles.

M. Tavernier, ne connaissant pas d'autre mobile de conduite que ces pensées toutes de foi, ne s'appliquait pas à briller, mais à instruire et à toucher. Il revenait souvent sur les vérités fondamentales et les principaux devoirs de la religion, sur le salut, la nécessité du service de Dieu, l'observation du dimanche... etc. Traiter de préférence les questions premières, les sujets pratiques, c'est la marque du vrai zèle. Dans un même entretien, M. Tavernier reprenait souvent une même idée, et avec une rare abondance de langage la présentait sous toutes ses formes : c'est ce qui explique la longueur de ses instructions.

Pendant près de dix ans M. Tavernier entretint fréquemment les fidèles de l'œuvre qui fut, nous l'avons dit, une des gloires de son ministère pastoral à Saint-Quentin, de l'œuvre des Frères. Il s'agissait d'abord de la préparer et de l'annoncer à la paroisse : puis, comme par suite des circonstances dont nous avons parlé, elle pesa sur lui durant de longues années, on comprend que M. Tavernier ait eu bien souvent besoin de faire appel à la générosité des fidèles, et si souvent, que l'un de ses vicaires les plus dévoués, lui entendant un jour annoncer son sujet se disait à lui-même : « Encore parler des Frères ! comment va-t-il faire pour éviter les redites ? » Eh bien ! malgré cette prévention fâcheuse, ce vicaire lui-même était profondément touché des paroles du zélé pasteur, tant elles sortaient du cœur, et tant il savait donner de tours nouveaux à ses pensées et à ses demandes.

Nous en citerons un exemple entre cent autres.

Un jour qu'il avait parlé de cette œuvre si chère, et qu'il avait annoncé sa détresse, il termina ainsi : « D'ailleurs, s'il est dit qu'une ville de 30,000 âmes a laissé peser une œuvre si belle et si précieuse sur les seules épaules de son pasteur trop faibles pour la soutenir, j'irai trouver mes Frères et je leur dirai : mes bons Frères, je suis au désespoir, je n'ai plus de pain à vous donner, partons ensemble. »

C'est Dieu, comme M. Tavernier le disait lui-même, qui lui inspira cette pensée au moment de sa péroraison ; car elle ne lui était pas venue avant de monter en chaire. A ces mots dits avec l'accent d'une pieuse tristesse, des larmes coulèrent des yeux de l'auditoire attendri et la quête qui suivit fut des plus abondantes.

Lorsqu'en 1861 il fut atteint de paralysie, sa grande peine fut de ne pouvoir plus prêcher. Il le disait souvent : « Nos œuvres ne sont que commencées ; il faudrait que le pasteur pût monter en chaire pour ranimer le zèle de ses paroissiens. Il est vrai, ajoutait-il aussitôt, que mon premier vicaire me remplace avec tout le dévouement et le zèle possibles ! mais il est vrai aussi qu'il y a une grâce spéciale attachée à la parole du pasteur. »

« Que vous êtes heureux, disait-il à un jeune prêtre, que vous êtes heureux de pouvoir annoncer la parole de Dieu ! moi aussi j'ai bien prêché dans ma vie, ou plutôt j'ai beaucoup prêché : à votre âge je n'aurais reculé devant aucune fatigue. »

Un curé lui parlait un jour d'un religieux de la

compagnie de Jésus, qui avait prêché dans sa paroisse, et était mort en odeur de sainteté, à la fleur de l'âge, dans les missions lointaines : « Quel bonheur pour vous, répondit-il, d'avoir connu un saint ! moi aussi j'aurais bien voulu le connaître. Mais, voyez comme les jugements de Dieu sont impénétrables : voilà un prêtre qui paraissait destiné à faire beaucoup de bien, et Dieu l'enlève à la fleur de l'âge ; tandis qu'il laisse sur la terre des hommes comme moi, (qu'on nous permette de dire le mot dont il s'est servi lui-même) des *patraques* qui ne sont plus bonnes à rien. »

Mais alors pourquoi demeurer à Saint-Quentin ? pourquoi ne pas donner sa démission ?

Je répondrai que M. Tavernier y songeait très-sérieusement pendant les deux dernières années de sa vie. Il fit vers la fin de 1864, c'est-à-dire quelques mois avant sa mort, un pélerinage à Notre-Dame-de-Liesse, pour lui demander avec instances la guérison de son infirmité : « Si vous ne m'exaucez pas, lui disait-il dans sa piété pleine d'abandon, je me verrai contraint de donner ma démission. »

N'ayant pas obtenu l'effet de sa prière, il voulut consulter, sur le parti qu'il devait prendre, plusieurs ecclésiastiques de ses amis, hommes recommandables par leur expérience et leurs vertus. Tous, un seul excepté, lui conseillèrent de demeurer à son poste jusqu'à la mort. Plusieurs pères de la compagnie de Jésus justement estimés dans notre diocèse, de concert avec un des amis les plus fidèles de

M. Tavernier (dont nous tairons le nom déjà plusieurs fois cité) allèrent jusqu'aux instances pour l'amener à prendre la détermination de rester à Saint-Quentin et d'y mourir.

Pourquoi du moins M. Tavernier n'a-t-il pas accepté l'honorable retraite qui lui était offerte par Mgr Christophe? (1) C'est qu'alors, sur la parole des médecins qui le traitaient, il espérait une plus complète guérison et que d'ailleurs il voulait avoir, en se retirant, tout le mérite de l'initiative.

Nous avons des preuves positives de ce que nous venons d'avancer, et nous savons de source certaine que M. Tavernier, peu de temps encore avant de mourir, s'était recommandé aux prières de quelques personnes pieuses pour une grave affaire :

« Priez pour moi, leur disait-il, afin que le Bon
» Dieu m'éclaire : je vais demander ma retraite, je
» ne suis plus bon à rien ; je ne puis plus prêcher,
» je ne puis plus recommander mes œuvres. » — Et il pleurait en pensant qu'il ne pouvait plus faire pour le bien de sa paroisse tout ce que son zèle lui inspirait ; en pensant aussi sans doute aux déchirements d'une séparation qui devait être si pénible pour son cœur. Car, on ne doit pas l'ignorer, il n'est point de

---

(1) En l'année 1862, Monseigneur Christophe avait proposé à M. Tavernier de se retirer à Soissons. Il lui donnait le titre de vicaire général, et lui promettait la première stalle vacante au chapitre de la cathédrale. M. Tavernier, tout en remerciant Sa Grandeur des bienveillantes intentions qu'elle lui témoignait, ajouta : « .. Monseigneur, je suis venu à Saint-Quentin par la volonté évidente de Dieu et sur l'ordre formel de mon Evêque, j'ai l'intention d'y mourir comme le soldat à son poste. »

liens de charité plus forts et plus intimes que ceux qui unissent le prêtre aux âmes dont il est le pasteur et le père.

Dieu toutefois ne devait pas lui laisser le temps de réaliser cette dernière pensée, et de donner ce nouvel exemple de désintéressement et d'abnégation, car la mort bientôt après venait l'appeler au ciel.

Au surplus, les trois dernières années de sa vie ne furent pas les moins fécondes de son ministère à Saint-Quentin, comme on le verra. Mais n'anticipons pas sur les événements, et suivons M. Tavernier au milieu des jeunes enfants auxquels il va enseigner le catéchisme.

Quand il se vit contraint, pour éviter de plus grands maux, de cesser le catéchisme de persévérance et de le transférer à l'exercice de l'Archiconfrérie, il chargea MM. les vicaires de faire une instruction chaque semaine dans les diverses pensions de la ville, afin que les élèves ne fussent pas privés d'instruction religieuse, et eussent aussi leur catéchisme de persévérance après la première communion. Pour lui, malgré l'affluence qui se pressait chaque dimanche autour de la chaire de l'Archiconfrérie, il souffrait de ne pas distribuer lui-même la parole de Dieu aux petits enfants de sa grande famille. C'était là d'ailleurs à ses yeux un moyen de se faire connaître de tout son troupeau et d'acquérir quelque influence sur les générations à venir, par cette jeune génération qu'il espérait voir grandir et se multiplier.

Il voulut donc former lui-même l'esprit et le cœur des jeunes filles qui par leur position sociale devaient se trouver à même plus tard de répandre autour d'elles l'esprit de foi et de piété qu'il voulait leur inspirer. Et puis, M. Tavernier aimait les enfants d'un amour de prédilection ; à l'exemple du Divin Maître il aimait à se trouver au milieu d'eux.

C'est vers 1850, et au moment même où il s'occupait de fonder l'école des Frères pour l'instruction des enfants pauvres, que M. Tavernier prit la direction du premier catéchisme de sa paroisse, celui des jeunes filles réunies des divers pensionnats.

« Il est superflu de dire qu'il agit en cela, comme en tout le reste, écrit une personne, sans aucune vue d'ambition ni d'intérêt. Il ne connaissait pas les mesquines pensées de la jalousie ; et en fait d'intérêt, sa réputation était déjà bien établie à Saint-Quentin. »

Dès le premier jour il déclara ne vouloir accepter aucun présent de première communion. Bien plus, quand le grand jour approchait, il achetait de ses deniers à toutes les enfants de son catéchisme (et elles étaient ordinairement plus de 60) un livre doré et richement relié, qu'elles devaient conserver comme un précieux souvenir.

Essayons maintenant de le faire connaître dans cette fonction de catéchiste, l'une des plus importantes du ministère pastoral.

« M. Tavernier, nous dit une personne qui suivit ses catéchismes pendant de longues années, possédait au suprême degré l'art d'enseigner, pour lequel, on le sait, la science seule ne suffit pas. Il commençait par préparer sérieusement la matière du catéchisme, on le voyait même pour cela sortir du confessionnal une demi-heure avant de le commencer, pour prendre des notes sur le chapitre qu'il devait expliquer. Il avait de la méthode et ne commençait jamais son cours sans en avoir exposé le plan et l'ensemble. Il faisait remarquer aux enfants, si étourdis et si routiniers par nature, le titre du chapitre, le leur expliquait, et ne laissait jamais passer un seul mot de quelque importance, sans en donner le vrai sens. « On ne comprend pas bien les choses, leur disait-il, si l'on ne comprend pas bien les mots. »

« Il savait faire jouer tous les ressorts pour soutenir l'attention des enfants ou exciter leur émulation ; il s'adressait tour à tour à leur raison et à leur cœur, savait piquer leur amour-propre ou le modérer au besoin. »

« Petit poisson deviendra grand si Dieu lui prête vie, leur disait-il quelquefois, vous ne resterez pas toujours petites ; vous deviendrez de grandes dames ; et vous aurez alors de sérieuses obligations à remplir à l'égard des gens de votre maison. Or pour pouvoir donner sans vous appauvrir, il faut faire maintenant d'amples provisions : efforcez-vous donc, vous qui êtes les enfants privilégiées de la Providence, d'acquérir une science religieuse assez complète, pour la déverser plus tard sur ceux qui vous seront soumis. »

D'autres fois, et pour leur faire comprendre

l'importance du catéchisme et la nécessité de l'étudier, il leur disait :

« Mes chères enfants, malgré la lourde charge qui pèse sur mes épaules, je n'ai pas cru trop faire en me chargeant de votre éducation religieuse ; et je ne viens jamais vous parler sans avoir sérieusement préparé mon instruction. Souvent même, pendant que vous dormez profondément depuis plusieurs heures, moi, je prolonge ma veillée jusqu'à une heure avancée de la nuit, et je m'occupe de vous, je travaille pour vous.

« J'ai donc le droit de réclamer de vous, au nom de la reconnaissance, que vous attachiez à l'étude de la religion l'importance que j'y attache moi-même, et que vous vous efforciez par votre bonne volonté de profiter de mon dévouement pour vous. »

M. Tavernier ne regardait pas comme impossible de traiter, devant des enfants de dix et onze ans, les questions les plus relevées du dogme catholique ; il croyait qu'à l'aide de comparaisons, et en employant un langage simple et familier, quoique toujours exact et digne, on pouvait arriver à leur faire en quelque sorte toucher du doigt les vérités les plus sérieuses, qui eussent paru au premier abord au-dessus de leur intelligence. L'expérience a prouvé plus d'une fois qu'il n'avait pas trop présumé des forces intellectuelles de l'enfance.

« Je ne dirai pas, écrit encore une habituée de son catéchisme, je ne dirai pas que son catéchisme respirât la gaieté, car M. Tavernier ne s'est jamais départi d'une certaine gravité; mais il savait le rendre fort intéressant. Singulièrement doué de l'esprit d'à-propos, il ne laissait échapper aucune occasion de livrer une pensée piquante et spirituelle. Il excellait surtout à préconiser la vertu, et à flétrir le vice de quelque nom qu'il s'appelât ; mais il savait toujours se tenir dans le juste milieu; il disait assez, jamais trop. Il attaquait avec force et sagacité les défauts contre lesquels il voulait prémunir son jeune auditoire ; et il fallait bon gré mal gré que chacun s'avouât ses faiblesses, il fallait rire de soi et des travers du monde. »

Il disait quelquefois :

«Mes enfants, quand vous serez de grandes demoiselles, que vous irez dans le monde, et qu'on vous conduira dans ce qu'on appelle des *bals*, singulières comédies dont le moindre inconvénient sera de vous bien fatiguer et de vous faire ressembler à des polichinelles; je vous en conjure, demandez du moins à vos bonnes mamans qu'elles n'exigent pas de vous que vous y paraissiez dans un costume sauvage ; priez-les d'acheter assez d'étoffe pour vous faire une robe entière. Vraiment, ajoutait-il, il est pitoyable que des femmes chrétiennes qui se piquent d'être honnêtes, paraissent en public dans cet étrange costume qu'on appelle *une robe de bal*. Pour moi, disait-il en riant, si j'étais femme, jamais je ne consentirais à ressembler à ces sortes de caricatures indécentes. »

« Quant aux spectacles, disait-il avec saint François de Salles, je vous permets d'y assister, pourvu qu'y étant vous méditiez sur ce que souffrent en ce moment-là plusieurs âmes du purgatoire pour avoir recherché ce même plaisir ; ou bien au nombre considérable des personnes qui comparaissent au tribunal de Dieu pour être jugées. »

M. Tavernier, au catéchisme comme en chaire, revenait fort souvent sur les vérités premières qui sont comme la base de toute foi et de toute morale. Il répétait sans cesse : « Que le salut est la seule chose nécessaire ; qu'à cela doit se rapporter tout le reste... » Il montrait aux enfants la vanité de tout ce qui n'est pas Dieu ; les exhortait fréquemment à beaucoup prier et réfléchir pour connaître leur vocation, et les engageait à ne pas se jeter comme tant d'autres, tête baissée, dans la vie, sans avoir consulté Dieu et leur directeur.

Il s'efforçait de leur inspirer une sainte énergie pour le bien, une noble constance dans le service de Dieu : « Quelle que soit plus tard, leur disait-il, la position que vous occuperez, quelles que soient les circonstances où vous vous trouverez, n'abandonnez jamais la pratique de la religion ; gardez toute votre vie sous ce rapport une sainte indépendance. Vous ne vous appartiendrez pas toujours, mais personne autre que vous ne sauvera votre âme. Donc, quelles que soient les exigences de ceux auxquels votre vie sera enchaînée, soyez pour eux toujours bonnes, prévenantes, patientes, dévouées ; mais quand il s'agira, mes enfants, d'accomplir un devoir, surtout un devoir de chrétien, ne vous laissez pas imposer une loi contraire à celle de Dieu, sachez ne pas faiblir, ne soyez pas esclaves. Je ne vous conseille pas sans doute de vous déclarer de prime abord en révolte ouverte ; loin de là : employez toujours de préférence les moyens que suggèrent la patience et la douceur : mais si ces moyens ne réussissaient pas, ne vous laissez pas intimider, soyez fortes et courageuses, ne cédez pas un pouce de terrain ; vous n'avez qu'une âme, vous ne pouvez la perdre pour qui que ce soit. »

M. Tavernier excellait dans le choix des comparaisons, il savait les développer avec intérêt et en tirer parfois les plus sérieuses leçons. On en jugera par la suivante sur laquelle il aimait à revenir.

« Vous êtes-vous déjà arrêtées sur le bord de l'eau, disait-il, à considérer les poissons ? Avez-vous remarqué comme ils sont vifs, comme ils s'agitent avec un air de joie? Mais prenez-en un, placez-le si vous le voulez sur un beau gazon tout émaillé de fleurs, ou sur un lit de mousse : c'est singulier; ce petit poisson, si gai tout à l'heure, s'agite encore il est vrai, il saute, mais, chose étrange ! ses mouvements ne sont plus les mêmes que quand il se trouvait dans l'eau ; ce n'est plus la joie qu'ils expriment, on voit que le petit poisson souffre, bientôt il cesse de s'agiter, il meurt.

« Pourquoi donc ce petit malheureux n'était-il pas bien là ? Les petits oiseaux sont si joyeux dans la prairie ! est-il plus difficile ?

« Vous avez vu bien souvent d'autre part les petits

oiseaux voltiger dans les bois, vous les avez entendus gazouiller ; tout en eux respirait le bonheur : mais s'il vous prend la fantaisie d'en attraper un et de le jeter à l'eau, tout à coup il a cessé de chanter, il se débat quelques instants avec un air de détresse, et bientôt vous vous apercevez qu'il n'existe plus.

« Les petits poissons se trouvent si bien dans la rivière, pourquoi ne s'y plaît-il point comme eux ?

« Ah ! mes chères enfants, c'est que l'un et l'autre sont sortis de leur élément ; le poisson a été fait pour nager, et l'oiseau pour voler. Dans les œuvres de Dieu chaque chose a sa fin. Et voici maintenant la petite morale à tirer de ce récit.

« Votre fin à vous, c'est Dieu, mes enfants. Si vous êtes à Dieu, vous goûterez le bonheur vrai et pur : vous serez heureuses même dans l'adversité, parce que Dieu vous tiendra lieu de tout et que sa grâce adoucira la souffrance. Si vous vous éloignez de Dieu, hélas ! fussiez-vous sur le trône, vous serez malheureuses ; parce que votre cœur a des besoins immenses. Dieu l'a fait sur sa mesure et lui seul peut le remplir : jetez-y tout ce que vous voudrez, honneurs jouissances ou plaisirs, vous ne le comblerez jamais ; *ce qu'il lui faut, c'est Dieu, comme l'eau au poisson, comme l'air à l'oiseau.*

« Saint Augustin l'a dit avec grande raison : Vous nous avez créés pour vous, Seigneur, et notre cœur est dans l'inquiétude et le trouble tant qu'il ne se repose pas en vous. »

M. Tavernier sortait assez souvent de la leçon du

jour pour faire de ces sortes de digressions ; et bien qu'elles ne parussent pas entrer précisément dans son sujet, quand l'occasion se présentait de laisser parler son cœur, il ne la laissait pas échapper : « Allons, disait-il ensuite, je vois bien que je me suis laissé encore entraîner aujourd'hui et que je me suis écarté de la leçon ; mais je n'en suis pas fâché, car je me sentais pressé de vous dire ces choses, et je ne crois pas avoir perdu mon temps. »

« L'esprit se sentait ainsi délassé, dit la personne que nous avons déjà plusieurs fois citée, par ces douces et bonnes paroles qui allaient si droit au cœur. Mais il est fâcheux que tout ce que l'on peut rapporter de M. Tavernier soit pâle et décoloré : c'est lui qu'il aurait fallu entendre ; c'était son ton, le jeu de sa physionomie, la dignité de ses manières, qui ajoutaient à ses paroles ce quelque chose que personne ne peut leur rendre. »

Toutes ses instructions portaient le cachet d'une foi profonde, et répandaient une conviction intime dans l'esprit de ceux qui l'entendaient : toujours aussi elles étaient empreintes d'une douce et tendre piété qui pénétrait le cœur et le remplissait d'amour pour Dieu et pour la vertu. On se sentait, en l'écoutant, remué jusqu'au fond de l'âme ; on eût dit que sa parole électrisait, et qu'elle entraînait comme irrésistiblement à croire et à aimer.

Et cependant il ne disait pas de choses extraordinaires, jamais rien de recherché dans ses pensées ni dans son langage. C'est l'Esprit Saint qui communiquait à ses paroles cette vertu secrète qui touche et persuade.

« Il avait un talent particulier pour parler aux enfants, et se mettre dans ses causeries à la portée de leur âge. » C'est encore le témoignage d'une personne qui a suivi ses catéchismes. « Il prenait plaisir à les faire causer dans leur langage ; il savait, pour y arriver, leur commencer une phrase, en achever une autre dont elles ne pouvaient sortir. Il acceptait volontiers une expression qui laissait deviner l'idée de l'enfant plutôt qu'elle ne la rendait exactement : « J'aime mieux, leur disait-il, quatre mots de vous, que plusieurs pages apprises par cœur sur le cahier de la maîtresse. »

« J'ai trouvé, continue la même personne, M. Tavernier presque unique dans sa manière d'être avec les enfants dépourvues d'intelligence et de mémoire. Quand une première explication n'avait pas été comprise, il ne se lassait pas d'y revenir sous toutes les formes, avec une bonté, une patience admirables ; cela, sans humilier l'enfant à laquelle il s'adressait : et il ne passait pas à une autre que celle-là ne lui prouvât, par des réponses plus ou moins bien formulées, qu'il en était mieux compris.

« Et vraiment, je le dis sans exagération, M. Tavernier a fait des prodiges sous ce rapport. Nous avons souvent conduit à son catéchisme des enfants dont on n'avait pu jusque là rien obtenir, il les a comme transformées : grâce à sa manière d'enseigner, leur intelligence s'est développée d'une manière incroyable. »

C'est que M. Tavernier avait une volonté inébranlable quand il s'agissait d'atteindre un but ; cette fermeté de caractère qu'il montrait dans les grandes choses, on la retrouvait dans les plus petites. Du reste, il n'a jamais considéré comme une petite chose d'enseigner même à la dernière enfant de son catéchisme les vérités de la foi, ni comme un temps perdu les longues heures qu'il consacrait à cette sainte occupation.

Les enfants aimaient beaucoup leur catéchisme, et c'était toujours avec peine qu'elles le voyaient finir. Elles avaient même, nous a-t-on assuré, le talent d'obtenir quelquefois, par un certain langage muet bien compris de M. le Curé, qu'il fût prolongé de quelques instants. Elles s'adressaient à M. Tavernier et lui parlaient comme à un père, avec la même simplicité et le même abandon.

« Ceux qui ont vu M. Tavernier à l'œuvre, et la personne qui écrit ces lignes est de ce nombre, s'expliquent sans peine qu'il se soit attaché si fortement les petits enfants ; il était au milieu d'eux un type de cordiale bienveillance, voulant gagner leurs cœurs pour les donner ensuite à Jésus-Christ. Aussi a-t-il exercé toujours sur les enfants de son catéchisme la plus grande influence ; il savait leur communiquer ses idées, ses impressions, ses sentiments.

« Je me souviens qu'un jour, après avoir parlé avec beaucoup d'énergie de l'attachement qu'on doit avoir pour l'Eglise et pour le Pape, il raconta l'histoire de plusieurs martyrs : deux petites filles se prirent d'un si beau zèle pour le martyre, qu'elles priaient de tout leur cœur pour qu'une persécution éclatât en France, et qu'elles eussent ainsi la joie de verser leur sang pour Jésus-Christ. »

CHAPITRE XVII.

M. TAVERNIER AU TRIBUNAL DE LA PÉNITENCE. — DÉVOTIONS QU'IL Y CONSEILLE. — VERTUS QU'IL Y PRATIQUE.

> ...*Vade, lava in natatoria Siloe... Abiit ergo, et lavit, et venit videns.*
> « Allez vous laver dans la piscine de Siloé...
> » il y alla, il s'y lava, et il en revint
> » voyant clair. »
> (*Joan. Evang.* cap. IX, v. 7.)

M. Tavernier a passé au confessionnal près de la moitié de sa vie et là peut-être il a fait plus de bien encore que partout ailleurs ; il est donc important de le faire connaître comme confesseur et surtout comme directeur des âmes.

Qu'il nous soit permis de rappeler en commençant ces paroles remarquables de son éloge funèbre :

« Il remplissait avec une sollicitude qui absorbait son temps et ses veilles, cette fonction de directeur des âmes qui minera lentement sa vie et restera comme la plus belle auréole de son zèle pastoral.

« Un directeur, mes frères (et je ne dis pas seulement un confesseur), un directeur, c'est la création miséricordieuse de Dieu. Les directeurs sortent du cœur de Dieu, nous dit un pieux auteur, comme une effusion extraordinaire de son amour. Leur action est d'autant plus étendue qu'elle paraît plus humble. Cachés dans l'obscurité d'un confessionnal, inconnus du monde, incapables quelquefois de se tenir au milieu des conversations du monde, ils font peu de bruit. On n'entend leur voix que comme un léger souffle, mais ce souffle a plus de puissance que la voix des plus grands orateurs. Ils relèvent, ils consolent, ils éclairent, ils affermissent. Les âmes viennent à eux de toutes parts, et ravies d'être si pleinement fortifiées et si sagement conduites, elles s'écrient dans les transports de leur reconnaissance : Oh ! que Dieu a aimé les âmes en leur donnant de saints directeurs !

« Notre digne et zélé pasteur, mes frères, dans toutes les paroisses confiées à sa sollicitude, fut un saint directeur. Dieu seul peut savoir, et vous qui vous êtes rangés sous sa direction vous seuls avec Dieu pouvez savoir, que de grâces sont tombées sur vous par ce ministère obscur et ignoré. »

La suite de ce chapitre prouvera qu'il n'y a rien d'exagéré dans cet éloge.

M. Tavernier se montrait toujours disposé à entendre les confessions : à quelque heure du jour qu'on vint le demander pour le confessionnal, il ne refusait jamais de s'y rendre à moins d'une impossibilité absolue. Il avait l'habitude de dire que le bien le plus sérieux et le plus durable se fait au saint tribunal.

Cette assiduité au confessional, on l'a remarqué

souvent, est un signe presque infaillible de sainteté chez le prêtre.

M. Tavernier recevait indifféremment toutes sortes de personnes : « Toutes les âmes, disait-il, me sont également chères en Jésus-Christ. » Telle est la marque du vrai zèle ; il est toujours pur et désintéressé. On le voyait parfois attendre jusqu'à midi et demie, en s'occupant à la sacristie, de pauvres ouvrières qui ne pouvaient le venir trouver à une autre heure : il était vraiment sur ce point d'une bonté et d'une condescendance à toute épreuve.

A Rosoy, la veille des fêtes, il sortait souvent fort tard du confessionnal pour aller prendre son repas. Quelquefois, quinze ou vingt personnes restaient encore à confesser, et comme elles voulaient se retirer par compassion pour lui, et remettre leur confession à un autre jour, il les priait toutes de rester, leur promettant d'être bientôt de retour; puis, prenait son repas à la hâte, et revenait au confessionnal, d'où il ne sortait ensuite qu'à une heure très-avancée de la nuit.

Une veille de Noël, on dut l'aller chercher à onze heures et demie, pour prendre sa collation. C'est à peine s'il pouvait se soutenir ; et pour regagner sa demeure il se tenait aux bancs et à la muraille.

Lorsqu'il venait au confessionnal, c'était avec cette foi vive qui paraissait dans toutes ses actions : « J'étais toujours impressionnée, écrit une personne, de lui voir faire alors le signe de la croix. Quand il portait la main à son front, c'était avec tant de recueillement, je dirais volontiers avec tant de majesté, qu'on voyait bien qu'il ne se préparait pas à une chose commune, mais à quelque chose de grand. Il s'agenouillait devant l'autel, et y priait longtemps : qu'il y eût un grand nombre de personnes, ou qu'il n'y en eût qu'une seule, sa préparation était la même. Son attitude était si recueillie, son air si pénétré, que l'homme disparaissait, et l'on ne voyait plus en lui que le représentant de Dieu. Quelquefois, lorsqu'il était retenu, on l'attendait une heure ou plus : et si on s'était laissé aller à la dissipation, quand il arrivait, il suffisait de le voir pour oublier tous les sujets de distractions. Il priait si bien qu'il était impossible de ne pas sentir l'importance de l'action qu'on allait faire. »

« Je suis fondée à croire, continue la même personne, qu'il priait aussi dans le confessionnal ; car pendant que je m'agenouillais et que je me préparais, je l'entendais parler quelques instants à voix basse. Si l'on disait des messes pendant qu'il confessait, toujours, au moment de l'élévation, il s'arrêtait pour adorer Notre-Seigneur. »

On ne saurait croire combien toutes ces choses, si petites en apparence, influent sur les dispositions des personnes qui s'approchent du saint tribunal.

Pour celles qui s'en approchent fréquemment, la routine est fort à craindre ; mais sous la conduite de M. Tavernier, on ne savait pas se familiariser avec le sacrement de pénitence.

« Quant à moi, écrit une personne qu'il dirigeait,

malgré l'affection toute filiale que j'avais pour mon saint directeur, je puis dire que jamais je ne me suis présentée au saint tribunal sans esprit de foi ou avec des vues humaines. Je venais à lui comme à un bon père, avec simplicité, confiance et ouverture de cœur ; mais toujours aussi avec un profond respect, parce que tout dans son extérieur et dans ses paroles rappelait le caractère sacré dont il était revêtu, et la personne adorable de Jésus-Christ dont il tenait la place. »

Au saint tribunal, M. Tavernier était bon sans faiblesse, doux mais ferme. Avec lui, la confession était facile ; il avait même le talent de la rendre agréable. Il commençait par donner à la première confession qu'on lui faisait les soins les plus minutieux, et je dirai comme un caractère tout particulier qui se gravait pour toujours dans la mémoire. Non content d'écouter l'accusation des fautes, il l'interrompait souvent pour demander un éclaircissement, donner un conseil, faire une observation.

Il savait encourager le pénitent par son extrême bonté, par la douceur évangélique de son langage, et son inaltérable patience : « Avez-vous en moi une entière confiance, disait-il ; cette confiance est nécessaire pour que l'âme puisse s'ouvrir tout entière ! (1) » Il allait au-devant des aveux pénibles, « N'ayez pas

(1) Nous croyons utile de rappeler ici pour écarter tout soupçon dans une matière aussi délicate, qu'aucun de ces détails ne vient, ni directement ni indirectement, de M. Tavernier ; mais que tous nous ont été fournis par les personnes mêmes qu'il a dirigées.

peur, disait-il, je ne gronderai pas, dites-moi tout ce qui vous fait de la peine.» Et s'il devait parfois se montrer plus ferme, il s'excusait de montrer un peu de rigueur. « Ce ne sont pas des reproches que je fais, j'ai promis de ne pas gronder : mais il faut que je dise la vérité, c'est mon devoir. » « L'âme du confesseur, disait-il encore en pareille circonstance, doit être comme l'arche d'alliance, qui renfermait non seulement la manne, nourriture des Israëlites dans le désert, mais aussi la verge d'Aaron qui servait à les châtier. »

Il parlait avec tant d'onction et de sentiment, qu'en l'écoutant on se sentait porté à faire tous les sacrifices: «Pour moi, dit une personne qu'il a dirigée pendant 20 ans, j'aurais été au bout du monde, s'il m'y eût envoyée. Un jour, après m'avoir parlé du détachement: Sentez-vous bien ce que je vous dis, mon enfant, me demanda-t-il? — Oh! oui, mon père, lui répondis-je, je le sens si bien, qu'il me semble en ce moment que je n'aime plus rien en dehors de Dieu. — J'ai voulu seulement vous prouver, ajoutait-il, que les affections qui ne sont pas selon Dieu ne sont que de la vanité. »

Le bien qu'il conseillait paraissait-il trop difficile, il disait :

« Je le vois bien, il faut que je vous sauve malgré vous ; eh bien! soit, je le ferai. » Et on ne résistait pas à un zèle si ardent... « Entre mes mains, disait-il encore à ces personnes, je vous en réponds, vous ne périrez pas, pourvu que vous veniez toujours avec sincérité et confiance me découvrir vos tentations. Dites-vous toujours à vous-même : *Avec Jésus, je puis tout.* Prenez pour devise ces mots : *Générosité et constance.* Je vous assure qu'il y a dans le ciel une récompense particulière pour les personnes qui pouvaient faire le mal et qui ne l'ont pas fait. »

Il encourageait encore ces âmes par la pensée du Ciel, et leur rappelait souvent ces paroles de l'Apôtre :

« L'œil de l'homme n'a point vu, son oreille n'a point entendu, et son cœur n'a jamais compris les biens que Dieu réserve à ceux qui l'aiment. » — « Vous me trouvez sévère, disait-il un jour, parce que vous ne comprenez pas l'intérêt que je porte à votre âme : un jour, au Ciel, vous me remercierez, et d'ailleurs, je vous le déclare, je ne puis transiger avec ma conscience : que vous soyez pour ou contre moi, je vous dirai toujours la vérité. Si j'avais deux âmes, peut-être aurais-je la faiblesse d'en sacrifier une pour vous, mais je n'en ai qu'une et je ne veux la perdre pour personne. »

Il avait un désir si ardent de sauver les âmes, qu'il entrait parfois comme en une sainte colère, quand elles ne répondaient pas avec assez de générosité à ses soins, ou qu'elles ne se donnaient pas à Dieu avec assez d'ardeur. « J'ai la responsabilité de votre âme, disait-il, et je vous verrais périr entre mes mains sans avoir le courage de vous avertir fortement ! non, je ne vous flatterai jamais... ah ! vous serais-je donc inutile !... marchez sur moi, je le permets, je suis même prêt à m'en réjouir, si vous voulez aller à Dieu.

Ne voyez-vous pas, disait-il en terminant, que *le Démon se moque de vous avec vos impossibilités de toutes sortes.* »

Avait-il affaire à des âmes découragées, il savait par ses exhortations relever leur courage abattu : « Les anges, disait-il, n'ont demandé qu'une chose aux hommes, lorsqu'ils vinrent leur annoncer la naissance du Sauveur, et promettre la paix à la terre : c'est la bonne volonté. *Pax hominibus bonæ voluntatis.* Eh bien ! je ne vous demande que cela à leur exemple, la bonne volonté ; et votre salut est assuré. »

On était alors comme surpris de sentir son cœur tout changé ; on était prêt à faire tout le bien que Dieu demandait, et à se séparer, quoi qu'il en coûtât, des occasions du péché.

« Allons, courage, disait-il encore, le grand secret de la vie spirituelle c'est de bien vivre seulement pendant un jour : ne songez pas à demain, que savez-vous si demain vous vivrez encore. Ne prenez de résolutions que pour un jour. »

Etait-on troublé par le souvenir des fautes passées, il disait : « Cessez donc de vous tourmenter ainsi : soyez sûr que Dieu pense moins à vos péchés que vous n'y pensez vous-même. Quand un pécheur revient à moi, dit le Seigneur, je jette toutes ses iniquités aussi loin de moi que l'Orient est éloigné de l'Occident. » (1)

« Allez au confessionnal, disait-il encore, sans

---

(1) *Quantum distat ortus ab occidente; longe fecit a nobis iniquitates nostras.* (Psalm. CII. v. 12.)

inquiétude et sans trouble, comme un enfant va trouver sa mère pour lui demander un pardon qu'il est sûr d'obtenir. Ne consacrez pas trop de temps à la recherche de vos fautes, mais appliquez-vous particulièrement à vous exciter à la contrition et au ferme propos de ne plus pécher. »

Un autre jour, voulant combattre les tendances de la nature dans une âme qui n'aimait pas selon Dieu, il disait : « Vous ne savez pas aimer, car vous aimeriez pour l'éternité, comme aimait un Saint-Quentin, et tant d'autres... Aimez donc de manière à retrouver vos affections au Ciel... Aimez-donc le bon Dieu, malheureuse enfant ; vous l'aimeriez si bien !... *Je vous donne rendez-vous au Ciel.* » — Ce dernier mot, il le répétait souvent.

Non content de porter les âmes à la haine du péché, il était animé du plus vif désir de les conduire à la perfection : « Je veux, disait-il, vous faire arriver à une haute perfection... Avant tout, il faut bien mourir à vous-même : la mort à nous-même est comme le fondement sur lequel doit reposer l'édifice de notre perfection. Mais cette mort à soi-même doit être sérieuse et véritable. » — « Dieu ne veut pas, disait-il encore, que l'on reste stationnaire dans le chemin de la vertu. Il faut, avec une sainte ambition, vous dire à vous-même chaque matin : je ne me contente plus aujourd'hui de la place que j'occupais hier ; j'en veux une plus élevée. N'oublions jamais cette maxime des saints : *Ne pas avancer, c'est reculer.*

Puis, il suivait les âmes comme pas à pas dans le

chemin de la vie spirituelle : il attaquait un à un leurs défauts et jusqu'à leurs moindres imperfections. Il les pressait d'acquérir les vertus qu'elles n'avaient pas, ou qu'elles ne possédaient pas dans un degré assez élevé.

Lorsqu'il commençait à diriger une personne pieuse, il demandait à voir son règlement, si elle en avait un ; et si elle n'en avait pas encore, il l'engageait à le faire et à le lui montrer. Il regardait le règlement de vie comme indispensable pour la conduite chrétienne. Dans une de ses lettres adressée à une personne du monde, nous lisons ceci :

« Je demande : 1° un petit ordre de journée qui fixe autant que possible, le coucher, le lever, les principaux exercices de la journée, prière du matin, examen de prévoyance, le moment de la lecture spirituelle, l'heure du chapelet, la prière du soir avec examen de la journée. — 2° Un petit moment de préparation avant de commencer les exercices principaux, se demander par exemple, en un instant mais d'une manière sérieuse : que vais-je faire ? — en présence de qui ? — et comment veux-je le faire ? — 3° l'habitude de ne rien commencer d'un peu important sans l'offrir à Dieu. — 4° La pratique fréquente du *Sursum corda* dans le cours de la journée. — 5° Que dans les moments d'ennui, de peines et de chagrin, on aille se jeter un instant au pied de son crucifix pour lui raconter ses tristesses comme on ferait à un ami : ajouter avant de se relever, la lecture bien sentie de quelques versets de l'Imitation. —

6° enfin, communier aussi fréquemment que possible. »

M. Tavernier aimait aussi à connaître le genre d'occupations des personnes qu'il dirigeait, et il tirait ses comparaisons de leur état de vie. C'est ainsi qu'il disait : « Je ne veux pas faire de vous *une machine à coudre*; je veux que vous rendiez toutes vos actions méritoires par l'esprit intérieur qui doit les animer, et que vous les dirigiez vers Dieu par la pureté d'intention. »

Dieu lui inspirait souvent des pensées ou des expressions fort heureuses, qui avaient tant d'à-propos qu'elles entraient dans l'esprit pour n'en plus sortir.

Une personne lui parlait un jour de la peine qu'elle avait à croire certains faits extraordinaires racontés dans la Vie des Saints : « Vraiment, lui dit-il, vous êtes bien de votre siècle ; *vous tirez la queue de Voltaire.* »

Une autre craignait de n'être pas assez bien comprise : « Oh ! dit-il, rassurez-vous, *je vous connais comme mon bréviaire.* » Et ce n'était pas peu dire, car il récitait son bréviaire si bien, si lentement et avec tant de piété, qu'il devait le bien connaître.

« Il faut, disait-il, à une troisième, il faut que mademoiselle sache supporter une petite observation, fût-elle injuste. Je sais bien tout ce qu'elle a à souffrir ; mais je sais aussi qu'elle est un peu susceptible. On ne se fâchera pas de ce que je dis, car on sait bien que je ne suis pas ici pour faire des compliments.

« Il y a déjà de longues années, dit une personne que M. Tavernier a dirigée pendant vingt ans, un jour d'hiver le froid était excessif; l'heure de me lever était venue, mais je marchandai avec mon oreiller, et le diable fit si bien que je manquai la messe, et par suite la sainte communion.

« Je m'attendais à être grondée, mais il ne me fit aucun reproche. Après m'avoir donné l'absolution, et au moment de me congédier : Tenez, mon enfant, me dit-il, je me rappelle dans ce moment une chose que vous m'avez dite tout à l'heure; vous avez manqué la communion à cause de la rigueur du froid : certainement il faut du courage pour se lever avant six heures quand on est si bien dans son lit; mais d'un autre côté, il est bien triste aussi d'être privé de la visite de Notre-Seigneur. Il y aurait un moyen d'arranger tout cela : les jours où vous trouverez qu'il fait trop froid pour venir à l'église, vous pourrez me le faire dire; *je vous porterai la communion*; de sorte que votre corps aura toutes ses aises, et votre âme aura aussi la nourriture dont elle a besoin. Voyons, acceptez-vous, est-ce convenu?

« Et comme je ne répondais pas, car véritablement j'étais confondue, et ma langue était comme paralysée, — Vous y réfléchirez, n'est-ce pas, et vous me rendrez réponse quand vous reviendrez la prochaine fois. — L'impression que j'ai éprouvée en cette circonstance a été telle que depuis cette époque je n'ai jamais manqué la messe par ma faute, même un jour ouvrable... Ces mots: *je vous porterai la communion*, sont toujours présents à ma mémoire, et j'aurais honte d'être molle et sensuelle. »

M. Tavernier répétait souvent, aux personnes qu'il dirigeait, cette parole : *Sursum corda*, élevez vos cœurs ; et voici la manière plaisante dont il cherchait à la bien graver dans l'esprit : « Lorsque vous assistez au saint sacrifice de la messe, disait-il, et que l'on vous dit bien haut : Elevez vos cœurs, *sursum corda*, ne répondez point par un mensonge, comme le font la plupart du temps les chantres et les assistants qui disent : Nous les tenons élevés vers le Seigneur, *Habemus ad Dominum* ; tandis que leur cœur est distrait et occupé de toute autre chose. »

M. Tavernier ne voulait pas de *confessions stéréotypées*, comme il les appelait : de ces confessions qui ne changent pas, et sont toujours le récit des mêmes misères.

Aussi, s'informait-il chaque fois avec un soin minutieux des progrès faits dans la vertu principale que l'on s'efforçait d'acquérir, ou des victoires remportées sur le défaut dominant. Toujours plein d'indulgence dans les chutes si multipliées qu'elles fussent, quand il trouvait de la bonne volonté, il savait témoigner sa peine et son chagrin quand il voyait de la négligence et de la mollesse. « Vous avancerez dans la vertu, disait-il, à proportion de la violence que vous saurez vous faire à vous-même ; pas de retour possible, mais aussi pas de progrès possible sans violence ; attendu que *le royaume des cieux souffre violence, et que ceux-là seuls l'emportent qui se font violence.* (1) »

« Ecoutez, disait-il encore, écoutez sérieusement et attentivement la voix de Dieu ; puis, faites généreusement et sans marchander, tout ce qu'elle vous dira. »

Se laissait-on décourager et abattre par les difficultés que l'on rencontrait dans la pratique de la vertu, il disait : « Que penseriez-vous d'un voyageur qui s'arrêterait au milieu de sa route, et se prendrait à pleurer en considérant le chemin qui lui reste à parcourir? »

Il avait coutume de dire aussi: « Mettons de l'huile dans la lampe, si nous ne voulons pas qu'elle s'éteigne; » ou bien : « Nous ressemblons à ces horloges dont les poids descendent sans cesse, et qu'il faut remonter chaque matin. »

Il voulait que l'on fût patient avec soi-même, et demandait parfois : « Voulez-vous donc être converti tout d'un coup comme saint Paul?

« Il faut s'aimer soi-même, se supporter avec charité... Croyons-en ma vieille expérience, croyez-en votre vieux curé : soyez pleine de douceur et de patience envers vous-même ; quand vous tombez, ne vous découragez pas ; vite, relevez-vous, humiliez-vous, et marchez. « La perfection, dit saint François de Sales, consiste à savoir se relever. »

---

(1) *Regnum cœlorum vim patitur et violenti rapiunt illud.* (Saint Matth. c. XI. v. 12.)

Une épouse chrétienne se plaignait-elle d'avoir un mari qui ne partageait point ses sentiments, il lui donnait pour patronne sainte Monique, lui recommandant avec instances d'imiter sa douceur, ses prévenances et surtout sa persévérance dans la prière, et il lui promettait un succès assuré.

Craignait-on de ne pouvoir se sauver au milieu des occupations ordinaires de la vie, il disait, faisant lui-même les demandes et les réponses : « Mon père, est-ce qu'il suffit pour devenir saint, d'employer quelques moments de la journée à se recueillir et à prier, en donnant tout le reste de son temps aux actions ordinaires d'un ménage, d'un négoce ? » — « Mais oui, parfaitement bien : et le Bon Dieu s'en contente. Pour preuve, voyez Jésus à Nazareth, qu'a-t-il fait pendant trente ans, sinon obéir et travailler, et n'est-il pas notre admirable modèle ? »

Comme nous l'avons déjà remarqué, M. Tavernier avait en grande estime l'exercice *de la méditation*, et il était fidèle à y consacrer les prémices du jour.

Mais non content de recueillir pour lui-même les fruits abondants de sanctification qui découlent de ces doux entretiens avec Dieu, il conseillait cet exercice aux âmes qu'il dirigeait, et employait tout son zèle à leur en persuader la pratique : « Surtout, surtout, disait-il à une jeune personne du monde, le petit quart-d'heure de méditation chaque matin : S'il faut, pour cela, abréger les prières vocales, abrégez-les : et si parfois, vous ne pouvez trouver le temps de faire la méditation, j'exige au moins que vous fassiez un examen de prévoyance bien sérieux. »

« Une des premières questions qu'il m'adressa, dit un prêtre qu'il a dirigé pendant plusieurs années, fut celle-ci : Faites-vous tous les jours l'oraison et la lecture spirituelle; dites-vous tous les jours le chapelet ? — Je sus depuis, continue le même ecclésiastique, que malgré ses nombreuses occupations à Saint-Quentin, outre son oraison et ses autres exercices de piété, il disait tous les jours, souvent plusieurs fois, les six *pater*, six *ave* et six *gloria patri* si riches d'indulgences pour les Tertiaires de saint François, et de plus trois chapelets, le chapelet ordinaire de cinq dizaines, celui de l'Immaculée Conception, et celui du Précieux Sang. Bel exemple pour ceux qui ne trouvent point chaque jour le temps de dire une prière spéciale à Marie, tout au moins une partie du chapelet ! »

» Que dois-je faire, lui demandait un autre jour ce même prêtre, que dois-je faire pour expier mes péchés? — Deux choses, répondit-il, *prier et travailler à sauver des âmes.* »

« Quels moyens dois-je prendre pour me sanctifier ?.. Deux moyens, l'esprit d'oraison et l'exercice du zèle. Oh ! ayez soin, continuait-il, de faire tous les jours votre méditation. Il ne faut jamais y manquer. Si vous ne pouvez la faire à l'heure ordinaire, ne manquez pas de la faire dans un autre moment. Et puis, que ce soit une véritable méditation : ne vous contentez pas d'une lecture quelconque, pour vous rassurer ou tromper votre conscience (comme on le fait malheusement quelquefois): ne vous contentez pas de quelques réflexions ou aspirations faites à la hâte pour vous débarrasser au plus vite du devoir de l'oraison : mais que votre méditation soit faite de manière à pouvoir être en toute vérité appelée de ce nom. »

S'accusait-on d'avoir *oublié* son oraison? Il disait avec une douce gaieté : « Avez-vous oublié aussi de déjeûner ce jour-là? » — Ou bien : « avez-vous mangé ce jour-là? » — Il arriva qu'une personne lui répondit à cette dernière demande : « Oui, j'ai mangé ce jour-là, mais quand je n'ai pas faim je ne mange pas. » — « Ah! vous le prenez sur ce ton-là, répliqua-t-il; eh bien! moi, je déclare que quand on n'a pas faim, c'est mauvais signe, l'estomac est malade, il faut se purger; et comme la purgation de l'âme c'est la confession, nous allons faire une bonne confession. » — Et, bon gré mal gré, la malade dut se résigner à subir un interrogatoire serré, un sérieux examen, pour découvrir la source du mal. « Ainsi, ajouta le spirituel médecin, vous vous en souviendrez; cela vous apprendra à me faire des réponses de ce genre. »

Il indiquait le plus souvent comme livres de méditation et de lecture spirituelle: l'Evangile médité de Duquesne, la perfection chrétienne de Rodriguez, et les œuvres de saint François de Sales, mais par-dessus tout l'Imitation de Notre Seigneur qu'il affectionnait tout particulièrement, comme nous l'avons déjà indiqué : nous y revenons à dessein ; car on ne peut trop lire l'Imitation de Jésus-Christ, ni trop se pénétrer de sa sublime et pure doctrine.

Si quelquefois on paraissait désirer des consolations : « Eh! mon enfant, disait-il, croyez-le bien, les consolations ne font pas les Saints, pas plus que le sucre et les confitures ne font les bons estomacs. Voyez les habitants de la campagne ; ces braves gens mangent beaucoup plus de pain que de douceurs, et comme ils sont forts, comme ils sont robustes ! »

«Le bon Dieu, disait-il un autre jour, vous traite maintenant en enfant gâté; mais quand vous aurez grandi, vous mangerez votre pain sec. Quant à moi, je sers Dieu pour lui-même non pour ses récompenses ; c'est lui que j'aime et non pas ses dons; s'il lui plaisait de m'envoyer pendant l'éternité évangéliser les peuples qui habitent peut-être les corps célestes, je n'hésiterais pas une seconde, parce que je préfère son bon plaisir et l'accomplissement de sa sainte volonté au bonheur de le posséder dans le ciel ! »

Avait-on quelques contrariétés à subir? « La paix du Seigneur soit avec vous, disait-il, et avec votre esprit, et avec votre cœur ! Paix aux hommes, et puis aux femmes de bonne volonté ! » — Se plaignait-on de distractions et de sécheresse dans les exercices de piété? «Ne vous en troublez pas, répétait-il ; un petit regard du cœur vers Dieu, un petit mot dit avec humilité et confiance... *Seigneur, que je suis misérable ! — Jésus, mon amour, ayez pitié de moi !* De cette manière l'exercice sera toujours admirablement bien fait. »

Si l'on avait chez soi quelqu'un à conduire et à diriger : « La conduite des âmes, disait-il souvent, est l'art des arts : il faut du dévouement, de la patience, de la douceur et de la fermeté ; passer tout ce que l'on peut passer ; se rappeler qu'on a été jeune aussi, un peu espiègle sans doute. Prier beaucoup, compâtir aux faiblesses de l'âge, à la violence des passions qui commencent à se faire sentir. On ne gagne rien par la brusquerie, par l'aigreur et l'emportement. Chercher surtout le chemin du cœur. Dire un petit mot à propos. Laisser voir la peine que cause l'insubordination. Mais toujours faire la part de l'âge. »

Trouvait-il qu'on n'avait pas assez d'obéissance et de soumission, il disait : *Vous êtes morts et votre vie est cachée en Dieu avec Jésus-Christ.* — [Dites-moi, avez-vous vu quelquefois un mort se révolter lorsqu'on le voulait placer à droite ou à gauche ? l'avez-vous entendu dire : Moi, je ne veux pas ceci ; moi, je ne veux pas cela. Pour mon compte, tous ceux que j'ai vus jusqu'ici, je les ai trouvés indifférents à tout ce qui se passait autour d'eux : on en pouvait faire tout ce qu'on voulait ; ils ne se plaignaient pas, ils ne murmuraient pas, ils étaient d'une parfaite obéissance. »

M. Tavernier avait particulièrement le désir et le don de faire aimer la chasteté : « Sa seule vue, écrit un prêtre qui a eu avec lui des relations intimes, sa

seule vue semblait inspirer cette belle vertu ; il était bien le prêtre formé à l'image du Sauveur, et par un privilége que le prêtre aime à partager avec ce Divin Maître, jamais sa vertu n'a été l'objet d'un soupçon. »
On trouve, aujourd'hui encore, à Soize et à Rosoy, bon nombre de personnes, (plus de 70) qui par vertu ont gardé le célibat. Bon nombre d'autres sous sa direction ont embrassé la vie religieuse. Nous savons bien que le monde ne comprendra pas cette parole ; comment pourrait-il avoir l'idée de la vertu? Aussi nous ne lui demandons qu'une chose, *c'est de ne point blasphémer ce qu'il ignore.*

Une personne, souvent agitée de tentations, nous a assuré que, pour les dissiper, il lui avait suffi bien des fois de se rappeler le souvenir de M. Tavernier.

Voici quelques-unes des dévotions ou des pratiques qu'il conseillait le plus souvent.

Il recommandait instamment *l'exercice de la présence de Dieu* qui fait de notre vie comme une oraison continuelle ; et il enseignait, pour le pratiquer avec fruit, à s'unir d'heure en heure à Notre-Seigneur en chacune des stations du chemin de la croix, de manière à comprendre ainsi toute la journée. Il conseillait de s'unir, le soir, à l'agonie du Sauveur au jardin des Oliviers ; et lorsqu'on avait la nuit des moments d'insomnie, il voulait que l'on pensât à la nuit affreuse que ce Divin Sauveur passa dans le palais d'Anne et de Caïphe.

« Habituez-vous, disait-il, à penser toujours à la

présence de Dieu: évitez avec soin la dissipation de l'esprit et du cœur; car lorsque Dieu viendrait frapper à votre porte, vous ne l'entendriez pas, vous ne seriez pas chez vous et vous ne pourriez lui ouvrir. Que de grâces précieuses vous perdriez ainsi ! »

Il voulait que l'on eût dans toutes ses actions une grande pureté d'intention, et voici ce qu'il disait à ce sujet :

« J'ai toujours souvenance d'un petit axiôme de géométrie qu'on m'a démontré autrefois : *La ligne droite est le chemin le plus court entre deux points donnés.* Eh bien! prenez toujours ce chemin, cette ligne droite, pour aller à Dieu... Voyez encore les tireurs d'arc : ils ajustent leur flèche et visent droit au but qu'ils veulent atteindre, sans regarder ni à droite ni à gauche. Qu'il en soit ainsi de vos intentions ; qu'elles visent droit au ciel, sans aucune considération humaine ! »

Il conseillait *les communions spirituelles* très-fréquentes, non seulement pour consoler les personnes qui ne pouvaient s'approcher de la table sainte aussi souvent qu'elles le désiraient, mais encore comme moyen de s'unir intimement à Notre-Seigneur. Et il racontait ce trait de la vie de sainte Catherine de Sienne: Notre Seigneur, voulant lui témoigner le plaisir que lui causaient ses communions spirituelles, lui apparut tenant dans ses mains deux vases, dont l'un était d'or et l'autre d'argent, et lui dit que le vase d'or était destiné à recevoir ses communions sacramentelles, le vase d'argent ses communions spirituelles.

« Pour moi, ajoutait-il, je me passerais bien d'avoir de l'or pour toutes mes œuvres, si j'avais beaucoup d'argent. »

Il avait une grande dévotion pour l'eau bénite, et s'efforçait de l'inspirer aux personnes qui l'approchaient; il les exhortait à lire de temps en temps les prières pour la bénédiction de l'eau : « Elles sont admirables, disait-il, et quand je les récite le dimanche, j'en suis tout ému. Est-ce que vous n'admirez pas la puissance de Dieu, qui se sert d'un moyen si faible en apparence, pour vaincre le démon? Quant à moi, je mets la main dans tous les bénitiers que je rencontre, *parce que je suis content de faire endéver le Diable avec un peu d'eau.* Je la lui jette à la face en lui disant : Va, Satan, je ne te crains pas; je suis plus fort que toi, une goutte d'eau te met en fuite. »

Il recommandait aussi la prière chaque jour pour les pécheurs agonisants : « Faire violence au cœur de Jésus, disait-il, prier Dieu par ce qu'il a de plus cher, par le sang de son divin Fils; il lui sera impossible de résister. On obtiendrait certainement par là la conversion de pauvres pécheurs, mourant d'ailleurs privés des derniers sacrements, mais recevant à ce moment suprême des grâces toutes spéciales par cette simple prière. »

On a vu dans les chapitres qui précèdent qu'une des dévotions les plus chères à ce saint prêtre était *la dévotion envers Marie;* aussi la conseillait-il à toutes les âmes qu'il dirigeait dans les voies du salut.

Avec quelle douce onction, au tribunal de la pénitence comme dans la chaire sacrée, il parlait de ses gloires et de ses vertus! quelle confiance il savait inspirer en sa maternelle protection! avec quelles instances il invitait les fidèles à se revêtir de ses livrées, à porter son scapulaire.

Si l'on se relâchait dans ses pratiques de dévotion envers elle, il disait : « Quel mal vous a-t-elle donc fait, pour avoir perdu votre confiance? »

Il exhortait les âmes pieuses à s'unir dans toutes leurs actions à Jésus et à Marie : « Demandez-vous souvent à vous-même, disait-il, qu'aurait fait Notre-Seigneur dans cette circonstance, qu'aurait fait la très-sainte Vierge? — Il conseillait de répéter fréquemment cette invocation : « Doux cœur de Marie, sauvez-moi. » — Et lorsqu'on avait le bonheur de porter le Saint-Scapulaire, il invitait à le baiser tous les jours en récitant cette prière: « Faites-moi la grâce, s'il vous plaît, ô ma bonne mère, de porter avec respect votre saint habit : et qu'il soit pour moi une armure invincible contre les ennemis de mon salut. »

Il voulait qu'on eût en Dieu une confiance toute filiale, que la piété fût simple et pleine d'abandon. « Il faut aller à Dieu, disait-il, bien plus par la confiance et par l'amour que par la crainte. On est généralement trop solennel avec Lui; on cherche trop les phrases étudiées; mieux vaut mille fois un petit mot sorti du cœur: *Jésus mon amour, ayez pitié de moi*. — Surtout jamais de découragement, le découragement n'est bon à rien. — Après une chute, trois choses à faire en toute simplicité : s'humilier, se relever et marcher. »

« Dieu n'est-il pas pour nous tous un bon père, ajoutait-il, et n'est-ce pas sous ce titre si doux et si consolant que nous devons l'invoquer ! Lorsque Notre-Seigneur apprend à ses apôtres à prier, il ne leur fait pas dire : ô Dieu, juge des vivants et des morts, vous qui sondez les cœurs, vous dont les jugements sont absolus et sans appel... non, ce n'est pas ainsi qu'il veut faire envisager Dieu. Il leur fait dire : *Notre père qui êtes aux cieux.* »

Et M. Tavernier était vraiment, au saint tribunal, le ministre de ce Dieu de charité : «Toujours l'homme de la bonté et de la miséricorde envers les pécheurs, il a arraché bien des âmes à l'enfer ! que n'est-il permis de tout dire et de tout révéler ! mais, il est de ces œuvres intimes de zèle qui ne doivent être connues que de Dieu seul, et qui ne seront manifestées qu'au jour du jugement pour la gloire de Dieu et le triomphe des saints. »

Une personne de la classe ouvrière disait quelque temps après la mort de M. Tavernier : « Ah ! vous ne sauriez croire le bien immense qu'il m'a fait ! c'est lui qui m'a montré le chemin de la vertu et qui m'a maintenu dans le devoir. » Et en prononçant ces mots elle versait des larmes.

C'est aussi M. Tavernier qui a introduit dans la paroisse de Saint-Quentin, outre les œuvres et les associations dont nous avons parlé, la plus précieuse de toutes les dévotions, nous voulons dire la *pratique de la communion fréquente.*

L'une des plus pernicieuses erreurs qui ait désolé l'Eglise, l'une des plus opposées à l'esprit de l'Evangile, ce fut sans contredit l'hérésie du Jansénisme, qui trouva en France tant de partisans. Nous n'avons pas ici à la faire connaître : qu'il nous suffise de rappeler qu'une des conséquences pratiques des erreurs Janséniennes fut la désertion de la table sainte et l'éloignement des sacrements. La rigidité excessive de ces faux docteurs à l'égard des âmes, que Jésus-Christ convie avec tant d'amour au céleste banquet et qu'ils en éloignaient avec tant de cruauté, forme un triste contraste avec leur incroyable insoumission au chef suprême de l'Eglise, et leur insupportable orgueil : on ne trouve guère, dans l'antiquité, de personnages qui leur ressemblent mieux que les pharisiens si souvent flagellés par Notre-Seigneur ; et toutes les fois que leur souvenir se présente à notre mémoire, nous nous rappelons les reproches que le Divin Maître adressait à ces pharisiens, leurs précurseurs (1).

Les contrées touchées par le Jansénisme s'en ressentirent bien longtemps ; et le prétendu zèle de ces apôtres de l'erreur, pour la gloire de Dieu et la sanctification des âmes, n'aboutit qu'à la ruine de la

---

(1) « Vous voyez une paille dans l'œil de votre frère, et vous ne voyez pas une poutre qui crève le vôtre. Hypocrites, retirez donc de votre œil cette poutre qui vous aveugle, et alors vous verrez à retirer la paille de l'œil de votre frère. » Et encore : « Vous chargez les autres de fardeaux que vous ne touchez même pas du bout du doigt. »

religion et de la foi dans les cœurs. A cela rien d'étonnant : car éloigner des âmes de la Sainte-Eucharistie, c'est les éloigner de la source de la vie, de la source de toutes les vertus : « *Sans moi*, dit Notre-Seigneur, *vous ne pouvez rien faire.* »

Par malheur, le diocèse de Soissons ne fut pas soustrait à la contagion, nous allions dire à la peste du Jansénisme, et c'est à ce pharisaïsme moderne que nous devons sans doute le malheur présent d'un grand nombre de nos paroisses, plongées dans l'indifférence religieuse.

Aussi M. Tavernier avait-il une véritable horreur pour cette doctrine et partout où il travailla au salut des âmes, il rendit la sainte communion d'un accès facile. On peut en juger par les nombreuses communions faites dans la paroisse de Saint-Quentin, où beaucoup de personnes communient plusieurs fois chaque semaine, et où d'autres même, selon le désir de l'Église, communient tous les jours (1).

Nous savons que M. Tavernier a été admirablement secondé dans ses vues par de zélés collaborateurs, mais nous ne croyons pas nous tromper en affirmant que cette pieuse et sainte pratique de la communion fréquente, à Saint-Quentin comme à Rosoy, a reçu de lui la première impulsion.

Qui dira toute la gloire que procurent à Dieu tant

---

(1) On a compté plus de 56,000 communions distribuées aux fidèles dans le cours d'une des dernières années : et dans ce nombre ne sont pas comprises les communions reçues dans les chapelles de la communauté de la Croix, de l'Hôtel-Dieu, et de la Charité, dont le chiffre s'élèverait facilement à plusieurs milliers.

de communions ferventes! Qui dira toute la joie qu'elles procurent au cœur si aimant de Jésus! Qui dira combien elles réjouissent le ciel! toutes les bénédictions qu'elles ne cessent d'attirer sur l'Eglise, sur le Souverin Pontife, sur les empires; et toutes les grâces de conversion qu'elles obtiennent! Qu'on nous permette de transcrire ici cette prière tirée d'un pieux auteur.

« O Jésus, donnez à votre Eglise des prêtres selon votre cœur, des prêtres qui comprennent bien les divines paroles tombées de vos lèvres adorables. N'avez-vous pas dit? *Venez à moi, vous tous qui êtes accablés sous le poids de l'affliction et du travail, je veux vous soulager. — C'est moi, ne craignez pas. — Mes délices sont d'être avec les enfants des hommes.* Et qui donc, ô Sauveur si plein de tendresse, qui donc oserait mettre des bornes à votre divine miséricorde? qui donc oserait éloigner de vous des âmes que vous appelez par des invitations si pressantes, et auxquelles vous désirez si ardemment vous unir par la communion Eucharistique. *Desiderio desideravi hoc pascha manducare vobiscum.* » (1)

On trouvera peut-être que nous donnons beaucoup de place à ce chapitre dans une vie relativement assez peu étendue; mais voici notre excuse: outre que tous ces détails nous ont paru édifiants pour le lecteur, c'est au confessionnal surtout que M. Tavernier nous révèle les trésors de grâce et de vertu qui étaient en

---

(1) J'ai ardemment désiré de manger cette pâque avec vous.

lui, et nous découvre sa piété dans ce qu'elle avait de plus intime.

Il nous reste encore à parler des vertus qu'il enseignait ou qu'il pratiquait plus particulièrement au saint tribunal.

L'humilité d'abord, cette vertu si essentielle et le fondement de toute perfection. Un simple trait nous fera connaître combien elle était sincère et vraie chez M. Tavernier.

« Je lui donnai un jour, écrit une personne, l'occasion de pratiquer cette vertu. Comme il m'engageait à ne pas murmurer contre la volonté de Dieu dans les peines que j'avais alors à souffrir et qui me paraissaient bien amères, j'eus la maladresse de lui répondre : Si vous étiez à ma place, mon père, vous feriez comme moi. Sans paraître ému, il me dit avec beaucoup de douceur : C'est vrai, mon enfant, et peut-être souffrirais-je encore avec moins de patience, parce que j'ai moins de vertu ; que faut-il en conclure ? Puisque nous sommes si faibles tous deux, jetons-nous dans les bras de Dieu, conjurons-le de nous soutenir dans nos épreuves. Quant à moi je suis à cheval sur ces paroles de saint Paul : *Dieu est fidèle, et il ne permettra pas que nous soyons tentés au-dessus de nos forces.* »

Son esprit de charité y paraissait non seulement dans toutes ses exhortations mais dans toute sa conduite.

Avait-on à vivre avec des personnes importunes et qui semblent créées exprès pour exercer la patience des autres, il invitait à considérer la bonté de Jésus qui supporta avec tant de douceur la rudesse de ses disciples, et sa patience à nous supporter nous-mêmes malgré toutes nos infidélités et nos misères. Il rappelait la réponse de Notre-Seigneur à saint Pierre : « Maître, combien de fois pardonnerai-je, sera-ce jusqu'à sept fois ? » — « Non pas jusqu'à sept fois, répond le Sauveur, mais jusqu'à soixante-dix fois sept fois. » Il citait cette parole de saint François de Sales à une personne qui l'avait outragé : « Mon ami, quand même vous m'arracheriez un œil, de l'autre je vous regarderais encore en souriant. »

S'éveillait-on maussade et de mauvaise humeur, il voulait que l'on prît la résolution de combattre cette fâcheuse disposition de l'esprit, en s'imposant de dire pendant le jour un certain nombre de paroles affectueuses aux personnes avec lesquelles on devait avoir pendant la journée quelque rapport.

Il recommandait par dessus tout l'amour des ennemis et la charité chrétienne. Il voulait que l'on fît des prières particulières pour les personnes qui avaient causé quelque peine : il rappelait les paroles de l'Ecriture qui font de la charité un précepte si formel et si important: *Mandatum novum do vobis.* « Je vous donne un commandement nouveau, c'est que vous vous aimiez les uns les autres comme je vous ai aimés moi-même. » *Comme je vous ai aimés !!* répétait-il : oh ! que ce mot *comme* dit de choses au cœur ! Méditez-le bien... Comment Jésus vous a t-il aimés? Puis, il racontait l'histoire de saint Jean devenu vieux, qui ne savait plus dire à ses disciples que ces paroles : « Mes petits enfants, aimez-vous les uns les autres : c'est le précepte du Seigneur ; et si on l'accomplit bien, il suffit au salut. » Il rappelait la réponse du Sauveur au docteur de la loi : « Maître, quel est le grand commandement ? » — « *Vous aimerez* ; voilà le premier et le plus grand commandement de la loi : faites cela et vous vivrez. »

Et ce qu'il enseignait aux autres il le pratiquait parfaitement lui-même : sa patience à supporter les injures était admirable.

Une jeune personne, nouvelle enfant prodigue, à laquelle il avait donné des marques d'un intérêt et d'un dévouement particuliers, s'irrita un jour très-fort des reproches qu'il avait cru devoir lui faire. On ne peut dire avec quelle touchante bonté il lui pardonna. Cette pauvre enfant se fâcha de nouveau pour la même cause contre le digne prêtre, qui pourtant n'avait en vue que le plus grand bien de son âme ; et elle répondit à l'une de ses lettres, par des injures. Les parents l'ayant appris, en furent très-désolés, et ne savaient comment excuser leur fille : « Pourquoi vous tourmenter de cela ? » disait-il à son père en lui serrant affectueusement la main. Et il ajoutait en souriant : « Ce n'est pas vous qui le lui avez conseillé, n'est-ce pas ? Mon unique désir serait de vous épargner les injures de votre enfant, en les recevant toutes moi-même. Surtout je ne veux pas qu'elle soit punie à cause de moi. » Il ne cessa jamais de s'intéresser à cette enfant, et lui envoya même de l'argent de sa propre bourse.

Et comme enfin elle ne répondait à tant de bonté que par l'ingratitude, son vénérable père vint faire près de M. Tavernier de nouvelles excuses: « Oh! ne vous inquiétez pas, monsieur, lui dit le charitable prêtre, je me suis déjà vengé ce matin en offrant pour elle le saint sacrifice. »

Telle était d'ailleurs une de ses maximes favorites, qui devenait une de ses règles de direction au saint tribunal : « Mieux vaut être trop indulgent, que de s'exposer à juger le prochain avec une trop grande sévérité : Le bon Dieu ne se servira-t-il point pour nous de la mesure dont nous nous serons servi envers nos frères ? — Pour moi, ajoutait-il, si par extraordinaire il arrivait que le bon Dieu voulût me punir pour avoir été trop bon, je lui ferais la même réponse que saint François de Sales : C'est votre faute, Seigneur, il fallait m'établir juge au lieu de m'établir père. — Ne jugeons pas, disait-il encore, et nous ne serons pas jugés ; ne condamnons pas et nous ne serons pas condamnés. »

Il est des personnes dont M. Tavernier aurait pu se séparer, et avec lesquelles il a vécu en grande patience pendant de longues années. Pour quelques-unes on aurait pu croire qu'il avait conservé des sentiments d'antipathie et d'aversion : mais nous savons, à n'en pouvoir douter, qu'il n'eut jamais à se reprocher cette faute devant Dieu.

Il disait un jour : « J'ai pensé à M. X... dans ma méditation de ce matin, et je me suis demandé devant Dieu si je ne conservais pas à son endroit quelque sentiment de secrète aversion : la réponse de mon cœur m'a rassuré, et j'ai beaucoup prié pour lui. » — Si d'ailleurs on pouvait conserver quelques doutes à cet égard, ils s'évanouiraient à la lecture de son admirable testament : « Je pardonne, dit-il, de tout mon cœur à ceux et celles qui, à diverses époques de ma vie, se sont faits mes ennemis et m'ont causé parfois des peines bien sensibles. Dieu m'a fait la grâce de n'avoir jamais gardé dans mon cœur aucun ressentiment contre eux. J'avais même, je dois le dire, du bonheur à prier pour eux. Puisse le Seigneur nous réunir tous près de lui dans le Ciel ! c'est le plus ardent de mes vœux ! »

« Je lui exprimais un jour, nous écrit-on, l'indignation que me causait la conduite d'une personne à son égard, et toute la peine que j'éprouvais des humiliations qu'il avait à subir de sa part — « Je remets tout entre les mains du bon Dieu, me répondit-il, et je ne me laisse pas arrêter par toutes ces petites misères. Dites-moi, quand vous marchez par les rues, est-ce que vous ne rencontrez point parfois des pierres sur votre chemin ? Si elles sont grosses, vous passez à côté ; si elles sont petites, vous les écartez avec le pied, et vous continuez votre route. Eh bien ! voilà comment je fais à l'égard des contradictions et des épreuves.

« Du reste, ajoutait-il agréablement, quand je suis arrivé dans votre ville, je vous avoue que j'avais l'estomac malade, je digérais difficilement; et ici plus que partout ailleurs j'étais même sujet à des indigestions. Maintenant, je vais beaucoup mieux; et voici le remède que j'ai employé : essayez-en, il est souverain. Je fais bien bouillir des racines de patience, j'y ajoute une infusion de fleurs de violettes, je filtre la tisane et je la mets en bouteille pour m'en servir en cas de besoin. J'en prends une tasse tous les matins ; ce n'est pas trop, n'est-ce pas? Je m'en trouve fort bien: à présent je digère a merveille, *tout passe.* Toutefois, je dois vous prévenir que c'est amer à boire ; vous pourrez, si vous le voulez, sucrer un peu la potion. »

Lorsqu'on avait commis quelque médisance un peu grave, il disait: « Combien je serais confus, s'il arrivait qu'on vînt me répéter cette médisance, et que l'on me dît : Vous ne savez pas, Monsieur, qui a dit cela? eh bien! c'est une telle, qui fait profession de piété. Oh! comme je serais scandalisé!... Cependant que suis-je, moi, comparé à votre ange gardien, à Dieu lui-même qui vous a entendu? Et n'avez-vous pas vu le démon qui se réjouissait, claquait des mains, tandis que votre bon ange se retirait en pleurant. »

— « Ah ! si vous aviez résisté à cette tentation, disait-il encore, vous auriez comblé votre ange gardien de consolation, il eût présenté au Seigneur votre victoire, et le Seigneur vous considérant avec complaisance eût dit à Satan les mêmes paroles qu'il lui adressait en parlant du saint homme Job : As-tu considéré mon serviteur Job ? »

Ces bonnes paroles, dites avec une douce onction,

se gravaient pour toujours dans l'esprit, ou mieux dans le cœur.

M. Tavernier excellait (et c'est le propre des saints) à parler des souffrances de Notre-Seigneur, et à inspirer aux âmes une tendre dévotion à sa sainte et douloureuse passion : il aimait aussi à parler des afflictions et des croix... Il y a tant d'âmes qui souffrent sur cette pauvre terre d'exil! et les consolations qu'elles puisent dans le tribunal de la pénitence aux pieds de leur père spirituel, sont si douces et si pures! « Mon Dieu, dit un pieux auteur, donnez à votre Eglise des prêtres au cœur compatissant qui sachent adoucir, pour les âmes affligées, l'amertume des épreuves et faire aimer les souffrances : ils seront véritablement un présent de votre miséricordieuse charité, et un trésor précieux pour les fidèles; car il est si facile de se sanctifier en se soumettant amoureusement aux dispositions de la divine Providence, et en acceptant avec une sainte joie les croix que nous dispense la main paternelle de Dieu. »

« Les cœurs brisés par la douleur, dit une personne que M. Tavernier a dirigée pendant plusieurs années, apprenaient de lui à souffrir avec patience, avec résignation, et même avec joie, tant il faisait bien voir l'avantage des souffrances. « La voie des souffrances, disait-il, est le chemin le plus sûr et le plus court pour arriver au ciel : du reste, notre cœur est comme un autel, il faut absolument qu'on y trouve la croix. »

« La croix nous est absolument nécessaire; Notre-Seigneur ne nous a pas enseigné d'autre chemin pour aller au ciel : si quelqu'un, a-t-il dit, veut venir après moi, qu'il prenne sa croix et qu'il me suive. — Et puis, comme le dit l'auteur de l'Imitation, nous avons beau faire, de quelque côté que nous nous tournions, nous trouverons la croix. Aimons-la donc; c'est un passeport pour le ciel : portons-la courageusement à la suite de Notre-Seigneur. La vue de ce divin modèle, de cette victime innocente immolée pour nous, est bien propre à nous faire supporter toutes les peines que nous pouvons rencontrer dans cette vallée de larmes. »

Mais pour accepter ainsi la croix, il faut nécessairement mourir au monde et à soi-même, aussi M. Tavernier prêchait-il souvent cette mort spirituelle. Voici quelles étaient ses paroles. « L'apôtre saint Paul disait aux premiers chrétiens.—Vous êtes morts, et votre vie est cachée en Dieu avec Jésus-Christ. — Voyez un mort, il est insensible à tout : ainsi en serait-il de nous, si nous étions bien morts à nous-mêmes : nous ne nous révolterions pas si aisément quand on nous méprise. »

Mais pour ne pas trop effrayer des âmes encore faibles, il ajoutait : « Saint Paul parlant de lui-même, disait : Je meurs tous les jours. — Je le prends là; s'il meurt tous les jours, évidemment c'est qu'il n'est pas tout à fait mort. Travaillons donc aussi à mourir tous les jours, afin que nous puissions dire avec le même Apôtre: *Je vis; non, ce n'est plus moi qui vis, c'est Jésus-Christ qui vit en moi.* —Quand vous avez à supporter des mépris, des injures, ne vous troublez pas, laissez dire. On rencontre souvent, en passant par les rues, de petits chiens qui aboient, font grand tapage, et semblent prêts à vous dévorer ; alors on passe son chemin sans même se retourner ; petit chien ne fait pas de mal : faites de même à l'égard des personnes qui vous méprisent ; passez votre chemin, et contentez-vous de prier pour elles. »

« Partout où nous serons, disait-il à une autre personne, il nous faudra porter notre croix : plus tard quand les épreuves et les afflictions viendront vous visiter, vous direz : Un vieux curé me l'avait prédit. Et si par malheur, vous n'en rencontriez aucune sur votre chemin, vous pourriez vous écrier : O mon Dieu, est-ce que vous m'abandonnez ? Car la croix est la seule voie qui mène au ciel, c'est pourquoi l'Imitation l'appelle le chemin royal de la sainte Croix... Pour moi, je dis chaque matin une petite oraison pour demander des croix au Bon Dieu. » Cette confidence est précieuse elle révèle une bien belle âme et un cœur bien généreux. Ce n'est pas ici le lieu de dire comment cette prière a été exaucée.

Il paraît que ce qui touchait le plus au saint tribunal, c'était la prière par laquelle il terminait son exhortation : elle était toujours appropriée aux besoins de la personne qu'il venait d'entendre, et dite avec beaucoup d'onction ! Si l'on avait accusé quelques fautes plus graves que de coutume : « Mon Dieu, disait-il, me voici encore humilié devant vous ! je dépose en ce moment à vos pieds tous les péchés de mon enfance, de ma jeunesse, et ceux de ma vie tout entière. Je reconnais que je n'aurai jamais la douleur que mérite un seul de mes péchés ; mais j'unis ma contrition à la douleur que mes fautes vous ont causée, particulièrement au jardin des Oliviers, dans votre flagellation et sur la croix ; et j'offre votre douleur à la Sainte Trinité pour suppléer à ce qui manque de ma part. » Une autre fois : « Mon Dieu, je vous remercie des avis que je viens de recevoir, faites que je les mette à profit, que j'en fasse la règle de ma conduite. Que serais-je devenu, mon Dieu, si vous n'étiez pas si bon pour moi ! Mais vous m'avez donné un père qui me reçoit avec charité, me tend la main pour m'arrêter dans mes chutes, et me relève quand je suis tombé.... »

Un autre jour il disait : « Mon Dieu, vous connaissez mieux que moi tous les besoins de mon âme; remédiez à sa faiblesse, à sa misère, à son extrême pauvreté. O mon Dieu, je vous consacre tous mes pas, toutes mes démarches, toutes mes actions. Otez, ô mon Dieu, ôtez de mon esprit les pensées, de mon cœur les affections, qui ne seraient pas pour vous ; ôtez de mon être tout entier tout ce qui ne tendrait pas à vous. Faites-moi la grâce, ô mon Dieu, de vous aimer si bien sur la terre, que je mérite de vous voir et de vous aimer dans le ciel ! »

« En un mot (et nous terminerons ce chapitre par ce témoignage d'un excellent prêtre qui s'était placé sous sa direction), en un mot, on peut dire qu'il était éminemment confesseur. Oh ! que ses exhortations étaient pieuses et suaves !... On était en l'écoutant comme pénétré d'un parfum tout céleste. Pour moi, chaque fois que je me confessais à lui, il me semblait que j'avais fait une retraite. » — « Plus d'une fois, ajoute une autre personne, je suis sortie de son confessionnal en me répétant à moi-même ces paroles : « Si les ministres de Dieu sont si bons, quel doit donc être le bon Dieu lui-même ! »

CHAPITRE XVIII.

LETTRES DE DIRECTION. — CONSEILS A UN CURÉ SUR LA PRATIQUE DU ZÈLE. — LETTRES A UNE RELIGIEUSE. — LETTRES DE CONSOLATION ET CONSEILS A PLUSIEURS PERSONNES DU MONDE.

> *Viam sapientiæ monstrabo tibi, ducam te per semitas æquitatis; quas cum ingressus fueris, non arctabuntur gressus tui, et currens non habebis offendiculum.*
>
> « Je vous montrerai la voie de la sagesse, je vous
> » conduirai par les sentiers de l'équité; et lorsque
> » vous y serez entré, vous ne vous y trouverez
> » plus à l'étroit, et vous courrez sans que rien
> » vous y fasse tomber. »
>
> *(Prov. c. iv, v. 11-12.)*

Nous avons de M. Tavernier un certain nombre de lettres de direction, et nous voulons en citer ici quelques extraits; outre qu'elles révèlent, mieux que tout le reste, la piété, le zèle et le cœur de M. Tavernier, elles nous ont paru pleines d'utiles et sages conseils.

Ecrivant à un prêtre, porté à la tristesse et au scrupule, il disait :

...« J'ai accueilli votre bouquet spirituel comme il devait l'être, je veux dire avec une sincère reconnaissance pour les sentiments qu'il suppose, et dont il était chargé d'être l'interprète. La pensée qui le composait, en partie, m'est arrivée quelque peu languissante et malade : elle paraissait se ressentir un peu de l'état de l'âme qui me l'avait adressée, mais elle n'en était toutefois que plus significative pour les sentiments qu'elle avait mission d'exprimer en votre nom et à votre place..... (1). »

Puis il ajoutait :

...« Vous ne sauriez trop vous défier, mon bon ami, de cette tristesse, de cet abattement, de cette espèce de défaillance dans lesquels vous laissez tomber votre âme. Vos craintes et vos défiances, permettez-moi de vous le dire, sont puériles et sans fondement véritable.

« Depuis quand des imaginations, des impressions même involontaires, et que l'on voudrait pour toutes choses ne pas éprouver, sont-elles des crimes ? Dans quel maître de la vie spirituelle avez-vous lu cette doctrine ? Serait-ce par hasard dans l'Imitation dont je pourrais en ce moment vous citer plus de 20 chapitres qui portent à la confiance en Dieu et au support de soi-même ? Serait-ce dans Rodriguez dont toute la morale est si consolante sous ce rapport ? Serait-ce dans saint François de Sales, de la plume duquel il n'est pas sorti une seule phrase, pas même une expression, qui puisse autoriser le moins du monde une telle défiance et une telle crainte ? Oh ! lisez donc, lisez encore et relisez toujours ses lettres

---

(1) Ce prêtre, à l'occasion de la fête de saint Charles, patron de M. Tavernier, lui avait envoyé un petit bouquet de fleurs.

si pleines de confiance et d'abandon et si brûlantes d'amour ! Cette lecture m'a fait un bien infini à une certaine époque de ma vie; elle vous sera, je n'en doute pas, tout aussi fructueuse.

« Lisez et relisez les œuvres spirituelles de Fénelon, toutes empreintes du même esprit et puisées à la même source. — Lisez enfin et relisez l'excellent traité de *la Confiance en la miséricorde de Dieu*, de Mgr Languet, évêque de Soissons, — les œuvres spirituelles de saint Liguori, — celles de M. Boudon, et en général tous les ouvrages qui portent à la confiance, car ce sont ceux-là qui rendent le mieux l'esprit du Maître et qui vous seront toujours les plus utiles.

« Evitez avec soin tout ce qui tend à resserrer l'âme : tout ce qui est propre à la dilater vous est utile, indispensable même. Vous avez un certain penchant pour les idées sombres et noires, fuyez tout ce qui peut les alimenter ou leur donner accès !....»

Et comme ce digne prêtre se plaignait de ce que sa paroisse ne répondait pas aux efforts de son zèle, M. Tavernier ajoute :

«Acceptez des mains de Dieu votre paroisse telle qu'elle est : quelle qu'elle soit, c'est toujours un peuple que Notre-Seigneur dans son inépuisable miséricorde ne veut pas abandonner, puisqu'il vous le confie. Peut-être serait-il préférable d'avoir des sauvages à convertir ? c'est possible. Ils n'en sont, les pauvres gens, que plus à plaindre, et plus propres par là même à exciter toute votre compassion, et à émouvoir plus profondément les entrailles de votre charité !!...

« Voudriez-vous, maintenant surtout qu'ils sont devenus vos enfants, voudriez-vous qu'on les abandonnât?... Si le Divin Maître s'était ainsi rebuté avec ses Apôtres, avec les Juifs et avec nous-mêmes, que serait devenu le salut du monde et notre propre salut? Commencez donc par où il a commencé : *Ego sanctifico meipsum, ut sint et ipsi sanctificati.* (1) Priez ensuite à son exemple, et sacrifiez-vous pour eux. De son temps il a converti peu de monde ; ceux qui sont venus après lui, pour continuer sa mission, en ont converti beaucoup plus. Peut-être n'êtes-vous aussi, dans sa pensée, envoyé là, que pour préparer la mission de ceux qui viendront après. Tout ce que je sais, c'est qu'il ne vous demande pas le succès : *Ego plantavi, Apollo rigavit, Deus autem incrementum dedit.* (2)

« Soignez bien surtout vos enfants, soyez avec eux plutôt comme un père que comme un maître : évitez avec eux le ton qui sent l'empire et le commandement ; attachez-vous à gagner leur cœur et leur confiance. Ayez pour eux une bonté excessive, vous ferez toujours plus par là que par tout le reste.

« Surveillez ensuite très-soigneusement vos malades. Voyez-les de bonne heure, et ne vous hâtez pas alors de leur parler religion et sacrements ; montrez-leur

---

(1) Je me sanctifie moi-même, afin qu'ensuite par moi ils soient sanctifiés.
(2) J'ai planté, Apollon a arrosé, mais c'est Dieu qui a donné l'accroissement.

auparavant combien vous prenez part à leurs souffrances : gardez-vous d'avoir avec eux un ton leste et brusque ; ayez au contraire un ton toujours calme, bon et compatissant. Apprenez-leur les vérités essentielles sans qu'ils s'en doutent et comme par forme de conversation, en leur parlant de Jésus-Christ, de ce qu'il faisait quand il était sur la terre, de sa bonté, de ses miracles, de son Église, de ses sacrements. — Puis peu à peu, de l'Eternité, de l'importance de s'y préparer, etc., etc. Questionnez-les adroitement sur ce qu'ils ont été, sur les diverses circonstances de leur vie.

« Tout votre ministère n'aboutit qu'à préparer les gens à bien mourir : donnez donc tous vos soins à ceux qui sont plus près de ce redoutable passage. Qu'importerait à un malade, négligé par nous, que nous sauvions après lui toute une paroisse ! Il n'en serait pas moins perdu, lui, pour l'éternité !.. »

M. Tavernier écrivait au même prêtre, encore au sujet de sa paroisse, pour soutenir et ranimer son zèle.

Mon bien cher abbé,

« Vous ne me paraissez qu'à moitié content de vos pauvres gens. Que voulez-vous ? Notre Seigneur ne l'était guère plus des Juifs. Les apôtres après lui, et après eux les missionnaires de tous les siècles, ont rencontré bien des résistances et des obstacles de tout genre. Nous avons jusqu'ici moins qu'eux les persécutions à subir.

« Après tout, voilà ce que je me suis toujours dit dans les diverses paroisses que le Divin Pasteur m'a confiées : « Il est certain, me disais-je, que Dieu a ici des élus; la preuve c'est qu'il y envoie un pasteur pour les appeler et les conduire. Ce que Dieu attend de moi, c'est d'être dans ses mains comme un pur instrument qu'il puisse faire agir à son gré, et de n'apporter de mon côté aucun obstacle à son action. Eh bien, je vais m'efforcer d'agir en conséquence...

« Dites-moi, bon abbé, quand dans tout votre ministère à M***, vous ne convertiriez ou même ne soutiendriez qu'une âme, croyez-vous que vous y auriez été inutile? Notre Seigneur n'a pas fait par lui-même beaucoup de conversions. Il a pourtant fait parfaitement la volonté de son père et il a admirablement rempli son ministère ! Que cet exemple vous encourage. Restez toujours bien uni à Dieu, fidèle à l'oraison, et à toutes vos pratiques de piété... Appliquez-vous ensuite à la connaissance de toutes vos brebis *nominatim* ; ayez un registre où se trouve un état exact de votre paroisse ; prenez des notes (pour vous seul) sur chaque famille ; cherchez à les voir, parlez-leur toujours avec amitié et cordialité, ne leur parlez jamais durement en chaire; gardez plutôt le silence quand vous vous sentez ému ; inspirez à vos enfants et à vos jeunes personnes une tendre dévotion à la Sainte Vierge ; instructions familières et courtes ; apprenez-leur l'histoire de la religion, c'est un moyen qui les intéresse et les instruit.... Adieu.... »

Voici encore deux autres lettres :

La première a pour objet l'exercice du zèle.

« Mon bien cher ami,

« Je demande au bon Maître de vous rendre de plus en plus un pasteur selon son cœur, un véritable homme de Dieu, qui soit dans sa main, toujours un souple et docile instrument de ses miséricordes, et qui ne se rende jamais un obstacle à ses grâces.

« Consolez-vous du reste, mon bon abbé, et n'allez pas vous décourager lorsque vous ne voyez pas vos travaux fructifier autant que vous le désirez. Vous le savez comme moi; Notre-Seigneur, en nous appelant à participer à son sacerdoce, ne nous a chargé que de planter et d'arroser ; et il tient toujours à se réserver à lui seul de donner l'accroissement.

« Ce n'est pas vous qui avez choisi la paroisse où vous êtes, c'est le Divin Pasteur qui a voulu vous confier lui-même cette portion si chère de son troupeau. Oui, je dis si chère; et je suis sûr de dire vrai, elle lui est d'autant plus chère qu'elle est plus éloignée de lui, et qu'elle se trouve plus exposée à périr. La brebis qui s'égare doit être bien chère au Bon Pasteur puisqu'il abandonne tout le reste pour courir après elle ! Et puis, que dites-vous de cette belle parole? *Non veni vocare justos sed peccatores. Non opus est valentibus medico sed male habentibus.*

« Et ne se peut-il pas, mon bon abbé, que Dieu ne vous ait envoyé à M*** que pour quelques âmes sur lesquelles il a des vues de miséricorde ; et peut-être même *pour une seule ?* Croiriez-vous dans ce cas votre mission inutile et vos travaux perdus? Allons, courage, tenez-vous de plus en plus intimement uni à Notre-Seigneur; consultez-le en tout et toujours; suppliez son cœur si bon de suggérer au vôtre ces saintes industries qu'il sait donner quand il veut à ses serviteurs, et de vous inspirer pour le choix des moyens à prendre, cette prudence, cette sagesse, cette douce et ingénieuse charité, cette inaltérable patience qui nous rendraient propres à tant de choses, si nous savions nous rendre dignes de les posséder.

« C'était là tout le secret des saints; que ce soit aussi le nôtre. Je sens pour moi que c'est une grande partie de tout cela qui m'a manqué. N'allez pas croire qu'en vous disant tout cela je vous attribue le non-succès ! Oh ! à Dieu ne plaise ! les saints eux-mêmes, que dis-je ? le Maître lui-même n'a pas opéré toutes les conversions qu'il désirait.... Pourquoi ? Parce que *novit Dominus qui sunt ejus*. Tout ce qu'il nous demande, c'est de nous dévouer corps et âme à son œuvre, et d'être toujours dans sa main un instrument qu'il puisse employer comme et quand il voudra. Courage donc et résignation !! Avec cela, n'attendez jamais reconnaissance et salaire que de Dieu seul : c'est le moyen de vous épargner bien des mécomptes et de ne rien perdre pour le ciel... Adieu.

« Je suis tout à vous en N. S.... »

La seconde de ces lettres a surtout pour but de calmer les inquiétudes d'une âme agitée.

« Mon bien cher abbé,

« Croyez-moi, rien ne rétrécit l'âme comme ces

défaillances continuelles et ces craintes excessives qui ne sont propres qu'à la jeter dans le trouble et dans l'agitation. Or : *Non in commotione Dominus*. Quand Dieu parle à une âme qui le craint, il ne l'agite pas, il ne la jette pas dans le trouble et le découragement : alors même qu'elle est coupable, il la reprend doucement et l'incline au repentir. Toutes vos perplexités ne sont qu'une pure tentation de la part du démon, qui ne gagne jamais tant que quand il peut arriver à pousser une âme à la défiance et au découragement.

« La plus funeste des tentations, dit saint François de Sales, est celle du découragement. Quand l'ennemi nous a fait perdre le courage de faire progrès en la vertu, il a bon marché de nous et nous pousse bientôt après dans le précipice du vice. Ayez donc patience avec tous, mais principalement avec vous-même. » Et ailleurs parlant précisément des tentations, il dit : « Faute de savoir bien discerner si la tentation est devant notre cœur ou dans notre cœur, nous nous troublons et nous souffrons. »

Ici M. Tavernier cite un long passage du même saint sur le même sujet; puis il ajoute :

« Ne semble-t-il pas, mon bien cher abbé, que ces choses soient dites exprès pour vous. Q'avez-vous donc à vous troubler sans cesse et à craindre ? Quand on veut le mal que suggère la tentation, quand on le recherche, quand on l'aime, on ne dit pas (comme votre conscience vous force à le dire) : Oui, il me semble pourtant que j'aimerais mieux mourir que de consentir à ces péchés détestables. Q'eût dit le bon saint François de Sales à une âme qui lui aurait tenu ce langage ? Que lui diriez-vous vous-même au saint tribunal ?... Eh bien! *Medice, cura teipsum. Vade et fac similiter.*

« D'ailleurs vous avez ici la voie de l'obéissance au directeur dans laquelle on ne s'égare jamais ; or je suis bien sûr que votre directeur vous répète les mêmes choses. Donc, allez avec confiance et sans aucune crainte ; et toutes les fois que les vents et les tempêtes viendront agiter votre petite barque, souvenez-vous que le Bon Maître ne vous a pas pour cela abandonné ; mais tandis que vous ramez d'un côté, il fait semblant de dormir à l'autre côté de la barque, et n'attend autre chose, sinon que vous l'appelliez à votre aide doucement et sans agitation.

« C'est ce trouble, cette agitation qu'il a voulu reprendre, quand il a dit aux apôtres effrayés : *Quid timidi estis, modicæ fidei?* Puis aussitôt : *Imperavit ventis et mari, et facta est tranquillitas magna.* Pour pénitence de toutes vos craintes, je vous impose de lire les chapitres 6, 12, 35, 50, 52, 55, 57 du 3ᵉ livre de l'Imitation.

« Reprenez aussi de plus en plus courage avec vos pauvres gens. Si vous continuez à vous adonner, avec un généreux dévouement, à l'œuvre que Notre-Seigneur vous a confiée, et à prêcher sa parole *cum omni patientia et doctrina*, il est impossible que votre ministère ne porte tôt ou tard ses fruits quand les moments de Dieu seront venus. C'est un grand talent et la marque d'une grande vertu que de savoir les attendre. Quand nous désirons trop vivement le succès, nous nous recherchons souvent en cela plus que Dieu.

« Notre Seigneur a su attendre *momenta quæ Pater posuit in sua potestate*, tant pour la conversion des âmes que pour son baptême de sang qu'il souhaitait pourtant avec une si brûlante ardeur ; et au fond il a converti par lui-même peu d'âmes. Dieu ne nous demande que de planter et d'arroser ; il se réserve de donner l'accroissement quand et comme il le voudra. Vous avez une si grande envie d'être missionnaire ! eh bien, soyez-le parmi les infidèles de M***, tant que Dieu voudra..... adieu !

Ecrivant à une personne du monde qui venait de faire une retraite, et s'était jusque-là sans doute montrée trop indécise pour le bien, et pas assez généreuse dans le service de Dieu, il lui disait :

« On a dit, est-ce vrai ? *Ce que femme veut, Dieu le veut*... On a voulu dire par là que quand une femme *veut sérieusement* une chose, il n'y a point pour elle d'obstacle insurmontable. Appliquez cet axiôme à la grande affaire de votre sanctification, ma chère enfant, et appuyez-vous sur la grâce de Dieu, vous deviendrez *une sainte peu commune*. Bâtie comme vous l'êtes, vous ne ferez jamais les choses à moitié. Si vous travaillez sérieusement et avec une volonté forte et généreuse à devenir bonne, *vous serez très-bonne*. Si au contraire, vous n'employez votre volonté qu'à suivre les penchants de votre mauvaise nature, vous ne serez pas seulement mauvaise, *vous serez très-mauvaise*. Que vous a-t-il manqué jusqu'ici? *Une volonté sérieuse pour le bien*. Vous oubliez une vérité essentielle, qu'a hautement proclamée le Divin Sauveur: *On ne peut pas servir deux maîtres*!

« Que votre petit règlement est beau *sur le papier*, ma chère enfant! mais qu'il serait bien plus beau encore si vous le traduisiez par vos actes !!... Croyez-moi, revenez-nous avec la volonté bien arrêtée de le traduire en pratique et tout ira parfaitement.

« Laissez la créature et donnez-vous à Dieu. Je ne vous crois pas faite pour le mariage. Votre caractère indépendant, et qui ne sait rien supporter, vous y rendrait malheureuse. Attachez donc une bonne fois à vos épaules les deux ailes que vous propose l'admirable auteur de l'Imitation, *la droiture d'intention*, en tout, partout, toujours et *la pureté d'affection*. C'est-à-dire allez *droit à Dieu, et faites tout par amour et pour le seul bonheur* de lui plaire. Mais pour cela, il faut *des résolutions sérieuses, renouvelées chaque jour, et seulement pour un jour, accompagnées d'efforts sérieux et constants*.

« Tout pour vous est dans ce mot qui termine le dernier chapitre du premier livre de l'Imitation. *Tantum proficies quantum tibi ipsi vim intuleris*. Adieu, ma chère enfant...

« Votre tout dévoué en Notre-Seigneur. »

Donnant des conseils à une personne qui se préparait à faire une retraite, il lui écrivait:

« La pensée qui devra vous occuper pendant toute la retraite est celle-ci :

« Je veux sérieusement sauver mon âme ! La vie ne m'est donnée que pour cela.

« J'ai donc deux choses à examiner pendant ma retraite : 1° Quels sont les principaux obstacles qui se sont opposés jusqu'ici à mon salut? — Mon confesseur me répète sans cesse que le plus grand obstacle c'est une *vie inutile* et *sans ordre*, qui me rend *insupportable* à moi-même, et *par suite aux autres*. Ne pouvant me supporter moi-même, je ne puis supporter personne et cela me jette dans une espèce *d'exaltation continuelle* dont le démon profite pour me faire faire des chutes de toutes sortes. C'est donc à cela qu'il faut que je remédie pendant ma retraite. Elle sera bonne, m'assure mon directeur, *si j'en rapporte et si je conserve* une volonté sérieuse de régler ma vie. »

« Votre grand besoin, ma pauvre enfant, continue-t-il, c'est de vous renouveler complètement dans la solitude et dans la retraite. Travaillez très-sérieusement à vous détacher de toutes les créatures pour vous donner franchement à Dieu. Etudiez très-sérieusement votre vocation pendant cette retraite : faites y une balance que vous communiquerez au Père de la retraite. Vous êtes à un âge où il faut définitivement prendre un parti: faites un essai de noviciat à l'Enfant Jésus de L*** ou ailleurs. Vous ne pouvez pas rester dans cet état d'incertitude et d'hésitation.

« Demandez-vous bien souvent chaque jour pendant cette retraite: Quel parti voudrais-je avoir pris à l'heure de ma mort? Puis écoutez la réponse sans vous faire d'illusion et agissez en conséquence... Pas de paix possible sans cela !!!.. Que Dieu vous bénisse!! Amen!... »

A une jeune religieuse qui venait de partir pour le Nouveau-Monde, il écrivait :

« J'ai lu avec beaucoup d'intérêt, ma chère enfant, les détails que vous donnez à A*** sur votre voyage en mer et sur votre arrivée. Je remercie Notre-Seigneur de vous avoir protégée et je lui demande bien instamment d'être avec vous toujours, de vous guider, de vous soutenir, de vous consoler, de vous encourager, de vous fortifier de plus en plus dans cette admirable carrière de sacrifices et de dévouement que vous avez embrassée.

« Quelle belle mission que la vôtre, ma bien chère enfant! quelle reconnaissance vous devez à Dieu de vous avoir choisie entre mille pour devenir, dans le Nouveau Monde, un instrument de sa toute miséricordieuse charité! Il a bien su trouver le secret de donner à votre nature si ardente un précieux aliment en lui proposant des sacrifices dignes d'elle et que vous saurez, j'en suis sûr, rendre si méritoires.

« Oh! par reconnaissance pour une telle faveur, ma chère enfant, soyez, je vous en conjure, bien fidèle à la grâce ! Ne marchandez jamais avec notre bon Maître sur les sacrifices qu'il vous demande jour par jour! Ne regardez jamais en arrière, mais toujous en avant. Souvenez-vous chaque jour de cette parole de Notre-Seigneur : *Si quelqu'un met la main à la charrue et regarde en arrière, il n'est pas propre au service de Dieu. Laissez les morts enterrer leurs morts et suivez-moi,* disait-il à saint Pierre et à saint André son frère. Prenez ces paroles pour vous et allez en avant !

« Si parfois votre bouillante nature s'impatiente et est tentée de se décourager à la vue des sacrifices continuels et de toutes sortes que votre précieuse et noble vocation vous impose, regardez le ciel et dites-vous : *Après tout, qu'est-ce que cela pour l'Eternité ?* Notre illustre patron saint Quentin n'a-t-il pas aussi quitté son pays, sa famille, ses amis, sa fortune, ses honneurs, pour traverser les mers et venir nous évangéliser ! S'il pouvait avoir un regret dans le ciel, ce serait celui de n'avoir pu faire encore plus de sacrifices. Voilà déjà quinze cents ans qu'il jouit de l'ineffable récompense de tous ses sacrifices, et son bonheur ne fait encore que commencer !...

« Soyez donc toujours généreuse, chère enfant ! Attachez-vous à deux grands bras à votre sublime vocation ! Soyez une religieuse fervente ! Pour cela, *observez scrupuleusement* vos saintes règles *même celle du silence*. Soyez obéissante *toujours, à la lettre, à la lettre* ! et Dieu vous bénira !

« Adieu, ma bien bonne et très-chère enfant, je suis comme toujours votre tout dévoué et très-affectionné père en Jésus-Christ. »

A la même personne qui avait eu la douleur de perdre son père, il écrivait de nouveau.

« Ma bien bonne petite sœur,

« Deux mots seulement, car je suis attendu en ce moment de tous côtés. Voilà donc encore un sacrifice! Et un sacrifice des plus grands que puisse faire en sa vie un excellent cœur comme celui que je vous connais! Soyez, ma chère enfant, bien généreuse pour l'accepter. Vous avez, du reste, une immense consolation, la plus précieuse qu'une fille religieuse et dévouée puisse désirer, puisque ce bon père s'est bien et même très-bien préparé, et qu'il a eu le bonheur de recevoir les sacrements avec une grande édification!

« Que voulez-vous, ma chère enfant, c'est comme cela que le Bon Dieu s'y prend avec nous quand il veut nous sanctifier! Il coupe, il tranche, les uns après les autres, tous les liens qui nous retiennent encore à la terre, afin de nous faire lever les yeux plus haut! Il retire, l'un après l'autre, tous les soutiens sur lesquels nous serions tentés de nous appuyer, encore pour nous forcer à nous appuyer sur lui seul! Croyez-moi, laissons-le faire, il ne se retirera jamais pour nous laisser tomber. Disons avec le Roi-Prophète : *Seigneur, tous ceux qui s'éloignent de vous périront! Pour moi, il m'est bon de m'attacher à vous et de mettre en vous toute ma confiance!!!....*

« Adieu, ma bien bonne et chère enfant, agréez la nouvelle assurance de mon plus tendre et de mon plus affectueux dévouement.

« Votre Père en Dieu. »

M. Tavernier écrivait à une autre personne qu'il avait dirigée autrefois, et qui venait d'être cruellement éprouvée:

« Madame,

« Je prends une part bien vive, croyez-le, aux épreuves si sensibles auxquelles le Bon Dieu vous soumet. Si je pouvais les partager avec vous, je sens que je vous en laisserais le moins possible. Mais non, il ne me reste d'autre moyen que d'y compatir de toute mon âme et de prier.

« Soyez, je vous en supplie, bien courageuse au milieu de toutes ces peines de cœur si vives. Soyez jusqu'au bout la *femme forte* dont parlent nos divines Ecritures.... Ne vous laissez abattre par rien... Soyez toujours chrétienne à tout prix, épouse dévouée et vigilante, et tendre mère. N'allez pas vous imaginer que le Bon Dieu vous abandonne parce qu'il vous éprouve: c'est tout au contraire parce que vous lui étiez agréable qu'il a fallu que vous fussiez mise à l'épreuve. Quand il veut sanctifier une âme, c'est toujours, ou presque toujours ainsi qu'il s'y prend. Avec le caractère et le cœur que je vous connais, la prospérité vous eût perdue.

« Laissez donc, croyez-moi, laissez notre bon Maître faire de vous ce qu'il voudra ; il sait mieux que vous ce qui vous est le plus utile au point de vue de votre salut et de votre éternité. La vie est si courte!! Les jouissances que l'on voudrait y goûter passent si vite!! Vouloir attacher et fixer son cœur aux créatures et aux fausses joies de la vie, c'est consentir à l'avance à passer avec elles; or tout ce qui passe est méprisable...

« Votre cœur si bon, que je crois entendre d'ici battre si vite et si fort, a besoin d'un bonheur plus solide et plus durable; dites-lui donc bien souvent désormais de le chercher plus haut.

« Acceptez dans cette vue tout ce qu'il plaira à Dieu de vous imposer de sacrifices... Ne craignez pas, il ne vous en imposera jamais un seul que vous ne puissiez lui faire avec sa grâce... Soyez aussi d'une exactitude scrupuleuse pour vos exercices de piété. » (Et ici M. Tavernier entre dans des détails que nous avons déjà reproduits.)

A la même personne qui venait de perdre son mari, il écrivait ces lignes touchantes.

« Les détails que vous m'avez donnés sur la mort de votre bon mari m'ont vivement touché. Cette mort a été véritablement celle des élus ! N'êtes-vous point, par là même, déjà bien récompensée de tous vos sacrifices et de toutes vos peines ? Qu'est-ce que votre cœur d'épouse, que je connais si bon, pourrait lui souhaiter de meilleur ou même de comparable ? Et pour nous-mêmes quel est le meilleur et le plus sûr moyen de conserver nos affections, sinon de leur donner rendez-vous dans l'éternité !

« Je ne me dissimule pas toutefois que votre tâche est pour ainsi dire doublée. Vous avez seule maintenant la difficile mais bien belle et bien douce mission de diriger vos chers enfants dans la vie et de préparer leur avenir : Appuyez-vous pour cela sur Dieu.

En vous enlevant votre tuteur naturel, il a pris par là même l'engagement de vous en tenir lieu..... Deux choses du reste vous le rendront toujours favorable...

1° Fidélité scrupuleuse aux exercices de piété. 2° Confessions et communions fréquentes. »

Citons en terminant les extraits de deux lettres écrites à des jeunes personnes que M. Tavernier avait dirigées dès leurs plus tendres années.

« Prenons garde à certaines petites douceurs, qui sans avoir des inconvénients bien graves, j'en ai la confiance, ne laissent pas que d'amollir et d'exposer un peu... Je voudrais dans mes chères enfants une vertu mâle et généreuse: je voudrais ne voir dans leurs excellents cœurs, toujours, que des affections bien pures et dignes de Dieu. L'amitié fondée sur la vertu et sur l'estime réciproque n'en est que plus solide et plus durable: c'est une amitié impérissable, rien ne la peut détruire. — Des amis de cette sorte ne se perdent jamais de vue, dans la vie, se font un bonheur de s'entr'aider et de se soutenir mutuellement ; s'encouragent à supporter ensemble les épreuves et les misères de la vie, pour mériter de se retrouver un jour ensemble dans un monde où l'on ne se quitte plus, et où l'on peut s'aimer sans danger.

« Donnez, mes bien bonnes enfants, toute votre confiance à votre excellent père spirituel que j'aime beaucoup, et qui est admirablement propre à vous guider. Vous me reviendrez si bonnes que je serai, je le sens, heureux et fier de me redire votre père...

Je désire si sincèrement et si vivement vous voir tout à Dieu !...

« Je suis étonné de ce que E** me dit de l'Imitation qu'elle ne me paraît pas goûter. Pour moi, c'est mon grand livre, et j'avoue que je ne le lis pas une seule fois, sans y découvrir toujours quelque chose de nouveau que je n'avais pas encore suffisamment compris... Méditez-la bien, et l'Imitation deviendra pour vous le livre des livres, et une source intarissable d'encouragements et de consolations.... »

« Je vous pardonne bien volontiers votre colère, dit-il dans une autre lettre, je ne la crois qu'apparente, et même je la regarde comme une pieuse industrie pour obtenir plus vite une réponse... Pour reprendre l'établissement dont vous me parlez il vous faut de l'argent ; combien je souhaiterais ardemment pouvoir lever moi-même cette difficulté ! je ne laisserais, soyez-en bien sûre, à personne, le bonheur de vous être utile. Mais, voudrez-vous croire que je n'ai par devers moi aucune avance !... Prenez courage et confiance : appuyez-vous sur Dieu, il n'abandonne jamais les orphelins qui espèrent en lui. *Orphano tu eris adjutor.* »

Qu'on nous permette encore de transcrire cette lettre à l'un de ses vicaires, qui avait eu la douleur de perdre sa mère: le cœur de M. Tavernier s'y révèle tout entier.

« Je m'empresse de venir vous dire combien je prends part à votre immense et trop juste douleur et à celle de votre excellente famille. C'est une grande perte, mon bien bon et très-cher abbé, et une perte irréparable que la perte d'une mère, surtout d'une mère comme la vôtre! J'ai perdu la mienne à l'âge de dix ans, et cette perte, je l'ai ressentie toujours... On perd tant et de si vives affections en perdant une mère!!

« Vous avez du moins une ineffable consolation dans une peine si amère, c'est la soumission admirable avec laquelle elle a accepté son sacrifice, et l'admirable dévouement avec lequel elle a su l'offrir à Dieu pour la conversion et le salut d'une âme. C'est bien là le cas de s'écrier: *Pretiosa in conspectu Domini mors sanctorum ejus! Beati mortui qui in Domino moriuntur! Moriatur anima mea morte justorum!*

« J'ai recommandé à ma messe de samedi cette pauvre mère, et je lui ai très-spécialement appliqué nos prières de l'Archiconfrérie. Nous l'avons fait à la grand'messe et nous le ferons encore ce soir!

« Demain, je serai de cœur avec ceux de ces messieurs qui iront unir leurs prières aux vôtres. Je prierai ici de tout mon cœur et je prendrai la plus grande part que je pourrai de toutes vos douleurs... Dites-le, s'il vous plaît, à votre excellent et vertueux père, à votre bien cher frère, et à votre bonne famille...

« Agréez pour vous et pour eux, l'assurance de mes plus vives sympathies et de mon plus affectueux dévouement. »

CHAPITRE XIX.

UNE JOURNÉE DE M. TAVERNIER A SAINT-QUENTIN.

> *Et dies pleni invenientur in eis.*
> « Et leurs jours seront pleins aux yeux de Dieu. »
> (Psalm. LXXII, v. 10.)

M. Tavernier ne prenait que six heures de repos, et se levait vers cinq heures et demie en toute saison. Sa première pensée fut toujours pour Dieu; son premier acte, un acte d'amour; et sa première action, le signe de la croix avec l'offrande de toute la journée : *Ad majorem Dei gloriam et ad salutem animarum* (1). Telle était sa devise, tel fut toujours son vœu le plus cher.

Après les soins nécessaires donnés à sa toilette, M. Tavernier faisait sa prière suivie de l'oraison.

Vers 7 heures, il se rendait à l'église pour y confesser quelques personnes. Au sortir de sa demeure il distribuait l'aumône à une vingtaine de pauvres, se

---

(1) Pour la plus grande gloire de Dieu et pour le plus grand bien des âmes.

préparant ainsi à la sainte messe qu'il disait à 8 heures. Puisque nous en avons ici l'occasion, nous devons dire comment il célébrait les saints mystères.

Il avait pour les choses saintes le plus profond respect, et rien dans la religion, rien dans l'église n'était petit à ses yeux : mais avec quelle tendre piété surtout il offrait l'Auguste Victime ! avec quelle scrupuleuse exactitude il accomplissait toutes les cérémonies prescrites par la sainte liturgie, avec quelle attention et quel soin il prononçait toutes les paroles ! avec quel respect il prenait entre ses mains Notre-Seigneur, soit pour se communier lui-même, soit pour le distribuer aux fidèles.

Sa tenue à l'autel était noble et digne, sans avoir rien de guindé ; ses yeux étaient toujours modestement baissés : il paraissait, en un mot, vivement pénétré de la grande action qui s'opérait par son ministère ; et l'on peut dire qu'après avoir célébré la messe pendant près de 42 ans, il ne s'est jamais familiarisé avec la sainte Eucharistie.

On lui reprochait même trop de longueur à l'autel, une demi-heure ne lui suffisait pas pour les messes basses : mais on peut lui rendre le témoignage que jamais il n'oublia la ferveur de sa première messe et que toutes celles qu'il offrit durant sa longue carrière sacerdotale furent saintes et précieuses aux yeux de Dieu.

« Tous ceux qui ont connu M. Tavernier, écrit une religieuse, ont dû être frappés comme moi de l'esprit de foi qui le caractérisait, et de son grand recueillement dans le lieu saint, surtout quand il offrait le saint sacrifice. Mais il n'appartient qu'aux circonstances extraordinaires de nous faire bien connaître les sentiments qui animent les saints. J'ai eu moi-même le bonheur d'être témoin d'une de ces circonstances qui m'a profondément édifiée et touchée: la voici en quelques mots:

« M. Tavernier célébrait la sainte messe à l'autel de saint Quentin qui se trouve dans la nef: il commençait les prières du Canon, quand tout à coup des cris effrayants se font entendre dans l'intérieur même de l'église: au feu! au feu! et l'on annonce que le buffet des grandes orgues vient de s'enflammer. Jugez de la cohue, du désordre, des allées et venues, surtout dans la nef. Pour moi, je ne voyais qu'une seule chose, c'était le ministre du Seigneur, qui continuait le saint sacrifice sans se troubler: il était si profondément recueilli et je dirai presque tellement abîmé en Dieu, que tout ce tumulte et tous ces cris, joints au danger qui en pouvait résulter, ne le firent pas retourner une seule fois, ni même faire le moindre mouvement des yeux! aussi me retirai-je en m'écriant: Oh! oui, Dieu est admirable dans ses saints! »

Jamais, à moins d'être retenu par une indisposition sérieuse, M. Tavernier ne s'abstenait d'offrir le saint sacrifice; malade, sa grande privation était de ne pouvoir monter à l'autel. On l'a vu pour célébrer la messe, se rendre à l'église alors qu'il n'était que convalescent et se soutenait à peine. « Je ne puis, disait-il, rester plus longtemps privé de ce bonheur. »

Après la messe, il faisait toujours son action de grâces, qu'il prolongeait souvent, dans ces dernières années surtout, au delà d'un quart d'heure. (1) Puis il donnait audience dans la sacristie à un certain nombre de personnes pieuses dont il calmait les inquiétudes, ou qu'il éclairait de ses conseils. Il recevait ensuite ses chers pauvres, et sa bourse leur était toujours ouverte comme son cœur. Combien de jours, où, pour l'heure de midi, il avait placé dans les trésors de Dieu plusieurs pièces de cinq francs!

C'est alors que M. Tavernier prenait son déjeûner, toujours sans quitter la sacristie. Aussitôt après, il entrait au confessionnal, d'où il ne sortait la plupart du temps que vers onze heures et demie, et parfois plus tard.

Il récitait alors les petites heures, et rentrait chez lui à midi et demi pour prendre son repas. Ce serait ici le lieu de parler de son extrême frugalité et de la

---

(1) Nous donnons ici *une prière après la sainte communion* que M. Tavernier composa pour l'usage des sœurs de l'Enfant-Jésus, et qui fut, dans la suite, livrée à l'impression.

« Vive Jésus et Marie!

« O mon bien-aimé Jésus, qui avez aimé mon âme, jusqu'à vous anéantir et à tout souffrir pour elle, jetez encore en ce moment sur moi, un regard de miséricorde et de bonté. C'est aussi pour adoucir mon exil que vous avez voulu résider à jamais dans nos saints tabernacles; eh bien! vous y serez tous les jours mon refuge, toute ma consolation et le dépositaire de toutes mes peines.

« Mais pour toutes vos bontés, que vous rendrai-je, ô débonnaire Sauveur? Je renouvelle en ce moment à vos pieds, avec une joie et un abandon sans mesure, tous les sacrifices que vous m'avez inspiré de vous faire, et me dévoue par avance à tous ceux que vous voudrez bien exiger encore; je les unis au précieux et très-adorable sacrifice que vous continuez tous les jours sur le saint autel, partout et dans tout le monde; je les unis aussi aux mérites de la Très-Sainte et bien-aimée Vierge que vous m'avez donnée pour

simplicité de sa table, si l'on pouvait entrer dans ces détails d'intérieur. Ceux qui l'ont le mieux connu savent tout ce que l'on pourrait dire à sa louange sur ce point.

Après son repas, lorsqu'on lui en laissait le loisir, il prenait quelques instants d'une honnête récréation en jouant *aux Dames* : c'était son jeu favori et à peu près le seul qu'il connût ; il y était devenu maître passé, et trouvait à gagner un plaisir toujours nouveau.

Venaient ensuite les visites : il ne se passait guère de jours qu'il ne reçût plusieurs personnes ; souvent même il consacrait à ces réceptions deux et trois heures entières ; et ces heures n'étaient pas à ses yeux et ne furent sans doute pas aux yeux de Dieu des heures perdues. M. Tavernier avait trouvé le secret d'y pratiquer une foule de vertus.

La patience d'abord, une patience inaltérable ; ne manifestant jamais le moindre mécontentement,

---

mère ; je les unis enfin aux hommages et aux mérites de tous les saints dont elle est la souveraine, et particulièrement de ceux qui vous ont le plus glorifié sur la terre et en qui vous m'avez donné une plus particulière confiance.

Je m'unis moi-même d'esprit et de cœur, pour vous honorer et vous bénir, à toutes les âmes pieuses qui sont encore sur la terre et surtout à celles qui me sont unies par les liens de votre admirable charité. O bon et très-doux Jésus, je suis toute à vous ; je vous dévoue mon corps, mon âme et tout ce que je suis : à chaque mouvement de mon pauvre cœur, aujourd'hui et toute ma vie, je veux vous dire que je m'abandonne à vous et vous aime sans partage et sans mesure ; mais aussi je ne sortirai point d'ici et ne vous quitterai point que vous ne m'ayez donné votre bénédiction, ainsi qu'à toutes les personnes qui me sont chères. Daignez abaisser sur nous un regard de bonté et diriger dans votre service toutes nos démarches et toutes nos œuvres. Ainsi soit-il ! »

même lorsque pour des choses frivoles on lui faisait passer un temps précieux. — Il y pratiquait la douceur et la charité ; ne rebutant jamais personne, recevant tout le monde indistinctement, riches et pauvres, grandes dames et simples ouvrières. Il y pratiquait même le zèle des âmes. Comme on l'a déjà dit : Le zèle est le mot qui résume toute sa vie, et on le trouve partout l'homme du zèle. Dans l'intimité de ces rapports, dans ces conversations si paternelles et toujours si sacerdotales, que de consciences il a éclairées, que d'amertumes il a adoucies, et dans combien de cœurs ulcérés il a fait pénétrer avec la résignation chrétienne les douces consolations de la foi !!

Qui dira aussi toutes les aumônes qu'il a faites dans le secret de sa demeure ; aumônes d'autant plus agréables à Dieu et plus méritoires, qu'elles étaient mieux voilées aux regards des hommes sous les dehors d'une visite de politesse et de bienséance ? Qui dira enfin tous ceux qu'il a ramenés à Dieu par sa douce et onctueuse parole, ou que du moins il en a rapprochés par son commerce si facile et si aimable ?

Pour nous qui l'avons vu à l'œuvre plus d'une fois, nous ne doutons pas qu'il n'ait reçu de Dieu une particulière récompense pour ces longues heures de visites, comme pour toutes les autres œuvres de sa vie.

M. Tavernier saisissait au vol l'heure qui suivait les visites pour réciter son bréviaire ; et il le récitait avec le plus grand recueillement, sans précipitation, toujours comme en la présence de Dieu.

C'était ordinairement vers le soir qu'il visitait ses malades ; et il en avait presque toujours, car jamais il ne refusait de se rendre près de ceux qui le demandaient nommément. C'est là, au chevet des moribonds, qu'il faudrait le montrer ; dans cette grave circonstance, on peut dire qu'il se surpassait lui-même. Vivement pénétré des pensées de la foi, et voyant dans les derniers jours de la vie les jours les plus précieux pour le salut, il ne négligeait rien pour préparer à une sainte mort ceux qu'il était chargé d'assister à leurs derniers moments. Il abandonnait tout pour les visiter, il les visitait fréquemment, plusieurs fois chaque semaine ; et il faisait des visites plus fréquentes encore, quand il les voyait près de mourir. Il désirait se trouver auprès d'eux lorsqu'ils allaient rendre le dernier soupir, afin de les soutenir dans ce moment décisif d'où dépend l'éternité ; et pour cela il leur suggérait, comme le conseillent les maîtres de la vie spirituelle, des actes de foi, d'espérance et de charité, puis des invocations à Jésus, à Marie, à saint Joseph, à l'Ange gardien ; et il leur donnait comme dernier gage de salut une dernière absolution.

On l'a vu parfois s'asseoir près des malades pendant une heure entière, oubliant toute autre occupation pour les consoler, leur racontant quelque trait de la vie des Saints, et sa mémoire en était toute meublée : ou bien il leur commentait une parole de la Sainte Ecriture en rapport avec leur état, ou bien il leur lisait un chapitre de l'Imitation de Notre Seigneur, qu'il savait si bien expliquer. Aussi tous ceux qui ont été assistés par lui ont eu l'inestimable bonheur de faire une mort édifiante, plusieurs sont morts comme des saints (1).

Quand le malade n'était pas disposé à recevoir les derniers sacrements, M. Tavernier savait attendre les moments de la grâce : il offrait alors pour lui ses prières et ses bonnes œuvres ; il le recommandait aux prières des associés de l'Archiconfrérie, et il réussissait presque toujours à obtenir sa conversion.

M. Tavernier, après la visite des malades, ne revenait au presbytère que vers le soir, heureux s'il pouvait alors trouver quelques instants à consacrer au travail, à la lecture de la vie des saints ou de quelque ouvrage de spiritualité. Vers 8 h. il prenait son repas ; puis après une petite récréation il rentrait chez lui, mettait ordre à sa correspondance (c'est-à-dire qu'il répondait aux lettres les plus pressées), et récitait les trois chapelets que nous avons dit. Dans la belle saison, c'est au jardin qu'il accomplissait ses exercices de piété, s'arrêtant souvent pour contempler le ciel, et s'élevant vers Dieu par le spectacle de cette voûte étoilée qui raconte si bien la gloire du Très-Haut.

---

(1) Après la mort de M. Tavernier, un prêtre, appelé à le remplacer auprès de plusieurs malades qu'il visitait de son vivant, atteste qu'il a été on ne peut plus édifié de leur résignation et des sentiments qu'ils exprimaient sur leur lit de mort.

A onze heures et demie, assez souvent même à minuit, M. Tavernier allait prendre quelques heures de repos si saintement et si laborieusement gagné ; et voulant faire comme une oraison du sommeil lui-même : « Mon Dieu, disait-il avant de s'endormir, je vous offre toutes mes pulsations comme autant d'actes de contrition parfaite, et tous les battements de mon cœur comme autant d'actes d'amour ; afin que si je dors, mon cœur du moins soit toujours près de vous ! ! »

Peut-on trouver une plus belle traduction de cette parole de l'Epouse des cantiques : *Ego dormio, et cor meum vigilat ?* (1)

Le samedi était un jour exceptionnel pour M. Tavernier : entré à l'église avant 7 heures, pour entendre les confessions, il n'en sortait qu'après midi sonné ; il y revenait ensuite vers 4 heures et ne quittait le confessionnal qu'à 8 heures et souvent 9 heures du soir. Que de mérites acquis pendant ces longues séances au tribunal de la pénitence, où se rencontrent tant d'occasions de pratiquer les vertus les plus excellentes !

Le dimanche était aussi un jour particulièrement rempli. M. Tavernier, avant sa première attaque, ne cédait jamais à ses vicaires l'honneur de célébrer la messe paroissiale, il la chantait lui-même chaque dimanche ; puis il présidait, et cela sans exception, l'office des vêpres et le salut ; il confessait ensuite

---

(1) Je dors, mais mon cœur veille.

jusqu'à **7** heures, et présidait enfin l'exercice de l'Archiconfrérie, qui, nous l'avons dit, ne durait pas moins d'une heure et un quart...

Et dies pleni invenientur in eis.

CHAPITRE XX.

ZÈLE POUR LE SALUT DES AMES. — FONDATION DES AUGUSTINES GARDE-MALADES. — STATIONS DE CARÊME ET RETRAITES PAROISSIALES.—ÉTABLISSEMENT D'UNE CHAPELLE PROVISOIRE AU FAUBOURG D'ISLE. — PROCESSIONS DU SAINT - SACREMENT. — ARCHICONFRÉRIE DES MÈRES CHRÉTIENNES, ETC.

> *Zelo zelatus sum pro Domino Deo exercituum.*
> « J'ai brûlé de zèle pour le Seigneur Dieu des
> » armées. »
> (III *Reg.* XIX, 10.)

Toute l'histoire que nous avons retracée jusqu'ici n'est que l'histoire du zèle pastoral le plus actif et le plus entreprenant : la seule énumération des œuvres multiples réalisées par M. Tavernier, et dont nous avons fait le récit, suffirait pour le prouver. Il nous reste encore néanmoins à grouper ici plusieurs œuvres que la trame de notre récit nous a contraint d'omettre.

Comme tous les bons prêtres, M. Tavernier ne voulait pas que l'on attendît trop pour proposer aux malades les dernières consolations de la religion : et, à ce propos, il racontait le trait suivant qui remonte à l'année 1830 environ.

« Le vénérable doyen du canton, où j'exerçais alors le saint ministère, était gravement malade. Un jour, plusieurs confrères venus pour le voir se rencontrèrent avec moi près de lui. Tous trouvaient son état fort inquiétant, et aucun d'eux n'avait encore osé jusque là lui parler des derniers sacrements. J'avais plus de raisons que tout autre de m'abstenir, car j'étais un des plus jeunes, et je passais, bien à tort sans doute, pour convoiter la place du mourant. Mais il s'agisait des intérêts éternels d'une âme, je n'hésitai pas à m'acquitter d'un devoir sacré, celui d'avertir le digne prêtre que sa dernière heure était proche.

« Monsieur le doyen, lui dis-je avec toute la douceur possible, dans l'état où vous êtes, ne seriez-vous pas heureux de recevoir Notre-Seigneur ? »

« Il me comprit, et aussitôt des larmes coulèlent de ses yeux ; puis m'invitant à m'asseoir : Merci, mon cher ami, me dit-il, merci ; et c'est à vous-même que je veux me confesser.

« J'entendis sa confession, et je lui administrai le Saint Viatique et l'Extrême-Onction.

« Quelques heures après, vers le soir, il était mort !! Et son confesseur ordinaire demeurait assez loin de là.

« Quand moi-même je serai sur le point de mourir, ajoutait M. Tavernier en souriant, surtout ne manquez pas de m'avertir : car si vous négligez de le faire, je viendrai la nuit vous tirer par les pieds. »

Dès son arrivée à Saint-Quentin, M. Tavernier se préoccupa beaucoup du soin des malades. Ayant appris avec douleur qu'un trop grand nombre alors, surtout parmi les riches, mouraient sans sacrements, il résolut de prévenir désormais, autant qu'il serait en lui, un pareil malheur. Il se fait conduire à la demeure de ceux qu'il sait être gravement malades, et demande, en vertu de ses droits de pasteur, à être introduit près d'eux. Voici un trait entre plusieurs autres.

Il apprend qu'une dame est à la dernière extrémité et qu'elle n'a pas encore reçu la visite d'un prêtre ; il se rend à sa demeure, accompagné de l'un de ses vicaires. (1) Le mari se présente, et M. Tavernier lui demande à être introduit près de la malade. Le mari refuse, sous prétexte que son épouse n'a pas jusqu'alors manifesté le désir de voir un prêtre. M. Tavernier fait de nouvelles instances, mais elles sont aussi inutiles que les premières : voyant enfin que toutes ses prières ne servent de rien, il prend un air grave et sérieux, et du ton le plus solennel il lui dit :

« Monsieur, je vous prends à témoin qu'aujoud'hui, à telle heure, je suis venu, comme pasteur, vous demander à voir votre épouse malade pour lui offrir les dernières consolations de la religion, et que vous me l'avez refusé. Je vous cite et je vous attends au tribunal de Dieu, où vous rendrez compte de

(1) M. l'abbé Genty

votre refus et où vous répondrez de l'âme de votre épouse. »

Le vénérable ecclésiastique qui l'accompagnait fut lui-même profondément ému de ces paroles et du ton avec lequel elles furent prononcées. Le mari tout tremblant hésitait, et finit par dire que si sa femme manifestait le désir de voir un prêtre, il le ferait appeler; mais qu'il ne l'admettrait que sur sa demande expresse.

M. Tavernier dut se retirer, et quelques jours après, la malheureuse femme mourait sans sacrements !

M. Tavernier se présenta ainsi dans plusieurs maisons où il fut ordinairement mieux accueilli, et les mêmes démarches fréquemment renouvelées par lui et par ses vicaires, et aussi le progrès des idées religieuses propagées par toutes les œuvres que nous avons dites, amenèrent les plus heureux résultats : aujourd'hui bien peu de personnes, à Saint-Quentin, même dans la classe opulente, meurent sans se réconcilier avec Dieu.

On doit attribuer aussi en partie ce succès aux religieuses Augustines garde-malades ; et c'est encore à M. Tavernier que Saint-Quentin est redevable de cette institution.

Il s'était souvent demandé quel serait le moyen d'aborder plus facilement les riches du siècle à leurs derniers moments, alors qu'ils nous ferment si obstinément, comme il le disait lui-même, la porte de leurs demeures. Bientôt il eut connaissance de l'institut des Augustines de Cambrai, qui se dévouent aux soins des malades à domicile, et en même temps à l'éducation des jeunes enfants de la classe aisée. Il conçut dès lors un vif désir d'en doter sa paroisse, et s'aboucha avec leur supérieur général.

Peu de temps après, et comme par un trait de Providence, il fut appelé à assister une pieuse et sainte fille à son lit de mort : cette personne, qui jouissait d'une assez belle fortune, voulait faire en mourant quelques legs pieux et consulta son confesseur à cet égard. M. Tavernier lui indiqua la fondation qu'il avait projetée, lui faisant en même temps comprendre tout le bien qu'il en espérait. La malade le comprit et légua pour cette œuvre une somme assez importante.

Aussitôt que M. Tavernier fut en possession de ce legs, il fit venir de Cambrai plusieurs religieuses Augustines. Les commencements sans doute furent assez pénibles : un certain nombre de personnes dans la classe opulente, à Saint-Quentin, avaient besoin de se familiariser avec des garde-malades en habits religieux. Mais peu à peu le dévouement de ces saintes filles, leurs soins assidus, leur délicatesse, leur douceur les firent avantageusement connaître ; et bientôt les portes des plus riches demeures leur furent ouvertes.

Mais aussi bien, leur vue seule n'est-elle pas, pour des cœurs égarés et prévenus, une prédication muette plus éloquente souvent et plus efficace que les plus pressantes sollicitations d'un prêtre zélé ?

L'image du Sauveur en croix et le chapelet de la sainte Vierge, qu'elles portent suspendus à leur ceinture, rappellent les croyances et les pieuses pratiques du jeune âge, en même temps que les deux grands motifs de confiance offerts au chrétien qui va quitter la vie; la passion du Sauveur et la puissante protection de Marie. De plus, ces bonnes religieuses, recevant presque tous les jours Notre-Seigneur par la communion, ne portent-elles pas avec elles, près des malades qu'elles assistent, celui qui sait toucher les cœurs les plus endurcis? Les malades, d'ailleurs, quels qu'ils soient, vaincus par leur constante et chrétienne charité, ne leur refusent pas le droit de parler de Dieu. L'expérience a confirmé plus d'une fois la vérité de ce qu'on vient de lire.

En même temps qu'elles se vouaient au soin des malades, les Augustines fondaient à Saint-Quentin un asile par les petits enfants. — Aujourd'hui, au nombre de 18, ces religieuses occupent une belle et vaste maison, dans la rue de la Fosse, au centre de la ville. Leur action, et le bien qu'elles opèrent, s'étend même au-delà des limites de la paroisse de Saint-Quentin : on les demande souvent dans les campagnes environnantes, et quelquefois au loin.

Ce serait une omission regrettable, en écrivant cette histoire, de ne rien dire des stations de Carême, et des retraites paroissiales, car c'est à elles que M. Tavernier attribuait en grande partie les nombreuses conversions opérées pendant les années de son ministère à Saint-Quentin.

Son prédécesseur, M. Grandmoulin, prêchait ordinairement lui-même presque en entier les stations quadragésimales. La plupart des ordres religieux n'avaient pas encore refleuri dans notre France, les religieux y étaient donc assez rares, et le clergé des paroisses devait suffire à tout. Le vénérable Archidiacre de Saint-Quentin, d'ailleurs, doué de toutes les qualités qui font les orateurs, avait réussi, jusqu'à la fin de sa vie, à réunir autour de la chaire sacrée un nombreux auditoire, et sa parole sympathique trouva toujours de l'écho dans les âmes; jamais peut-être il ne sentit le besoin d'appeler à son secours des prédicateurs étrangers.

Toutefois, sans entreprendre ici de faire ressortir tous les précieux avantages des missions, on nous permettra de remarquer, et l'expérience des dernières années l'a surabondamment prouvé, qu'une voix étrangère, surtout la voix d'un religieux à l'extérieur austère et mortifié, formé, dans le silence de la retraite et la méditation approfondie des vérités saintes, à l'éloquence sacrée, a souvent plus d'empire sur des âmes égarées que la voix habituée du pasteur.

Dieu semble lui réserver des succès plus éclatants, et les conversions plus désespérées ! Que de fois on a vu des pécheurs, durant de longues années, demeurer sourds à la voix de leur curé qui les pressait de revenir à Dieu, et tout à coup dans les jours heureux d'une mission, tomber aux pieds d'un prêtre venu de loin et qui ne doit plus les revoir !

M. Tavernier ne l'ignorait pas, car il n'avait pu oublier les succès de la mission prêchée dans sa paroisse de Rosoy, en 1828 : aussi une de ses premières pensées, dès son arrivée à St-Quentin, fut-elle d'appeler chaque année un religieux pour les prédications du carême.

Mais, là encore, une difficulté se présentait. A cette époque, le nom seul et l'habit de religieux avaient quelque chose qui effrayait, loin d'attirer. Calomniées et proscrites, les congrégations religieuses passaient volontiers dans l'esprit public pour des associations dirigées par l'orgueil et l'ambition. Dans un certain monde on s'en défiait, à peu près comme les gens de bien, aujourd'hui, se défient des sociétés secrètes.

Il fallait donc user de prudence. Aussi, M. Tavernier commença par établir une retraite paroissiale à l'époque de la fête de St-Quentin qui se célèbre à la fin d'octobre ; et il fit venir pour la prêcher un père de la compagnie de Jésus (1). C'était le révérend père A***, qu'on appela monsieur A*** ; pour n'effaroucher personne. L'éloquent religieux, jeune encore

---

(1) On a pu voir déjà chez M. Tavernier, en plusieurs endroits de cette vie, une prédilection marquée pour la Compagnie de Jésus, et nous la signalons à dessein : car à leur tour les Pères de cette Société, qui ont eu l'avantage de connaître le digne Archiprêtre, lui avaient voué une affection particulière, nous allions même dire une sorte de reconnaissance ; et ils aimaient à appeler le presbytère de Saint-Quentin une succursale de leur maison dans le diocèse.

et plein de verve, obtint de brillants succès ; ses sermons très-courus firent désirer son prochain retour. Les premières difficultés étaient vaincues ; les voies se trouvaient préparées pour le carême de l'année suivante : et quand alors on annonça que la station serait prêchée par le jeune missionnaire déjà si avantageusement connu, cette nouvelle fut favorablement accueillie.

Dès le début des exercices, les fidèles se pressèrent en foule autour de la chaire sacrée, et on vit s'opérer bientôt de nombreuses conversions. Ces prédications extraordinaires renouvelées deux fois chaque année, à l'époque du carême et de la retraite paroissiale, grossirent peu à peu le nombre des vrais fidèles.

Néanmoins, une partie de la population restait en dehors du mouvement religieux et la parole des prédicateurs ne les pouvait atteindre ; c'était la population des faubourgs. Leurs habitants, au nombre d'environ 12,000, fort éloignés de l'église paroissiale, avaient fini par en oublier le chemin et par perdre entièrement l'habitude d'y venir, même aux grandes solennités.

M. Tavernier, qui se sentait le père et le pasteur de tous, regarda toujours comme une de ses obligations les plus rigoureuses, de pourvoir aux intérêts religieux de ces pauvres âmes. Si les trois faubourgs n'ont pas été pourvus d'églises de son vivant, ce n'est pas à lui qu'il faut s'en prendre, car il se montra toujours disposé à les laisser distraire de sa paroisse, et à les faire ériger en succursales. Le faubourg d'Isle, plus vaste que les autres et plus éloigné du centre de la ville, appela principalement l'attention et les efforts de son zèle.

Dans une lettre à M. le Ministre des cultes, datée de 1851, après avoir exposé ce qui concernait l'œuvre des frères, M. Tavernier ajoutait :

...« A Monsieur le Ministre des cultes je dois dire ensuite, que notre importante cité, qui comptait autrefois treize paroisses, n'en forme plus qu'une seule aujourd'hui, et ne possède plus qu'une seule église. (Cette église, pour le dire en passant, quoique magnifique d'architecture, et qui mériterait d'être classée parmi les monuments historiques, n'a jamais eu aucune part aux largesses des gouvernements qui se sont succédés en France depuis la réouverture des temples catholiques).

«Mais cette seule église, Monsieur le Ministre, toute vaste qu'elle soit, est bien insuffisante pour les besoins d'une population si considérable. Nos faubourgs, de plus de trois mille âmes chacun, n'ont pas même une modeste chapelle où ils puissent assister, le dimanche, au saint sacrifice et aux instructions du pasteur. Aussi leurs habitants, trop éloignés qu'ils sont de l'église paroissiale, ont pris la coupable et si funeste habitude de rester en dehors de toute pratique religieuse. Que peuvent devenir, je le demande, ces pauvres gens abandonnés, alors qu'ils vont passer dans les cabarets le temps précieux qu'ils devraient passer dans nos temples?

« Que votre bienveillante et active sollicitude arrive

jusqu'à nous, Monsieur le Ministre, qu'elle nous procure des écoles et des églises ; et je crois pouvoir assurer que la ville de Saint-Quentin, où l'élément religieux est déjà en progrès, deviendra bientôt une des villes les plus paisibles et les plus religieuses de France.... etc. »

Mais cette demande, comme celle qui concernait l'école des Frères, resta sans succès, et ici encore M. Tavernier fut laissé à ses seules ressources. Comme toujours il eut recours à la charité publique et fit appel à la générosité de ses paroissiens. Aidé de leurs aumônes, il acheta au centre du faubourg, un terrain sur lequel se trouvait un bâtiment qui avait jusqu'alors servi de grange : ce bâtiment fut transformé en église provisoire et pourvu de toutes les choses nécessaires à la célébration des saints mystères.

Mgr de Garsignies bénit solennellement, en l'année 1852, cette chapelle improvisée, et lui donna pour vocable saint Eloi, patron de l'ancienne paroisse du faubourg d'Isle. Ce qui ne devait être que provisoire dure depuis 14 ans, et depuis cette époque deux messes, suivies d'une instruction, y sont célébrées chaque dimanche par les vicaires de la collégiale : aujourd'hui enfin, le projet d'érection du faubourg en succursale paraît devoir être prochainement exécuté.

C'est encore à M. Tavernier qu'est dû le rétablissement des processions du Saint Sacrement, interrompues à Saint-Quentin pendant de longues années.

Il est difficile de dire combien il souffrit pendant ses huit premières années dans cette paroisse, de ne pouvoir faire ces processions au dehors. C'était à ses yeux faire une grave injure à Notre Seigneur, de n'oser le sortir de son temple et de lui refuser ainsi le droit de parcourir les rues de la cité, droit que la loi reconnaît au plus vulgaire des citoyens : « C'était, disait-il, une honte pour une ville chrétienne de ne pas procurer au Sauveur, dans cet Auguste Sacrement où il se cache pour notre amour, le beau et splendide triomphe qu'il réclame de la reconnaissance de nos cœurs. »

La loi du 18 germinal, an X, que nous rappelons sans l'apprécier, outre qu'elle était de fait tombée en désuétude dans la plupart des villes de France, pouvait-elle être raisonnablement alléguée contre lui ? Non seulement M. Tavernier ne le croyait pas ; mais il regardait même comme une criante injustice d'interdire cette manifestation solennelle à une population catholique, sous prétexte que près d'elle se trouvaient quelques rares adeptes de la Religion Réformée. Les Protestants étant à peine 400 à Saint-Quentin, les catholiques y sont par là même 80 fois plus nombreux.

Aussi M. Tavernier s'occupa-t-il, avec son activité et sa persistance ordinaires, de rétablir les processions extérieures du Saint-Sacrement. Il était même résolu, nous a-t-on dit, dans le cas où il eût éprouvé un refus, à refuser à son tour le ministère du clergé paroissial pour les levées de corps à domicile; la loi citée plus haut défendant au même titre toute manifestation religieuse, en dehors des temples, dans les villes où se trouvent plusieurs cultes dissidents.

Heureusement, il ne fut pas obligé d'en venir à cette extrémité, et il obtint, bien tard il est vrai (1), mais enfin il obtint, l'autorisation qu'il avait sollicitée. Sur son initiative, une souscription fut ouverte pour les frais des reposoirs; la somme recueillie permit de les décorer avec magnificence. La première procession se fit avec grande pompe en l'année 1852, et elle n'a jamais cessé de se faire avec le même éclat. Chaque année, M. Tavernier montait en chaire pour recommander cette belle œuvre à ses paroissiens, et toujours on a répondu à son appel avec un admirable empressement; on peut dire, sans crainte d'être démenti, que la procession de Saint-Quentin est une des plus belles de France.

Tout le peuple de cette grande cité s'est levé comme un seul homme, et est venu s'agenouiller sur le chemin où passe Jésus-Christ. Les rues du parcours, larges et spacieuses, sont jonchées de feuillages et de fleurs, et remplies d'une foule compacte et recueillie; toutes les demeures sont tendues de blanc,

---

(1) Cette autorisation n'arriva à Saint-Quentin que le Dimanche même du Saint-Sacrement, au matin; c'est-à-dire quelques instants avant l'heure fixée pour la cérémonie de la procession.

et un certain nombre garnies de mille bouquets de fleurs variées; quatre reposoirs magnifiques, toujours ornés avec un goût exquis, s'élèvent de distance en distance; la procession organisée dans l'intérieur de l'église se déroule avec majesté; on y voit flotter cinq ou six riches bannières précédées ou suivies de cinq cents jeunes filles vêtues de blanc, et de quinze cents enfants des divers pensionnats et écoles; et durant toute la durée de la marche, les cloches de l'église sont en branle, et celles de l'hôtel-de-ville font entendre les plus joyeux carillons.

Le moment le plus solennel est celui où la procession, débouchant par la rue de la Sellerie, entre sur la Grand'Place, dont une foule immense couvre la vaste étendue : un reposoir, élevé de plus de vingt degrés, est dressé devant l'hôtel-de-ville, et du haut de ce trône Jésus voit tomber tout le peuple à ses pieds, et lui donne une dernière bénédiction.

Ce spectacle imposant non-seulement a fait couler plus d'une larme, mais il a bien des fois parlé au cœur de l'indifférent et de l'incrédule, et ainsi a été peut-être la cause ou le principe de plus d'une conversion.

M. Tavernier aimait ces grandes solennités avec leurs majestueuses cérémonies qui parlent si haut à l'âme dont la foi n'est pas encore éteinte : et lui-même était toujours ému en y assistant.

Il nous reste à dire un mot de l'*Archiconfrérie des mères chrétiennes.*

Le révérend père Bouloc, prédicateur de la station de carême en 1860, suggéra à M. Tavernier la pensée d'établir cette nouvelle association dans sa paroisse : l'infatigable pasteur accueillit avec bonheur cette proposition ; il se mit aussitôt à l'œuvre, et en quelques semaines la confrérie fut régulièrement organisée. Les associées, qui sont aujourd'hui plus de trois cents, se réunissent tous les mois dans la chapelle des Sœurs de la Charité pour y assister à la sainte messe, et y entendre une instruction. Dire le bien produit par ces réunions, ce serait nous répéter; aussi nous contenterons-nous d'indiquer en quelques lignes le but spécial qu'elles se proposent.

1° Le but de cette Archiconfrérie est de multiplier les grâces que réclament les Mères chrétiennes : à cet effet, les cœurs de ces mères, unis au cœur immaculé de Marie, mettent en commun leurs vœux, leurs sollicitudes, leurs prières, afin d'attirer sur leurs enfants et sur leurs familles les bénédictions d'en haut.....

4° Les associées doivent assister aux réunions mensuelles pour y prier en commun et y faire la sainte communion.... elles sont invitées à réciter chaque jour quelques prières particulières....

6° Elles font chaque année une retraite pour se retremper dans la ferveur, et se pénétrer de plus en plus des pensées de la foi... etc...

CHAPITRE XXI.

CHARITÉ DE M. TAVERNIER ENVERS LES PAUVRES. — SON DÉSINTÉRESSEMENT. — SON HOSPITALITÉ.

> *Fœneratur Domino qui miseretur pauperis; et vicissitudinem suam reddet ei.*
>
> « C'est prêter au Seigneur que d'avoir pitié du pauvre; et le Seigneur rendra avec usure ce qu'on lui aura prêté. »
>
> *(Prov. c. XIX, v, 17.)*

« Ce qui touche et convertit les hommes, dit un auteur contemporain, c'est moins assurément le syllogisme que la vertu. Le raisonnement d'ordinaire, même dans la classe éclairée, n'agit pas à beaucoup près aussi efficacement sur le cœur que le spectacle d'actions nobles et sublimes. La foi, comme on l'a si bien dit avant nous, n'est jamais au bout d'un argument, et la charité est mille fois plus puissante que la controverse pour convertir. Aussi le prêtre généreux et bienfaisant procure-t-il plus de gloire à Dieu et de services à l'Eglise que le pasteur docte et profond. »

Rien de plus vrai que ces paroles ; aussi nous

croirions avoir dit bien peu de chose à la louange de M. Tavernier, si nous n'ajoutions à ce qui précède un chapitre sur sa charité envers les pauvres.

On ne finirait pas si l'on voulait raconter tous les traits de charité dont sa vie est comme remplie. Nous ne pouvons tout dire par conséquent : d'autant plus qu'une foule d'actes de générosité ont été faits dans le secret et n'ont eu que Dieu pour témoin. Nous en dirons assez néanmoins pour faire voir que la bienfaisance a été un des traits distinctifs de M. Tavernier, et pour faire connaître son cœur si compatissant et si bon.

Le cœur est le siége de l'amour, et l'amour est tout dans la vie du chrétien, tout dans la vie du prêtre : *Plenitudo legis est dilectio.* « La plénitude de la loi c'est la charité. » Dieu avait donné à M. Tavernier un cœur tendre et affectueux, qui ne pouvait demeurer insensible à la misère ; un cœur généreux et libéral qui aimait à donner, et dont le plus grand bonheur était de répandre des bienfaits.

Dès ses plus tendres années on remarqua chez lui ce cœur qui aime à s'incliner vers le pauvre et l'affligé. Ce sentiment ne fit que se développer avec l'âge, et croître sous l'action de la grâce, qui seule peut inspirer la vraie charité. Devenu prêtre, partout où il exerça le saint ministère, il se fit remarquer par ses nombreuses aumônes.

A Burelle et à Rosoy, comme il le fit toujours dans la suite, il savait tout sacrifier pour le soulagement de la misère ; sa bourse était toujours ouverte aux besoins de l'indigence, et tout ce qu'il possédait appartenait aux pauvres.

Allait-il visiter un pauvre malade, il glissait adroitement et sans mot dire sa pièce de 5 francs sur un meuble, sous un chandelier; puis se retirait content. C'est ce qu'il fera mille fois à Saint-Quentin.

Il s'ingénie à trouver et à faire passer des secours à ceux qui sont dans le besoin; à ceux surtout qui rougissent de demander et de recevoir, et qui sont souvent les plus à plaindre. Il prend même toutes les précautions possibles pour éviter les remerciements, ne voulant pas être connu de ceux qu'il aide de ses aumônes.

Une pauvre femme malade n'avait aucune ressource et ne pouvait payer la visite d'un médecin : « Continuez de la soigner, disait le charitable curé, je paierai pour elle. »

Souvent aussi il payait lui-même les remèdes prescrits, achetait des aliments et jusqu'à des gilets de santé pour les convalescents; leur envoyait des paniers de vin, du sucre même et des confitures : « Je vois bien, disait un médecin après le départ de M. Tavernier, je vois bien chez les malades que M. Tavernier n'est plus ici. » — Nous aimons d'autant plus à recueillir cet aveu qu'il est tombé des lèvres d'un homme peu chrétien.

De sa seconde paroisse, M. Tavernier ne rapportait jamais rien; l'argent des baptêmes, il le mettait immédiatement dans le tronc de l'Eglise; et ce qu'il recevait chez le riche, il le portait aussitôt chez le pauvre. « Je n'ai jamais su, disait-il, mettre un sou sur l'autre. » — Il préférait même se priver des choses les plus indispensables pour avoir le plaisir de donner ; et c'est à peine s'il conservait assez d'argent pour les besoins de la maison et pour renouveler son vestiaire. Pendant plus de 12 ans, il ne voulut pas se permettre un seul voyage d'agrément, afin d'épargner pour ses pauvres.

« Jamais, nous écrit-on, jamais on ne lui découvrait sa misère sans être aussitôt secouru ; il partageait même si volontiers les peines des autres qu'il semblait vouloir tout seul en ressentir l'amertume... En un mot, il était vraiment l'œil de l'aveugle, le pied du boiteux, le soutien de la veuve et de l'orphelin, et un père pour tous...

» Il s'efforçait de répandre dans tous les cœurs tristes et abattus les consolations de la foi et les encouragements de l'espérance ; mais après cela, lorsqu'il en était besoin, venait toujours la bienfaisante aumône. Il payait les loyers des ouvriers pauvres, pourvoyait à la subsistance de plusieurs familles qui ne connaissaient même pas la main bienfaisante qui les soutenait. Jamais il ne visitait un nécessiteux sans lui laisser une pièce de monnaie. »

Ses revenus sans doute n'auraient pu suffire à tant de bonnes œuvres ; mais il avait le secret de toucher le cœur du riche, de l'intéresser aux besoins du pauvre, et de faire servir aux nécessités des uns la surabondance des autres : et toujours il agissait avec cette délicatesse de procédés qui ajoute tant au prix de l'aumône.

Si nous le suivions à Soissons, nous le verrions toujours, malgré l'exiguité de ses ressources, l'homme des pauvres, l'homme des bonnes œuvres. Il disait un jour : (c'était à l'époque où les Espagnols venaient se réfugier en France lors des guerres de Don Carlos). « Je retourne chez moi, il y a des Espagnols qui m'attendent ; et je n'ai plus rien à leur donner ! il faut que je cherche. » — « Pourquoi vous en chargez-vous ? » lui dit-on. — « Ah ! répondit-il, c'est que nous sommes la seconde providence des malheureux ! »

Oh ! que cette parole est belle, et comme elle devrait être gravée profondément dans le cœur de tous les prêtres !

Nous n'avons pu recueillir que peu de détails sur les sept années que M. Tavernier passa à Soissons comme chanoine titulaire, mais nous sommes mieux informé sur celles qu'il passa à Saint-Quentin, ce vaste théâtre où sa charité a pu se donner libre essor.

A peine y est-il installé, qu'il fait remettre une somme de 300 francs à la Supérieure des sœurs de Charité, pour être distribuée aux pauvres.

Dès les jours suivants, des troupes entières de pauvres se réunissent chaque matin à la porte de sa demeure et attendent le moment de sa sortie. Cela rappelle un trait de la vie de saint Eloi raconté dans les leçons de son office: *Tantus ad eum pauperum concursus, ut quærenti domum Eligii diceretur: ubi pauperum cœtum conspexeris, illic et Eligium reperies* (1). Le bon curé a les mains pleines de pièces de monnaie qu'il distribue de fort bonne grâce, sans se lasser jamais et sans rebuter personne. Peut-être s'est-il écoulé bien peu de jours, pendant ses 20 années de ministère à Saint-Quentin, où il n'ait ainsi distribué plus de quarante sous en détail.

A la porte de l'Eglise, d'autres malheureux l'attendent, dans la rue d'autres le suivent. On peut affirmer, et personne à Saint-Quentin ne l'ignore, qu'à part les enfants qui ne vont pas à l'école, et en mendiant ainsi dès le jeune âge contractent tous les vices qu'engendre l'oisiveté, M. Tavernier n'a jamais refusé l'aumône à un pauvre; souvent même aux plus nécessiteux il donnait des poignées de sous ou des pièces d'argent. Et nous ne parlons ici que des aumônes de détail ; elles ne forment encore que la plus minime partie de ses largesses.

Chaque jour, lorsqu'il a célébré la sainte messe il trouve à la sacristie un certain nombre de ceux qu'il appelle agréablement *ses rentiers*: il a les rentiers de chaque semaine et les rentiers de chaque mois ; aux uns il donne un franc, aux autres deux francs, et plus quelquefois. Puis c'est une pauvre femme qui lui

---

(1) « Il y avait toujours à la porte d'Eloi un si grand nombre de pauvres qu'à ceux qui demandaient le lieu de sa demeure on répondait : « Là où vous verrez beaucoup de pauvres réunis, vous trouverez le seigneur Eloi.»

Que de fois à ceux qui demandaient la demeure de M. Tavernier, on aurait pu faire la même réponse.

expose sa misère : son mari est malade, ses enfants n'ont pas de pain, pas de vêtements ; il donne alors sans compter.

Sa charité était souvent plus grande que ses ressources, alors il s'imposait des privations : « Monsieur, vous donnez tout, lui disait un jour sa prévoyante ménagère, je ne sais plus comment subvenir aux dépenses de la maison ! » — « Eh bien ! répondit-il, faites-moi manger du lait et des pommes de terre. »

Un jour, le vieux sacristain (1) qui lui échangeait chaque matin ses pièces d'or, eut l'idée de ne plus lui donner que des pièces de cinq sous, croyant ainsi naïvement empêcher ce qu'il appelait les dépenses excessives de M. le curé : « Bel embarras ! dit le charitable prêtre, nous donnerons quatre ou cinq pièces pour une, ainsi les pauvres n'y perdront rien. »

Un autre jour on lui dit : « Monsieur le curé, vous n'y songez pas, mais vous ne laisserez rien pour les frais de vos funérailles ! » — « Oh ! répondit-il, je ne m'en préoccupe pas, car on doit m'enterrer gratuitement. »

Une pieuse personne, qui connaît un grand nombre de familles pauvres, nous disait que dans ses premières années à Saint-Quentin, M. Tavernier se faisait conduire par elle dans les chaumières et les réduits,

---

(1) M. Oudart (Pierre), économe-secrétaire de la Collégiale pendant 56 ans. Nous sommes heureux que l'occasion se présente de lui donner ici un souvenir particulier, en mémoire du dévouement et de l'affection qu'il témoigna toujours à M. Tavernier.

voulant voir par lui-même tous les enfants malheureux de sa grande famille et soulager toutes les misères physiques et morales. Il montait dans les mansardes, jusque sous les toits, et dans des habitations parfois si malpropres que la personne qui l'accompagnait dut un jour étendre son tablier sur une chaise pour qu'il pût s'y asseoir. (On nous permettra ces détails, car en fait de charité rien n'est petit aux yeux de Dieu.)

Ici, c'était un vieillard, usé par la maladie et plus encore par le chagrin : tous ses enfants étaient devenus fous. Alors la charité de M. Tavernier s'élevait jusqu'au sublime, et sa bouche, parlant de l'abondance du cœur, laissait tomber des paroles que nous ne saurions redire, et qui procuraient toujours de si douces consolations. Puis venaient des secours abondants pour tous les besoins du pauvre vieillard. Celui-ci, d'une extrême délicatesse, refusait l'argent et disait : « Non, non, M. le curé, vous êtes trop bon ! vous avez tant de pauvres, gardez pour les autres. » Le bon curé ne se tenait point pour battu, et insistait pour faire accepter son aumône. C'était alors un de ces combats de générosité qui ne laissent jamais sans émotion ceux qui en sont témoins.

A la fin, M. le curé demeurait vainqueur ; et en s'en allant il recommandait aux personnes présentes de veiller à ce que ce vieillard ne manquât de rien.

Ici c'était un autre malade, très-pauvre aussi, mais bien moins reconnaissant : M. le curé lui donne tout ce qu'il possède en ce moment-là (4 fr. 50). A peine est-il sorti que l'ingrat se plaint de ce qu'il appelle son peu de générosité : « Il ne s'est pas foulé, Monsieur le curé, de me donner si peu ! » — Cette parole est rapportée à M. Tavernier : « Je suis content, répondit-il; car si tout ce monde-là me tenait compte de ce que je fais pour eux, je serais payé ici bas ! or j'aime mieux être payé là haut ! »

« Ensuite, continue la personne de qui nous tenons ces détails, j'abusais de sa charité ; j'allais à chaque instant lui exposer de nouveaux besoins, et je m'en excusais en lui disant : « Que pensez-vous de moi qui viens sans cesse à votre bourse? » — Et il répondait : « Je pense que ce sera vous peut-être qui m'ouvrirez le ciel ! »

Chez les pauvres, où il portait le Saint-Viatique, non-seulement il laissait toujours de l'argent, mais encore sa petite exhortation au malade contribuait presque toujours à la conversion de quelque personne présente. « Je reviendrais bien à la religion, disait un jour une pauvre femme touchée de ce qu'elle venait de voir et d'entendre ; j'irais volontiers à la messe, mais ma robe est au Mont-de-Piété. » Combien faut-il pour la dégager ? demande M. Tavernier. « Six francs. » — Et il en donne dix.

Quelque temps après, de nouveaux besoins survenant, la robe reprit le chemin du Mont-de-Piété: une seconde fois, le bon curé la fit revenir au logis.

Et que d'autres ! Si l'on pouvait tout dire.

Il est des familles, autrefois comblées des biens de la fortune, et que des revers ont réduites tout à coup à un état voisin de l'indigence : M. Tavernier leur était tout dévoué ; il avait pour elles comme une espèce de vénération, les jugeant d'autant plus dignes d'intérêt qu'elles sont plus cruellement éprouvées et ressemblent davantage au Divin Maître ; il n'épargnait rien pour leur venir en aide soit par lui-même, soit avec le secours des aumônes qu'il sollicitait pour elles : et cette aumône, il l'offrait avec tant de délicatesse, qu'on était moins confus de la recevoir que lui ne paraissait être de la donner.

« Il y avait à Saint-Quentin, nous écrit-on, une de ces familles élevées dans l'opulence, et tombées ensuite dans la plus extrême pauvreté. Pour comble de malheur, le père et le fils aîné vinrent à mourir : la pauvre mère demeura chargée de cinq enfants, et n'ayant aucune ressource, elle fut réduite à engager au Mont-de-piété tout son mobilier et ses riches vêtements. Le bon curé apprit bientôt cette affligeante nouvelle : comme un bon père il court vers ces enfants abandonnés ; en quelques heures il a trouvé des centaines de francs, il dégage, du Mont-de-piété, les objets les plus indispensables ; donne à la famille des moyens de subsistance, fait continuer l'éducation des enfants, et petit à petit prépare à tous un meilleur avenir.

M. Tavernier faisait la charité de toutes les manières ; chez lui, cette vertu revêtait toutes les formes.

Par exemple : il faisait cent démarches pour trouver du travail aux ouvriers sans place. « Chaque fois, disait l'un d'eux, que je rencontre M. Tavernier, je suis tenté de lui sauter au cou, tant il m'a fait de bien! » Un autre étant venu, le lendemain de sa mort, avec sa femme et ses enfants, près de son lit funèbre, fondait en larmes et s'écriait : « Ah ! si vous saviez tout le bien qu'il nous a fait ! ».

Et combien d'aliénés, de sourds-muets n'ont pas été secourus et placés par lui ? — On l'a vu un jour enseigner lui-même et faire lire un pauvre enfant, pour lequel sans doute il n'avait pu encore obtenir l'entrée d'aucune maison.

Combien de jeunes prêtres lui doivent, ou lui devront plus tard, le bonheur d'offrir la sainte victime ! Combien de religieuses lui doivent leur entrée au couvent, et auxquelles il a fourni souvent le trousseau et une partie de leur dot ! Si l'on comptait toutes les jeunes personnes qu'il a dirigées vers la vie religieuse, le nombre en serait considérable : c'était là, nous l'avons vu, une de ses œuvres de prédilection : arracher au monde des victimes ! procurer à Notre Seigneur des épouses ! — Et encore à combien de jeunes gens pauvres n'a-t-il pas procuré un parti avantageux ; et qui, sans sa protection ou ses conseils, n'auraient mené ici-bas qu'une vie dure et pénible !

Qui dira enfin tous ceux et toutes celles qu'il a arrachés à une vie criminelle ; tous les désespérés qu'il a consolés ; toutes les pauvres filles qu'il a tirées du bourbier honteux de la débauche ! Ces dernières surtout excitaient toute sa compassion ! Il allait les trouver jusque dans leur réduit, s'efforçait de les ramener d'abord à l'estime et au respect d'elles-mêmes, et ensuite à Dieu!

Rien d'exagéré dans ces détails! le nombre de ceux à qui M. Tavernier a fait du bien est, nous allions dire, incalculable ; chaque jour nous révèle quelques nouveaux traits de sa charité. Il n'est pas de souffrances, en un mot, pas de misères qu'il ait connues sans les soulager. — « Sa charité était inépuisable, écrit une personne, et pour ma part je connais au moins trente personnes, auxquelles il a rendu des services importants. Son dévouement et sa charité étaient si bien connus, qu'ils lui attiraient l'estime même des personnes les moins bien disposées en faveur du prêtre. »

Un jour qu'il traversait la rue Saint-Martin, il aperçoit plusieurs personnes réunies autour d'une pauvre femme qui pleurait avec ses enfants. Il s'approche, demande la cause de ses larmes, il apprend que le propriétaire met à la porte de sa demeure cette malheureuse famille, parce qu'elle ne peut fournir le prix de son loyer. Il entre aussitôt, paie les cinq ou six mois de retard, et laisse encore, en sortant, une aumône pour subvenir aux besoins de ces pauvres gens.

Il avait ouvert sa propre bourse à une dame fort digne d'ailleurs de son intérêt; et jusqu'à quatre fois il avait sollicité, de ses parents plus fortunés, les secours qui lui étaient indispensables.... Cette femme ne savait comment lui en exprimer sa reconnaissance:

« C'est le Bon Dieu qu'il faut remercier, madame, lui dit-il, car c'est lui qui disposé en ma faveur les cœurs de vos parents. »

Il est une autre personne, à qui, pour lui procurer une place, il a donné, sans exagérer, plus de vingt lettres de recommandation. « Vous perdez votre temps, lui dit quelqu'un à ce sujet; cette demoiselle ne peut rester nulle part. » — « Et si le Bon Dieu était aussi sévère à votre égard, que diriez-vous? répondit-il, vous-même profitez-vous toujours de tout ce que l'on fait pour votre âme? »

Nous l'avons déjà dit, il est cent manières d'exercer la charité : l'aumône proprement dite n'est pas la plus méritoire des œuvres de miséricorde. Travailler par exemple, à la réconciliation des familles désunies, outre que c'est un devoir pour un pasteur des âmes, est aussi une œuvre de charité des plus agréables à Dieu. N'est-ce pas d'ailleurs un nouveau trait de conformité et de ressemblance avec Notre Seigneur ? Qu'est venu faire Jésus-Christ sur la terre, sinon nous réconcilier avec son Père et avec nous-mêmes, et réconcilier les hommes entre eux; les pauvres avec les riches, les faibles avec les forts, et les puissants, les serviteurs, avec les maîtres... etc...

M. Tavernier ne laissait jamais échapper une occasion semblable d'exercer son zèle et sa charité : toutes fois que possible, il s'occupait avec ardeur à réconcilier les ennemis, surtout quand ils se rencontraient dans une même famille.

Un jour, il apprend qu'un mari, dans un moment

de contrariété, était sur le point de vendre son établissement, et peut-être de se séparer de son épouse: ce jour-là, M. Tavernier était accablé de fatigue; mais habitué à n'écouter que son cœur et à ne suivre que les inspirations de son zèle, il se rend dans cette famille, et parle avec tant d'onction qu'il a bientôt gagné son procès; il ne se retire qu'après avoir obtenu du mari la promesse formelle qu'il ne réalisera point ses menaces.

— « Je veux être, disait-il, comme ce petit signe qui sert à unir les mots, je veux être le *trait d'union* entre vous. »

Un autre jour, on lui dit qu'un père maltraitait souvent une de ses enfants; et l'on craignait que tant de mauvais traitements ne la portassent au désespoir. M. Tavernier allait de temps en temps la consoler et ranimer son courage. Ses charitables démarches lui attirèrent de la part du père des injures et des menaces; la prudence lui fit supprimer ses visites, mais il n'abandonna point pour cela cette pauvre enfant, et il employa un autre moyen pour lui faire parvenir les encouragements et les consolations dont elle avait si grand besoin.

M. Tavernier, non content de verser dans le sein des pauvres d'abondantes aumônes, voulait aussi prendre part à toutes les bonnes œuvres pour lesquelles on venait solliciter son concours: ce qui lui manquait, ce n'était jamais la volonté de faire du bien, c'étaient parfois les ressources. Mais, alors même que l'argent venait à lui manquer, il ne voulait pas demeurer étranger à une bonne œuvre, il en était quitte pour demander quelques jours de crédit.

On n'a pas oublié que, quand il s'est agi de l'œuvre des Petites Sœurs des pauvres, il s'inscrivit en tête de la liste pour une somme de 1000 francs : et il ne possédait rien ce jour-là. — C'est lui qui fit ériger le magnifique calvaire du cimetière, et si nos souvenirs sont fidèles, il voulut contribuer à la dépense pour la somme de 600 francs. — Lorsque, dans la paroisse, se tirait une loterie de charité, il prenait toujours un nombre considérable de billets.

Une de ses lettres, publiée le jour même de ses funérailles dans un journal de la localité, viendra ici fort à propos.

M. l'abbé P*** curé de C***, pays natal de M. Tavernier, venait d'entreprendre avec un grand zèle la reconstruction de son église : le nouveau sanctuaire allait être éclairé par six belles fenêtres ; il fallait des verrières. Une fenêtre, offerte par M. Tavernier à cette église où il avait reçu le baptême, et destinée à perpétuer sa mémoire dans le pays qui l'avait vu naître, n'était-ce pas une idée heureuse et l'objet d'un légitime désir ? Une demande lui fut donc adressée à cet égard par le digne curé de C***, et voici la réponse que celui-ci reçut poste pour poste.

« Mon bon Monsieur le Curé,

» Je prends à la volée un tout petit moment pour vous remercier d'avoir pensé à moi, et vous féliciter de tout le zèle que vous déployez pour une église qui m'est bien chère, et où j'ai été fait enfant de Dieu et de la sainte Eglise catholique. Le nom de Cilly est dans mon cœur et se joint toujours sur mes lèvres à ceux de mes anciennes paroisses et de ma paroisse de Saint-Quentin : dites-le bien à l'occasion à tous vos chers paroissiens.

« J'ai du bonheur et du plaisir à vous promettre une offrande de 400 francs pour votre sanctuaire: seulement, dites-moi combien de temps vous m'accordez pour payer cette somme, afin que je prenne mes mesures, car je suis toujours à peu près sans le sou: vous ne vous figurez pas quelles charges de toutes sortes pèsent sur mes épaules.

« Adieu, mon bon et cher M. le curé, croyez à tout mon respectueux et bien affectueux dévouement. »

La sollicitude de M. Tavernier s'étendait d'une manière toute particulière sur les orphelins : il se regardait comme leur père, voulait se charger de ceux qui n'avaient plus de famille, et les confiait à des personnes dont le dévouement lui était connu, se gardant bien du reste de parler jamais des sacrifices qu'il s'imposait pour eux. C'était pour lui une bien douce satisfaction de voir ces enfants répondre aux soins qui leur étaient prodigués ; mais alors encore il croyait n'avoir fait que son devoir et rapportait à Dieu tout le bien qui en était résulté.

Si parfois il rencontrait chez ses enfants adoptifs une coupable indocilité, son cœur en était navré, mais ne se décourageait pas : il mettait tout en œuvre pour ramener dans la bonne voie ceux de ces pauvres enfants qui s'égaraient. Que de temps employé près d'eux en exhortations et en prières ! quelle patience quelle bonté, quelle douceur ! et aussi quelles sommes d'argent consacrées à leur procurer un établissement, à assurer leur avenir!

En voici un exemple :

M. Tavernier était arrivé depuis peu à Saint-Quentin; une mère de famille mourante le fait appeler, et après avoir reçu les derniers sacrements, elle lui recommande avec larmes sa jeune fille qui le matin même venait de faire sa première communion et allait devenir orpheline.

M. Tavernier lui promet de servir de père et de mère à son enfant ; et dès ce moment en effet il s'en occupe avec une sollicitude incessante, la confie à une personne recommandable, et pourvoit à tous les frais de son éducation et de son entretien.

Mais cette malheureuse enfant ne répond pas à tant de soins et à tant de bontés ! à mesure qu'elle grandit, elle semble s'éloigner de plus en plus de toute pratique religieuse, et ne tenir aucun compte des avis de son bienfaiteur. M. Tavernier se vit contraint de la placer (toujours à ses frais) dans un pensionnat hors de la ville, où elle demeura trois années : puis il la fit revenir et la plaça dans diverses maisons pour y faire l'apprentissage d'un état ; elle se prononçait tantôt pour l'un, tantôt pour l'autre : enfin elle manifesta le désir de professer dans un pensionnat, et ce fut encore avec l'aide de son protecteur qu'elle put le réaliser.

Alors la pauvre jeune fille se crut en âge de secouer définitivement le joug de la religion, et donna dans le désordre. M. Tavernier ne voulut pas néanmoins l'abandonner à elle-même, et l'ayant fait appeler, il lui dit avec une grande douceur; « Mon enfant, c'est en un jour bien mémorable que j'ai promis à votre mère mourante de la remplacer près de vous, et de vous prendre sous ma protection : dites-moi, ai-je été fidèle à mes engagements? ai-je fait pour vous ce que je devais? n'ai-je pas pourvu à tous vos besoins? pouvais-je faire plus ? quand je comparaîtrai ainsi que votre mère au tribunal de Dieu, quel reproche pourra-t-elle m'adresser? O mon enfant, ce n'est pas de la reconnaissance pour moi que je vous demande ; je consens volontiers à ce que vous oubliiez tout ce que j'ai fait pour vous ; je ne désire qu'une seule chose : c'est que vous pensiez à vous-même et que vous ayez pitié de votre âme !! C'est que vous n'abandonniez jamais le chemin de la vertu ! c'est que vous n'oubliiez jamais le Bon Dieu !! »

Ces exhortations ne furent point perdues, et peu de temps après, M. Tavernier eut du moins la consolation de voir cette enfant se préparer d'une manière chrétienne au mariage.

Voici un autre trait de charité encore plus touchant. Il s'agit de toute une famille léguée à M. Tavernier, par un père à son lit de mort.

« Le dix janvier, de l'année 18** mourait à Saint-Quentin un modeste et digne fonctionnaire de l'instruction publique. (Nous laissons parler sa fille aînée; c'est à un cœur pénétré par la reconnaissance qu'il appartient de raconter de tels bienfaits.) « Il laissait sans aucune ressource, une femme atteinte d'une affreuse maladie, et quatre enfants, dont l'aînée avait dix-huit ans, la plus jeune quatre ans à peine.

« Deux jours avant sa mort, cet estimable père de famille, sentant sa fin approcher, fait appeler près de lui M. Tavernier, qui entend sa confession, et lui donne peu après les derniers sacrements. C'est alors que ce pauvre père, ouvrant son cœur profondément affligé à celui qui en quelques instants était devenu son meilleur et son plus intime ami, recommanda à sa bienveillante charité sa famille qu'en mourant il laissait dans l'indigence. M. Tavernier donna sa parole qu'il ne perdrait jamais de vue les pauvres enfants qui allaient devenir orphelines. Et jamais promesse ne fut plus religieusement gardée.

« O souvenirs de ma jeunesse, que vous êtes amers et doux à mon cœur ! J'étais l'aînée de la famille, et alors sous-maîtresse dans un pensionnat de S*** : je vins recueillir le dernier soupir de mon père et lui fermer les yeux... Le soir même de sa mort, M. Tavernier vint nous visiter, et devant sa dépouille mortelle, il me dit : « Mon enfant, consolez-vous ; votre respectable père est déjà, je n'en doute pas, près de Dieu : il m'a chargé en mourant de veiller sur vous ; je vous donne l'assurance que je ne vous abandonnerai jamais ; et je vous réitère en présence de ce lit funèbre la promesse que je lui en ai faite. Je veillerai toujours sur vous et sur votre jeune famille : courage, courage, et ayez confiance. »

« L'enterrement fut fait sans doute aux frais de notre père d'adoption, car jamais on ne nous a rien réclamé. Et de ce moment date le sublime dévouement de ce saint prêtre pour nous, comme aussi la reconnaissance si affectueuse et si vive que nous n'avons cessé de lui garder depuis. La cérémonie des funérailes de mon père à peine terminée, il vint nous visiter de nouveau: « Je me suis occupé de vous depuis hier, me dit-il, vos deux sœurs sont placées, elles resteront comme pensionnaires dans les maisons d'éducation où elles étaient jusqu'ici. Au souvenir de votre digne père, et en présence d'un aussi grand malheur, ces dames se sont empressées de faire droit à ma demande, et se chargent de l'instruction et de la subsistance de vos deux sœurs. Quant à l'entretien de la plus jeune des deux, et de la petite de quatre ans, cela me regarde : cette dernière étant trop jeune pour entrer en pension, je la confierai à une brave dame qui en aura grand soin, jusqu'à ce qu'elle puisse aussi être pensionnaire. Pour vous, vous rentrerez à S*** car vous devez des remerciements très-grands à votre maîtresse, elle vous a offert d'elle-même de se charger gratuitement de l'une de vos sœurs. Retournez-y donc, et plus tard nous verrons. »

« Je demeurai un mois à Saint-Quentin, continue la même personne, pour terminer les petites affaires de la succession. Notre malheur nous avait attiré beaucoup de sympathies; et un grand nombre de personnes, qui venaient se dire nos amies, nous témoignaient une grande bienveillance : mais hélas ! bienveillance et amitié de peu de durée ! les affections humaines se refroidissent si vite !! Un ami de mon père, mais un seul (outre notre père adoptif,) nous voua une affection plus vraie et plus durable. C'était un ancien chef de mon père. Il eut avec M. le curé une longue entrevue à notre sujet : et ces deux hommes, supérieurs autant par le cœur que par l'élévation de l'esprit et la délicatesse des sentiments, se remercièrent réciproquement de l'intérêt que chacun d'eux portait aux quatre orphelins.

« C'est alors qu'on vendit notre petit mobilier. Notre vénéré père (c'est ainsi que nous devons l'appeler), qui après s'être élevé jusqu'à l'héroïsme de la vertu, savait descendre jusqu'aux actes de la plus aimable délicatesse, voulut racheter, pour qu'elle nous restât en souvenir de la maison paternelle, la pendule qui ornait la cheminée de notre modeste salon : souvenir doublement précieux, car pendant sept ans nous l'avons vue dans la salle à manger du presbytère de Saint-Quentin ; et c'est le jour de notre départ que M. le curé eut la pieuse attention de nous la remettre.

« Chaque année, au retour des vacances, ma sœur et moi revenions à Saint-Quentin ; notre bon père nous conviait chaque semaine à sa table : là près de lui, nous retrouvions un peu les joies du foyer. Il aimait à nous réunir autour de lui; à nous faire rendre compte des besoins de la famille léguée à sa bonté paternelle... J'avais alors de lourdes charges; ma mère était dans le besoin, et je gagnais peu de chose. Chaque année, M. le curé remplissait ma bourse, et me chargeait de distribuer les secours où la nécessité se faisait sentir. C'est ainsi que pendant 7 ans il nous a consolées et soutenues. Jamais je ne pourrai dire la délicatesse de ses procédés : parfois trop fière je refusais son aumône ; mais il y mettait tant de simplicité et de bonté qu'il semblait être mon obligé, et me remercier de vouloir bien l'accepter.

« O âme sainte, si du sein de Dieu où vous reposez aujourd'hui, vous voyez ce qui ce passe sur la terre, vous pouvez lire dans mon cœur toute l'affectueuse et filiale reconnaissance que je conserverai toujours pour vos paternelles bontés à notre égard !

« En 1855, j'avais 25 ans, je résolus d'après l'avis de M. Tavernier, de reprendre un établissement : mais je ne possédais rien au monde.

« M. Tavernier mit tout en œuvre pour me faire prêter 1,500 francs; mais n'ayant pu y réussir, il me remit, de ses deniers, une somme de 300 francs, en m'exprimant le plus vif regret de ne pouvoir faire davantage. Il ne me serait point possible de dire les larmes qui inondaient mon visage en le quittant, et en acceptant son offrande : il fut ému lui-même à la pensée de voir partir loin de lui des enfants qui lui étaient confiées, et il voulut leur donner une lettre de recommandation auprès du curé de leur nouvelle paroisse.

« Un an après, je lui fis remettre par ma sœur une partie de la somme qu'il m'avait avancée : mais il ne voulut rien accepter, et me fit répondre qu'il nous avait donné cet argent bien volontiers, avec le seul regret de n'avoir pu en donner plus. » Et la personne qui a écrit ces lignes ajoute en terminant ces paroles qui font, s'il est possible, mieux encore que les précédentes, l'éloge du vertueux Archiprêtre de Saint-Quentin.

« Pour moi, je le dis en toute sincérité, si j'ai fait quelque bien dans le monde, si j'ai vécu sagement, si j'ai persévéré dans la vertu, je ne le dois qu'aux bons avis et aux sages exhortations de M. Tavernier. » Ah ! qu'un saint prêtre est puissant pour le bien : il passe comme le Divin Maître en semant avec ses aumônes les pieux exemples ; et en ramenant les âmes à Dieu. Quand il n'est plus, on vit encore de son souvenir, on s'estime heureux de l'avoir connu, on remercie la Providence comme d'un immense bienfait de l'avoir rencontré une seule fois sur sa route.

Les pages précédentes nous ont fait découvrir dans le cœur de M. Tavernier de vrais trésors de charité ; ajoutons qu'il était aussi désintéressé que charitable.

Une personne, qui ne savait comment lui témoigner sa reconnaissance, s'ingéniait à chercher tous les moyens possibles de lui être agréable.

« Je n'aime pas, lui dit-il avec sa franchise ordinaire,

je n'aime pas qu'on se dérange pour moi : on me contrarie toujours lorsque l'on m'offre quelque chose, surtout quand c'est un objet de valeur. Si vous voulez me faire plaisir, donnez pour nos œuvres; ainsi vous ne perdrez pas le mérite de vos actions, et il ne sera rien fait pour la créature... Si vous voulez absolument m'offrir quelque présent, j'accepterai pour ne pas vous affliger,... mais une fleur, un rien, un rien, vous l'entendez. » Cette personne lui offrit donc de l'argent pour ses œuvres. « Si c'est pour Dieu, lui dit-il, j'accepte; autrement, je n'en veux pas. »

Une autre fois, elle réussit à obtenir d'une de ses amies, une somme de 1,000 francs pour une œuvre privilégiée de M. l'Archiprêtre. Elle la lui apporta avec un empressement facile à comprendre : « Ah! lui dit-il, le salut de votre âme m'est bien plus cher que tout cela : sans doute vous croyez me faire plaisir, et cependant, je vous l'assure, des efforts sérieux me consoleraient plus que tout ce que vous pourriez m'apporter. »

Une personne lui offrit un jour la somme nécessaire pour faire remplacer un de ses neveux qui venait de tomber au sort : « Je ne veux pas, dit-il, que vous vous occupiez de cela : ma famille s'en tirera comme elle pourra, ce ne sont pas ses intérêts qui me préoccupent : je ne suis pas ici pour ma famille, mais pour sauver des âmes. »

Une autre fois, on voulait négocier avec un membre de sa famille un mariage qui paraissait fort avantageux : « Dieu m'en garde, dit-il, je regarderais comme une indélicatesse d'abuser ainsi de la confiance que l'on me donne. Ce parent n'est pas bien, d'abord ; je ne veux pas que vous ayez à me reprocher votre malheur: et puis, il ne possède rien. » — « Dieu m'est témoin, dit-il dans une circonstance semblable, que je n'ai jamais cherché mes intérêts : il m'est arrivé dans le cours de mon ministère d'en avoir plus d'une fois l'occasion, mais je n'en ai jamais profité. »

Ce serait ici encore le lieu de dire comment M. Tavernier pratiquait l'hospitalité à l'égard de ses confrères. Sa réputation sous ce rapport est comme proverbiale dans le diosèse. Les deux chambres d'amis dont il pouvait disposer étaient toujours à la disposition des ecclésiastiques étrangers, et sa table leur était toujours ouverte: il recevait avec grande affabilité et cordialité tous ceux qui se présentaient chez lui. On a vu de pauvres missionnaires, qui lui étaient inconnus, venir se reposer chez lui une semaine entière. Il accueillait avec bonté les religieux ou frères quêteurs, et mettait son presbytère à leur disposition pendant tout le temps que durait leur quête dans la ville.

Et quand on avait passé avec lui ces quelques jours d'une si généreuse et si aimable hospitalité, on emportait du bon Archiprêtre de Saint-Quentin un souvenir qu'on n'oubliait plus.

Terminons ce chapitre par un simple mot qui le résume tout entier.

M. Tavernier, quoique sans fortune patrimoniale, a

donné, pendant les vingt années qu'il passa à Saint-Quentin, plus de 50,000 francs d'aumônes personnelles. A côté de ce chiffre, nous aimons à rappeler la parole de nos Saints Livres qu'on a lue en tête de ce chapitre : *Fœneratur Domino qui miseretur pauperis.* « Celui qui a pitié du pauvre, prête au Seigneur à usure. »

CHAPITRE XXII.

Les trois dernières années de M. Tavernier. — Voyage en Bretagne (1861). — Longue maladie. — Mort de son frère (1862). — Voyages a Vichy. — Œuvre des séminaristes pauvres. — Tiers-ordre de saint François. — Archiconfrérie du Sacré-Cœur et de saint Joseph. — Adoration perpétuelle. — Mission projetée. — Derniers moments et mort de M. Tavernier (5 mars 1865.)

> *Justorum semita, quasi lux splendens, procedit et crescit usque ad perfectam diem.*
> « La vie des âmes justes est semblable à une
> » lumière qui croît et augmente toujours
> » en éclat jusqu'à ce qu'elle se perde dans
> » le jour parfait de l'Eternité. »
> *(Prov. c. iv, v. 18.)*

La santé de M. Tavernier, depuis quelque temps surtout, allait s'affaiblissant, et tout le monde lui conseillait de prendre du repos. Lui-même, selon sa propre expression, en sentait l'impérieux besoin; et malgré toute la peine qu'il éprouvait de se séparer de son cher troupeau, il finit par se résoudre à le quitter pour quelques semaines.

Au mois d'août de cette année, 1861, se présenta l'heureuse occasion d'un voyage en Bretagne.

M l'abbé G*** premier vicaire de la collégiale, et Breton d'origine, allait revoir son pays natal; et il invita M. Tavernier à l'y suivre, lui promettant de la part de sa famille un accueil empressé et l'hospitalité la plus cordiale. M. le curé accepta cette offre avec une véritable reconnaissance et partit le 17 août.

Voici un trait qui prouvera une fois de plus que M. Tavernier était partout l'homme du zèle, et trouvait toujours le moyen d'être utile aux âmes.

Comme il se rendait à Paris; non loin de lui, dans le wagon, se rencontrent entre autres voyageurs une dame accompagnée de sa fille. Bientôt la conversation s'engage, et M. Tavernier apprend que la jeune personne s'occupe de peinture : « Permettez-moi de vous demander, lui dit-il alors, quel sujet religieux vous avez peint jusqu'ici? »

Mademoiselle dut avouer, non sans quelque confusion, qu'elle n'avait jusqu'ici traité que des sujets profanes.

« Eh bien! reprit-il agréablement, lorsque vous serez de retour dans votre pays, et que vous aurez repris vos pinceaux, veuillez peindre avec tout votre talent une image de la Sainte Vierge, je la réclame pour moi, et j'en paierai le prix. »

La jeune personne le promit, et tint parole. Quelques mois plus tard M. Tavernier, qui avait oublié cette circonstance, reçut l'hommage d'un joli tableau de la Sainte Vierge. Nous ajouterons, à la louange de la jeune artiste, que son coup d'essai fut vraiment un coup de maître, et que son pinceau a tracé une bien belle image de la Madone tenant sur ses genoux un fort gracieux Enfant Jésus.

M. Tavernier conserva toujours ce tableau, et aimait en le montrant à raconter ce trait de pieuse industrie.

Nous allons reproduire une lettre que M. Tavernier écrivait à son frère, et dans laquelle il lui raconte les divers incidents de son voyage : outre que sa piété et son cœur s'y révèlent à chaque ligne, on ne lira pas sans intérêt les détails qu'elle contient.

« Mon cher Frère,

« C'est du fond de la Bretagne que je t'écris, pour te donner quelques nouvelles de mon long voyage. Je sentais un besoin impérieux de me décharger un peu du lourd fardeau qui pèse sur mes épaules. Tout le monde d'ailleurs me pressait de le faire, et je suis parti avec M. l'abbé G***, mon premier vicaire, qui est un noble Breton..... Nous ne fîmes guère que traverser Paris, et nous allâmes coucher à Orléans dont nous avons visité la magnifique cathédrale, ainsi que le monument très-remarquable élevé à Jeanne d'Arc sur une des places publiques.

« Le lendemain, nous avons été coucher à Tours : sa cathédrale, pour l'ensemble, est une des plus belles que je connaisse. Ses vieilles tours, ses vitraux parfaitement conservés par toute l'église, jusque dans ses galeries découpées à jour, m'ont paru en faire un chef-d'œuvre. J'ai visité surtout dans cette ville un petit oratoire dont la vue m'a bien touché, et où j'ai prié avec la plus grande ferveur possible sur le tombeau même de saint Martin, dont le corps vénérable a reposé là pendant tant de siècles, et a opéré tant de prodiges.. c'est alors qu'on se sent de la piété, même quand on n'en a pas.

« De là nous sommes partis pour Nantes, qui est une fort belle ville, et on peut dire la capitale de la Bretagne. J'ai admiré sa vieille église qui n'a jamais été terminée, et dont la restauration complète est commencée, mais interrompue maintenant, jusqu'à des temps meilleurs. On a bâti, dans cette ville, jusqu'à six églises neuves, toutes fort belles. J'ai remarqué entre toutes celle qu'un chanoine de la cathédrale a entreprise lui seul et qu'il a dédiée à Notre-Dame de la Salette; ses sculptures et ses vitraux sont de toute beauté... Mgr. J*** était à sa maison de campagne aux environs de Nantes : j'ai eu occasion de lui envoyer une carte de visite; il y répondit de suite par une invitation à dîner que j'acceptai avec reconnaissance. J'y fus conduit par un excellent ami que j'ai retrouvé là et qui nous a fait voir toutes les beautés de la ville, le bon abbé Raguideau, notre ancien condisciple de Saint-Sulpice, dont tu as dû conserver la mémoire.

« Monseigneur m'a reçu avec une expression de tendre affection que je n'oublierai jamais: il me rappela que j'avais été son ange gardien à Saint-Sulpice, et nous eûmes du bonheur à nous remémorer tous nos souvenirs.... Sa maison de campagne touche celle du grand-séminaire, où se trouve un cimetière des Sulpiciens: c'est là que j'ai retrouvé le tombeau de mon bien bon ami M. Guillaumont, sur lequel j'ai prié de tout mon cœur, ainsi que sur celui du jeune Guérin qui a quitté le séminaire pour aller se battre à Castelfidardo où il est mort comme un saint. On le vénère presque comme un martyr, et on cite de lui des miracles. Avant de mourir, il écrivait à ses parents: « Ne pleurez pas sur moi, je vais au ciel !…

« Pourquoi faut-il que j'ajoute, avant de quitter Nantes, que cet excellent ami, l'abbé Raguideau, chez qui nous dînions le 23 août, est mort subitement trois jours après. Malheureusement j'ai appris trop tard cette désolante nouvelle: sans cela, je me serais empressé de retourner à Nantes pour assister à ses funérailles… Comme nous sommes peu de chose ! et comme il faut toujours être prêt ! quelle leçon à côté de beaucoup d'autres !.....

« De Nantes, nous sommes allés à Paimbœuf: c'est là que nous avons commencé à voir la Loire dans son beau… Elle peut avoir en cet endroit une lieue de largeur…. En quittant Paimbœuf, nous nous sommes embarqués pour Saint-Nazaire, charmant port de mer, où l'Empereur fait exécuter de grands travaux pour protéger l'embouchure de la Loire, et qui paraît appelé à un grand avenir. C'est là qu'on peut voir naître une grande ville…..

« A Vannes, j'ai eu le bonheur de dire la sainte messe au tombeau et devant les reliques de saint Vincent Ferrier : j'ai visité la chambre où il est mort.

J'ai vu aussi en détail un des plus beaux colléges des Jésuites; de là, nous sommes allés faire notre pélerinage à sainte Anne d'Auray, l'un des plus célèbres de France. La petite chapelle si pieuse est on ne peut plus touchante, et garnie d'*ex-voto* de toutes sortes. Puis nous avons visité le beau port de Lorient, Fort-Louis...., Quimper, Quimperlet, et enfin Brest.... La rade de Brest est, dit-on, une des plus belles du monde; et je n'engage pas nos bons voisins les Anglais à venir la visiter de trop près; ils y seraient bien mal reçus, car elle est vraiment inabordable.

« De Brest, nous sommes venus à Saint-Brieuc, puis à Lamballe d'où je t'écris. Je suis ici chez la mère de M. l'abbé G*** qui m'a parfaitement acceuilli, ainsi que le clergé du pays. On fait tout au monde pour me retenir, mais je pars d'ici demain.... Je vais visiter encore quelques points très-curieux de la côte, puis Saint-Malo où j'espère débarquer sans naufrage, et Dinan l'une des plus belles villes de Bretagne. De là, j'irai visiter la maison-mère des Petites Sœurs des pauvres, je reprendrai ensuite le chemin de fer à Rennes, et je m'arrêterai à Chartres où j'aurai le bonheur de voir Mgr R***. »

M. Tavernier ajoutait en terminant que sa santé avait gagné à tout ce voyage vraiment délicieux. Mais Dieu cependant voulait en disposer autrement ; car à peine de retour à Saint-Quentin, le digne Archiprêtre fut atteint d'une paralysie qui le retint dans sa demeure cinq mois entiers.

« L'amour, dit un auteur, est un composé de tendresse et de force. Un de ses caractères, c'est la générosité, qui fait accepter pour Dieu tous les sacrifices qu'il exige, ou que seulement il désire. » Il ne pouvait y avoir pour M. Tavernier de sacrifice plus grand que celui de se voir ainsi réduit à l'impuissance d'agir et de travailler au salut des âmes, pendant un si long espace de temps : mais toutefois la sérénité de son âme n'en fut pas troublée ; et il sut puiser dans la résignation la plus parfaite à la volonté de Dieu, cette paix et ce calme qui n'abandonnent jamais les saints. Souffrir, d'ailleurs, pour obtenir la conversion de tant de brebis égarées de son troupeau, n'était-ce pas une occupation digne d'un pasteur zélé !

Et puis, édifier ceux qui l'approchaient par le spectacle d'une patience inaltérable et même d'une sainte gaieté au milieu de ses souffrances ; n'était-ce pas une prédication, la prédication de l'exemple, plus utile et plus féconde souvent en fruits de salut que la prédication orale ? Tel fut M. Tavernier pendant cette longue épreuve : contentons-nous de citer le témoignage du médecin qui alors lui prodigua ses soins avec tant de dévouement.

« Dans les diverses maladies où j'eus l'honneur de donner des soins à M. Tavernier, dit-il, j'ai eu maintes fois l'occasion d'admirer la résignation toute chrétienne avec laquelle il supportait ses souffrances.

« La première affection pour laquelle j'ai traité ce

vénérable prêtre, était *un hygroma,* affection du genou contractée par l'habitude de se tenir très-fréquemment et très-longtemps à genoux. Dans cette circonstance surtout, j'ai pu remarquer son zèle pour le salut des âmes, car il préféra subir un long et douloureux traitement plutôt que d'être privé pendant quelques jours de remplir ses fonctions pastorales.

« Lorsqu'il fut atteint de coliques hépatiques, la violence des accès fut telle, qu'il devait craindre sérieusement pour sa vie; cependant je ne l'ai vu préoccupé que d'une seule chose, celle de savoir si le dimanche suivant il serait en état de pouvoir dire la sainte messe. Il avait un si grand empire sur lui-même, que dans les plus cuisantes douleurs il cherchait à rassurer par son calme les personnes qui l'entouraient, et dissiper leurs craintes par des réflexions pleines de gaieté.

« La paralysie faciale dont il fut atteint au mois d'octobre 1861, continue le docteur, ne lui donna d'inquiétude que parce qu'elle le privait du bonheur de faire entendre sa parole à ses chers paroissiens, et lui rendait la célébration de la sainte messe assez difficile.

« Dans l'apoplexie cérébrale qui a terminé sa vie, au premier instant, je l'ai entendu répéter ces paroles: *Quid est homo?* et ces autres encore : — « Voyez comme il est nécessaire d'être toujours prêt à paraître devant Dieu ! »

Pendant cette longue maladie, ce saint prêtre

n'avait pas de jours si calmes ni si heureux que ceux où il recevait Notre-Seigneur. Chaque semaine, son confesseur lui apportait la sainte communion, et se retirait aussitôt, laissant le malade seul avec son Dieu, et plongé dans une profonde adoration.

« Il aurait fallu le voir alors, disait une des personnes qui l'ont soigné; ses traits étaient ceux d'un saint et respiraient une douce et sainte joie; il demeurait ainsi immobile et comme en extase pendant fort longtemps, les yeux fermés, et les mains jointes sur la poitrine. »

Que disait-il à Notre-Seigneur pendant ces longs entretiens? sans doute il lui adressait la prière que cet adorable Sauveur nous enseigna lui-même par son exemple au jardin des Oliviers.

« Mon Dieu, s'il est possible, que ce calice s'éloigne de moi, mais que votre volonté soit faite et non pas la mienne. »

Et pendant ce temps-là, des âmes saintes priaient au pied du tabernacle, et conjuraient le ciel de rendre le bien-aimé pasteur à son troupeau, le bon père à sa famille éplorée: on faisait pour lui de nombreuess communions. On offrait pour lui souvent le saint sacrifice de la messe: on faisait en un mot une sainte violence au cœur de Dieu. A certains jours, la vie du vénérable malade fut en péril, et l'on put croire, sans alarmes vaines, que tout remède humain était devenu impuissant : aussi, plusieurs ont-ils attribué sa guérison aux prières et aux bonnes œuvres offertes à Dieu pour l'obtenir.

Vers la fin de février, M. Tavernier se trouva beaucoup mieux, et le dimanche 22 de ce mois il eut la consolation de monter au saint autel. Dieu voulait le fortifier par la participation aux saints mystères; car il lui réservait, au début de sa convalescence, l'épreuve la plus pénible pour son cœur. Son frère, M. Tavernier Bernard (1), curé de Saint-Germain près Soissons, qui l'avait visité et consolé pendant sa longue maladie, dont il avait suivi avec une si grande anxiété toutes les phases, lui était enlevé en quelques jours par un mal aigu. C'est au sortir de la sainte messe qu'il apprit ce malheur : sa première pensée fut de se transporter aussitôt à Saint-Germain, pour rendre à son bien-aimé frère les derniers devoirs, et pleurer avec ses chères sœurs sur sa tombe : mais le médecin déclara qu'il ne pouvait le faire sans une grave

---

(1) Bernard Tavernier naquit à Marchais, petit village à 5 kilomètres de Liesse, l'an 1794, le jour de l'Ascension de Notre Seigneur, cette année le 29 Mai. — Dès l'âge le plus tendre il quitta la maison paternelle pour suivre comme son frère le cours de ses études. Il étudia successivement à Guise, à Menneville, à Liesse, à Soissons et enfin à Saint-Sulpice où il passa plusieurs années.

Après avoir professé à la maîtrise de la cathédrale de Soissons, puis au petit Séminaire de Nevers, n'étant pas encore dans les ordres, et toujours indécis au sujet de sa vocation, il demeura quelque temps chez son frère à Burelles et à Rosoy. La grâce ayant enfin triomphé des craintes et des alarmes que lui inspirait la profession des saints ordres, il rentra au Séminaire de Soissons et fut ordonné prêtre en 1830. Nommé peu après curé de Nampteuil et de Sancy, sa première pensée fut de s'informer des pauvres et des malades, de les visiter et de leur prodiguer les soins les plus empressés. Il s'appliquait aussi avec le plus grand zèle à l'instruction religieuse de l'enfance et de la jeunesse, et faisait de nombreux catéchismes: c'est lui qui établit dans ces paroisses les réunions en l'honneur de la Sainte-Vierge, et des jeux entre les différents offices, pour détourner les jeunes personnes des réunions et des plaisirs du monde.

En 1832, alors que le choléra fit d'assez grands ravages dans ce pays, il

imprudence ; il dut donc se résoudre à demeurer à Saint-Quentin, et renoncer à la consolation de voir une dernière fois et d'embrasser le corps inanimé de son frère.

On lira volontiers la lettre qu'il écrivait dans cette circonstance à son neveu, alors diacre au grand-séminaire de Soissons.

« Au sortir de la sainte messe, que j'ai cru pouvoir célébrer aujourd'hui pour la première fois, je reçois la désolante nouvelle que tu étais chargé de nous annoncer!... J'en suis atterré!!! Je ne m'attendais guère à un pareil événement et en si peu d'heures!... Dis bien à mes chères sœurs combien je regrette de ne pouvoir partager de tout près notre douleur commune!.. Je me suis interrogé pour savoir si j'entreprendrais le voyage de Soissons, et j'ai eu

---

fut d'un dévouement admirable; s'étant muni d'une petite pharmacie et accompagné d'un infirmier, il soignait lui-même les malades, dont plusieurs grâce à lui furent sauvés de la mort; aussi s'était-il acquis en peu de temps la réputation d'habile médecin. Noblesse oblige, dit un vieux proverbe: c'est alors qu'assiégé de visites, de consultations, il dut bon gré mal gré se livrer à l'étude de la médecine, et devint même au bout de quelques années assez instruit dans cette science; plus d'une fois il opéra des guérisons vraiment extraordinaires. Mais ce qui est bien plus précieux encore, c'est qu'à force de bienfaits, à force de dévouement et d'abnégation, il gagna tous les cœurs de ses paroissiens, remit en honneur parmi eux la religion, et y fit revivre la foi et la piété. Chargé par *intérim* de la petite paroisse d'Allemant, il attira tout le peuple aux offices du dimanche, et y obtint que tous les habitants, un seul excepté, accomplissent leur devoir pascal. On raconte que souvent dans ses courses d'une paroisse à l'autre, il se contentait pour toute nourriture d'un morceau de pain sec et de l'eau qu'il puisait au ruisseau le long du chemin.

Toutes ces mortifications et ces courses multipliées ruinèrent en peu de temps sa santé naturellement si faible : et, quoique son zèle ne se soit jamais ralenti, il se vit contraint, à la suite d'une longue et douloureuse maladie et d'un repos forcé d'une année, de renoncer à un double et triple desservice

soin de faire questionner le médecin à ce sujet. On ne le veut pas et on trouve qu'il y aurait grave imprudence à le faire.. je ne puis donc être avec vous que d'esprit et de cœur... et je serai, à mon bien grand et bien vif regret, réduit à ne pouvoir prier que d'ici, mais je le ferai de tout mon cœur !...

« Pauvre frère! il était si vivement préoccupé de ma maladie, et il a toujours été si bon pour moi !... Pourquoi faut-il qu'il nous soit enlevé si vite, et sans que j'aie pu le revoir !!.. c'est une bien grande croix que Notre-Seigneur a voulu ajouter à celle que je porte déjà depuis cinq mois! Que sa sainte volonté soit faite! et puisse cette double croix servir à ma sanctification, et me préparer moi-même au grand passage de l'Eternité.

auquel désormais il ne pouvait suffire. Mgr de Simony le nomma à la cure de Saint-Germain-Villeneuve toute proche de Soissons (1840).

Là encore M. Tavernier fit beaucoup de bien, et se montra constamment un prêtre zélé, charitable et pieux. Il se privait de tout pour les pauvres de sa paroisse et on cite de lui une foule de traits de générosité : mais ce qu'il y avait en lui de particulièrement beau, c'était le soin qu'il prenait de dérober ses bonnes œuvres aux regards des hommes. Il était remarquable par son zèle pour instruire ses fidèles, et par son assiduité à visiter les malades, ce qu'il faisait souvent plusieurs fois chaque jour.

On raconte, à ce sujet, qu'un soir il fut appelé près d'un malade éloigné du presbytère d'environ une demi-lieue : ce malade ayant refusé de le recevoir, le charitable curé qui craignait, en s'éloignant, de le laisser mourir sans sacrements, passa toute la nuit aux environs de sa demeure, attendant qu'il fût décidé à se confesser.

M. Tavernier mourut victime, on peut le dire, de son dévouement et de son zèle le 22 février 1862, à l'âge de 68 ans, après avoir reçu avec une grande foi les derniers sacrements. Le 22 février de cette année était un samedi, jour consacré à la sainte Vierge, pour laquelle M. Tavernier Bernard avait, comme son frère, la plus tendre dévotion.

Nous possédons de M. Tavernier Bernard un bon nombre de lettres de direction adressées à des religieuses et à des personnes du monde : toutes sont frappées au coin de la vraie piété sacerdotale, et de la raison la plus judicieuse.

« Oh ! combien j'ai été heureux d'apprendre qu'il a reçu les sacrements avec la foi vive et la piété si sincère que je lui ai toujours connues ! J'en remercie Dieu de toute mon âme... Le nom de ce frère bien aimé va être plus que jamais sur mes lèvres et dans mon cœur au saint autel et partout. Toi-même, ne nous oublie jamais !!.. Adieu.:. »

Ce triste événement occasionna au vénérable Archiprêtre une grave rechute : une fièvre assez violente, suivie de vomissements et de la jaunisse, l'obligea de nouveau à garder la chambre... Peu à peu, cependant, la nature prit le dessus, et M. Tavernier put reprendre en partie du moins ses fonctions pastorales.

Il eut même la joie de présider peu de temps après à la cérémonie de la première communion, et de distribuer lui-même la sainte Eucharistie à tous les enfants de sa nombreuse famille. Et Dieu, qui ne frappe jamais des deux mains à la fois, lui ménageait en outre une double consolation, celle d'assister à l'ordination de l'un de ses proches parents qui fut prêtre cette même année, et celle de voir l'une de ses nièces entrer au couvent des Dames de la Croix, pour lequel il avait une particulière estime.

Sa santé s'améliora dès lors d'une manière sensible, et l'on put croire qu'il resterait encore de longues années à la tête de son troupeau. Sans partager complètement cette illusion, M. Tavernier crut pouvoir, malgré l'avis contraire des médecins, reprendre à peu près toutes les fonctions du saint ministère.

Vers le mois d'août de l'année suivante (1863) il fut atteint de coliques hépatiques, dont il souffrit beaucoup. Momentanément apaisées par les soins du docteur, elles finirent bientôt par revenir à peu près périodiquement, et M. Tavernier dut se décider à faire le voyage de Vichy, dont les eaux, dit-on, sont d'une vertu merveilleuse pour les maladies du foie. A peine y fut-il arrivé qu'il se trouva en effet beaucoup mieux, et jamais dans la suite ces souffrances n'ont reparu.

On voit dans ses lettres que la pensée de sa paroisse et de ses œuvres ne le quittait jamais.

Voici ce qu'il écrivait de Vichy à son premier vicaire :

« Absent, quoique momentanément, de mon immense bercail, je ne pouvais éprouver une joie plus douce que de recevoir des nouvelles de mes chères brebis. Mais, hélas ! pourquoi faut-il que ces nouvelles ne soient pas toutes aussi consolantes que je le voudrais ! Encore une mort sans sacrements ! que cela est triste, mon Dieu ! Oh ! oui, nos pauvres commerçants qui ne fréquentent plus l'Eglise, sont bien à plaindre !

« Ils se laissent tellement circonvenir et embarrasser par leurs affaires du temps, qu'il ne leur reste plus une seule pensée au cœur pour la seule grande affaire de l'éternité !... et cependant, *quid prodest...*? Encore une fois, pauvres gens, qu'ils sont à plaindre !! Ils ne connaissent pas Dieu ; ils n'ont, depuis longtemps, jamais entendu parler de lui ; ils ne lui ont rendu aucun devoir! est-il étonnant que, malades, ils n'y pensent pas davantage et nous fassent fermer toutes les portes?

« Ils sont bien coupables, sans doute, mais aussi infiniment à plaindre à cause de leur ignorance !.. Et que d'aveugles de ce genre dans notre Saint-Quentin ! Prions pour eux, afin que Dieu les éclaire tandis qu'il en est temps encore...

« Du moins, la mort si chrétienne de M. G.... et celle si édifiante de Mme T.... m'ont beaucoup consolé...

« Pour ce qui est de ma santé, attendons... prions... Et puis, avant et par-dessus tout, que la sainte et toujours aimable volonté de Dieu soit faite en tout, partout et toujours ! Amen... »

Il ajoutait en terminant : « Je n'en sais pas plus que vous au sujet du nouveau Pontife que le Seigneur nous destine ; puisse-t-il nous donner dans sa bonté, un homme selon son cœur, un véritable homme de Dieu. C'est, pour un diocèse, un grand et riche trésor qu'un saint évêque, surtout dans le temps où nous sommes. »

A un curé du diocèse qui lui avait appris la mort d'un prêtre de ses amis, il écrivait :

« J'avais déjà en effet connaissance de la mort si prompte et si inattendue de l'excellent M. P*** curé de B***. A quoi tient ici-bas notre pauvre existence ! et que, sous ce rapport, nous sommes peu de chose !!.. Que ceux-là sont insensés qui s'accrochent à cette terre comme s'ils ne devaient jamais la quitter, et bornent là tous leurs désirs !... J'ai été, pour ma part, très-sensible à cette perte. Mais quand on a connu comme nous ce bon et vertueux confrère, on se console en pensant que pour lui la mort est un gain.

« C'est dans de telles circonstances que l'on aime à se rappeler avec une ineffable consolation ces paroles de nos saints livres : *Audivi vocem de cœlo dicentem mihi : scribe : Beati mortui qui in Domino moriuntur !.. opera enim illorum sequuntur illos*. (1) — Et pourtant, prions pour lui, et à plus forte raison, un peu plus tard, priez beaucoup pour moi ; car Dieu est si grand, si saint, si pur !... mais heureusement sa miséricorde aussi est infinie !... »

Ce curé l'ayant invité en même temps à présider à une cérémonie qui devait avoir lieu dans sa paroisse, peu après son retour, M. Tavernier lui répondait :

« Je serai à Saint-Quentin avant le 19, que vous choisissez pour votre petite cérémonie : je ne vois pas d'obstacle qui puisse m'empêcher de m'y rendre; mais hélas ! vous savez que je ne prêche plus ! Notre-Seigneur me condamne à être un *chien muet*, et je ne garde plus le troupeau que par ma présence. Procurez-vous donc un prédicateur ; j'accepte à l'avance celui que vous choisirez. »

Puis il termine en disant :

« Le séjour de Vichy m'a fait un bien véritable. Ses eaux merveilleuses m'ont rafraîchi le sang, et, je

---

(1) J'ai entendu une voix du Ciel qui disait : Bienheureux ceux qui meurent dans le Seigneur !... car leurs œuvres les suivront.

l'espère, m'épargneront encore cette année les coliques hépatiques qui font tant souffrir... Je n'ai qu'un regret, celui de ne pouvoir en faire sortir un petit filet, au milieu de mon jardin. Il aurait bien sûrement ma visite tous les jours.

« Ces eaux toutefois ont été de nul effet quant à la paralysie faciale qui nuit tant à mon ministère. Je commence à croire que le Bon Dieu veut me donner par là le signal de la retraite : *Fiat, laudetur, atque in œternum superexaltetur justissima, altissima atque amabilissima voluntas Dei in omnibus ; amen, Loquatur in me Dominus Deus !...* (1)

« La possibilité de la souffrance, et l'exercice du zèle, dit un auteur récent, voilà les deux liens qui peuvent attacher les saints à la vie ; » et si les âmes passionnées pour la croix savent dire à Dieu au milieu des afflictions et des peines : encore plus, Seigneur, encore plus !! il en est de même du prêtre que dévore le zèle des âmes : saintement ambitieux, il ne se contente jamais de celles qu'il a conquises à Dieu, et sans cesse il aspire à lui en gagner d'autres encore. Il ne se contente pas des œuvres qu'il a établies pour procurer leur conversion et leur salut, et sans cesse il aspire à en établir de nouvelles. « Encore plus, Seigneur, encore plus ! » s'écrie-t-il.

C'est ainsi que M. Tavernier, quoique affaibli par les souffrances et par l'âge, aspirait toujours à

---

(1) Que la très-juste, très-haute et très-aimable volonté de Dieu soit faite, soit louée, soit exaltée au-dessus de tout, partout et toujours. Amen !... Que le Seigneur Dieu me la fasse connaître, je suis prêt à l'accomplir.

faire de nouvelles créations pour étendre le règne de Dieu.

A peine de retour des eaux de Vichy, il établit l'*Œuvre des Séminaristes pauvres*. Peiné de voir que Saint-Quentin, quoique représentant par sa population la quinzième partie du diocèse, ne fournissait que fort peu de sujets aux séminaires, il avait depuis longtemps conçu le projet de fonder une œuvre spéciale, pour aider à y entrer les enfants de la classe pauvre, chez lesquels on reconnaissait des marques de vocation à l'état ecclésiastique. Il recueillit en peu de temps une somme assez considérable pour se charger des frais d'éducation de plusieurs enfants. Et à l'heure qu'il est, Saint-Quentin en compte un bon nombre qui iront un jour grossir les rangs de la sainte milice, et attireront sans doute les plus abondantes bénédictions du ciel sur le pays qui les a vus naître.

Cette œuvre toutefois n'est que commencée : M. Tavernier songeait vers la fin de sa vie à l'organiser d'une manière complète et définitive, mais la mort ne lui en a pas laissé le temps. Elle subsistera néanmoins; car son digne successeur, l'ayant adoptée comme toutes les autres, s'occupe de la consolider et de l'établir sur des bases solides.

C'est aussi pendant ses trois dernières années que M. Tavernier établit *l'Adoration perpétuelle ; l'Adoration nocturne ; l'Archiconfrérie du Sacré-cœur de Jésus ; l'Archiconfrérie et le Mois de saint Joseph.* Sans vouloir nous étendre sur toutes ces œuvres diverses, du reste fort bien connues des fidèles, nous voulons citer quelques fragments de la supplique adressée par M. Tavernier à Monseigneur l'évêque de Soissons pour obtenir l'érection canonique, dans son église, de cette dernière association, l'Archiconfrérie de saint Joseph. On pourra juger par là des motifs qui lui inspiraient tant de zèle pour l'établissement des confréries : cette lettre d'ailleurs nous est doublement précieuse, car elle est une des dernières, la dernière peut-être, sortie de la plume du pieux pasteur; il l'écrivait quatre jours à peine avant de mourir.

« Monseigneur,

« Considérant que la dévotion à saint Joseph, le chaste époux de l'Auguste et Immaculée Vierge Marie, et le bienheureux père nourricier du Divin Enfant Jésus, s'est accrue d'une manière sensible dans la paroisse de Saint-Quentin ;

« Considérant que depuis plusieurs années le mois de Mars, consacré à ce grand Saint, y est célébré avec honneur et avec une particulière dévotion ;

« Considérant que, depuis longtemps, une chapelle spéciale lui est dédiée dans notre église paroissiale, et que là se célèbrent, sous son patronage, tous les mariages de nos nombreux ouvriers ;

« Considérant surtout que, dans la pensée de la Sainte Eglise Catholique, saint Joseph est tout à la fois le protecteur particulier de l'enfance et de la jeunesse, le patron spécial de la classe ouvrière, le modèle des époux, le puissant avocat des mourants, et qu'à tous ces titres, je ne saurais trop m'efforcer comme pasteur, d'accroître et de propager son culte;

« Je soussigné... etc... »

Suit le règlement soumis à l'approbation de Monseigneur : nous n'en citerons que le premier article.

« ART. 1er. La confrérie de saint Joseph, établie à Saint-Quentin dans l'église paroissiale, a pour but :

« 1° De développer et d'accroître de plus en plus, dans cette paroisse, le culte si précieux de ce grand Serviteur de Dieu, et d'appeler ainsi sa puissante protection sur toute la paroisse, sur les nombreux enfants de ses écoles et pensionnats, sur son lycée, sur toute la classe ouvrière, sur toutes ses familles et ses communautés religieuses, ainsi que sur les œuvres qui y sont établies, notamment sur l'œuvre si importante des Petites Sœurs des pauvres, qui lui ont voué un culte spécial, et le regardent avec reconnaissance comme leur céleste pourvoyeur.

« 2° De solliciter par son puissant crédit la conversion des pécheurs, et le retour de nos frères égarés.

« 3° D'appeler, par sa puissante médiation, la bénédiction de Dieu sur les intérêts spirituels et temporels des associés, et des membres de leurs familles, et surtout d'obtenir à chacun d'eux la grâce d'une bonne mort....etc. »

M. Tavernier reçut sur son lit de mort, et quelques heures seulement avant de rendre son âme à Dieu, l'approbation épiscopale pour cette confrérie; et il apprit avec une joie sensible qu'on venait d'en donner lecture aux fidèles ce jour-là même au prône de la messe paroissiale ; il mourait le soir vers six heures, entre les bras sans doute de celui qu'il appelait le puissant avocat des mourants.

Il est une œuvre encore qu'il nous reste à nommer comme une des dernières gloires de ce digne et saint prêtre ; c'est à lui que la paroisse de Saint-Quentin doit *le Tiers-Ordre de saint François d'Assise*.

Dès qu'il connut le Tiers-Ordre de saint François, M. Tavernier s'y affectionna, et résolut d'y entrer. L'année 1858 lui en offrit l'heureuse occasion: le T. R. P. Ambroise, capucin, alors provincial de Savoie, vint prêcher la station de carême à Saint-Quentin ; le 10 avril le pieux Archiprêtre, accompagné d'un autre ecclésiastique de la ville, reçut le saint habit des mains de ce religieux:

Et deux ans après, au carême de 1860, il fit profession entre les mains d'un autre religieux capucin, aussi de la province de Savoie, le R. P. Augustin.

Mais non content de recueillir pour lui-même les fruits abondants de sanctification que produit le Tiers-Ordre, il eut à cœur de le faire connaître et de le propager dans sa paroisse. Ici encore le ciel bénit ses pieux désirs : le Tiers-Ordre y fit en quelques années de rapides progrès. En 1859, il y eut dix vêtures; en 1860, quatorze ; en 1861, neuf ; en 1862, trente-cinq ; en 1863, quarante-deux : et à l'heure qu'il est, le Tiers-Ordre de Saint-Quentin compte environ cent soixante membres, tant frères que sœurs.

En 1862, au mois de septembre, la petite famille Franciscaine s'étant augmentée au delà même de ses premières espérances, M. Tavernier pensa qu'il était temps de lui imprimer une direction plus efficace, et de lui donner avec le Premier Ordre un lien d'union, en attendant qu'il fût possible de l'ériger en congrégation régulière. Il appela donc un Père visiteur, auquel il confia ses projets sur le Tiers-Ordre, qu'il regardait comme devant produire un grand bien dans sa paroisse.

Pendant quelque temps encore, M. Tavernier se contenta de parler du Tiers-Ordre aux personnes qui l'approchaient, de répandre par leur entremise le manuel parmi les pieux fidèles, et de réunir les Tertiaires de temps à autre pour leur adresser quelques exhortations.

Au mois d'avril 1864, le moment lui sembla venu de faire ériger le Tiers-Ordre en congrégation. Sur sa demande, le très-révérend père Ambroise, alors gardien du couvent de Paris, se rendit à St-Quentin dans ce but. Les frères et les sœurs, au nombre de 134, se rendirent à l'appel et au vœu du pasteur, et vinrent se presser autour du bon religieux dans chapelle improvisée qui allait devenir le berceau de la congrégation. « Le très-révérend père, lisons-nous dans les Annales Franciscaines, dans une allocution remarquable d'éloquente simplicité, rappela aux Tertiaires leurs devoirs, les bénédictions attachées à leur sainte règle, l'excellence de la forme de vie qu'ils avaient choisie, et le bien qu'ils étaient appelés à faire autour

d'eux, en donnant l'exemple de toutes les vertus. »
Ensuite, plusieurs postulantes furent admises à la
vêture, et treize novices firent profession. « Ces cérémonies terminées, les frères et les sœurs se retirèrent
dans leur chapelle respective pour l'érection canonique des congrégations. M. Tavernier fut naturellement désigné pour en être le directeur. « Rien,
continue le narrateur, ne peut donner une idée de la
joie que nous ressentions tous…. »

Cette joie, M. Tavernier la partageait : et sans
doute il pria ce jour-là avec une nouvelle ferveur pour
attirer toutes les bénédictions du ciel sur l'œuvre
naissante.

Quelques mois plus tard, vers la fin de Novembre,
il fit venir de nouveau un père Capucin, pour donner
à la congrégation les exercices de la retraite ; et lui-
même, quoiqu'il eût pris part peu de temps avant
à la retraite pastorale de Soissons, la suivit avec
la plus scrupuleuse exactitude et dans le plus grand
recueillement.

Laissons encore parler les Annales Franciscaines :

« Du 23 au 29 novembre, nous avons pris part aux
exercices d'une retraite, prêchée par le révérend
père L***, du couvent de Versailles. De la robe de
bure des capucins, comme de celle du Christ, sort
une vertu mystérieuse ! elle guérit les âmes, les
éclaire et les enflamme. Faut-il s'en étonner ? Cette
robe n'est-elle pas celle de Jésus lui-même qui s'est
revêtu de la pauvreté comme d'un manteau royal ?
Que de puissance dans les paroles du bon religieux

que nous avons eu le bonheur de posséder ! que de grandes et nobles choses il a opérées parmi nous !...

« Cet humble frère Mineur, en nous parlant avec la douce familiarité des fils de saint François, a fait plus d'impression sur nos cœurs que par les plus magnifiques discours..... Le bien qui s'est fait parmi nous est immense, et cela n'est pas étonnant : la suave onction des paroles du père L***, son zèle ardent, sa tendre charité, son généreux dévouement, attiraient tellement les cœurs, que jamais retraite n'a été si exactement, ni si religieusement suivie... Nous avons vu, avec une extrême édification, des sœurs faire quatre fois chaque jour plus d'une lieue ; elles étaient là le matin à six heures, pour la méditation; assistaient à la messe du père; s'en retournaient à leur village; puis revenaient à l'instruction du soir. D'autres, éloignées de plusieurs lieues, sont restées pendant toute la durée des exercices, recevant chez une sainte fille, aussi notre sœur, la plus généreuse hospitalité.... »

Qu'on nous permette de transcrire encore les lignes suivantes, elles nous révèleront un des derniers vœux du vénérable Archiprêtre de Saint-Quentin, celui de voir les Capucins s'établir dans un des faubourgs de sa paroisse, pour y travailler plus efficacement au salut des âmes.

« La paroisse a eu sa part de bonheur: le révérend père y a parlé au prône du premier dimanche de l'Avent, et au salut de l'Archiconfrérie de la Sainte-Vierge. Les voûtes de notre antique église ont dû tressaillir de joie, car naguère, dans des temps meilleurs, Saint-Quentin possédait des Capucins et les accents de leur voix résonnèrent bien souvent sous ces voûtes séculaires !

« Quand donc nous sera-t-il donné de les revoir parmi nous ! Notre génération actuelle qui ne les connaît plus, surprise, s'écriera d'abord : « Qui sont ces hommes, et d'où viennent-ils ? *Qui sunt isti et unde venerunt !* Mais elle dira bientôt, vaincue par l'irrésistible ascendant de leurs vertus, par la considération de leur pauvreté, de leurs souffrances, de leurs pieds nus et meurtris : *Quam speciosi pedes evangelisantium paçem, evangelisantium bona !* Qu'ils sont beaux les pieds de ceux qui annoncent l'évangile de la paix, qui annoncent la bonne nouvelle du salut ! » (1)

« L'humble capucin remua donc tous les cœurs ; qui sait même si son passage parmi nous ne sera pas le premier coup de la grâce pour la conversion de quelques âmes !

« Le 29 novembre, fête de la Toussaint pour l'ordre Séraphique, la clôture de la retraite eut lieu dans la collégiale, aux pieds de la Vierge Immaculée. Rien de ravissant comme cette fête de famille ! Dans son discours sur le ciel, le révérend Père fut véritablement sublime: sa douce et persuasive parole devint

(1) Le jeudi qui précéda sa mort, M. Tavernier fit appeler celui-là même qui a écrit ces lignes, et lui confia sous le plus grand secret, qu'il avait enfin trouvé une maison pour y loger des Pères Capucins. Déjà il s'était entendu avec le propriétaire de la maison, et espérait en sortir à très-bon compte: trois jours après, il était avec Dieu !

si entraînante que des larmes jaillirent de bien des yeux. Comment, en effet, ne pas être attendri en écoutant ce saint religieux, en voyant ce regard inspiré, en contemplant ce visage illuminé par la pénitence et où rayonne la douceur évangélique?...

« Le R. Père admit un postulant et trois postulantes, donna le saint habit à quatre frères et à huit sœurs, et reçut vingt novices à la profession. Tous les profès renouvelèrent ensuite la leur, et, sauf la communion générale du matin, rien ne fut touchant comme ce moment solennel. L'acte de rénovation fut prononcé par M. Tavernier, notre R. P. directeur, qui n'a pas cessé un seul instant d'être à notre tête : il ne put vaincre son émotion, à la vue de cette foule recueillie, qui un cierge à la main comme symbole de la lumière de Jésus-Christ que nous devons répandre autour de nous, répétait à genoux les paroles prononcées par le vénéré pasteur. La bénédiction du Très-Saint Sacrement termina cette belle et touchante cérémonie, dont nous garderons tous le précieux et doux souvenir...... »

Ces choses se passaient trois mois à peine avant la mort de M. Tavernier. Il continua jusqu'à la fin, et toujours avec le même zèle, à édifier sa chère congrégation par ses instructions et encore plus par ses exemples.

Aujourd'hui il n'est plus près d'elle, il est vrai, d'une manière visible, mais il y est toujours présent par son esprit et par le souvenir de ses vertus !

Il ne nous reste plus que quelques détails à donner

sur les derniers mois de la belle et noble existence que nous avons essayé de retracer.

« J'ai remarqué, écrit une personne, et d'autres l'ont remarqué comme moi, que depuis la longue maladie qu'il fit en 1861, M. Tavernier était encore beaucoup plus saint qu'auparavant, plus intérieur, et plus détaché des créatures. La pensée de sa mort prochaine lui était habituelle, et il nous en parlait souvent, pour nous préparer sans doute au grand sacrifice ! Quand nous le vîmes pour la première fois après son attaque de paralysie, notre émotion fut si grande en le voyant si pâle, si changé, et les traits contractés, que nous fondîmes en larmes !! Lui-même était fort ému; mais dissimulant son émotion :

« Pourquoi donc pleurez-vous, nous demanda-t-il, est-ce parce que les apparences ne sont plus les mêmes ! » « Oh ! lui répondit l'une d'entre nous, ce n'est pas cela ? mais nous sommes si heureuses de vous revoir, que nous pleurons de joie ! »

« Pauvres enfants, répliqua-t-il, et si j'étais mort !! Je ne me fais pas illusion, voyez-vous : cette maladie est un avertissement de Dieu; c'est la première publication, et quelquefois on a dispense des deux autres. Il faut donc vous habituer à penser à mon successeur, à le voir agir, à travailler de concert avec lui. Je ne veux pas que vous abandonniez votre œuvre, quand je ne serai plus là : vous ferez comme moi, vous irez jusqu'au bout de vos forces. Quand on aime bien, il faut aimer pour le plus longtemps possible, et je ne connais rien de plus long que l'éternité. Croyez-moi, aimez Dieu, et ne vous attachez pas aux créatures, elles n'en valent pas la peine. Le plus sûr moyen de retrouver ses affections dans le ciel, c'est d'aimer en Dieu et pour Dieu. »

« Un peu plus tard, dit encore la même personne, comme nous l'engagions à ménager ses forces: « *Je me reposerai au ciel*, nous répondit-il !! Rappelez-vous donc cette belle parole: Dieu seul toujours en vue ; Jésus-Christ toujours en pratique ; *et moi, et moi, et moi, toujours en sacrifice.* »

Un curé d'un diocèse voisin chez lequel M. Tavernier était allé, dans une de ses dernières années, prendre quelques jours de repos, a écrit ceci:

« M. Tavernier était un homme de Dieu que je me rappellerai toujours avec un sentiment de profonde vénération. Rien que sa vue portait au bien ; ses paroles respiraient un parfum de douce piété qui allait au cœur. Ceux qui l'ont vu dire la messe savent quelle était sa modestie, et combien angélique était sa ferveur. Au soin avec lequel il profitait de tout pour faire aimer Dieu, on reconnaissait aisément l'âme embrasée d'un Saint et d'un Apôtre. Mais s'il se plaisait tant à parler de Dieu, il ne se plaisait pas moins à en entendre parler.

« Un jour, au retour d'une promenade que je venais de faire avec lui aux environs d'O***, où il était venu chez des amis pour prendre un peu de repos, nous passions par un petit sentier, dans un champ d'épis jaunissants. La marche ayant fatigué le digne pasteur encore convalescent, la conversation s'était arrêtée. Connaissant déjà ses goûts, quoique je ne fusse son ami que de la veille, je lui demandai la permission de lui lire un chapitre du Nouveau-Testament. Il accueillit aussitôt ma proposition avec la simplicité la plus charmante. Si ma mémoire est fidèle, je tombai précisément sur cet endroit de l'Evangile, où il est dit que Jésus passant le long des blés, un jour de sabbat, ses disciples ayant faim se mirent à cueillir des épis et à les manger. Il écouta avec le même respect que s'il se fût trouvé en présence du Saint-Sacrement; et la lecture terminée, m'ayant complimenté sur le choix du chapitre il me remercia avec l'effusion d'une personne altérée, à qui on aurait donné un verre d'eau pour se rafraîchir. »

« Le juste, dit saint Bernard, ne croit jamais avoir acquis assez de vertus, jamais il ne dit : C'est assez. Mais toujours il a faim et soif de la justice; en sorte que s'il vivait toujours sur cette terre, il s'efforcerait toujours de devenir de plus en plus saint... »(1) Les dernières années de la vie de M. Tavernier nous en fournissent la preuve. A mesure qu'il approchait du terme de son pèlerinage, on le voit tendre à une plus haute perfection, il prolonge ses prières, ses méditations, son action de grâce après la sainte messe, ses pieuses lectures, et il fait en assez peu de temps trois retraites des plus sérieuses, l'une à

---

(1) *Numquan justus arbitratur se comprehendisse, nunquam dicit: Satis est. Sed semper esurit sititque justitiam; ita ut si semper viveret, semper quantum in se est justior esse contenderet.*

Saint-Quentin, l'autre à la maison des pères Jésuites de Laon sous la direction du révérend père Grail (qui lui aussi s'endormait, il y a quelques mois, du sommeil des justes), et la troisième à Soissons.

Nous voulons le suivre à cette dernière retraite pastorale, où il fut pour tout le clergé diocésain un si grand sujet d'édification ! Toujours un des premiers aux exercices, son assiduité, son recueillement, sa ferveur furent, pour ses frères dans le sacerdoce, un des derniers et des plus beaux exemples de sa vie. Désigné naturellement par son âge et par sa position, pour faire à Monseigneur, à la clôture de la retraite, le compliment d'usage, il s'exprima ainsi :

« Monseigneur, (1)

« Quoique la dernière heure de notre précieuse retraite ne soit pas encore sonnée, et tandis que tous ceux qui ont eu le bonheur d'y prendre part sont encore présents, qu'il soit permis à l'un des plus anciens prêtres de votre diocèse de venir en ce moment, au nom de tous, vous exprimer nos sentiments de vive reconnaissance et nos vœux bien ardents (2).

---

(1) Mgr Dours, évêque de Soissons.

(2) Qu'on nous permette de rapprocher de ce discours quelques fragments de celui que M. Tavernier adressa au même prélat lors de sa première visite pastorale à Saint-Quentin :

Benedictus qui venit in nomine Domini !

« Monseigneur,

» Ça été là le cri de joie de tout un peuple à l'entrée solennelle du Divin Maître à Jérusalem ! C'est aussi le cri de joie qui s'échappe de tous les cœurs des habitants de cette heureuse cité, à votre première entrée dans son enceinte. Tous, depuis longtemps déjà, nous désirions vivement vous

« De reconnaissance envers Dieu d'abord, Monseigneur, de ce qu'il a bien voulu visiter et consoler dans son veuvage, si vite renouvelé, l'antique église de Soissons, et nous choisir de sa main pour évêque un homme selon son cœur, qui est appelé à consolider et à perfectionner tout le bien qu'avaient conçu et entrepris ses bien-aimés prédécesseurs. Le temps seul leur a manqué pour accomplir tous les bons desseins qu'ils avaient au cœur. Le dernier d'entre eux n'a fait que passer, en faisant du bien, et au moment même où il présidait, il n'y a qu'un an, les pieux exercices de la retraite ecclésiastique. Dieu vous donnera à vous, Monseigneur, nous en avons la douce confiance, de longues années pour exécuter les importants projets que médite déjà votre vigilance pastorale.

voir. Votre nom béni, si heureusement inspiré au choix de l'Empereur, était à peine préconisé par le Pontife suprême, que déjà il était profondément gravé dans tous nos cœurs. La divine Providence, après avoir successivement éprouvé d'une manière bien sensible ce diocèse et lui avoir enlevé tout à coup un père qu'elle n'a guère fait que nous montrer, s'est complue à lui choisir un pontife dont l'extérieur noble et digne et en même temps une bonté toute paternelle nous rappelle si bien les deux prélats que nous avons si subitement perdus. C'est le Ciel qui vous envoie, Monseigneur. Béni soyez-vous donc, vous, qui nous venez au nom de Dieu !

» Votre très-vénéré prédécesseur, Monseigneur, se glorifiait de nous apporter Jésus-Christ dans son nom, sur ses armes et surtout dans son cœur. Vous aussi, quoique illustré déjà dans la carrière des sciences et des lettres, vous ne voulez, à l'exemple du grand Apôtre, savoir autre chose que Jésus et Jésus crucifié. Toute votre ambition, dès votre arrivée au milieu de nous, est de nous faire connaître Jésus-Christ.

Guidé, pour cela même, par un noble et religieux élan de votre cœur, vous avez enrichi la science héraldique d'un nouveau blason qu'elle ne connaissait pas encore. Devenu prince de l'Eglise, vos armes, à vous, sont *la croix, les clous et la couronne d'épines.* Symbole admirable, qui nous a

« A vous aussi déjà, Monseigneur, notre reconnaissance profonde, pour tout le bien que vous avez si tôt fait au milieu de nous. Vous ne faites qu'apparaître dans ce diocèse, et déjà sans vous donner de repos, vous en avez visité une grande partie, étudiant avec sollicitude, nous en avons été les heureux témoins, tous les besoins des paroisses, visitant leurs écoles, et jusqu'à leurs asiles. A peine rentré dans votre ville épiscopale, votre premier soin est de procurer à votre clergé, qui vous est déjà si cher, l'inestimable bienfait d'une retraite : et cette retraite, vous voulez la présider vous-même chaque jour, à l'exemple du Divin Maître qui n'appelait ses apôtres dans la solitude que pour y être avec eux. *Venite seorsum in desertum locum, et requiescite pusillum.*

« Permettez-nous de vous remercier bien vivement

suffisamment indiqué tout d'abord ce que serait notre évêque et tout ce que nous pouvions attendre de son épiscopat.

» A ce premier motif d'espérance, Monseigneur, vous en avez ajouté un second qui nous est aussi précieux : Dans les temps orageux où nous sommes, et où la barque de Pierre est depuis longtemps assaillie et soulevée par les flots en fureur, tout votre diocèse, profondément attaché qu'il est au chef suprême de l'Eglise, souhaitait ardemment et demandait à Dieu un premier pasteur qui fût inébranlablement uni à la chaire apostolique, au pontife-roi. Maintenant, nous le proclamons bien haut, nos vœux sont exaucés! Rangés avec vous autour de la croix du Sauveur, nous aimerons désormais à redire aussi avec vous, et avec le même élan de foi et d'amour, que nous resterons toujours *unis par les sentiments d'une profonde vénération, d'un dévouement inaltérable et d'une filiale soumission au vicaire de Jésus-Christ, au pieux, au calme, au patient et bien-aimé pontife Pie IX, glorieux successeur de tant de glorieux souverains pontifes*. Avec vous et guidés par vous, Monseigneur, nous prierons avec une confiance sans limites pour ce grand et immortel successeur de Pierre, pasteur souverain des agneaux et des brebis. Que la bonté de Dieu fasse bientôt cesser ses grandes et longues infortunes et rende à l'Eglise et à son Auguste Chef des jours de paix, de gloire et de prospérité !...... »

d'avoir si bien choisi le vénérable apôtre (1) que le doigt de Dieu lui-même, semble vous avoir indiqué et qui avec toute l'autorité et la solidité du langage, n'est jamais plus éloquent que quand il prêche les miséricordes du Seigneur envers ses prêtres ! Béni soit-il pour tout le bien qu'il nous a fait pendant cette retraite !

« Permettez aussi, Monseigneur, que M. le supérieur du grand séminaire (2) ait ici part à notre reconnaissance pour la noble et délicate hospitalité qu'il a bien voulu nous offrir. Il eût été difficile à saint Vincent de Paul lui-même de nous accueillir avec plus de bonté et plus d'égards !

« A la reconnaissance de votre clergé, Monseigneur, permettez-nous de joindre ses vœux.

« Le premier de ces vœux, est de vous conserver au milieu de nous longtemps, bien longtemps : *ad multos annos*. Et pour cela nous vous conjurons de ménager votre précieuse santé, j'allais presque dire, de ne pas trop écouter votre zèle.

« Le deuxième de ces vœux, et c'est pour cela même que nous vous souhaitons ardemment un bien long épiscopat, c'est que le Divin Maître vous laisse accomplir tout le bien que vous méditez et que lui-même vous a inspiré. Il nous est aisé de le voir, Monseigneur, les besoins de votre clergé et ceux de votre diocèse vous sont déjà connus. Le clergé, à l'époque où nous vivons, n'ayant bien souvent autour

---

(1) Le Rév. P. Douillet, de la compagnie de Jésus.
(2) M. Vayrières, prêtre de la mission.

de lui qu'une population hélas! trop peu fidèle, et ne rencontrant bien des fois qu'ingratitude et contradiction de ceux-là même qui par position devraient l'encourager et le soutenir, le clergé a besoin d'être consolé et fortifié. Or, nous le savons déjà, *nous n'avons pas un pontife qui ne puisse compatir à nos peines.* La bonne Providence nous a envoyé un protecteur, un ami, un véritable père; à la seule condition de nous environner de la grande prudence que vous nous recommandez si bien, Monseigneur, nous sommes sûrs de trouver toujours près de vous *consolation* et *soutien.* Vous avez conquis bien vite la confiance et l'affection filiale de tous vos prêtres, ils attachent le plus grand prix, Monseigneur, à posséder aussi la vôtre.

« Le grand malheur de votre diocèse ou plutôt des temps où nous sommes, vous l'avez bien vite compris, Monseigneur, c'est que Jésus-Christ n'est plus connu. La raison en est bien simple, malgré l'incontestable zèle que déploient partout les pasteurs; ah! c'est que dans un grand nombre de paroisses, *les rues de Sion pleurent parce qu'il n'est presque plus personne qui vienne à ses solennités*: le remède, nous le sentons avec vous Monseigneur, c'est de ramener le peuple à l'église par des moyens extraordinaires, par des missions, et des missions presque gratuites, dans lesquelles les prédicateurs, armés comme vous et avec vous d'un même drapeau, lui apprennent la triple science de Jésus et de Jésus crucifié, comme nous le disait si bien notre apôtre.

« Aussi, dans ces jours mauvais, laissez-nous vous dire en finissant, et cela d'une commune voix, Monseigneur : *Exaudiat te Dominus in die tribulationis.... mittat tibi auxilium de Sancto.... tribuat tibi secundum cor tuum, et omne consilium tuum confirmet ; lœtabimur in salutari tuo.* » (1)

Il se passa, à la suite de cette allocution, une scène des plus émouvantes : tous les prêtres s'étaient groupés autour de M. Tavernier, comme ne formant avec lui qu'un cœur et qu'une âme, et n'ayant avec lui qu'une même pensée; et plus d'une fois, ils avaient manifesté leur pleine et entière adhésion aux sentiments qu'il exprimait en leur nom. Quand il eut fini de parler, Monseigneur, par un de ces pressentiments secrets que Dieu permet quelquefois, devinant qu'il ne reverrait plus sur la terre le digne Archiprêtre que déjà il honorait de sa confiance et de son amitié, et touché d'ailleurs des bonnes paroles qu'il venait d'entendre, lui prit les mains qu'il serra cordialement dans les siennes, et après l'avoir embrassé avec une tendre affection, le présenta à tout son clergé comme le modèle des curés. Aux paroles du vénérable Prélat répondirent d'unanimes applaudissements, et M. Tavernier ne put dissimuler son émotion qui se trahit par des larmes.

Il ne devait survivre que de quelques mois à cette

---

(1) « Que le Seigneur vous exauce dans le jour de l'affliction, et du combat... Qu'il vous envoie du secours de son lieu saint... Qu'il vous accorde toutes choses selon les désirs de votre cœur, et qu'il accomplisse tous vos desseins : alors nous nous réjouirons de votre salut. » (*Ps*l. xix, v, 1-5.)

retraite : mais néanmoins, il méditait encore un projet important, celui de faire donner dans sa paroisse *une mission*, dont il espérait les plus heureux fruits. Ecrivant à Monseigneur, au mois de janvier 1865, il lui disait :

« .... Selon que j'ai eu l'honneur de le dire à Votre Grandeur, lors de sa dernière apparition dans notre contrée, je me propose de clore mes vingt années de ministère à Saint-Quentin par une station exceptionnelle de carême, qui, je l'espère de la grâce de Dieu, ramènera bien des âmes et en consolidera beaucoup d'autres dans la voie de la vérité. L'heureuse annonce d'un jubilé universel vient fort à propos motiver et justifier ce projet, et lui enlever, aux yeux des plus timides, le nom et l'apparence d'une mission... »

Depuis longtemps déjà, M. Tavernier s'était concerté à cet égard avec le R. P. Provincial des Jésuites à Amiens; et trois, ou même au besoin quatre Pères étaient désignés pour cette mission.

Le digne curé, tout en gardant le secret sur le projet qu'il avait conçu, ne cessait de recommander aux prières des âmes pieuses la station de carême qui approchait.

« Le carême de 1865, leur disait-il, et nous citons textuellement ses paroles, le carême de 1865 est une époque exceptionnelle qui ne se représentera peut-être plus jamais pour nous : des grâces toutes particulières nous y sont préparées.... Je veux procurer à toute ma paroisse des moyens plus abondants de salut... Il faut absolument en profiter pour devenir des saints; il nous faut redoubler de zèle pour notre propre sanctification et pour la sanctification des personnes sur lesquelles nous avons un peu d'influence... De plus, il faut prier beaucoup pour la conversion des pécheurs ; faire une sainte violence au ciel, offrir à Dieu dans cette intention toutes nos actions, nos prières, nos travaux, nos fatigues, nos sacrifices, tout enfin, pour obtenir le retour des âmes égarées. »

« Il faut intéresser à cette œuvre les Patrons, les Anges gardiens de la paroisse, et de chaque personne en particulier; les prier beaucoup, afin qu'ils contraignent en quelque sorte tous ces pécheurs à se convertir.... Leur dire par exemple : Oh ! il me semble que si j'étais à votre place, si j'étais Ange gardien, je presserais tant et si vivement tous ces pécheurs qu'ils ne pourraient me résister, et que je les forcerais à se convertir. » — « Et puis, ajoutait-il, quand le carême sera fini, je dirai à Dieu, comme le saint vieillard Siméon: *Nunc dimittis servum tuum, Domine.* »

Et il y avait dans ces derniers mots quelque chose d'étonnant pour ceux qui étaient habitués à l'entendre parler, car il disait souvent, peu de temps même avant cette dernière allocution il répétait: « Je ne voudrais pas mourir avant d'avoir fait telle chose, réparé telle chapelle, établi telle œuvre ! » Et son zèle lui suggérait encore tant de pieux projets ! Puis, tout à coup, comme si tout était terminé, comme si sa tâche à Saint-Quentin était remplie, il dit: « Seigneur, laissez mourir en paix votre serviteur. »

Aussi, plusieurs personnes ont pensé qu'il avait

offert à Dieu sa vie pour le succès de la mission, et pour la conversion de toute sa paroisse. Dieu accepta son sacrifice, et ne lui accorda même pas la consolation de voir les débuts de cette mission si laborieusement et si sagement préparée ; il l'appelait à lui le premier dimanche du carême.

M. Tavernier assista comme de coutume aux prières des Quarante heures, et on remarqua qu'il demeurait plus longtemps et plus recueilli que jamais aux pieds de Notre Seigneur. Le mercredi des cendres il chanta la messe, comme il avait fait le dimanche précédent ; le lendemain, il visita tous ses malades, et reporta même à l'un d'eux un testament qu'il lui avait confié, en lui disant : « Je vous remets ce testament, car je mourrai avant vous. » (1) Le jour suivant, le vendredi vers le soir, il se rendit chez les Petites Sœurs des pauvres pour entendre leurs confessions : et ce jour-là aussi, il recevait les deux pères Jésuites qui devaient ouvrir la mission, le dimanche. La soirée fut tout entière consacrée à s'entretenir des moyens à prendre pour assurer à cette œuvre un plein succès; puis, M. Tavernier, qui avait pu déjà apprécier le zèle et les talents de ses deux apôtres, alla prendre son repos en bénissant Dieu qui les lui avait envoyés et semblait ainsi lui promettre les plus heureux fruits.

Le lendemain, samedi, à l'heure ordinaire, il se

(1) Cette circonstance est digne de remarque, car cet homme, atteint d'une maladie de poitrine qui avait fait déjà de grands progrès, mourait deux mois plus tard.

disposait à sortir pour confesser selon son habitude avant de dire la sainte messe. C'est alors qu'il fut frappé d'une attaque d'apoplexie qui devait être la dernière. Il sentit un frisson dans tout le côté gauche, et fut subitement renversé sur le parquet de sa chambre ; le bras et la jambe gauche étaient complètement paralysés, et la langue ne pouvait plus prononcer que des mots mal articulés et presque inintelligibles. On se hâta de le relever, de l'asseoir sur un fauteuil, et d'appeler son médecin. Le vénérable malade n'avait rien perdu de son sang-froid ni même de son aimable gaieté, et reçut avec un sourire ami plusieurs de ses vicaires accourus aussitôt près de lui.

Le docteur l'ayant saigné sur le champ, le digne Curé, dans l'impatience de son zèle, se crut déjà sauvé et voulut même qu'on le soulevât et qu'on l'aidât à marcher ; mais bientôt son illusion disparut, et retombant lourdement sur son siége, il dut soupçonner la gravité de son mal.

Cette nouvelle se répandit dans la paroisse comme l'éclair, et, nous ne tairons pas ce touchant détail, elle fut tout d'abord publiée par les pauvres qui attendaient chaque matin, à la porte du presbytère, l'aumône du charitable pasteur ; ils s'abordaient par les rues, et, tout en larmes, se disaient l'un à l'autre dans la simplicité de leur langage : « Nous allons perdre une bonne journée ! »

Bien des âmes ferventes se pressèrent aussitôt autour du tabernacle pour conjurer le Divin Maître de rendre encore une fois à son troupeau l'infatigable pasteur. Durant toute la journée du samedi, on flotta entre la crainte et l'espérance... Dans l'après-midi, le pieux malade, qui n'ouvrait plus les yeux, et semblait s'entretenir continuellement avec Dieu, demanda qu'on récitât près de lui quelques prières, auxquelles il s'unit avec une tendre piété. Vers le soir, on devait concevoir sur son état les plus sérieuses inquiétudes, et on fit venir son confesseur. (1) Celui-ci l'ayant abordé avec une grande douceur, lui proposa les derniers sacrements : « Oui, répondit-il, il serait prudent de me les donner ! »

Il se confessa, reçut l'Extrême-Onction et l'Indulgence plénière, s'unissant, non-seulement de cœur, mais de bouche, autant que son état le pouvait permettre, aux prières et aux cérémonies de l'Eglise et n'ayant qu'un regret, celui de ne pouvoir communier : mais la veille encore, premier vendredi du mois, jour consacré au sacré cœur de Jésus, il avait célébré la sainte messe et distribué la sainte communion à un grand nombre de fidèles.

Vers dix heures du soir on le transporta dans son lit, d'où il ne devait plus sortir. La nuit fut mauvaise, et quoique les saignées eussent été plusieurs fois renouvelées, le sang continuant de se porter au cerveau, le malade était de plus en plus accablé : sa respiration entrecoupée ressemblait déjà presque au râle de l'agonie. Le dimanche matin, il n'y avait plus nul espoir.

(1) M. l'abbé Turquin, chanoine honoraire, aumônier des Dames de la Croix.

Le saint malade conserva jusqu'à la fin une pleine et entière connaissance, et put s'unir, au moins de cœur, aux sentiments qui lui étaient suggérés ; jusqu'au dernier moment, ne pouvant faire autre chose, il traçait fréquemment sur lui le signe de notre foi.

On vint lui annoncer, vers midi, que l'on avait reçu les lettres épiscopales autorisant l'érection de la confrérie de saint Joseph, et que la lecture en avait été faite aux fidèles au prône de la messe paroissiale ; il ne put répondre que par des signes, mais on remarqua qu'il en éprouvait une joie sensible.

On vit bien alors que sa dernière heure était proche ; tous les vicaires, ainsi que plusieurs prêtres de la ville, s'étaient réunis autour de lui, et pieusement agenouillés au pied de sa couche, récitèrent les prières de l'agonie. Le mourant entendait tout, et s'unissait aux prières sacrées ; il traça de nouveau sur lui à plusieurs reprises le signe de la croix, s'unit une dernière fois aux actes du chrétien qui lui étaient suggérés par l'un des Pères prédicateurs qui était venu l'assister dans le moment suprême.

Vers cinq heures du soir, les soins à donner au malade obligèrent à tirer au milieu de la chambre le lit où il reposait déjà immobile et presque sans vie ; et c'est là, qu'une heure après, en face de cette statue de Marie, au pied de laquelle il s'était agenouillé si souvent, il rendit sa belle âme à Dieu, sans convulsions ni secousses ! C'était bien le sommeil du juste qui s'endort dans la paix du Seigneur !!!

Aussitôt, la cloche funèbre annonça à la paroisse

que son pasteur n'était plus.... A 7 heures, les fidèles se réunissaient autour de l'autel de Marie pour l'exercice de l'Archiconfrérie: M. l'abbé Genty, en sa qualité de premier vicaire, monta en chaire pour redire aux assistants la triste et désolante nouvelle ; mais en même temps pour les consoler par la pensée que la mort du vénérable Archiprêtre avait été celle des Saints, et pour demander quelques prières afin de hâter son entrée dans la gloire, si déjà, grâce à ses bonnes œuvres, il n'avait mérité d'être admis près de Dieu,

L'émotion de l'orateur, que tant de liens attachaient à M. Tavernier, se communiqua bien vite à son auditoire, et beaucoup fondaient en larmes...

« Est-il, s'écrie le pieux auteur des *Méditations Sacerdotales,* est-il une vie plus abondante en mérites, plus remplie d'œuvres saintes que celle qui se consume dans les travaux et les tribulations du zèle ?

« Aussi, qu'il est doux de mourir, quand on a vécu en apôtre et en pasteur zélé : *Euntes ibant et flebant, mittentes semina sua ; venientes autem venient cum exultatione portantes manipulos suos* (1). C'est de ce bon prêtre qu'il faut dire, qu'en mourant il s'asseoit dans un repos plein d'opulence: *Sedebit.... in requie opulenta* (*Isai.* 32, 18). Le dévouement pour le salut des âmes est regardé comme l'un des caractères les plus rassurants de prédestination. Saint Paul, parlant

---

(1) Ils marchaient en pleurant, et répandaient avec larmes leurs semences: mais en revenant ils marcheront avec joie, en portant les gerbes de leurs riches moissons.

de ceux qui l'ont aidé dans ses travaux apostoliques, affirme que leur nom est écrit dans le livre de vie : et lui-même, sur quoi fondait-il ses espérances, pour le grand jour où chacun recevra selon ses œuvres?... Sur les conquêtes qu'il avait faites à Jésus-Christ : *Quæ est enim nostra spes... aut corona gloriæ? Nonne vos ante Dominum nostrum Jesum Christum estis in adventu ejus?* (I *Thess.* II, 19).

« Mais, continue le même auteur, pour ce prêtre zélé, n'y aura-t-il au ciel qu'une couronne ? Saint Grégoire répond : *Tot coronas sibi multiplicat, quot Deo animas lucrifacit.* Il ajoutera à son propre bonheur celui de toutes les âmes au salut desquelles il aura contribué. Il sera grand parmi les princes du céleste royaume.... »

Et maintenant que vous nous avez quittés, maintenant que la mort nous a ravi votre présence, ô saint et digne prêtre de Jésus-Christ, voilà quelle est notre consolation dans notre juste douleur ! Nous nous rappelons que, pendant les longues années de votre carrière sacerdotale, vous n'avez eu qu'une pensée, un désir, celui d'étendre le règne de Jésus-Christ et de lui gagner des âmes ; toute votre vie s'est consumée dans les travaux d'un pénible ministère, et toutes les œuvres établies par vous demeurent comme un témoignage de votre zèle et de votre charité. Une foule d'âmes vous devront leur salut éternel ! Les unes, en vous précédant dans la gloire, étaient allées au ciel vous préparer une place en intercédant pour vous près de Dieu et près de l'Auguste Vierge que vous aviez tant aimée ; les autres vous suivront dans la suite des âges au séjour des élus, et iront embellir l'immortelle couronne qui brillera sur votre front pendant les siècles des siècles.

Du haut du ciel, nous vous en conjurons, abaissez sur nous vos regards paternels, aimez toujours à nous bénir et à prier pour nous !

CHAPITRE XXIII.

LE CORPS DE M. TAVERNIER EST EXPOSÉ DANS UNE CHAPELLE ARDENTE. — SES FUNÉRAILLES, — LE SERVICE DU TRENTIÈME JOUR ET LE SERVICE ANNIVERSAIRE. — INSTALLATION DE SON SUCCESSEUR. — MONUMENT ÉLEVÉ DANS L'ÉGLISE A SA MÉMOIRE.

> *Mementote præpositorum vestrorum qui vobis locuti sunt verbum Dei; quorum intuentes exitum conversationis, imitamini fidem.*
> « Souvenez-vous de vos conducteurs qui vous ont
> » prêché la parole de Dieu; et considérant
> » quelle a été la fin de leur vie, imitez leur
> » foi ! »
> (Saint Paul aux Hébr. c. xiii, v. 7.)

Il ne nous appartient pas de nous faire ici l'écho de tous les regrets exprimés sur la tombe de M. Tavernier. Après tout ce que nous avons dit de sa vie pastorale, (et nous ne croyons pas en avoir exagéré un seul point), il est facile de comprendre qu'il dut être amèrement pleuré, et des riches qu'il avait si sagement éclairés de ses conseils et si pleinement édifiés par ses exemples; et des pauvres qu'il avait consolés, ou aidés de ses abondantes aumônes. D'ailleurs, ce qui s'est passé le lendemain de sa mort et le jour de ses funérailles a été une démonstration touchante de tout le peuple qui composait sa nombreuse famille spirituelle, et le plus éloquent de tous les éloges funèbres.

Le lundi matin, son corps, revêtu des ornements sacerdotaux, fut exposé sur un lit de parade, dans une des salles du presbytère, qu'on avait tendue de noir.

Ses mains jointes sur la poitrine tenaient une croix et un chapelet: son visage calme et serein comme celui du juste qui sommeille, avait été respecté par la mort elle-même : ses yeux entr'ouverts et ses lèvres à peine décolorées semblaient laisser échapper un doux sourire, le sourire de l'âme qui entrevoit le ciel. L'expression de ses traits, après son trépas, n'a échappé à personne ; tous, prêtres et fidèles, l'ont remarquée avec une pieuse émotion, quand ils sont venus lui dire le dernier adieu.

Dès le lundi, le peuple en foule remplissait la chambre funèbre et ne cessa pendant les trois jours qui précédèrent ses funérailles, de venir s'agenouiller par groupes de dix, vingt personnes, et plus, autour de ses restes vénérés, pour les contempler une dernière fois, et leur faire toucher, comme au corps d'un saint, toutes espèces d'objets pieux. Un grand nombre versaient des larmes et priaient avec une remarquable ferveur.

Le clergé paroissial, en habits de chœur, vint processionnellement se ranger à son tour près du défunt, pour y chanter une partie de l'office des morts : les Petites Sœurs des pauvres, et les Sœurs Augustines qui veillaient continuellement près de lui, et le jour et la nuit, priaient sans interruption pour obtenir à son âme le repos éternel : de leur côté, les deux congrégations du Tiers-Ordre vinrent chaque soir à ses pieds réciter des psaumes.

Ce fut un moment bien touchant, que celui où ce corps vénérable, conservé jusque là intact et sans aucune altération, fut déposé dans son cercueil avec tous les ornements sacrés : MM. les vicaires et d'autres prêtres, amis particuliers du défunt, qui avaient voulu être présents à cet instant solennel, tombèrent à genoux, et unirent encore une fois leurs prières pour celui qui allait être conduit à sa dernière demeure.

Vint le jour des funérailles, qui ressembla plus, nous devons le dire, à un jour de triomphe qu'à un jour de deuil !. (1)

M. l'abbé Guyart, vicaire-général du diocèse, que d'anciennes et chères relations rattachaient à M. Tavernier, avait voulu présider lui-même à cette cérémonie. A dix heures, M. le vicaire-général, à la suite du clergé, se rendit au presbytère pour y procéder à la levée du corps, qu'on avait exposé dans une chapelle ardente (2). Après les prières d'usage, le cortége se mit en marche pour se rendre à l'église, en

---

(1) Le Conseil de Fabrique s'était réuni en séance extraordinaire le jour qui suivit la mort de M. Tavernier, et avait voté à l'unanimité la somme de 1,000 francs afin de pourvoir à tous les frais de ses obsèques. Rien ne fut laissé à la charge de la famille. De pareils faits se citent sans commentaire, et n'ont pas besoin d'être loués.

(2) Nous suivons pour tous ces détails le récit qui a été fait des obsèques de M. Tavernier dans le *Journal de Saint-Quentin*.

suivant les rues du Moine de Beauvais, Fréreuse, du Gouvernement, du Collége, de la Sellerie, la Grand-Place, et la rue Saint-André, remplies, malgré la neige qui tombait à gros flocons, d'une foule silencieuse et recueillie.

En tête du cortége marchaient les Frères de la doctrine chrétienne, suivis des nombreux enfants de leur école. Venaient ensuite les élèves des écoles de la ville, des pensionnats, du Lycée, et de la Charité; les orphelins, les orphelines, et les vieux hommes de l'hospice; les Petites Sœurs des pauvres et leurs vieillards au nombre de 140; les demoiselles de l'association de Marie au temple, qui avaient revêtu des habits de grand deuil; les congréganistes de la Charité, la plupart coiffées de voiles noirs : les membres de la conférence de saint Vincent de Paul; un grand nombre de sociétaires de saint François-Xavier; la musique de la garde nationale, la fanfare des sapeurs-pompiers, et une compagnie formant la haie; puis, les divers employés de la ville en uniforme : et enfin, l'on voyait se dérouler sur deux lignes majestueuses un nombreux clergé; cent cinquante prêtres environ, malgré l'inclémence de l'air et l'intempérie de la saison, avaient voulu rendre à M. Tavernier les derniers devoirs de l'amitié. Parmi eux on distinguait : M. Tévenart, curé-archiprêtre de Laon, M. Stoquelet, curé-archiprêtre de Soissons, M. Gobaille et M. Demiselle, chanoines titulaires, M. l'archiprêtre de Péronne (diocèse d'Amiens) et M. l'archiprêtre de Noyon (diocèse de Beauvais), MM. les doyens de l'arrondissement, plusieurs des arrondissements voisins, et un grand nombre de chanoines.

Le cercueil était décoré des insignes canoniaux: quatre ecclésiastiques et six laïques tenaient les coins du poële: M. l'archiprêtre de Laon, M. Gobaille, M. le doyen de Bohain, et M. le doyen de Chauny, représentaient le clergé: M. le Sous-Préfet, M. le Maire de la ville, M. le Président du tribunal civil, M. le Président du tribunal de commerce, M. le Président du conseil de fabrique, et M. le Proviseur du lycée, représentaient les diverses administrations laïques.

Le deuil était conduit par les parents du défunt, MM. les vicaires de Saint-Quentin, en habit de ville, et les membres du Conseil de fabrique. Venaient ensuite les membres de l'administration et du Conseil municipal, le corps des officiers de la garde nationale, les représentants des diverses administrations civiles et militaires, une foule compacte d'hommes et de dames qui avaient voulu rendre les derniers devoirs au bien-aimé pasteur de la paroisse; enfin, les pauvres qu'il avait secourus et dont le nombre est si considérable.

Le cortége arriva devant la collégiale un peu avant onze heures. L'église déjà occupée par un grand nombre de personnes, par des pensions de filles, les Dames de la Croix et leurs élèves, les Sœurs Augustines, les Ursulines, les membres de la Congrégation du Tiers-Ordre, les religieuses de Saint-Erme, avait reçu une décoration appropriée à la triste circonstance. Le portail et le chœur étaient garnis de tentures noires constellées d'étoiles d'argent, au milieu desquelles apparaissait le chiffre du défunt; la chaire, les stalles de M. Tavernier, au chœur et au banc d'œuvre, étaient décorées d'ornements funèbres. Un catafalque sur lequel on avait placé, comme sur la bière, les insignes canoniaux, s'élevait un peu en avant du maître-autel. Dès que le corps y eut été déposé, l'office commença.

A ce moment, le vaisseau de notre belle collégiale offrait un spectacle magnifique et édifiant tout à la fois. Le chœur, la nef et les bas-côtés étaient remplis, comme au jour des plus grandes cérémonies, d'une foule pressée et avide de suivre, jusque dans ses moindres détails, l'office dont elle attendit la fin dans un profond recueillement.

Un peu avant une heure, M. l'abbé Guyart, quittant les ornements d'officiant, monta en chaire pour prononcer l'éloge funèbre de l'honorable Archiprêtre. Prenant pour texte ces paroles de l'Apôtre : *Omnia impendam et superimpendar ipse pro animabus vestris.* « Je sacrifierai tout, et je me sacrifierai moi-même pour le salut de vos âmes, » le vénérable orateur rappela avec les accents de la plus touchante éloquence, les principaux traits de cette belle et noble vie remplie de tant d'œuvres de zèle et de charité.

La longue liste des œuvres qu'il fonda dans la paroisse, la bienfaisance du défunt qui allait jusqu'à la négligence de ses propres besoins, le souvenir de ses hésitations lors de sa nomination à la cure de

Saint-Quentin, l'oubli presque absolu des soins que comportait sa délicate constitution qu'il usa au service de Dieu, de son Eglise et de sa paroisse, cette abnégation de soi-même qui, par les excès du zèle et de l'activité, le conduisirent au tombeau, fournirent à M. Guyart des paroles pleines de vérité et d'onction, qui impressionnèrent vivement l'auditoire et firent couler plus d'une larme.

Avant de descendre, M. le vicaire général, dont une humble modestie rehausse si bien les éminentes qualités, s'excusant sur son insuffisance pour retracer dignement une vie comme celle de M. Tavernier, annonça que le 30ᵉ jour après l'inhumation, un nouveau service aurait lieu, à la suite duquel un autre orateur, connu et aimé de la paroisse, avait accepté la mission de la retracer d'une manière plus étendue.

Immédiatement après, M. Guyart procéda à la cérémonie de l'absoute. Puis le cortége funèbre prit le chemin du cimetière.

Malgré la neige mêlée de grêle qui tombait plus abondante qu'à aucun autre moment de la matinée, une foule considérable n'a pas cessé d'escorter le cercueil dans son parcours des rues Croix-Belle-Porte, Saint-Jean, et route du Câteau. Arrivée dans l'enceinte consacrée à la mort, et après les prières d'usage, la dépouille mortelle de M. Tavernier fut confiée à la modeste tombe qui lui était préparée.

Aucun discours n'a été prononcé. Le plus éloquent de tous était le recueillement profond avec lequel, après le clergé et les divers corps officiels, une foule de personnes de toutes conditions sont venues successivement s'incliner sur la tombe et y répandre l'eau bénite des derniers adieux.

Le trentième jour après les funérailles, le service, annoncé par M. le vicaire général, eut lieu avec une pompe non moins remarquable que celle des obsèques: la vaste nef de la collégiale et le chœur étaient encore à peu près remplis par les fidèles ; et, à la suite de la messe célébrée par M. l'abbé Guyart lui-même, toute l'assistance écouta dans un profond silence, et avec une émotion qui se traduisit plus d'une fois par des larmes, l'éloge du vénéré pasteur. (1) M. l'abbé Mathieu, vicaire de la collégiale, qui avait reçu la douce mais difficile mission de retracer cette vie si pleine, le fit avec la distinction de langage, le tact exquis, et la noblesse de sentiments qui caractérisent son éloquence.

Le lundi, 19 juin suivant, l'Eglise de Saint-Quentin avait oublié son deuil; elle retrouvait dans la personne de M. Gobaille, ancien supérieur du grand séminaire et ancien chanoine titulaire de Soissons, un pasteur aussi remarquable par sa science que par ses hautes vertus: M. Tavernier allait revivre dans son très-digne successeur. Toute la paroisse l'avait déjà compris, et accourut en masse à la cérémonie de

---

(1) Cet éloge funèbre, sur le désir formellement exprimé par M. le vicaire-général et par un grand nombre des ecclésiastiques présents, fut livré à l'impression, et vendu au profit du monument qu'on devait ériger à la mémoire de M. Tavernier.

l'installation, à laquelle Mgr. Dours lui-même avait voulu présider.

Nous citerons seulement, à ce sujet, le discours prononcé par Monseigneur dans cette circonstance, et la partie du discours du nouvel Archiprêtre, qui a trait à M. Tavernier.

Monseigneur s'est exprimé ainsi :

« En entrant dans cette antique et splendide Collégiale, mes yeux cherchent en vain l'Archiprêtre et l'ami que j'y avais laissé, il y a quelques mois à peine.

« Dieu l'a appelé dans son sein pour le mettre en possession de la récompense préparée par lui à ceux qui furent ses ministres, les dispensateurs de ses mystères, ses prêtres pour tout dire : *Ecce sacerdos magnus qui in diebus suis placuit Deo.*

« Or, nous le savons, M. Tavernier fut un de ces prêtres selon toute la beauté et la sublimité de la vocation sacerdotale.

« Il fut prêtre pour lui d'abord, c'est-à-dire que, les yeux fixés sur notre grand et doux modèle, il ne perdit jamais de vue pendant toute son existence, ces paroles du Maître : *Soyez mes imitateurs : je vous ai donné l'exemple.* — Et sa vie intérieure, s'il nous était donné de soulever un coin du voile qui la dérobe aux regards, nous apparaîtrait pieusement occupée à acquérir, à fortifier, à rendre permanentes ces vertus qui font le prêtre selon le cœur de Dieu, selon les enseignements de notre Sauveur, le prêtre par excellence.

« Mais, que dis-je, cette vie intérieure nous la connaissons en partie, parce que, puisée dans le cœur même du Sauveur des hommes, elle devient comme une source abondante d'où s'échappent ces eaux vives et pures qui vont porter la fécondité dans le champ du père de famille; ou, pour parler sans figures, c'est cette vie intérieure qui fait le prêtre puissant par le zèle, par les œuvres, par la charité.

« M. Tavernier fut prêtre par son zèle ; le bien, le salut des âmes fut toute son ambition, la première et la dernière pensée de sa vie de chaque jour. Véritable pasteur du troupeau, son noble cœur n'avait qu'un désir : celui de conduire les âmes qui lui avaient été confiées, au pasteur suprême, à Jésus-Christ.

« Il fut prêtre par ses œuvres : la belle cité de Saint-Quentin est riche en œuvres inspirées par notre religion. Mais, je ne crains pas de le dire, M. Tavernier ne fut étranger à aucune. Au début de son ministère dans cette ville, il avait commencé par assurer aux enfants pauvres l'inappréciable bienfait d'une éducation chrétienne, d'une instruction solide par l'établissement de l'Ecole des Frères, dont la municipalité a désormais et depuis longtemps assuré l'existence en les prenant sous sa généreuse protection. Pendant la dernière année de sa vie, M. Tavernier a pu voir grandir son œuvre de prédilection, l'œuvre des Petites Sœurs des pauvres qui chaque jour renouvellent sans bruit le miracle de la multitude nourrie par notre Divin Maître dans le désert.

« Il fut prêtre par sa charité; un seul mot rendra

toute ma pensée. Placé depuis plus de vingt ans, dans une des positions les plus élevées du clergé diocésain, *il nous a fait l'honneur de mourir pauvre.*

« Si je ne craignais, M. l'Archiprêtre, de blesser votre modestie, je vous dirais qu'en retraçant les vertus sacerdotales de M. Tavernier, ma pensée se portait involontairement vers son successeur, et que je suis heureux de remettre entre ses mains les intérêts religieux de cette belle et populeuse cité de Saint-Quentin, qui a une si grande part dans mes affections.

« Vous trouverez dans cette ville un clergé plein d'empressement à se serrer autour de vous, n'ayant qu'un même esprit, un même cœur, un même désir, celui du bien des âmes.

« Dans tous les rangs de l'administration, je suis heureux de le proclamer hautement, vous aurez pour seconder et encourager vos efforts, des cœurs comprenant la mission qui leur a été confiée, profondément convaincus que le progrès matériel dans une cité doit avoir pour couronnement le progrès chrétien, qu'on est toujours assuré de rencontrer dans les enseignements et dans la pratique de la religion.

« Une simple énumération des œuvres religieuses en honneur à Saint-Quentin en dit plus que tout ce que je pourrais ajouter :

« Hôpital, où les Augustines, véritables servantes des pauvres, prodiguent le jour et la nuit, leurs soins aux malades et aux infirmes ; Petites Sœurs des pauvres ;

Congrégation de la Persévérance, dirigée par les sœurs de saint Vincent de Paul, dont le nom seul commande le respect et l'admiration; Ecoles chrétiennes; asiles pour l'enfance; Société de Saint Vincent de Paul; Société de Saint-François-Régis; Société de Saint-François-Xavier; Société de secours mutuels; Association des Mères chrétiennes, des Dames de la Providence; Bureau de bienfaisance, c'est-à-dire la charité sous toutes les formes, — la charité, fille de notre sainte religion. — Et je passe sous silence toutes les aumônes versées dans le sein des pauvres par tant de familles pieuses et dont Dieu seul connaît les noms.

« Tous ces trésors de la paroisse de Saint-Quentin, M. l'Archiprêtre, je les confie sans crainte à vos lumières, à votre prudence, à votre zèle sacerdotal. Professeur au grand séminaire, plus tard supérieur de ce même grand séminaire, hier encore membre de notre conseil épiscopal, vos vertus ont été toujours le signe irrécusable qui vous ont désigné à notre choix. Et votre laborieuse mission, vous la remplirez avec cette foi vive et douce, qui a été le mobile de votre vie de prêtre.

« Seigneur, vous qui donnez l'accroissement à tous les éléments de bien, daignez conserver longtemps le dispensateur de vos mystères à cette portion de votre troupeau; faites que le pasteur se présente un jour à vous avec la plus belle des couronnes, avec les âmes des fidèles de Saint-Quentin, auxquelles il aura enseigné le chemin du ciel. »

Monsieur l'archiprêtre après toutes les cérémonies de l'installation, prit à son tour la parole, et commença ainsi son discours :

« Monseigneur, mes Frères,

« Il y a trois mois, lorsque, assistant aux touchantes funérailles de celui que vous pleurez encore et que vous n'oublierez jamais, je marchais côte à côte de ses restes vénérés, tenant en main un des glands funèbres, et le cœur plein de regrets, j'étais loin de m'attendre à ce qui se passe aujourd'hui sous nos yeux.

» Je n'étais venu alors que pour payer à la mémoire du vénérable défunt une dette de bien juste reconnaissance, au souvenir de l'amitié dont il m'avait toujours honoré et de toutes les bontés qu'il avait eues pour moi dès mon enfance.

» Je n'avais l'esprit occupé que de ses vertus, de ses grandes œuvres, de son zèle et de sa charité. Je contemplais avec admiration l'attitude si recueillie, si respectueuse, si profondément affligée de cette foule immense de fidèles de tout âge et de toute condition, qui se pressait partout sur son passage et voulait l'accompagner jusqu'à la fin, malgré un temps affreux. Avec vous, mes frères, je suppliais la divine miséricorde d'abréger pour ce saint prêtre le temps des dernières épreuves, s'il pouvait lui rester encore quelque légère souillure à expier, avant d'être admis dans le séjour de toute pureté.

» Mais pouvais-je penser alors que je serais appelé moi-même à recueillir bientôt la très-glorieuse, mais aussi la très-lourde succession de tant de vertus, de tant de mérites et de bonnes œuvres.

« A la première proposition qui m'en fut faite, mon premier sentiment fut un sentiment de frayeur. Comment sur mes faibles épaules assumer, sans témérité, un si pesant fardeau? Saint-Quentin, la première ville du diocèse par son étendue, par sa population, par son activité, par son industrie, par sa haute importance commerciale ! Comment, avec si peu de talents et de vertus, gouverner dignement un si grand peuple et répondre suffisamment à tant de besoins? Je demandai quelque temps pour réfléchir, pour prier et consulter ; et je ne me résolus d'accepter que parce que je crus voir, dans la volonté formelle de Monseigneur notre évêque, la volonté de Dieu même dont, aux yeux de la foi, il nous représente véritablement, et si dignement, l'adorable personne.

« Après cette ferme et douce confiance de faire la volonté de Dieu en obéissant, ce qui me rassura principalement, ce fut la certitude que je serais puissamment et constamment secondé par tous. « Vous aurez là, me fut-il répété plus d'une fois, un clergé excellent, rempli de science et de piété, d'un dévouement admirable, formé à toutes les œuvres de zèle par les leçons et les exemples de votre vénérable prédécesseur, un clergé que vous connaissez depuis longtemps et dont vous êtes connu, qui vous accueillera avec affection et empressement. Le conseil de fabrique est tout composé de membres très-intelligents et très-zélés qui ne refusent rien de tout ce que réclament soit la nécessité, soit la simple décence du culte divin. Vous trouverez aussi des autorités civiles très-respectables, très-dignes, non-seulement toutes dévouées au bien matériel de la ville et administrant avec une haute sagesse, mais encore parfaitement disposées à vous prêter le concours le plus bienveillant en tout ce qui pourra contribuer au progrès de la religion, de la foi et des bonnes mœurs. — Et l'on ajoutait : Quant au caractère général de la population, tout n'est point parfait sans doute ; malgré le bien immense déjà opéré, il reste beaucoup à faire encore; mais c'est un peuple plein de vie, qui offre d'immenses ressources, qui a de la simplicité, de la droiture, de la franchise, qui aime la vérité et montre un grand désir du bien. Courage ! L'avenir est plein d'espoir et la grâce de Dieu ne vous manquera pas.

« Je viens donc aujourd'hui, mes frères, non sans quelque frayeur et sans une grande défiance de mes propres forces, mais de grand cœur néanmoins, et me reposant avec une douce confiance sur les considérations que je viens de dire.

« Je viens d'ailleurs, non pas en mon nom et de moi-même, mais au nom et de la part du Seigneur, notre Dieu. C'est Dieu qui m'envoie, c'est Dieu qui sera ma lumière et ma force, ma consolation et ma ferme espérance.

« Je viens aussi au nom de Monseigneur notre Evêque, le premier pasteur du diocèse, qui a reçu d'en haut tout pouvoir pour régir la portion de l'Eglise confiée à sa sollicitude pastorale, et pour distribuer à chacun des ministres inférieurs les charges et les emplois, selon qu'il le juge à propos. Il a pu me répéter les paroles que Notre Seigneur lui a dites à lui-même: « Comme mon Père m'a envoyé, et moi aussi je vous envoie. » *Sicut misit me Pater, et ego mitto vos.* (Joan. (20, 21).....

« Et quel est le but, l'objet de ma mission? que viens-je faire au milieu de vous, mes frères.

« Animé du même esprit que mon pieux et vénéré prédécesseur, je n'ai d'autre désir, d'autre prétention que de continuer son œuvre, et aussi ses œuvres. Œuvres saintes et admirables, pardon, si je ne puis vous nommer toutes ici l'une après l'autre! qu'il me suffise pour aujourd'hui de déclarer hautement que je vous aime et vous adopte toutes sans réserve, et que je n'épargnerai rien pour vous soutenir et vous faire prospérer, à la plus grande gloire de Dieu et au plus grand bien de cette Eglise!

« Eh! pourrais-je donc vous oublier, saintes communautés de Religieux et de Religieuses? Et vous, pieuses confréries ou utiles associations? Et vous, précieux asiles des malades et des pauvres, des vieillards et des orphelins? Et vous, qui renfermez dans votre sein le plus cher espoir des familles, de la France, de l'Église, du Ciel même, maisons ou établissements destinés à l'éducation de l'enfance et de la jeunesse, quelque nom que vous portiez, Lycée impérial, institutions privées, pensionnats, simples écoles. Ah! que vous êtes toutes souverainement dignes de notre affection et de notre sollicitude ; combien je désire votre progrès en tout genre de bien, études, sciences, foi et pratique religieuse; et combien je suis heureux de tout le bien qui déjà s'est réalisé au milieu de vous.

« J'ai dit tout à l'heure, non pas seulement les œuvres de mon vénéré prédécesseur, mais son œuvre, son œuvre par excellence, comme celle de tout vrai ministre du saint Evangile, sauver les âmes, travailler avant tout au salut des âmes.

« Comme lui je viens vous dire : Donnez-moi vos âmes; volontiers nous vous abandonnons le reste. *Da mihi animas, cætera tolle tibi.* Nous ne demandons ni or ni argent, ni honneurs, ni gloire humaine, ni jouissances, ni plaisirs, mais donnez-nous vos âmes; laissez-nous travailler à la sanctification de vos âmes.

« Sauver vos âmes, en les arrachant aux ténèbres de la mort, en les éclairant des vraies lumières, en leur communiquant la vraie science des Saints, en leur apprenant à connaître Dieu, le seul Dieu vivant et véritable, et Notre Seigneur Jésus-Christ, son divin Fils, qu'il nous a envoyé du ciel pour nous racheter. Hélas! on peut être très-habile, très-éclairé dans les sciences profanes de ce monde, et en même temps très-ignorant en matière de religion et très en retard sur la science de Dieu et de ses mystères. ! *Illuminare his qui in tenebris et in umbrâ mortis sedent, ad dirigendos pedes nostros in viam pacis. Ad dandam scientiam salutis plebi ejus.* Mais en éclairant les esprits, notre but surtout est de toucher les cœurs, de les ramener à Dieu et de leur faire trouver dans son saint amour le vrai et solide bonheur que l'on cherchera toujours vainement hors de là.

« Oui, comme mon pieux et zélé prédécesseur, et à l'exemple du Divin Maître, je ne veux rien épargner pour y réussir. Placé par le prince des Pasteurs à la tête de cet immense bercail, je ne viens que pour donner moi-même la vie à celles des brebis qui ne l'avaient plus, et pour la donner plus abondante à celles qui l'auraient déjà. *Ego veni ut vitam habeant et abundantius habeant.* Je viens pour les défendre, au péril de ma propre vie, contre les attaques des loups, c'est à-dire, contre les erreurs et les vices qui menaceraient de les dévorer. Oui, pour sauver vos âmes, mes frères, très-volontiers je sacrifierais tout, je me sacrifierais moi-même, dussè-je ne recevoir en ce monde nulle récompense de tous mes sacrifices. *Ego autem libentissime impendam et superimpendar ipse pro animabus vestris, licet plus vos diligens minus diligar,* (II Cor., 12, 15). Le bon Pasteur donne sa vie pour ses brebis, et, par la grâce de Dieu qui le soutient et l'anime, il se fait une joie de joindre son propre sacrifice au sacrifice de la grande victime que lui-même tous les jours immole sur le saint autel. *Sed et si immolor supra sacrificium et obsequium fidei vestræ, gaudeo et congratulor omnibus vobis.* (Phil. 2, 17).

« Comme mon digne prédécesseur, et à l'exemple toujours du Divin Maître et du grand Apôtre, je m'efforcerai de me faire tout à tous pour vous gagner tous à Jésus-Christ. *Omnibus omnia factus sum, ut omnes facerem salvos.* Je sens que je me dois à toutes les conditions, à tous les âges, à tous les caractères, à toutes les infirmités, aux grands et aux petits, aux riches et aux pauvres, aux savants et aux ignorants, aux forts et aux faibles, aux enfants et aux vieillards, à tous en un mot, sans distinction ni exception aucune. *Græcis ac Barbaris, sapientibus et insipientibus debitor sum:* (Rom., 1, 14). Et si je devais témoigner quelque préférence, elle serait surtout pour les âmes plus affligées, plus délaissées, plus faibles ou plus timides, pour toutes celles qui ont le plus besoin d'un guide qui les dirige, d'un appui qui les soutienne, d'un ami qui les encourage, d'un père qui les console et pourvoie à toutes leurs nécessités....etc. »

Ce premier discours révélait l'âme du nouveau pasteur, et le faisait connaître tout entier à son troupeau: on put espérer dès lors que son ministère serait béni de Dieu et abondant en fruits de salut. — Ces espérances ne furent point trompées.

Le temps, qui s'écoule si rapidement, ramena bien vite l'anniversaire douloureux de la mort de M. Tavernier. Il fut célébré avec la plus grande solennité, et on eut la consolation d'y voir encore une nombreuse assistance de prêtres et de fidèles. Comme on l'avait annoncé quelques jours à l'avance, le R. P. Letierce, prédicateur de la station du carême, devait prendre la parole, et entretenir l'auditoire des dernières volontés du défunt, particulièrement des quatre recommandations qu'il avait faites en mourant à sa chère paroisse de Saint-Quentin, et qu'il avait ordonné de graver sur la pierre de son sépulcre.

Quatre points principaux sont recommandés dans ce testament : le repos dominical, l'assistance régulière à la messe paroissiale, l'accomplissement du devoir pascal, et enfin, l'esprit de paroisse, qui conduit les fidèles à se grouper autour du pasteur et de ses collaborateurs pour soutenir les bonnes œuvres existantes et celles qui viendraient à être fondées plus tard.

Le Rev. Père développa ce testament avec tout le cœur qu'il possède au service d'un incontestable talent : et pendant près d'une heure il tint son auditoire sous le charme de sa parole. Evoquant dans sa péroraison l'âme du bon pasteur, qui avait épuisé toutes les industries du dévouement, du zèle et de la charité, l'âme du courageux et intrépide soldat de l'Evangile qui était mort sur la brèche en méditant de nouvelles conquêtes, il le supplia, dans les termes les plus émouvants, de protéger du haut du ciel ceux qu'il avait tant aimés ici-bas, et de leur tendre la main, des rivages de l'éternité, pour les y attirer après lui.

Ce même jour eut lieu l'inauguration de la statue érigée dans l'église Collégiale à la mémoire de M. Tavernier (1).

On nous saura gré, comme dernier hommage à cette noble et douce mémoire, de transcrire ici la

---

(1) Quelques jours après sa mort, on avait ouvert une souscription en faveur de ce monument, et on avait recueilli en peu de temps près de 5,000 francs.

description qui a été faite de ce monument par M. Pierre Bénard :

« Dès que la paroisse de Saint-Quentin eut appris, il y a aujourd'hui un an, la mort si fatalement précipitée de son vénérable Archiprêtre, une même pensée fut exprimée partout, celle d'élever dans la Collégiale un monument à la mémoire de ses bienfaits et de ses vertus. Déjà, dans des circonstances semblablement douloureuses, les anciens conseils de fabrique, interprètes du vœu public, avaient érigé des tables de bronze en souvenir des dignes prédécesseurs de M. Tavernier. Ce genre de monument commémoratif pouvait s'accommoder, je n'en disconviens pas, à l'usage et au goût artistique de l'époque où il fut appliqué. On n'hésitait pas alors à meubler les édifices des siècles passés, d'objets dont la forme était exclusivement dérivée du style grec. Il n'y avait d'embarrassés que les ouvriers chargés de la pose de ces objets, parce qu'ils ne parvenaient jamais à trouver un emplacement convenable.

« Frappé de ces inconvénients, le Conseil voulut donner au monument de M. Tavernier une forme qui fût en harmonie rigoureuse avec l'architecture de la Collégiale : il voulut en même temps que ce monument fût digne de la paroisse qui souscrivait largement pour son érection, de la basilique qui devait le recevoir, et du Pasteur qui avait tant aimé l'une et l'autre. Il n'y avait qu'un parti à prendre : choisir dans l'Eglise un emplacement qui pût se prêter convenablement à la destination proposée; et conformer le monument commémoratif à cet emplacement et à cette destination. Or, la Collégiale possédait autrefois un certain nombre d'ouvrages d'art, élevés pour cette fin sur des tombeaux de chanoines qui s'étaient distingués par de grands bienfaits ; tous n'ont pas été détruits à la fin du siècle dernier, et l'on retrouve encore, dans les lignes de construction de l'édifice, les dispositions plus ou moins complètes de quelques-uns d'entre eux.

« Il y a notamment sous le Trésor aux reliques de Saint-Quentin, dans une arcade profonde ouvrant sur le collatéral absidal du côté de l'Evangile, la trace du monument funèbre d'un illustre chanoine du XIIIe siècle, Grégoire de Ferrières, dont le portrait existe encore sur une peinture murale dans l'ancienne salle du Trésor des titres au-dessus du portail du cloître. Q. de la Fons (Histoire de l'Eglise de Saint-Quentin, écrite vers 1640) décrit ainsi cette sépulture:

« Elle est élevée de trois pieds hors de terre et posée dans une arcade prise dans la muraille hors du chœur devant la chapelle Notre-Dame-de-Lorette. Sur ce monument de pierres, il (Grégoire de Ferrières) est représenté couché tout de son long, revêtu de tunique et manipule, et portant un livre dans ses deux mains, ce qui donne sujet d'assurer qu'il n'était que sous-diacre; au-dessus de sa figure est écrit : *Cy gist Me Grégoire de Ferrières*, mais le reste ne se peut plus lire, étant pour la plupart rompu. Au-dessus de l'arcade est dépeint saint Quentin, et à ses côtés deux anges qui lui donnent de l'encens. Cette sépulture était autrefois fermée d'une petite clôture de menuiserie dont il reste encore une bonne partie. Les mérites de ce personnage ont été cause sans doute qu'on lui a donné une si honorable sépulture, pour conserver d'autant mieux sa mémoire. »

« Cette arcade subsiste toujours, mais il ne restait aucune trace ni de la statue du chanoine, ni de l'inscription, ni de la clôture. Toutes les peintures avaient été enduites de badigeon. Le feston de lobes qui ornait l'intérieur de l'arcade, et les feuillages sculptés qui couraient sur l'archivolte ogivale, avaient été brisés; les délicates arcatures ajourées qui la couronnent si gracieusement avaient été descellées et mutilées.

« Il y a quatre ans, on découvrit la peinture murale sous le badigeon; on reconstitua les arcatures, on rétablit les sculptures d'ornement.

« C'est cet édicule, déjà en partie restauré, que le conseil de fabrique a désigné pour recevoir le monument de M. Tavernier. Le programme s'imposait de lui-même : représenter le vénérable défunt, revêtu de ses ornements sacerdotaux, couché la face vers le ciel; et au-dessus de sa statue (1), graver une inscription résumant sa carrière si remplie.

« L'exécution de la statue fut confiée à un habile sculpteur de Paris, M. Jean Du Seigneur, que des

(1) Il fut décidé qu'elle serait taillée dans un seul bloc de pierre de Caen.

liens de famille rattachent à l'un des noms les plus illustres et les plus aimés de notre ville. L'artiste n'avait pas à déterminer les dimensions de son œuvre: elles étaient commandées par l'espace à remplir. La longueur est de 1 mètre 95 centimètres; telle avait dû être la grandeur de la statue de Grégoire de Ferrières; et il est à remarquer que la grandeur-nature a besoin d'être un peu amplifiée en sculpture, sous peine de produire un effet mesquin et chétif, surtout lorsqu'elle est encadrée dans les lignes larges et fermes de l'architecture. Ces fortes proportions prêtent déjà à l'ensemble un caractère imposant et magistral.

» Au premier coup-d'œil, l'aspect est saisissant : le corps couché sur une dalle recouverte d'un drap dont les plis pendent tout autour, la tête sur un oreiller, les yeux fermés, les mains jointes sur la poitrine, les pieds un peu écartés, tout indique l'instant où commence le dernier sommeil.

» L'Archiprêtre conserve l'attitude que lui a imprimée l'âme qui s'échappe: une prière suprême s'évapore de ses lèvres et monte vers le ciel pour sa paroisse et pour lui-même.

» M. Du Seigneur n'est pas resté au-dessous d'un sujet si grand et si dramatique. Dédaignant les moyens vulgaires de produire de l'effet, il a répudié tout ce qui pouvait aisément conduire à l'effrayant et au lugubre; il a bien rendu la sérénité du juste qui s'endort dans le sein de son Créateur; et en même temps, il a traduit, avec une mesure et une convenance plus difficiles à atteindre qu'on ne l'imagine, la formidable et impassible majesté de la mort.

« Le sculpteur avait à surmonter une difficulté d'un autre ordre. Sans avoir jamais vu M. Tavernier, il devait représenter son portrait. Il y a deux sortes de ressemblance : la ressemblance purement physique, celle que fournissent la figure de cire et la photographie; et la ressemblance artistique, celle que trouvent les maîtres de la peinture et de la statuaire. Cette dernière pourrait être appelée la ressemblance morale : elle s'attache à découvrir, à dégager et à reproduire les traits qui expriment la nature psychologique, l'idéal humain, le moi du modèle. M. Du Seigneur était dans l'impossibilité d'atteindre à la ressemblance du premier genre, et je suis loin de le regretter. Il est clair, en effet, que si l'art se proposait pour unique objet la représentation textuelle et mot à mot du physique, il descendrait de suite au niveau du procédé et ne serait plus qu'un métier. Mais, et c'est ce qui exige un sentiment et une pénétration supérieurs, M. Du Seigneur a très-suffisamment rendu la ressemblance artistique.. Les plans du front, les attaches du nez, la courbe des lèvres, le profil du menton, expriment le caractère bienveillant et bienfaisant, affectueux et ferme, patient et persévérant de M. Tavernier.

« Le peintre a sur le sculpteur l'avantage de représenter son sujet au point de vue qui lui plaît; il a de plus l'immense ressource de la couleur. Voyez le magistral portrait de l'Archiprêtre, tracé par

M. Laugée dans la chapelle voisine : l'artiste s'est-il attaché exclusivement à la ressemblance matérielle ? Certes, rien ne lui eût été plus facile, et pourtant il s'en est bien gardé : il a exprimé avant tout le type moral, et c'est par là qu'il a composé un portrait vraiment historique. Ainsi a fait M. Du Seigneur : n'ayant pour guide qu'une simple image photographique et une biographie de M. l'Archiprêtre, il a réalisé une ressemblance assez fidèle, et à coup sûr plus hautement inspirée et plus touchante que s'il avait surmoulé d'après nature.

« L'ensemble de la composition s'arrange de la manière la plus heureuse dans le cadre de l'architecture; l'horizontalité qui nivelle toutes les lignes forme une harmonie sculpturale d'un style profondément austère et concordant avec les courbes surbaissées de la voussure.

« Les détails du vêtement sont étudiés avec un grand soin, et rendus avec une rare perfection. Plus d'un artiste aurait été tenté d'adopter le costume ecclésiastique du moyen âge, si rationnel et de si grande tournure ; M. Du Seigneur n'a pas voulu donner le change sur la date de son œuvre ; il n'a pas voulu que l'on pût confondre plus tard l'Archiprêtre de 1865 avec le Chanoine du xiiie siècle. Nous l'en approuvons : revêtir la statue de M. Tavernier d'un costume qu'il n'aurait jamais porté, c'eût été rendre l'image méconnaissable, et commettre une sorte de déguisement.

« La profondeur de la voussure vers laquelle est

tournée la tête, sera peinte en azur foncé, parsemée d'étoiles et de croix à rayons d'or. La peinture murale qui représente saint Quentin entre deux anges agenouillés et balançant des encensoirs, cette peinture si fine et si gracieuse du xvie siècle, sera restaurée à son tour, avec tout le soin et tout le respect qu'elle mérite.

« Entre le ciel de la voûte et cette peinture, le conseil de fabrique a fait graver une inscription qui explique la première destination du monument funèbre, et au bas de la statue, une autre inscription qui perpétuera l'acte de généreuse reconnaissance de la paroisse envers la mémoire de M. Tavernier.

« Enfin, une grille en fer forgé et historié vient d'être établie à la place de l'ancienne clôture en menuiserie. »

TESTAMENT DE M. TAVERNIER

SES DERNIÈRES RECOMMANDATIONS A SA PAROISSE

> *Fili mi, ausculta sermones meos... ne recedant ab oculis tuis, custodi ea in medio cordis tui.*
> « Mon Fils, écoute mes (dernières) paroles... qu'elles soient toujours présentes à ta mémoire, garde-les fidèlement dans ton cœur. »
> *(Prov. c. IV, v. 20-21.)*

« Saint-Quentin, le deux Février mil huit cent soixante-deux.

» Ceci est mon Testament, que je veux être littéralement accompli après ma mort.

» Les avertissements que Dieu m'a donnés par les diverses épreuves qu'il m'a envoyées depuis quelque temps,

» Et aussi le désir sincère que j'ai depuis bien longtemps,

» 1° D'obvier, autant qu'il est en moi, aux inconvénients de toute sorte qui suivent d'ordinaire la mort d'un Prêtre qui n'a pas mis ordre à ses affaires et prévenu sa mort par la déclaration formelle de ses dernières volontés ;

» 2° De me procurer à mes derniers moments, si Dieu me fait la grâce de les voir venir, l'inappréciable avantage de n'avoir alors qu'à m'occuper de mon salut, que j'ai toujours senti être la seule chose nécessaire ;

» M'ont fait penser que ce serait employer utilement le temps libre que me laisse ma convalescence, pour revoir et modifier le testament que j'avais écrit déjà pendant mon séjour aux eaux de Vichy, en juillet mil huit cent cinquante-neuf, et arrêter définitivement mes dernières dispositions.

» En conséquence :

» Au nom et en présence de la très-sainte Trinité, Père, Fils et saint Esprit,

» *Cui sit honor et gloria in sæcula sæculorum !*

» Je soussigné, Charles Florimond TAVERNIER, actuellement Curé-Archiprêtre de la Paroisse de Saint-Quentin, Diocèse de Soissons, y résidant, déclare ici, ainsi qu'il suit, mes dernières volontés :

» D'abord, et avant tout, je m'empresse de déclarer que je veux mourir, comme toujours j'ai eu le bonheur de vivre, dans le sein et dans la foi de la sainte Eglise Catholique, Apostolique et Romaine, à laquelle j'ai toujours été, et je serai toujours, avec la grâce de Dieu, parfaitement soumis et profondément attaché, comme pasteur et comme brebis, par le fond de mes entrailles.

» Je remercie Dieu de toute mon âme de tous les bienfaits dont il m'a comblé pendant toute ma vie et particulièrement de la faveur insigne qu'il a bien voulu me faire en m'appelant au Sacerdoce, comme aussi je lui fais une dernière fois amende honorable bien sincère pour toutes les fautes dont il me reconnaît coupable. Je lui offre en esprit d'expiation tous les travaux et toutes les tribulations de ma vie, et ma mort que j'accepte à l'avance en union avec le grand sacrifice du Calvaire, perpétué dans l'adorable sacrifice de l'Eucharistie.

» Après les mérites de Jésus-Christ, toute ma confiance, à cette heure suprême, repose dans la toute-puissante médiation de l'Auguste et Immaculée Vierge Marie, ma bonne et très-sainte Mère, à qui je me suis consacré avec bonheur dès ma tendre enfance, et aussi dans la bienveillante intercession de saint Joseph, de mon bon Ange Gardien, de saint Charles mon patron, des saints patrons des diverses paroisses dont j'ai été le pasteur et enfin du séraphique Père saint François d'Assise, dont je suis bien heureux de porter le nom et le saint habit, comme enfant, quoique indigne, du Tiers-Ordre.

« Je pardonne de tout mon cœur à ceux et celles qui, à diverses époques de ma vie, se sont faits mes ennemis et m'ont causé parfois des peines bien sensibles. Dieu m'a fait la grâce de n'avoir jamais gardé dans mon cœur aucun ressentiment contre eux. J'avais même, je dois le dire, du bonheur à prier pour eux. Puisse le Seigneur nous réunir tous près de lui dans le Ciel ! C'est le plus ardent de mes vœux !

» Je demande aussi pardon à toutes les personnes que j'aurais pu offenser ou scandaliser en quelque chose, comme aussi à toutes celles qui auraient éprouvé de ma part, soit involontairement soit par ma faute, quelque chagrin ou quelque dommage.

» Si Dieu, comme je l'espère, me fait miséricorde, je me propose bien *de n'oublier jamais dans le Ciel* toutes les personnes qui ont bien voulu me témoigner de la confiance et de l'affection. Tous les jours je les ai portées à l'autel pendant la durée de mon sacerdoce; au Ciel je ne cesserai de les rappeler à l'éternelle victime jusqu'à ce que tous nous y soyons à jamais réunis.

» Ma famille a toujours eu mes plus tendres et mes plus sincères affections, chaque jour je priais fidèlement pour elle au Saint Autel. Chaque jour aussi je prierai pour elle au ciel. Je recommande surtout en mourant, non à mon cher frère qui n'a pas besoin d'une telle recommandation, mais à mes bonnes sœurs, et à tous mes neveux et nièces, de mettre constamment, à la tête de toutes leurs affaires, la grande et seule importante affaire de leur salut éternel. *Je ne puis les faire riches, ce n'était pas là ma mission!* mais je forme en mourant un vœu bien ardent et bien sincère, celui de les retrouver tous et toutes un jour au ciel riches en vertus et en bonnes œuvres. Je les supplie de n'oublier jamais cette parole du Divin Maître Jésus-Christ; *Que sert à l'homme de gagner tout l'univers, s'il vient à perdre son âme!...*

» Je recommande d'une manière toute particulière à T*** P***, mon neveu, de faire toujours tout au monde pour correspondre à la grâce de sa sublime vocation et devenir un saint prêtre qui n'ait jamais en vue qu'une seule chose, la plus grande gloire de Dieu, le plus grand bien des âmes et son salut. J'attends de lui qu'il me rappelle *chaque jour au saint autel*, sitôt qu'il aura le bonheur d'y monter.

(Et ici M. Tavernier rappelle le souvenir des personnes qui l'ont servi pendant de si longues années, et leur exprime sa reconnaissance pour tous les bons offices qu'elles lui ont rendus avec le plus entier et le plus constant dévouement).

» J'emporte avec moi un souvenir bien tendre et toujours vivant de mes anciennes paroisses, *Burelles, Gronard, Rozoy-sur-Serre et Soize*, pour lesquelles j'ai toujours prié. Si j'étais riche j'aurais eu du bonheur à laisser à chacune un gage d'attachement; mais je ne les oublierai pas au ciel.

» La divine Providence a placé depuis, la paroisse de Saint-Quentin à la tête de toutes mes affections et de mes plus impérissables souvenirs. Depuis bientôt dix-huit ans que Notre-Seigneur me l'a confiée, j'aurais dû, je le sens bien vivement, y faire beaucoup plus de bien ! J'ose espérer de la toute miséricordieuse charité du divin Pasteur qu'il voudra bien se ressouvenir que je ne me suis pas ingéré de moi-même dans une aussi effrayante mission et me tenir compte de tous les obstacles que j'ai rencontrés. Je le prie de me pardonner tout ce que j'aurais dû faire et que je n'ai pas fait.

» Je remercie ici d'une manière toute particulière les bien-aimés confrères, que Dieu m'a donnés pour collaborateurs, du zèle avec lequel ils ont bien voulu m'aider et suppléer à mon insuffisance dans l'important ministère qui m'était confié. Sitôt que, avec le secours de leurs bonnes prières pour moi au Saint Autel, j'aurai le bonheur d'arriver au port, je les recommanderai instamment au divin Pasteur; et, de loin, je les attendrai et je leur tendrai la main sur le rivage de l'éternité.

» Je remercie aussi de toute mon âme toutes les personnes qui m'ont été dévouées, du précieux concours qu'elles ont bien voulu me prêter, pour m'aider à implanter les quelques œuvres que Notre-Seigneur m'a suggéré d'établir dans ma Paroisse. Je les supplie de continuer toujours et avec le même zèle, le même concours à mon successeur; c'est à cette marque que je reconnaîtrai plus que jamais toute la pureté de leur zèle et de leur dévouement.

» A la paroisse tout entière de Saint-Quentin, qui m'est si chère, je recommande surtout quatre choses en mourant, savoir: 1° *La sanctification très-exacte du saint jour du Dimanche;* le Seigneur y attache sa bénédiction sur les familles qui y seront fidèles.

» 2° *L'assistance à la messe de paroisse,* de préférence, toutes fois que possible; sous peine de perdre peu à peu toute instruction religieuse et le zèle pour son salut.

» 3° *L'accomplissement exact du devoir sacré de la confession et de la communion Pascale, et même la communion plus fréquente* à quiconque ne veut pas exposer son salut éternel.

» 4° *L'esprit de Paroisse et le dévouement au*

Pasteur ainsi qu'aux œuvres établies ou à établir par lui. Un Pasteur livré à ses seules ressources ne peut que peu de chose: le concours empressé des fidèles lui est indispensable.

» Je désire bien vivement que ces quatre recommandations, ou du moins, *les paroles soulignées*, soient gravées sur la pierre de mon sépulcre, afin que je puisse les redire à tous et à toutes du fond de mon tombeau (1).

» Quant à moi, à Dieu ne plaise que je cesse jamais de prier pour ma chère paroisse!! Sitôt que j'aurai le bonheur d'être admis au ciel, une de mes joies les plus vives, je le sens à l'avance, sera de veiller sur elle, de concert avec les saints Anges Gardiens de son église et de la cité, et surtout avec le très-saint et illustre Martyr qui lui a valu, au prix de son sang, l'inestimable bienfait de la foi.

» APRÈS CETTE MANIFESTATION DE MES SENTIMENTS ET DE MES SOUVENIRS, Je fais, par ces présentes, deux parts du peu que je possède.

(1) Ce vœu a été religieusement rempli. Au dessus du caveau en maçonnerie, où repose la dépouille mortelle de M. Tavernier, la famille du vénérable défunt a fait élever à ses frais un modeste monument. Sur le piédestal, qui supporte une croix en fonte et une statue de Marie-Immaculée, est gravée l'inscription proprement dite avec cette triple devise qui résume la vie de M. Tavernier: *Domine, dilexi decorem domus tuæ.— Omnia impendam et superimpendar ipse...* etc. — *Il a passé en faisant le bien, et ses œuvres le louent.*

Et sur la pierre tombale sont gravées ces dernières recommandations du pasteur mourant à sa chère paroisse de Saint-Quentin,

» La première doit tout naturellement revenir à ma famille : c'est le très-modeste patrimoine qui vient de mon père...

» Quant à ce que je puis posséder chez moi, voici mes dispositions :

» 1° On devra bien entendu, employer les premiers fonds qui se trouveraient chez moi lors de mon décès à payer les dettes courantes que je pourrais avoir, (je n'en connais point d'autres) ainsi que les frais de maladie et de médecin, comme aussi les frais funéraires qui seraient laissés à ma charge.

» 2° Mes héritiers devront aussi pourvoir, au besoin, à ce qu'il soit placé sur ma tombe une pierre de marbre... J'exprime le vœu, bien vivement senti, si on n'y met pas d'obstacle, d'être inhumé au pied des degrés du Calvaire que j'ai fait ériger au cimetière. Et dans le cas où ce lieu de sépulture ne me serait pas accordé, je demande qu'une croix en fer ou en fonte, avec un Christ, soit placée en tête de ma pierre sépulcrale, avec cette inscription : *O crux, ave, spes unica.*

» 3° Je fais remise aux personnes qui m'ont fait quelque emprunt de ce qu'elles peuvent me devoir. Je ne leur demande que de prier pour moi. J'ai toujours eu du bonheur à faire du bien ; et afin que l'on s'explique facilement, et sans accuser personne, comment je meurs pauvre après trente-huit ans de ministère (1), je dois déclarer avec simplicité que, dès le commencement de mon sacerdoce, j'ai accepté et suivi, autant que je l'ai pu, dans la pratique, cette maxime de sainte Aldégonde qui m'avait beaucoup frappé dans sa légende : *Qu'il vaut mieux donner, ne serait-ce qu'un sou de sa propre main pendant sa vie, que d'en laisser un cent aux pauvres après sa mort.*

» 4° Je recommande à mes héritiers de remettre à M. l'abbé G***, mon premier vicaire, les diverses petites sommes qui appartiendraient à quelque confrérie, ou qui auraient été données pour la restauration de l'Eglise, entreprise avec tant de zèle par le Conseil de Fabrique, et dirigée avec tant d'intelligence et de religieux dévouement par son excellent maître des travaux M. P. B*** architecte ingénieur. Je saisis cette occasion pour prier ces Messieurs de vouloir bien agréer ici l'hommage de ma profonde gratitude pour le bienveillant concours que j'ai toujours trouvé près d'eux.

» Je recommande également à mes héritiers de remettre aussi à M. G***, pour être par lui transmis à mon successeur, les titres d'acquisition d'une grange que j'ai achetée au faubourg d'Isle, pour servir de chapelle provisoire et d'une maison

---

(1) M. Tavernier ne mourut que quatre ans plus tard; mais ce qu'il dit ici fut aussi vrai après 42 ans, qu'après 38.

adjacente; ces deux acquisitions ne peuvent appartenir à ma famille, attendu qu'elles ont été faites à l'aide des offrandes des personnes charitables, dans le but d'y procurer momentanément les secours religieux, et plus tard de concourir à la construction d'une église définitive dont ce faubourg a si grand besoin.

» Je donne à la fabrique de mon Eglise Paroissiale de Saint-Quentin, le calice qui m'appartient, avec sa patène, comme aussi mes burettes avec leur plateau, ainsi que la caisse qui les contient (1); à la condition par elle de faire acquitter pour le repos de mon âme et selon mes intentions, trois cents messes qui devront être dites dans le courant de l'année, à partir du jour de mon décès, et dont les honoraires devront être rétribués à deux francs. Je prie messieurs les vicaires et autres ecclésiastiques de la ville et du canton de vouloir bien s'en charger eux-mêmes et de les acquitter aussi vite qu'ils le pourront. Je charge d'une manière spéciale M. l'abbé Genty *de la prompte exécution de cette clause et sans attendre toutes les formalités ordinaires*. Si la Fabrique ne peut pas payer de suite, ces Messieurs sont priés d'attendre un peu les honoraires, mais de ne pas différer les messes.

» Il me serait aussi très-agréable que Messieurs

---

(1) Le tout estimé environ 2,500 francs.

de la fabrique voulussent bien accepter, comme souvenir, mon portrait qui est dans ma chambre au-dessus de mon secrétaire, avec prière de lui trouver une petite place dans la sacristie où je désirerais que l'on pût réunir les portraits de mes vénérables prédécesseurs, et plus tard successivement ceux de mes successeurs. C'est à mes yeux un lien de famille.

« Je veux en outre qu'il soit donné à la Fabrique, par mes héritiers, une somme de 500 francs dans le désir que j'ai de contribuer encore en mourant, du moins en quelque chose, à la restauration de notre magnifique Collégiale, à laquelle je ne puis léguer que mon cœur et toutes mes affections. Je désire que cette somme soit appliquée à la chapelle du Sacré-Cœur, que je recommande à Messieurs de la Fabrique.

« Mais je recommande aussi à toute ma paroisse, en mourant, un zèle constant et généreux en faveur de ce monument, la gloire de la cité, et le superbe témoignage de la foi de nos pères....

« Dans mon premier testament, j'avais placé ici un souvenir particulier pour mon cher frère. Je viens d'apprendre la triste nouvelle de sa mort si prompte. Je ne puis plus maintenant lui donner d'autre souvenir que mes prières de chaque jour qui ne lui manqueront jamais. Puisse-t-il bientôt arriver au bonheur de voir et de posséder Dieu, et m'y appeler avec lui ! ! ! ... Mais avant tout que la sainte volonté de Dieu soit faite : *Non recuso laborem.* (Suivent quelques legs particuliers à son neveu et aux personnes qui étaient à son service, puis il continue) :

» ... *Le reste de mes habits et linges à mon usage* devra être mis à la disposition des Petites Sœurs des pauvres, établies à Saint-Quentin, route du Câteau.....

» Pour toute charge, je demande à mes chères sœurs ou à leurs héritiers en cas de mort, de faire dire pour le repos de mon âme, chacune vingt-cinq messes qui devront être rétribuées à deux francs. Je charge M. l'Abbé P*** que je nomme plus loin mon exécuteur testamentaire, de vouloir bien les acquitter lui-même et à mesure qu'il le pourra. Je recommande instamment à mes héritiers de se montrer dignes et généreux en trouvant bien ce que j'ai cru devoir régler dans ce testament. Le bon Dieu leur rendra, je l'espère, en bénédictions, ce que je ne puis leur laisser en fortune.

» Je donne à la fabrique de Cilly, mon pays natal, où sont inhumés mon cher Père et ma chère Mère, la somme de *mille francs*, qui devra être ou rester placée, à la charge par la dite fabrique : 1° de faire célébrer *annuellement, le jour où* à l'époque de mon décès, une messe d'anniversaire 2° de faire dire aussi annuellement *quatre autres messes basses*, savoir une *à chaque Quatre-Temps de l'année*. Ces différentes messes seront *dites et annoncées au Prône le Dimanche précédent*, pour moi et pour ma famille.

» Je donne à la bonne Supérieure des Petites Sœurs des pauvres, établies à Saint-Quentin, route du Câteau, pour l'aider du moins encore un peu dans son œuvre admirable, une somme de *trois cents francs* : que ne puis-je léguer à cette œuvre des milliers de francs!!.. Je la recommande instamment à ma Paroisse. Il me serait bien agréable qu'à l'occasion de mon décès, *si la chose est possible*, la sœur Supérieure pût recevoir un vieillard et une vieille femme *en plus*, comme dernière bonne œuvre, mais je ne l'impose pas.

» Je donne comme dernier souvenir, aux chers Frères des écoles chrétiennes de Saint-Quentin, la somme de *deux cents francs*, pour aider en quelque chose à renouveler *leur vestiaire*. J'appelle sur ce précieux établissement toutes les bénédictions de Dieu.

» Désirant donner aussi un dernier souvenir et une dernière marque d'intérêt et d'affection aux différentes œuvres qui sont établies dans la Paroisse et tout en exprimant le regret bien sincère de ne pouvoir faire plus pour chacune d'elles, je donne :

» 1° à l'excellente petite œuvre de Marie au Temple *deux cents francs*.

» 2° à l'œuvre des Dames de la Providence, *deux cents francs*.

» 3° à l'œuvre des conférences de Saint Vincent de Paul, *deux cents francs*.

» 4° à l'œuvre des sœurs de Charité qui visitent les malades, *deux cents francs*.

» 5° à l'œuvre de saint-François-Xavier *deux cents francs*.

» 6° à l'œuvre de saint François-Régis, *cent francs*.

» N.-B. dans le cas où lors de mon décès, quelqu'une de ces œuvres aurait cessé d'exister, ce que je lui donne ici serait ajouté à ce que je donne aux Petites-Sœurs des pauvres.

» Je nomme pour exécuteur testamentaire, M. J. B. P*** chanoine honoraire, curé de M*** près Liesse, dont j'ai su apprécier toujours les vieux sentiments de bonne amitié pour moi. Je le charge de veiller à la stricte exécution de ces dispositions testamentaires qui sont l'expression libre et spontanée de mes dernières volontés...

« Je lui recommande, ainsi qu'à mon neveu T. P** de brûler exactement toutes les lettres qui se trouveraient chez moi, ainsi que toutes les notes ou écritures faites de ma main : ***Rien ne vaut la peine d'être conservé*** (1).

» Il voudra bien aussi offrir, en mon nom, les quelques modestes et simples souvenirs suivants aux communautés ou personnes ci-après désignées, en réclamant d'elles quelques souvenirs dans leurs saints sacrifices, prières et communions. »

Suit l'énumération : A la communauté de l'Enfant-Jésus de Soissons, un reliquaire de saint Quentin, et de sainte Hunégonde. A la communauté des Dames de la Croix de Saint-Quentin, une magnifique croix contenant une relique notable de la vraie croix. — A la communauté de l'Hôtel-Dieu, la croix au pied de laquelle se trouvent la très-sainte-Vierge et saint Jean. — A la communauté des sœurs de la Charité, la grande croix au Christ doré. — A la communauté des Petites-Sœurs, une collection de gravures représentant les scènes de la vie de saint Vincent-de-Paul. — A la communauté des Augustines, un grand tableau : Le Christ mourant, de Lebrun.

Viennent ensuite les souvenirs particuliers légués à MM. les vicaires et à plusieurs ecclésiastiques de ses amis.., et M. Tavernier termine ainsi :

---

(1) Nous avons lieu de nous applaudir de n'avoir pas complètement obéi à ce désir du pieux et humble testateur.

» Fait et écrit de ma propre main le présent testament, commencé le 2 février, jour de la Présentation de Notre-Seigneur, l'an mil huit cent soixante-deux, et clos aujourd'hui, 19 mars, fête de saint Joseph, patron des mourants, à qui je confie ma dernière heure. »

In manus tuas, Domine, commendo spiritum meum.

TAVERNIER,

Curé-Archiprêtre de Saint-Quentin.

Dans la note de la page 152, nous avons attribué à M. Bénard, relativement à la stabilité du chœur de la Collégiale, une opinion qui n'est pas la sienne. Nous publions ici, comme rectification, une lettre que l'honorable architecte a bien voulu nous écrire à ce sujet.

Saint-Quentin, le 25 Juillet 1866.

Monsieur et cher Abbé,

Vous avez bien voulu me communiquer une épreuve de votre beau livre sur M. l'Archiprêtre Tavernier, relative à la question de stabilité du chœur de la Collégiale, et où vous citez mon opinion sur ce point si controversé depuis plusieurs siècles.

J'aurais, d'après votre citation, démontré victorieusement que les piliers du chœur ont été construits à dessein hors d'à-plomb.

Pardonnez-moi de vous demander une rectification.

Voici l'avis que j'ai exprimé et dont je suis de plus en plus convaincu : — C'est que les piliers du chœur ont été construits à-plomb, et que la poussée des maîtresses-voûtes, insuffisamment contrebutée à l'origine par les arcs-boutants, les a déversés en dehors. Il n'en est pas de même des piliers toraux du grand transsept, lesquels, construits plus tard, ont été raccordés avec l'inclinaison déjà prise par les piliers du chœur, et par conséquent ont été élevés suivant leur déversement actuel, afin de ménager à l'œil une transition entre le chœur et la nef dont les piliers sont parfaitement à-plomb.

Vous aurez étendu à l'état général du chœur cette particularité qui, selon moi, doit être circonscrite au transsept.

Agréez, Monsieur et cher abbé, la nouvelle assurance de mon profond respect et de mon très-affectueux dévouement.

Le Maître des Ouvrages de la Collégiale,
PIERRE BÉNARD.

TABLE DES MATIÈRES.

PAGES.

CHAPITRE PREMIER.

Naissance de M. Charles-Florimond Tavernier. — Ses premières études. — Sa vocation au sacerdoce. — Petits séminaires de Menneville, de Liesse et de Soissons — M. Billaudel   1-12

CHAPITRE II.

L'abbé Tavernier à Saint-Sulpice. — Il professe la philosophie et la théologie dogmatique au Grand-Séminaire de Soissons. — Il reçoit la prêtrise en 1823 . . .   12-26

CHAPITRE III.

M. Tavernier, curé de Burelle (1824-1828); puis de Rosoy-sur-Serre (1828-1837) .   26-46

CHAPITRE IV.

Départ de Rosoy. — M. Tavernier est nommé chanoine titulaire de Soissons (1837)   46-55

PAGES.

CHAPITRE V.

M. Tavernier est nommé chanoine titulaire; membre du conseil épiscopal; promoteur du diocèse; supérieur par intérim de l'Institution des Sourds-Muets de Saint-Médard. — Plan d'études qu'il trace à un jeune prêtre. — Mort de son père 55-65

CHAPITRE VI.

M. Tavernier, supérieur de la communauté de l'Enfant-Jésus, dont il est comme le second fondateur 65-84

CHAPITRE VII.

M. Tavernier est nommé à la cure de Saint-Quentin (1844). — Ses hésitations et ses craintes. — Son obéissance généreuse. — Portrait de M. Tavernier 84-96

CHAPITRE VIII.

Installation de M. Tavernier à St-Quentin (27 octobre 1844). Discours qu'il prononce dans cette circonstance 96-125

CHAPITRE IX.

Début de M. Tavernier à Saint-Quentin. — Petites persécutions. — Une procession au cimetière. — Le catéchisme de persévérance. — M. Tavernier se fait connaître en quelques mots 125-137

PAGES.

CHAPITRE X.

Dévotion de M. Tavernier envers la Très-Sainte Vierge. — Établissement de l'Archiconfrérie du saint et immaculé cœur de Marie 137-149

CHAPITRE XI.

Zèle de M. Tavernier pour la décoration de l'Eglise. — Création de l'œuvre dite de Marie au Temple 149-162

CHAPITRE XII.

Fondation de la Conférence de Saint-Vincent-de-Paul, et des Dames de la Providence 162-191

CHAPITRE XIII.

M. Tavernier, fondateur de l'Ecole des Frères. — Classes du soir. — Catéchisme des enfants pauvres. — Maîtrise. — Œuvre de Saint-François-Xavier . . . 191-224

CHAPITRE XIV.

Il est question pour M. Tavernier d'être promu à l'Épiscopat (1856) 224-233

CHAPITRE XV.

Fondation de l'asile des Petites-Sœurs des pauvres (année 1857) 233-250

CHAPITRE XVI.

M. Tavernier en chaire et au catéchisme. 250-276

PAGES.

CHAPITRE XVII.

M. Tavernier au tribunal de la pénitence. Dévotions qu'il y conseille. — Vertus qu'il y pratique 276-314

CHAPITRE XVIII.

Lettres de direction. — Conseils à un Curé sur la pratique du zèle. — Lettres à une religieuse. — Lettres de consolation et conseils à plusieurs personnes du monde. 314-335

CHAPITRE XIX.

Une journée de M. Tavernier à Saint-Quentin 335-345

CHAPITRE XX.

Zèle pour le salut des âmes. — Fondation des Augustines garde-malades. — Stations de carêmes et retraites paroissiales. — Etablissement d'une chapelle provisoire au faubourg d'Isle. — Processions du Saint-Sacrement. — Archiconfrérie des Mères chrétiennes, etc. 345-360

CHAPITRE XXI.

Charité de M. Tavernier envers les pauvres. — Son désintéressement. — Son hospitalité 360-385.

CHAPITRE XXII.

Les trois dernières années de M. Tavernier. — Voyage en Bretagne (1861). — Longue maladie. — Mort de son frère (1862). — Voyages à Vichy. — Œuvre des séminaristes pauvres. — Tiers-Ordre de saint François. — Archiconfrérie du Sacré-Cœur et de Saint Joseph. — Adoration perpétuelle. — Mission projetée. — Derniers moments et mort de M. Tavernier (5 Mars 1865) 386-430

CHAPITRE XXIII.

Le corps de M. Tavernier est exposé dans une chapelle ardente. — Ses funérailles. — Le service du trentième jour et le service anniversaire. — Installation de son successeur. — Monument élevé dans l'Église à sa mémoire 431-457

Testament de M. Tavernier. — Ses dernières recommandations à sa paroisse. 457-473

Saint-Quentin. — Imp. Jules MOUREAU, Place de l'Hôtel-de-Ville, 7.

www.ingramcontent.com/pod-product-compliance
Lightning Source LLC
Chambersburg PA
CBHW051136230426
43670CB00007B/826